SPSS와 함께하는

사회과학
통계자료분석

| 김재철 저 |

Statistical Package for
the Social Science

학지사

사회과학 통계자료분석의 예시자료는
네이버 카페의 '스터피아(cafe.naver.com/ddan72)' 또는
학지사 홈페이지(www.hakjisa.co.kr)에서 내려받으실 수 있습니다.

머리말

지난 몇 해 동안 대학원 과정의 교육평가나 교육통계 관련 강의를 담당하면서 많은 학생이 통계학과 통계 연구방법론을 낯설어하여 많은 어려움을 겪고 있다는 사실을 알게 되었습니다. 이를 해결해 줄 수 있는 마땅한 교재를 찾아보았으나 대부분의 통계 교재가 이론과 실제 중에서 어느 한 부분만을 지나치게 강조함으로써, 통계의 개념적인 이해와 적용방법을 동시에 학습하고자 하는 연구자들의 욕구를 한꺼번에 충족시키기에는 한계가 있었습니다. 이것이 바로 이 책을 집필하게 된 직접적인 동기입니다.

이 책에서는 연구자들이 필요로 하는 통계의 기본 개념과 분석방법, 통계 결과물의 제시 및 해석방법 등을 종합적으로 다루고 있습니다. 따라서 이 책은 대학교나 대학원의 수업 현장에서 타 교재에 비해 보다 실용적인 성격을 띠고 있다고 볼 수 있습니다.

이전 교재인 『사회과학 연구를 위한 최신 실용통계학』(2008)과 비교하면, '변수의 유형에 따른 분석방법의 결정' '반복측정 이원분산분석' '상관분석과 중다회귀분석' 등이 완전히 새로운 내용으로 추가되었고, SPSS의 활용방법도 25.0 버전에 맞춰서 개선하거나 새로운 메뉴를 추가하였습니다. 그리고 다양한 분석 과정에서 충분히 접할 수 있는 현실적인 변수를 포함하여 예시 데이터를 변경하였고, 그에 따른 분석방법과 보고서 제시 및 해석방법에 관한 샘플도 상세히 제공하였습니다.

이 책은 총 8부로 구성되어 있습니다.

제1부에서는 변수의 유형에 따라 분석방법이 어떻게 결정되는지를 구체적인 예와 함께 제시하였고, 통계학에 입문하는 연구자가 반드시 알아야 할 핵심적인 개념도 다루었습니다.

제2부에서는 'SPSS의 기초'라는 제목으로, SPSS의 생성 확장자의 종류와 기능, 데이터 입력방법, 저장 및 다시 불러오기, 코딩변경과 변수 계산, 케이스 추가와 변수 추가, 케이

스 선택, 데이터 통합과 구조변환 등을 자유롭게 구동하는 방법을 다루었습니다. 특히 유용한 명령문들을 종합함으로써 SPSS 활용의 편리성을 극대화하였습니다.

제3부에서는 '자료의 요약'이라는 제목으로, 빈도분석과 교차분석, 집중경향과 변산도의 개념과 특징 및 활용 시 유의해야 할 점을 다루었습니다. 특히 통계의 일차적인 목적인 자료 요약을 SPSS로 수행하는 방법을 상세히 제시하였습니다.

제4부에서는 '가설검정을 통한 분석 결과의 일반화 가능성 평가'라는 제목으로, 가설검정의 논리를 수리적인 과정을 최소화하면서 인문계열의 연구자들도 쉽게 이해할 수 있도록 설명하였습니다.

제5부에서는 종속변수가 질적인 자료일 때의 자료 요약방법과 가설검정기법인 '교차분석과 χ^2검정'을 다루었습니다.

제6부에서는 '2개의 집단으로 구분하는 독립변수와 양적인 종속변수'를 포함하는 자료를 요약하고 가설검정하는 방법을 독립표본 t검정과 대응표본 t검정으로 나누어 설명하였습니다.

제7부에서는 '3개 이상의 집단으로 구분하는 독립변수와 양적인 종속변수'를 포함하는 자료를 요약하고 가설검정하는 방법을 무선배치 일원분산분석, 반복측정 일원분산분석, 무선배치 이원분산분석, 반복측정 이원분산분석, 공분산분석으로 나누어 상세히 설명하였습니다.

제8부에서는 연구자들이 분석기법으로 가장 많이 활용하고 있는 상관분석과 중다회귀분석을 다루었습니다. 특히 중다회귀분석에서는 회귀계수와 중다상관제곱의 의미, 다중공선성, 독립변수 선택방법, 양적인 독립변수들 간의 상호작용효과 검증방법, 더미변수를 포함한 회귀분석 등을 분석방법과 보고서 제시 및 해석방법과 더불어 상세히 제공하였습니다.

이 책의 특징은 다음과 같습니다.

첫째, 논문 작성에 이용할 수 있는 수준의 분석기법을 초급에서 중급 수준까지 다룬 교재입니다. 특히 중다회귀분석은 고급 수준의 통계기법인 위계적 선형모형, 구조방정식, 잠재성장모형, 혼합모형 등의 내용을 이해하는 데에도 도움을 줄 수 있을 것으로 기대합니다.

둘째, 통계 이론서와 통계분석 지침서의 중간 단계를 취하고 있습니다. 이 책이 실용적 교재의 성격을 띠고 있는 만큼, 통계를 이해하기 위해서 반드시 알아야 할 내용을 가능한 한 간략히 설명하였습니다. 그리고 실제 데이터를 이용하여 분석하고, 그 결과를 보고하기 위해서 표로 요약하고, 이를 해석하는 방법을 구체적으로 제시하였습니다.

이 책을 출간하면서 지금까지 참으로 많은 분에게 도움을 받았습니다. 저에게 직접 가르침을 주신 임인재 교수님, 황정규 교수님, 백순근 교수님, 김성훈 교수님, 김신영 교수님 그리고 저서를 통해서 저에게 많은 영향을 주신 박도순 교수님, 이종승 교수님, 배호순 교수님, 성태제 교수님, 강상진 교수님, 김경성 교수님, 김석호 교수님, 김석우 교수님, 남현우 교수님, 이기종 교수님, 염시창 교수님, 박정 교수님 등이 우선 떠오르는 고마운 분들입니다. 또한 교육평가학회 소속의 이규민 교수님, 반재천 교수님, 양길석 교수님, 설현수 교수님, 박현정 교수님, 김성훈 교수님, 강태훈 교수님, 김준엽 교수님, 이현숙 교수님 등의 선후배 및 동료 역시도 감사드려야 할 분들입니다. 어설픈 내용으로 그분들의 명성에 누를 끼치지 않을까 하는 걱정도 마음 한편에 자리 잡고 있는 것이 사실입니다. 이러한 일이 없도록 앞으로도 부족한 부분을 꾸준히 채워 나가도록 하겠습니다. 따라서 이 책의 부족한 부분에 대하여 많은 분의 지도편달을 바랍니다. 이렇게 앞으로 충실히 보완해 나가겠다는 약속의 말씀으로나마 여러 가지로 미흡한 책을 펴내는 부끄러움을 달래고자 합니다.

2019년 5월
김재철

차례

제3부 자료의 요약

제1부

통계의 기초

변수의 유형에 따른 분석방법의 결정   제**1**장

1   통계학의 기원과 통계가 주는 왜곡

통계학은 이탈리아어 'Statista(국가 또는 정치가)'에서 유래되었다. 통계학의 시초는 국가가 통치를 위해 납세자의 수와 병력의 수를 잘 관리하고자 하는 목적으로 활용된 것이었다. 이후 통계학은 응용수학기법을 접목하여 측정을 통해 수집된 데이터가 가지고 있는 규칙성을 찾아내는 데 이용되었다.

영국 빅토리아 여왕이 재임하던 시절에 총리를 지낸 벤자민(D. Benjamin)은 과학적 수치라고 알려진 통계가 쉽게 왜곡될 수 있다는 점을 강조하면서 다음과 같은 격언을 남겼다.

세상에는 세 가지 거짓말이 있는데, 그것은 선의의 거짓말(예: 주사를 맞지 않으려는 아이에게 아버지가 "하나도 안 아파!"라고 거짓말하는 것)과 악의의 거짓말(예: "정말 잘생기셨네요. 당신의 미래를 위해 나한테 투자하면 부자 되게 해 드릴게요."라고 거짓말하고 돈을 가로채는 것) 그리고 통계다.

다음은 통계에서 범할 수 있는 왜곡의 예다.

📊 설문의 질문방법이 주는 왜곡

• 예: 도로의 제한속도를 시속 60km에서 50km로 낮추면 사망사고가 24%, 전체 사고가 20% 감소한 덴마크와 독일의 사례만을 근거로 제시하면서 제한속도를 낮

추는 데 대한 찬반 의견을 조사하였다.

- **문제점**: 제한속도를 낮춘 이후 오히려 사고가 증가한 미국과 호주의 사례를 제외하고 설문조사를 실시한 것은 왜곡된 결과를 초래할 수 있다.

Ⓑ 표집방법이 주는 왜곡

- **예**: 전쟁 당시 해병 신병 모집 광고에서 그들의 안전을 드러내기 위해 "특정 기간에 해군 전사자 수는 1,000명당 9명인 데 비해 동일 기간 일반 시민 사망자 수는 1,000명당 16명이었다."라고 주장하였다.
- **문제점**: 특정 기간에 조사한 해군 전사자 수는 매우 건강한 20대 장병을 대상으로 한 것이었던 반면, 동일 기간에 조사한 일반 시민 사망자 수는 나이 들어 자연사하는 사람과 당시 사망률이 높았던 영유아들을 모두 포함하여 구한 것이었다.

Ⓒ 해석방법이 주는 왜곡

- **예**: 상점에 내건 '50%＋20% 할인'이라는 광고 문구를 "할인율이 70%다."로 해석하였다.
- **문제점**: 50% 할인을 한 다음에 추가로 20% 할인한다는 의미이기 때문에 실제로는 60%를 할인한 것이었다.

Ⓓ 통제를 제대로 하지 않음으로써 나타나는 왜곡

- **예1**: 2018년의 비행기 사고 사망자 수가 1950년의 비행기 사고 사망자 수보다 많다는 점을 근거로 "지난 68년간 비행기 사고 위험이 크게 높아졌다."라고 해석하였다.
- **예1의 문제점**: 총 비행 거리와 비행 횟수 및 비행기 승객 등을 고려하지 않은 채, 단순히 비행기 사고 사망자 수를 통해 비행기 사고 위험을 평가하였다.
- **예2**: 해외여행 경험이 있는 성인 500명이 그렇지 않은 성인 500명에 비해 삶의 만족도 평균이 더 높다는 결과를 토대로 "해외여행 경험이 삶의 만족도에 영향을 준다."라고 해석하였다.
- **예2의 문제점**: 일반적으로 해외여행 경험이 있는 성인이 그렇지 않은 성인에 비해 경제적 수준과 시간적 여유가 더 많을 수 있고, 이로 인해 삶의 만족도가 달리 나타났을 수 있음을 간과하였다.

ⓑ 통계기법을 잘못 활용함으로써 나타나는 왜곡

　◆ 예: 모 대학의 모 학과를 졸업한 40명 중 10명이 25년이 지난 어느 날 대학 동창
　　회에 참석하였다. 이들 10명의 월수입은 각각 100, 110, 160, 250, 260, 320,
　　370, 480, 570, 630, 10,000(단위: 만 원)이었다. 이들의 평균이 1,288이라는 것을
　　토대로 모 학과를 졸업하면 월소득이 1,000을 훌쩍 넘는다고 해석하였다.

　◆ 문제점: 월소득 10,000인 사람을 제외하면 평균 소득이 320에 불과하다. 특히,
　　대학 동창회에는 성공한 사람들만 참가했을 수도 있다.

ⓒ 그림이 주는 왜곡

　◆ 예1: 다음 두 그래프는 동일한 값의 변화를 나타낸다.

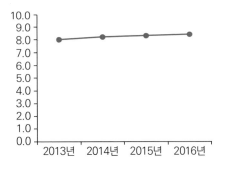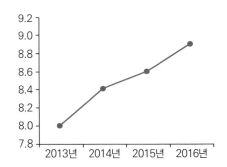

　◆ 예1의 문제점: 눈금의 단위를 달리하게 되면, "연도별 변화가 미미하다(좌)."로
　　해석할 수도 있고, "연도별 변화가 심하다(우)."고 해석될 수도 있다.

　◆ 예2: 다음 두 그림의 금액의 비는 2:1이다.

　◆ 예2의 문제점: 금액의 비는 2:1이지만, 길이의 비가 아니라 부피의 비로 인식함
　　으로써 금액의 비를 8:1인 것으로 오해할 수 있다.

🔳 상관관계를 인과관계로 잘못 해석함으로써 나타나는 왜곡
  • **예**: "머리카락에 이가 자라고 있는 사람은 건강한 경우가 많다."는 경향성으로 부터 "머리카락에 이를 자라게 하면 건강해질 수 있다."고 해석하였다.
  • **문제점**: 몸이 약해서 열이 있는 사람은 머리카락에 이가 생존할 수 없으며, 반대로 건강한 사람의 머리카락에만 이가 자랄 수 있었다. 이러한 경향성으로부터 머리카락에 이를 자라게 하면 건강에 도움을 준다고 해석하는 것은 상관관계를 인과관계로 오인한 것이다.

지금까지 통계 자료를 왜곡하여 받아들임으로써 잘못된 의사결정을 내릴 수 있는 다양한 상황을 살펴보았다. 그럼에도 불구하고 통계는 우리에게 말로 표현하지 못할 정도의 유익한 정보를 제공해 준다. 다만, 통계 자료를 왜곡하여 받아들이지 않기 위해 통계에 대한 올바른 이해가 요구된다.

2   측정과 변수

1) 측정

🔳 측정(measurement)은 물체(object)의 어떤 특성에 일관성 있게 숫자를 부여하거나 구분하는 것이다.
  • **측정의 예**: 영희의 수학 점수에 90(점)을 부여, 철수의 키에 180(cm)을 부여, 남자와 여자를 구분하는 것 등

2) 1차 자료와 2차 자료

측정을 통해 수집된 자료는 1차 자료와 2차 자료로 나눌 수 있다.

🔳 1차 자료(primary data): 조사자가 현재 수행 중인 조사의 목적 달성을 위해 직접 수집한 자료(예: 피험자를 대상으로 설문을 통해 얻은 자료 등)다.

● 2차 자료(secondary data): 조사자가 현재 수행 중인 조사의 목적 달성에 도움을 줄 수 있는, 이미 만들어진 자료(예: 정부 또는 조사기관의 간행물, 연구기관에서 발행된 각종 통계 자료, 학술지에 발표된 논문 등)다.

3) 변수와 상수 및 척도

● 어떤 속성이 여러 가지 값을 취할 때 그 속성을 '변수(variable, 일명 변인)'라 하고, 한 가지 값을 취하는 속성을 '상수(constant)' 또는 '척도(scale)'라 한다.
  • **변수의 예**: 성별, 수학 점수, 키, 몸무게, 인종 등
  • **상수 또는 척도의 예**: 남자, 여자, 90점, 180cm, 70kg, 황인종, 백인종, 흑인종 등
● 명명변수 또는 포인트 수가 적은 서열변수에서의 척도를 우리는 흔히 '범주(category, 일명 유목)'라 한다.
  • **범주의 예**: 남자와 여자, 초등학교와 중학교 및 고등학교 등

3 측정 수준에 따른 분류: 명명 · 서열 · 동간 · 비율변수

1) 질적변수

질적변수(nonmetric variable)는 분류를 위해 정의된 변수로, '정성적 변수' 또는 '유목변수(categorical variable, 일명 범주형 변수)'라고도 한다. 질적변수는 명명변수와 서열변수로 세분화된다.

● 명명변수(nominal variable)
  • 동일 여부만 판단할 수 있는 변수다.
  • 예: 지역(대도시, 중소도시, 읍면 지역), 성별(남자, 여자), 눈 색깔 등
    ✔ 단, 직업의 경우 원칙적으로는 명명변수이지만, '직업에 귀천이 있다.'고 가정한다면 서열변수로 간주할 수도 있다.
  • 명명변수는 평균과 표준편차 분석이 아니라 빈도분석과 교차분석을 통해 자료를 요약해야 한다.

ㅣ. 서열변수(ordinal variable)

* 동일 여부뿐만 아니라 서열성을 판단할 수 있는 변수다.
* '서열성'이란 측정값의 대소 여부를 판단할 수 있는 변수 속성을 말한다.
* 예: 협동성 점수(가, 나, 다), 학점(A, B, C, D, F), 평어(수, 우, 미, 양, 가) 등
  ✔ 단, 성취도, 자아개념, 태도 등의 대부분의 사회과학 변수는 엄격하게 본다면 동간성을 가정할 수 없으므로 서열변수에 해당한다. '동간성'이란 임의의 두 측정값 간의 간격이 같다면 이를 동일한 차이로 간주할 수 있는 변수 속성을 일컫는다. 예컨대, 성취도 점수에서 50점과 60점 사이의 10점과, 90점과 100점 사이의 10점은 동일한 성취도 차이라고 보기 어렵다. 그러므로 성취도는 동간성이 없는 변수이므로 엄밀히 본다면, 동간변수가 아니라 서열변수에 해당한다.

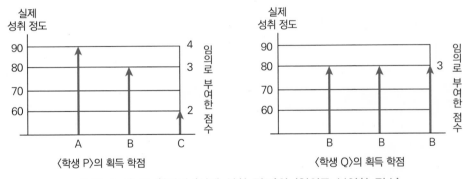

[그림 1-1] 두 학생의 '실제 성취 정도'와 '임의로 부여한 점수'

* 서열변수는 동간성이 없기 때문에 원칙적으로는 평균으로 자료를 요약할 수 없다. 예컨대, 학점 A, B, C의 실제 성취 정도에 각각 90점, 80점, 60점을 부여한 점수는 동간변수이고, 학점 A, B, C에 각각 임의로 4점, 3점, 2점을 부여한 점수는 서열변수라고 가정하자. 이때 [그림 1-1]과 같이, 3과목에서 각각 학점 A, B, C를 획득한 〈학생 P〉와, 학점 B, B, B를 획득한 〈학생 Q〉의 평균 점수는 '실제 성취 정도를 기준'으로 했을 때와 '임의로 부여한 점수를 기준'으로 했을 때 서로 다르게 나타난다. 즉, '실제 성취 정도를 기준'으로 한다면 〈학생 P〉의 평균 점수는 약 76.6점으로 〈학생 Q〉의 평균 점수 80점보다 더 낮지만, '임의로 부여한 점수를 기준'으로 한다면 〈학생 P〉와 〈학생 Q〉의 평균 점수는 3점으로 동일

하다. 이처럼 '임의로 부여한 점수인 서열변수'를 활용하여 평균을 구하면 실제
성취 정도를 활용했을 때와는 다른 결과가 얻어질 수 있다. 요컨대, 동간성이
없는 서열변수인 경우, 원칙적으로는 평균을 활용하여 자료를 요약해서는 안
된다.

- 그럼에도 불구하고 6~7개 이상의 측정값을 가지는 서열변수인 경우, 즉 포인
트 수가 많은 서열변수인 경우, 빈도분석이 아니라 평균과 표준편차를 활용하
여 자료를 요약해도 일반적으로 용인된다.

2) 양적변수

양적변수(metric variable)는 양의 크기를 나타내기 위해 수량으로 표시하는 변수로,
'정량적 변수'라고도 한다. 양적변수는 동간변수와 비율변수로 세분화된다.

▣ 동간변수(interval variable)
- 동일 여부, 서열성 여부뿐만 아니라 동간성을 인정할 수 있는 변수다.
- '동간성'이란 임의의 두 측정값 간의 간격이 같다면 이를 동일한 차이로 간주할
수 있는 변수 속성을 말한다.
- 예: '1900년과 1950년 사이의 50년'과 '2000년과 2050년 사이의 50년' '20℃와
25℃ 사이의 5℃'와 '30℃와 35℃ 사이의 5℃'는 동일한 물리량 차이를 나타낸다.
즉, 연도와 온도는 동간성을 인정할 수 있으므로 동간변수에 해당한다.

▣ 비율변수(ratio variable)
- 동일 여부, 서열성 여부, 동간성 여부뿐만 아니라 비율성을 인정할 수 있는 변
수다.
- '비율성'이란 한 측정값이 다른 측정값의 몇 배라고 할 수 있는 변수 속성을 말
한다.
- 예: 100kg인 사람은 50kg인 사람에 비해서 2배 더 무겁다고 할 수 있으므로 몸
무게는 비율성 속성을 가진 비율변수에 해당한다. 이밖에도 키, 연령 등은 비율
변수에 해당한다.
- 비율변수는 절대영점을 가진다. 절대영점을 가진 변수의 경우, 키와 몸무게처

럼 물리적으로 아무것도 없는 상태(nothing)에 '0'이라는 숫자를 부여한다. 이에
비해 동간변수는 임의영점을 가진다. 임의영점을 가진 변수의 경우, 온도와 같
이 특수한 현상(물이 어는 점)에 '0(℃)'이라는 숫자를 인위적으로 임의 부여한다.

• 대부분의 자연과학 변수는 동간변수 또는 비율변수에 해당한다. 동간변수와
비율변수의 분석방법은 동일하다.

• 동일한 변수라 하더라도 측정방식에 따라서 측정의 수준은 달라진다. 예컨대,
연령은 비율변수이지만, 연령을 '20세 미만, 20세 이상 30세 미만, 30세 이상
40세 미만, 40세 이상'으로 구분하여 측정하였다면 연령대는 서열변수에 해당
한다.

• 〈표 1-1〉에서 보는 바와 같이 명명변수가 대소 비교 판단 조건을 더 갖추고 있
으면 서열변수가 되고, 서열변수가 동간성 조건을 더 갖추고 있으면 동간변수
가 되며, 동간변수가 비율성 조건을 더 갖추고 있으면 비율변수가 된다.

〈표 1-1〉 명명변수, 서열변수, 동간변수 및 비율변수의 조건

조건	명명변수	서열변수	동간변수	비율변수
동일 여부 판단	○	○	○	○
대소 비교 판단	×	○	○	○
동간성(얼마만큼 더 큰가?)	×	×	○	○
비율성(몇 배 더 큰가? 절대영점의 존재)	×	×	×	○

• 명명변수, 서열변수, 동간변수, 비율변수는 각각 명명척도, 서열척도, 동간척
도, 비율척도라는 용어로 대신할 수 있다. 전자는 연구자가 관심을 가지고 있는
연구대상의 속성을 강조한 용어이고, 후자는 사물의 속성을 구체화하기 위한
측정의 단위를 강조한 용어다.

3) 종속변수의 측정 수준과 분석방법

🔟 종속변수의 측정 수준에 따라 적용하는 분석방법은 달라진다

• 독립변수가 집단을 구분하는 질적변수인 경우, 일반적으로 종속변수가 명명변
수와 서열변수이면 빈도분석, 교차분석, 카이제곱검정 등을, 종속변수가 동간

변수와 비율변수이면 평균 및 표준편차 분석, t검정, 분산분석 등을 활용한다.
- 동일한 변수라 하더라도 측정을 어떻게 하는가에 따라 분석방법은 달라진다. 예컨대, 〈표 1-2〉~〈표 1-4〉와 같이 연령과 학업성취도 간의 관계는 상관분석 또는 회귀분석을, 연령대에 따른 학업성취도의 평균 차이는 t검정 또는 분산분석을, 연령대에 따른 학업 성취등급 빈도분포의 차이는 교차분석 또는 카이제곱검정을 활용한다. 이에 관해서는 이 책 전반에 걸쳐서 자세히 다루고 있으므로 일단 한번 받아들이고 지나가도 무방하다.
- 포인트 수가 많은 서열변수는 동간변수로 간주하고 빈도분석과 교차분석이 아니라 평균 및 표준편차로 자료를 요약해도 무방하다.

〈표 1-2〉 연령과 학업성취도 간의 상관분석 결과

변수	학업성취도
연령	.502**

**$p < .01$

〈표 1-3〉 연령대에 따른 학업성취도 평균 비교를 위한 분산분석 결과

연령대	N	M	SD	F
18세 미만	125	44	10	
18세 이상 22세 미만	245	50	9	58.196**
22세 이상	130	56	8	

**$p < .01$

〈표 1-4〉 연령대에 따른 학업 성취등급의 빈도분포 비교를 위한 χ^2검정 결과

연령대	우수	보통	기초	기초미달	전체	χ^2
18세 미만	15(12.0)	19(15.2)	27(21.6)	64(51.2)	125(100)	
18세 이상 22세 미만	65(26.5)	46(18.8)	64(26.1)	70(28.6)	245(100)	89.939**
22세 이상	74(56.9)	25(19.2)	20(15.4)	11(8.5)	130(100)	
전체	154(30.8)	90(18.0)	111(22.2)	145(29.0)	500(100)	

**$p < .01$

4   인과관계에 따른 분류: 독립 · 종속 · 매개 · 조절 · 가외변수

변수는 인과관계에 의해서 독립변수, 종속변수, 매개변수, 조절변수, 가외변수 등과 같이 분류된다. 인과관계에 따라 어느 변수에 분류되는지는 선행 연구나 이론을 통해 연구자가 도출한 가설(hypothesis)에 의해서 결정된다.

결국 동일한 연구변수들이라 하더라도 연구자가 이들과 관련하여 어떠한 가설을 도출하는지에 따라 분석방법은 달라질 수 있다.

1) 독립변수

🅑 독립변수(independent variable)는 영향을 주는 변수로, '예언변수(predictor variable)'라고도 한다.

2) 종속변수

🅑 종속변수(dependent variable)는 영향을 받는 변수로, '기준변수(criterion variable)'라고도 한다.

◆ 예컨대, 교수방법이 학업성취도에 미치는 영향이 어떠한지를 분석하는 경우, 교수방법은 독립변수이고 학업성취도는 종속변수에 해당한다.

3) 매개변수

🅑 매개변수(mediator variable)는 독립변수와 종속변수 간의 인과관계를 연결해 주는 변수다.

🅑 매개변수는 독립변수와 종속변수 간의 연결고리가 '왜(why)' '어떻게(how)' 발생하는지 설명하고자 하는 변수다.

◆ 예컨대, [그림 1-2]와 같이 '부모의 사회경제적 지위(Socio-Economic Status: SES)는 부모의 관심 또는 교육적 투자를 경유하여 성취도에 영향을 미친다.'고 할 때 부모의 사회경제적 지위는 독립변수, 성취도는 종속변수, 부모의 관심과 교육적 투자는 매개변수에 해당한다.

[그림 1-2] 매개변수의 예

ⓘ 매개효과

* 매개효과[mediate effect, 일명 간접효과(indirect effect)]는 직접적인 효과가 아닌, 매개변수를 통한 간접적인 효과를 말한다. 매개변수가 포함되어 있으면 매개효과를 평가할 수 있다.

  ✔ [그림 1-2]에서 '성취도에 대한 부모의 SES의 효과'는 '직접효과(direct effect, c)', '부모의 SES가 자녀에 대한 부모의 관심 또는 교육적 투자를 통해 성취도에 미치는 효과'는 '매개효과(mediate effect, a×b)'에 해당한다. 직접효과와 매개효과를 더한 값을 '전체효과(total effect, c+a×b)'라고 한다.

  ✔ $X \to M \to Z$인 모형에서 표준화 경로계수를 각각 β_1, β_2라고 한다면, 매개효과의 크기는 '$\beta_1 \times \beta_2$'로 정의한다. $X \to M_1 \to M_2 \to Y$인 모형에서 표준화 경로계수를 각각 β_1, β_2, β_3라고 한다면 이중매개효과의 크기는 '$\beta_1 \times \beta_2 \times \beta_3$'로 정의한다.

  ✔ 매개효과는 통계적으로 유의미한 경우에 한하여 'X는 M을 경유하여 Y에 영향을 미친다.'는 식으로 해석할 수 있다.

  ✔ 매개효과의 분석방법은 구조방정식(structural equation model) 또는 경로분석(path analysis)이 활용된다.

  ✔ 매개효과의 분석 프로그램은 SPSS, SAS, Mplus, Amos, LISREL, EQS, R 등이 활용된다.

4) 조절변수

ⓘ 조절변수(moderate variable)는 독립변수와 종속변수 간의 관계를 조절해 주는 변수다.

🔟 조절변수는 독립변수와 종속변수 간의 연결고리가 '언제(when)' 발생하는지 설명하고자 하는 변수다.

* 예컨대, '성취도에 대한 교수방법(A, B)의 효과는 성에 따라 다르다.'고 할 때 교수방법은 독립변수, 성취도는 종속변수, 성은 조절변수에 해당한다.

[그림 1-3] 조절변수의 예

🔟 주효과와 조절효과

* 조절변수가 포함되어 있으면 주효과(main effect)와 더불어 조절효과(moderate effect)를 평가할 수 있다.

  ✔ [그림 1-3]에서, 가설검정을 통해 '교수방법에 따라 성취도가 달라진다.'고 할 수 있으면 '교수방법에 대한 주효과가 있다.'고 하고, '성에 따라 성취도가 다르다.'고 할 수 있으면 '성에 따른 주효과가 있다.'고 한다.

  ✔ 이에 비해 '성취도에 대한 교수방법의 효과는 성에 따라 다르다.'고 할 수 있으면, 예컨대 '성취도에 대해 교수방법 A는 여학생에게 더 효과적이고, 교수방법 B는 남학생에게 더 효과적이다.'라고 할 수 있으면, '교수방법과 성은 성취도에 대해 상호작용효과(interaction effect)가 있다.' 또는 '성은 교수방법이 성취도에 미치는 효과를 조절한다.'라는 식으로 해석한다. 이처럼 상호작용효과와 조절효과는 동일한 분석 상황에 활용되지만, 해석에 활용되는 방식에 있어서는 다소 차이가 있다.

  ✔ 한 가지 유의할 점은 통계적으로 유ㄴ의미한 경우에 한하여 주효과 또는 상호작용효과는 존재한다고 해석할 수 있다는 것이다. 예컨대, 독립변수가 3개(X_1, X_2, X_3)이고 종속변수가 1개(Y)이면, 주효과는 최대 3개(X_1의 주효과; X_2의 주효과; X_3의 주효과), 상호작용효과는 최대 4개(X_1, X_2의 상호작용효과; X_1, X_3의 상호작용효과; X_2, X_3의 상호작용효과; X_1, X_2, X_3의 상호작용효과)까

지 존재할 수 있다.

　✔ 조절효과의 분석방법은 다원분산분석, 중다회귀분석, 구조방정식(structural equation model)이 활용된다.

　✔ 조절효과의 분석 프로그램은 SPSS, SAS, Mplus, Amos, LISREL, EQS, R 등이 활용된다.

5) 가외변수

🅛 가외변수(extraneous variable)는 종속변수에 영향을 미칠 것으로 예측되지만 통제해야 할 독립변수를 일컫는다.

　◆ 예컨대, 도시와 농촌 중 특정 지역에 위치한 학교를 다님으로써 교육효과의 유리함 혹은 불리함을 받는 현상을 '교육 격차'라고 정의한 후, 교육 격차를 경험적으로 검증하기 위해 졸업을 앞둔 시점에서 학력의 도 · 농 간 평균 차이를 분석한다고 하자. 그러나 입학 시점에서 학력의 도 · 농 간 평균 차이가 이미 존재했다면, 졸업 시점에서의 도 · 농 간 평균 차이를 비교함에 있어서 '입학 당시의 학력'을 통제할 필요가 있다. 이때 '입학 당시의 학력'을 '가외변수'라고 한다.

🅛 여기서 '통제(control)'란 조건을 동일하게 함을 의미한다. 졸업을 앞둔 시점에서 학력의 도 · 농 간 평균 차이를 비교함에 있어서 입학 당시의 학력을 통제했다는 것은 입학 시점에서 학력의 도 · 농 평균이 동일하다는 조건하에서 졸업을 앞둔 시점에서 학력의 도 · 농 간 평균을 비교했음을 의미한다.

🅛 입학 당시의 학력을 통제하는 방법으로는 선택적 통제와 통계적 통제가 있을 수 있다.

　◆ **선택적 통제**: 표집을 통해 통제하는 방법으로, 연구대상을 표집하는 과정에서 도시와 농촌에서 입학 당시의 학력이 동일한 학생들을 짝짓기 표집함으로써 입학 당시 학력의 도 · 농 평균을 동일하게 만드는 방법이다.

　◆ **통계적 통제**: 통계분석기법을 통해 입학 당시 학력의 도 · 농 평균이 동일하다고 가정할 수 있도록 만드는 방법이다.

🅛 가외변수를 통제하기 위한 가장 대표적인 통계분석기법은 공분산분석(ANCOVA)과 중다회귀분석이다. 공분산분석을 활용하면 입학 시점 학력의 도 · 농 평균을

통제한 상태에서 졸업 시점의 도·농 간 학력 평균 차이가 통계적으로 유의미한지를 분석할 수 있다. 공분산분석과 중다회귀분석의 구체적인 내용은 각각 제7부 제22장과 제8부 제25장을 참조하기 바란다.

6) 제3의 변수

- 제3의 변수(third variable)는 허구효과를 갖게 하는 변수를 일컫는다. 허구효과(spurious effect)는 두 변수 간에는 직접적인 관계가 없으나 이들이 제3의 변수에 동시에 영향을 받음으로써 두 변수 간에 마치 관계가 있는 것처럼 보이는 경우를 말한다.
  - 예컨대, 소방관의 수와 피해금액 간의 관계는 화재 크기라는 제3의 변수에 의해 허구효과가 발생할 수 있다(김계수, 2001). 허구효과를 통제한 상태에서 변수 간의 상관을 구하려면 부분상관(partial correlation)을 실시해야 한다. 이에 관해서는 제8부 제24장을 참조하기 바란다.

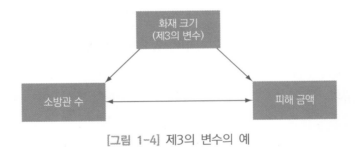

[그림 1-4] 제3의 변수의 예

  - [그림 1-4]에서 화재 크기를 통제하지 않은 상태에서 소방관 수와 피해 금액 간의 상관을 구하면 양의 값이 기대되지만, 화재 크기를 통제한다면 소방관 수와 피해 금액 간에는 부적(−)상관이 기대된다.

5 집단을 구분하는 독립변수의 분류1: 피험자 간·피험자 내 변수

학교급(초·중·고등학교), 성(남·여) 등과 같이 집단을 구분하는 독립변수의 경우,

독립적인 집단인지 종속적인 집단인지에 따라 피험자 간 변수와 피험자 내 변수로 나눌 수 있다. 피험자 간 변수이면 독립표본 t검정, 무선배치 일원분산분석 등을, 피험자 내 변수이면 대응표본 t검정, 반복측정 일원분산분석 등을 활용한다. 요컨대, 집단을 구분하는 독립변수의 경우 피험자 간 변수인지 피험자 내 변수인지에 따라서 분석방법이 달라진다.

1) 피험자 간 변수

- 비교하고자 하는 집단이 서로 독립적일 때, 집단을 구분하는 독립변수를 '피험자 간 변수(between subject variable)'라 한다.
  - 예컨대, 기혼자 남자와 여자 중에서 각각 30명씩 표집하여 남편과 아내가 인식하는 결혼만족도 평균을 비교했을 때 '기혼자 성'은 피험자 간 변수이며, 초·중·고등학교별로 30명씩 표집하여 학교급 간 자존감 평균을 비교했을 때 '학교급'도 피험자 간 변수에 해당한다.
- 피험자 간 변수가 포함된 설계를 '무선배치설계'라고 한다.
- 실험연구인 경우 무선배치설계는 이월효과(carry-over effect)의 문제점을 최소화할 수 있으나 피험자 간 차이가 매우 클 때 이를 통제하기 어렵다. '이월효과'란 선행 실험 처치나 연구조건의 영향이 후속 실험 처치나 연구조건이 시행되는 동안까지도 남아서 작용하는 현상을 말한다.
- 무선배치설계에서 독립변수가 1개이고 비교 집단이 2개이면 독립표본 t검정을, 비교 집단이 2개 이상이면 무선배치 일원분산분석을 활용한다.

2) 피험자 내 변수

- 비교하고자 하는 집단이 서로 종속적일 때, 즉 비교하고자 하는 집단의 구성원들을 1:1로 서로 매칭시킬 수 있을 때, 집단을 구분하는 독립변수를 '피험자 내 변수(within subject variable)'라 한다.
  - 예컨대, 기혼자 중 30쌍을 표집하여 부부 간 결혼만족도 평균을 비교했을 때 '기혼자 성'은 피험자 내 변수이며, 초등학교에서 30명을 표집하여 자존감을 측

정하고 이들이 중학교와 고등학교에 진학했을 때 자존감을 반복하여 측정한 다음, 학교급 간 자존감 평균을 비교했을 때 '학교급'도 피험자 내 변수에 해당한다.

🔵 [그림 1-5]는 기혼자 성이 피험자 간 변수일 때의 자료 입력 예시이고, [그림 1-6]은 기혼자 성이 피험자 내 변수일 때의 자료 입력 예시다.

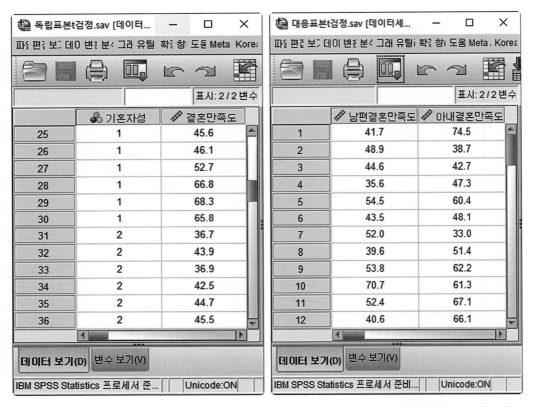

[그림 1-5] 기혼자 성이 피험자 간 변수인 경우   [그림 1-6] 기혼자 성이 피험자 내 변수인 경우

🔵 피험자 내 변수가 포함된 설계를 '반복측정설계'라고 한다.

🔵 반복측정설계에서는 피험자 간 차이가 매우 클 때 이에 대한 요인을 통제하기 쉽고, 사례수의 확보가 힘들 때 유리하다. 그러나 실험연구인 경우 이월효과의 문제점을 통제하기 어렵다는 단점이 있다.

🔵 반복측정설계에서 독립변수가 1개이고 비교 집단이 2개이면 대응표본 t검정을, 비교 집단이 2개 이상이면 반복측정 일원분산분석을 활용한다.

6   집단을 구분하는 독립변수의 분류2: 고정 · 무선변수

교수방법(A, B) 등과 같이 집단을 구분하는 독립변수의 경우, 연구자가 독립변수의 처치조건을 선택하는 방법에 따라 고정변수와 무선변수로 나눌 수 있다. 집단을 구분하는 독립변수를 연구자가 고정변수로 간주할 것인지 무선변수로 간주할 것인지에 따라 통계 프로그램에서 활용하는 분석의 옵션과 그 결과에 대한 해석이 달라지게 된다.

1) 고정변수

- 집단을 구분하는 독립변수의 각 처치조건을 연구자가 의도하고 선택했다면 그 독립변수는 '고정변수(fixed variables)'에 해당한다.
- 고정변수일 경우, 연구자가 선택한 독립변수의 각 처치조건에 따른 종속변수의 평균이 유의미한 차이가 있는지에만 관심을 가진다. 즉, 연구결과의 일반화 범위는 연구자가 선택한 처치조건에만 국한된다.

2) 무선변수

- 집단을 구분하는 독립변수의 각 처치조건을 무수히 많은 처치조건 중에서 연구자가 무선적으로 선택했다면 그 독립변수는 '무선변수(random variables)'에 해당한다.
- 무선변수일 경우, 연구자는 본인이 선택한 독립변수의 특정 처치조건에 따른 종속변수의 차이에 관심이 있는 것이 아니라, 무수히 많은 처치조건에 따라 종속변수의 평균이 유의미하게 다르다고 할 수 있는지, 즉 그 처치조건이 표집되어 온 전집에 일반화할 수 있는지에 관심을 가진다.
  - 예컨대, '세 가지 교수방법에 따른 학업성취도 차이 분석' 연구에서 교수방법을 고정변수로 처리했다면 연구자는 본인이 선정한 세 가지 교수방법에 따른 학업성취도 평균이 차이가 있는지에만 관심을 가진다. 반면, 무선변수로 처리했다면 연구자는 세 가지 교수방법 간 차이에 관심이 있는 것이 아니라 일반적으로 교수방법에 따라 학업성취도가 달라진다고 할 수 있는지에 관심을 가진다. 구체적인 내용은 제7부 제20장의 **5** 를 참조하기 바란다.

7   측정오차의 통제 여부에 따른 분류: 측정 · 잠재변수

변수는 측정오차를 통제한 변수인지 아닌지에 따라서 측정변수와 잠재변수로 구분된다. 측정오차를 통제했는지 여부에 따라서 분석방법은 달라진다. 예컨대, 측정변수 간의 상관관계와 매개효과를 검증하였다면 각각 상관분석과 경로분석에 해당하고, 측정오차를 통제한 상태에서 잠재변수 간의 상관관계와 매개효과를 검증하였다면 각각 확인적 요인분석과 구조방정식에 해당한다.

1) 측정변수

⑥ 측정변수(measured variable, manifest variable)는 검사도구를 통해서 직접 관측이 가능한 변수를 말한다.

- 예컨대, 리커트(Likert) 척도를 통해서 얻은 수학 태도 점수 50점, 중간고사에서 얻은 수학 점수 88점, 키 180cm 등은 측정변수에 해당한다.

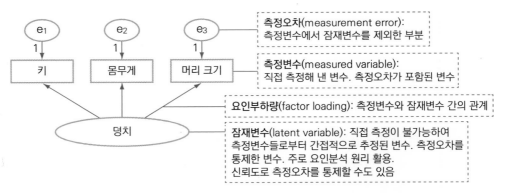

[그림 1-7] 측정변수와 잠재변수의 예

2) 잠재변수

⑥ 잠재변수(latent variable, 일명 이론변수)는 검사도구로부터 직접 관측이 불가능한 변수로서, 요인분석의 논리를 활용하여 측정변수에서 측정오차를 제외하고 이론적으로 도출한 변수를 말한다.

⟨ⁱⁿ⟩[그림 1-7]에서 키, 몸무게, 머리 크기는 직접 측정하여 얻은 측정변수인 반면, 이 세 가지의 공통적인 특성을 수리적인 과정을 거쳐 뽑아내고 그 이름을 '덩치'라고 이론화하였다면 '덩치'는 잠재변수에 해당한다. 요인분석에서 얻은 요인점수(factor score)는 잠재변수에 해당한다.

  ◆ 예컨대, 암기력, 추리력, 독해력의 측정값에 요인분석 원리를 활용하여 추출한 요인을 지능으로 정의하였다면 지능은 잠재변수에 해당한다. 반면, 암기력, 추리력, 독해력의 측정값을 더하여 이를 지능으로 정의하였다면 지능은 측정변수에 해당한다. 암기력, 추리력, 독해력은 당연히 측정변수다.

지금까지 **3** , **4** , **6** , **7** 을 통해 변수의 유형에 따라서 분석방법이 달라진다는 것을 확인할 수 있었다. 다음 표는 변수의 유형에 따라서 분석방법이 어떻게 달라지는지를 일목요연하게 보여 준다.

변수의 유형	변수의 유형에 따른 분석방법	예시
측정 수준에 따른 분류: **3** 참조	• 동일한 변수를 활용하였다 하더라도 측정도구가 달라져서 측정 수준이 달라지면 분석방법은 달라진다.	• 연령과 성취도 간의 관계(상관분석) • 연령대와 성취도 간의 관계(집단별 평균과 표준편차 분석) • 연령대와 성취등급 간의 관계(교차분석)
인과관계에 따른 분류: **4** 참조	• 동일한 변수를 활용하였고 동일한 측정도구를 활용하였다 하더라도 이들 변수 간의 이론적인 인과관계가 달라지면 분석방법은 달라진다. 이론적인 인과관계는 이론적 배경을 통한 연구가설에 의해 결정된다.	• 부모의 SES는 교육적 신념을 통해 교육적 지원에 영향을 줄 것임(매개효과 검증) • 부모의 SES가 교육적 지원에 미치는 효과는 교육적 신념에 따라서 달라질 것임 (조절효과 검증)
집단을 구분하는 독립변수의 분류: **6** 참조	• 동일한 변수를 활용하였고 동일한 측정도구를 활용하였으며 이론적인 인과관계가 동일하더라도 표집설계 또는 연구설계에 따라서 분석방법은 달라진다.	• 초 · 중 · 고등학교에서 각각 500명의 학생을 표집하여 자존감 평균을 비교함 (무선배치 일원분산분석) • 초등학교에서 500명을 표집하여 자존감을 측정한 후, 이들이 중 · 고등학교에 진학했을 때 자존감을 반복측정하여 자존감 평균을 비교함(반복측정 일원분산분석)

| 측정오차 통제 여부에 따른 분류: **7** 참조 | • 동일한 변수를 활용하였고 동일한 측정도구를 활용하였으며 이론적인 인과관계가 동일하고 표집설계가 동일하더라도 측정오차 통제 여부에 따라서 분석방법은 달라진다. | • 측정오차를 통제하지 않고 부모의 SES가 교육적 지원을 통해 자녀의 성취도에 미치는 효과를 검증함(경로분석)
• 측정오차를 통제한 상태에서 부모의 SES가 교육적 지원을 통해 자녀의 성취도에 미치는 효과를 검증함(구조방정식) |

보충학습

측정변수 간 상관과 잠재변수 간 상관

$$x = t_x + e_x$$

$$y = t_y + e_y$$

$$r_{xy} = \frac{\sum Z_x Z_y}{N} = \frac{\sum xy}{N s_x s_y}$$

$$r_{xx'} = \frac{s_{t_x}^2}{s_x^2}$$

$$r_{yy'} = \frac{s_{t_y}^2}{s_y^2}$$

단, x, y: 관찰점수, t: 진점수, e: 측정오차, r_{xy}: 상관, $r_{xx'}$, $r_{yy'}$: 신뢰도

$$r_{xy} = \frac{\sum xy}{N s_x s_y} = \frac{\sum (t_x + e_x)(t_y + e_y)}{N s_x s_y}$$

$$= \frac{\sum (t_x t_y + t_x e_y + t_y e_x + e_x e_y)}{N s_x s_y}$$

$$= \frac{\sum t_x t_y}{N s_x s_y} \frac{\sqrt{r_{xx'} r_{yy'}}}{\sqrt{r_{xx'} r_{yy'}}} = \frac{\sum t_x t_y}{N s_x s_y} \frac{\sqrt{r_{xx'} r_{yy'}}}{\dfrac{s_{t_x}}{s_x} \dfrac{s_{t_y}}{s_y}}$$

$$= \frac{\sum t_x t_y}{N s_{t_x} s_{t_y}} \sqrt{r_{xx'} r_{yy'}}$$

$$= r_{t_x t_y} \sqrt{r_{xx'} r_{yy'}}$$

$$\therefore \quad \frac{r_{xy}}{\sqrt{r_{xx'} r_{yy'}}} = r_{t_x t_y}$$

$$\therefore \quad r_{xy} \leq r_{t_x t_y}$$

요컨대, '측정변수 간 상관≤잠재변수 간 상관'이다.

8　타 변수에 의한 설명 여부에 따른 분류: 외생 · 내생변수

다른 변수에 의해서 설명되는지 여부에 따라서 변수를 외생변수와 내생변수로 나눌
수 있다.

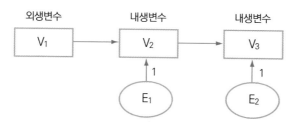

[그림 1-8] 외생변수와 내생변수의 예

1) 외생변수

외생변수(exogenous variable)는 [그림 1-8]에서 V_1과 같이 다른 변수에 의해 설명
되지 않는 변수를 말한다.

2) 내생변수

내생변수(endogenous variable)는 [그림 1-8]에서 V_2, V_3와 같이 다른 변수에 의해
설명되는 변수를 말한다.

9　오차의 성격에 따른 분류: 설명 · 측정오차변수

오차변수는 그 성격에 따라서 설명오차와 측정오차로 나뉜다.

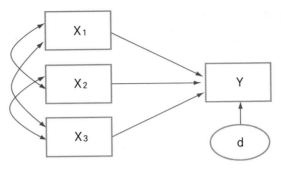

[그림 1-9] 설명오차

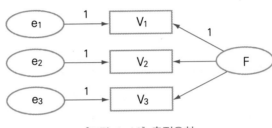

[그림 1-10] 측정오차

1) 설명오차

🔹 설명오차(residual error)는 종속변수 중에서 연구자가 설정한 독립변수로 설명할 수 없는 부분을 말한다. [그림 1-9]는 하나의 종속변수를 3개의 독립변수로 얼마나 예측할 수 있는지를 검증하는 중다회귀분석(multiple regression) 상황이다. 여기서 d는 종속변수 Y의 분산 중에서 3개의 독립변수 X_1, X_2, X_3로 설명하거나 예측할 수 없는 부분으로 이를 '설명오차'라고 한다.

2) 측정오차

🔹 측정오차(measurement error)는 측정시점에 따라서 무선적으로 발생하는 오차다. 예컨대, [그림 1-10]에서 e_1, e_2, e_3와 같이 측정변수 V_1, V_2, V_3의 분산 중에서 F로 설명할 수 없는 부분을 '측정오차'라고 한다. 측정값 중에서 측정오차를 제외한 부분은 '신뢰도'가 된다. 예컨대, 사회경제적 지위와 같이 직접적으로 측정하기 어려운 변수는 소득 수준, 아버지 학력, 어머니 학력 등의 측정변수를 이용하여 추정할

수 있다. 이때 측정변수들의 공통적인 부분을 추출하고 남은 부분을 '측정오차'라
한다. 이러한 방법으로 측정오차를 통제하려는 통계적 기법을 '요인분석(factor
analysis)'이라 한다.

10 연속 여부에 따른 분류: 비연속 · 연속변수

연속 여부에 따라서 변수는 비연속변수와 연속변수로 나눌 수 있다.

1) 비연속변수

- 비연속변수(discontinuous variable)는 주어진 범위 내에서 특정 값만 가질 수 있는
  변수를 말한다. 예컨대, 명명변수 중에서 인종, 성별, 서열변수 중에서 평어, 학점,
  비율변수 중에서 자동차 대수 등은 비연속변수에 해당한다.

2) 연속변수

- 연속변수(continuous variable)는 주어진 범위 내에서 어떤 값도 가질 수 있는 변수
  를 말한다. 예컨대, 동간변수 중에서 연도, 온도, 비율변수 중에서 키, 몸무게 등은
  연속변수에 해당한다.

11 '독립변수'와 '종속변수'의 조건에 따른 분석방법

1) 질적인 독립변수, 즉 집단을 구분하는 독립변수인 경우

(1) 양적변수로 간주할 수 없는 종속변수인 경우: χ^2검정

> ○ χ^2검정의 예: 가장 선호하는 색깔의 남녀 간 비교

(2) 양적변수로 간주할 수 있는 종속변수인 경우

◆ 비교하고자 하는 집단이 2개인 경우: t검정

    – 독립변수가 피험자 간 변수인 경우: 독립표본 t검정

    – 독립변수가 피험자 내 변수인 경우: 대응표본 t검정

> ○ 독립표본 t검정의 예: 남녀 간의 성취도 평균 비교
> ○ 대응표본 t검정의 예: 쌍둥이 100쌍을 대상으로 형과 동생의 지능 평균 비교

◆ 비교하고자 하는 집단이 2개 이상인 경우: 분산분석(ANOVA)

    – 독립변수가 피험자 간 변수인 경우: 무선배치 분산분석

    – 독립변수가 피험자 내 변수인 경우: 반복측정 분산분석

    – 독립변수의 개수가 1개인 경우: 일원(one-way)분산분석

    – 독립변수의 개수가 2개인 경우: 이원(two-way)분산분석

       ✔ 독립변수가 1개이고, 피험자 간 변수인 경우: 무선배치 일원분산분석

       ✔ 독립변수가 1개이고, 피험자 내 변수인 경우: 반복측정 일원분산분석

       ✔ 독립변수가 2개이고, 모두 피험자 간 변수인 경우: 무선배치 이원분산분석

       ✔ 독립변수가 2개이고, 각각 피험자 간 변수와 피험자 내 변수인 경우: 반복측정 이원분산분석(일명 이요인 반복측정 분산분석)

> ○ 무선배치 일원분산분석의 예: 도시화 정도(대도시, 중소도시, 읍면 지역)에 따른 성취도 평균 비교
> ○ 반복측정 일원분산분석의 예: 동일한 피험자들을 대상으로 학년 초, 학년 중간, 학년 말에 반복측정하여 구한 성취도 평균 비교
> ○ 무선배치 이원분산분석의 예: 도시화 정도와 성에 따른 성취도 평균 비교
> ○ 반복측정 이원분산분석의 예: 실험집단과 통제집단을 구성한 후, 사전·사후 자존감을 반복측정한 다음, 처치의 효과 비교

◆ 가외변수를 포함한 경우: 공분산분석

> ○ 공분산분석의 예: 입학 당시 성취도를 통제한 상태에서 졸업 시점에서의 도·농 간의 성취도 평균 비교

2) 양적인 독립변수, 즉 집단을 구분할 수 없는 독립변수인 경우

(1) 양적변수로 간주할 수 없는 종속변수인 경우: 로지스틱 회귀분석, 판별분석 등

(2) 양적변수로 간주할 수 있는 종속변수인 경우: 상관분석, 중다회귀분석
   (단, 독립변수에 더미변수가 포함된 경우는 분석 가능)

> ○ 로지스틱 회귀분석의 예: 대학합격 여부에 대한 사교육비와 공부 시간의 영향 분석
> ○ 상관분석의 예: 오른팔 길이와 왼팔 길이 간의 관계 분석
> ○ 중다회귀분석의 예: 성취도에 대한 지능, 부모 SES, 친구관계의 효과 분석

문제 01

다음과 같은 상황에 가장 적합한 통계검정기법은 무엇인가?

① 2018년도 남북한의 GNP를 비교

② 1990년 이후의 남북 GNP를 비교(20개 연도를 표집해서 비교했다고 가정)

③ 사범대와 비사범대에서 각각 500명을 표집하여 임용시험 합격률을 비교

④ 대도시, 중소도시, 읍면 지역에서 각각 500명을 표집하여 선거 참여율을 비교

⑤ 2018년도 ◇◇ 사와 □□ 사의 자동차 판매량을 비교

⑥ 1,000명을 표집하여 성별과 연봉등급(상·하)에 따라 해외여행 선호 지역(유럽, 아프리카, 오세아니아, 아메리카)이 차이가 있는지를 비교

⑦ 아프리카 여행 경험이 있는 사람 중 1,000명을 표집하여 성별과 연봉등급(상·하)에 따라 아프리카 여행의 선호도에 차이가 있는지를 비교

⑧ 50명의 내담자를 대상으로 상담 전과 후의 우울증 평균이 변했다고 볼 수 있는지를 검증

⑨ 100명의 내담자를 대상으로 상담 전과 후의 우울증 변화가 남녀 간에 차이가 있는지를 검증

문제 해설 및 정답: 부록 1 참조

통계학 선수개념　제**2**장

1 전집과 표본

1) 전집

▣ 전집(population, 일명 모집단)은 연구자가 관심을 갖고 있는 전체 집단을 말한다. 전집은 표집의 범위이며, 연구자가 얻은 연구 결과를 일반화할 수 있는 범위다.

　◆ 예컨대, '우리나라 중학교 1학년의 수학에 대한 태도 변화가 어떠한가를 탐색하는 연구'에서 전집은 '우리나라 중학교 1학년 전체 학생'이다. 이때 표집은 우리나라 중학교 1학년 전체 학생을 대상으로 해야 하며, 이 경우 연구 결과의 일반화 범위는 우리나라 중학교 1학년 전체 학생이다.

▣ 전집에서 얻은 평균, 표준편차, 상관 등을 '모수(parameters)' 또는 '전집치'라고 한다.

2) 표본

▣ 표본(sample)은 전집의 어떤 특성을 추정하기 위하여 전집에서 선발된 소수의 집단을 말하고, 표집(sampling)은 표본을 구성하기 위해서 전집에서 표본을 추출하는 행위를 일컫는다.

▣ 표본에서 얻은 평균, 표준편차, 상관 등을 '통계량(statistics)' 또는 '추정값'이라고 한다.

2 | 표집방법

표집방법은 확률적 표집과 비확률적 표집으로 나뉜다.

1) 확률적 표집

확률적 표집(probability sampling)은 전집의 단위요소가 표집될 확률이 동일하도록 하기 위해 객관적인 표집설계 절차를 따르는 표집방법이다. 단위요소는 개인 단위일 수도 있고 집단 단위일 수도 있다. 단순무선표집, 유층표집, 군집표집, 단계적 표집, 체계적 표집 등은 확률적 표집에 해당한다.

(1) 단순무선표집

🔘 단순무선표집(simple random sampling)은 난수표, 제비 등을 이용함으로써 개인 단위에서의 단위요소가 표집될 확률이 동일하도록 하는 표집방법이다.

(2) 유층표집

🔘 유층표집(stratified sampling, 일명 층화표집)은 전집이 갖는 중요한 특성을 기준으로 전집을 몇 개의 하위집단(strata)으로 구분하고, 각 하위집단에서 무선표집하는 방법이다. 이때 하위집단을 구분할 때 사용된 변수를 '유층의 기준'이라고 한다. 유층표집에서는 각 하위집단 내에서 단위요소가 표집될 확률이 동일하다.

🔘 표본에서의 하위집단별 구성 비율이 전집과 동일한 '비례적 유층표집'과 전집의 구성 비율과 관계없는 '비비례적 유층표집'으로 구분할 수 있다. 후자의 경우, 전집에서 각 유층이 차지하는 비율을 정확히 알 수 없을 때 사용한다.

  ◆ 예컨대, 대학교에서 단과대학별 의견이 다를 수 있다는 예측하에 단과대학별 구성 비율을 고려하여 단과대학별로 사례수를 정한 다음 단과대학별로 무선표집하거나, 전국의 초등학생을 지역별, 성별, 학년별로 나누어 각 하위집단에서 무선표집한 것은 유층표집에 해당한다.

(3) 군집표집

🔘 군집표집(cluster sampling)은 집단 단위로 구성된 전집에서 일부 표본을 집단 단위

로 무선표집함으로써 집단 단위 수준에서 개별 단위요소가 표집될 확률이 동일하
도록 하는 표집방법이다.

　• 예컨대, 전국에서 100개 학교를 무선표집한 것은 군집표집에 해당한다.

(4) 유층군집표집

　유층군집표집(stratified cluster sampling)은 유층표집과 군집표집을 혼합한 형태다.

(5) 단계적 표집

　단계적 표집(stage sampling)은 군집표집을 연속적으로 수행하는 표집방법이다.
　즉, 먼저 1단계에서 집단 단위로 무선표집을 수행한 후, 2단계에서 '1단계에서 표
　집한 집단 단위 내'에서 하위집단 단위로 무선표집하는 방법이다.

　• 예컨대, 전국에서 100개 학교를 무선표집한 후에 100개의 학교별로 1개 학급을
　　무선표집한 것은 단계적 표집에 해당한다.

(6) 체계적 표집

　체계적 표집(systematic sampling)은 여론조사에 흔히 사용되는 출구조사와 같이
　일정한 간격으로 표집하는 방법이다.

　• 예컨대, 출석번호에서 5의 배수인 학생을 표집하거나 200세대에 일련번호를
　　붙여 5세대 간격으로 40세대를 표집한 것은 체계적 표집에 해당한다.

2) 비확률적 표집

비확률적 표집(nonprobability sampling)은 전문가가 주관적 입장에서, 또는 편의에
의해서 표본을 선정하는 주관적 표집방법이다. 의도적 표집, 할당표집, 우연적 표집, 눈
덩이 표집 등은 비확률적 표집에 해당한다.

(1) 의도적 표집

　의도적 표집(purposive sampling)은 전문가의 사전지식이나 판단을 통해 전집을 잘
　대표하리라 믿는 사례를 의도적으로 표집하는 방법이다. 의도적 표집에서는 전집
　에 대한 연구자의 과거 경험이나 전문적 식견이 요구된다.

- 목적표집, 판단표집(judgment sampling)이라고도 한다.
  - 예컨대, '특정 지역의 여론조사가 전체를 잘 반영해 주었다.'라는 경험을 토대로 하여 그 지역을 대상으로 의도적으로 표집한 것은 의도적 표집에 해당한다.

(2) 할당표집

- 할당표집(quota sampling)은 전집의 여러 특성을 대표할 수 있도록 몇 개의 하위집단을 구성하여, 각 하위집단별로 적절한 사례수를 구체적으로 할당하되, 그 테두리 안에서 조사자가 주관적으로 표집하는 방법이다.
- 확률적 표집방법 중 유층표집과 유사한 측면이 있다.
  - 예컨대, 17개 시도교육청별 학생 수를 고려하여 시도교육청별 사례수를 할당한 다음, 시도교육청별로 학생을 주관적으로 표집한 것은 할당표집에 해당한다.

(3) 우연적 표집

- 우연적 표집(accidental sampling)은 조사자가 손쉽게 이용 가능한 대상만을 선택하여 표집하는 방법이다.
- 표집의 편리성에 초점을 두고 있어서 '편의표집(convenience sampling)'이라고도 한다.
  - 예컨대, 길거리를 지나가는 사람을 아무나 선정하여 면담하거나 자신의 수강생을 대상으로 설문조사를 실시한 것은 우연적 표집에 해당한다.

(4) 눈덩이 표집

- 눈덩이 표집(snowballing sampling)은 연구대상에 대한 사전정보가 거의 없어 소수의 연구자를 먼저 표집한 후, 이들로부터 유사한 연구대상자를 소개받아 연구대상을 점차 확대해 가는 표집방법이다. 눈 덮인 산 위에서 작은 눈덩이가 굴러 내려가면서 눈이 점점 뭉쳐져 커지는 현상에서 유래되었다.
  - 예컨대, 소수의 동성연애자, 불법이민자, 노숙자, 성매매자, 약물중독자를 소개받은 후, 이들로부터 다른 연구대상들을 연속적으로 확보한 것은 눈덩이 표집에 해당한다.

3 분포의 모양

분포(distribution)란 각 점수대별로 상대적 빈도를 도식화한 것이다. 통계에서 가장 많이 활용되는 분포는 정규분포, χ^2분포, t분포, F분포다.

1) 정규분포

⒤ 정규분포(normal distribution, 일명 정상분포)는 [그림 2-1]과 같이 종 모양으로 좌 우대칭이면서 X축과 절대 만나지 않고, 평균, 중앙값 및 최빈값이 동일한 분포다. 특히 평균을 기준으로 1표준편차 내에 약 68%, 2표준편차 내에 약 95%, 3표준편차 내에 약 99.7%가 존재한다. 점수가 정규분포를 이룬다면 평균과 표준편차를 활용 하여 평균이 0, 표준편차가 1인 점수인 Z점수로 변환함으로써 특정 점수에 해당하 는 순위를 알 수 있다.

⒤ 정규분포는 평균과 표준편차에 따라서 그 모양이 달라지며 자유도와는 관련이 없 다. 평균이 0, 표준편차가 1인 정규분포를 특히 '표준정규분포'라 한다.

　◆ 정규분포는 수능과 같이 변별을 목적으로 하는 시험 또는 측정오차를 포함하 는 측정값에서 기대할 수 있는 점수분포이며, 일상생활에서 가장 많이 접하는 분포다.

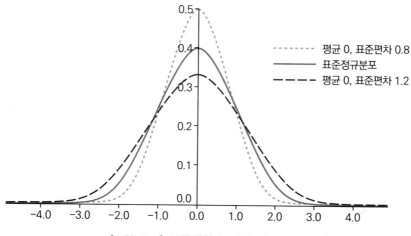

[그림 2-1] 표준편차에 따른 정규분포

● 정규분포를 벗어났는지의 여부는 왜도와 첨도를 구함으로써 판단할 수 있다.

• 왜도(skewness)는 [그림 2-2]처럼 좌우대칭을 벗어난 정도로서 왼쪽으로 벗어
난 '정적편포'와 오른쪽으로 벗어난 '부적편포'로 구분할 수 있다. 정적편포는
왜도값이 +인 반면, 부적편포는 -다. 이에 비해서 정규분포의 왜도값은
0이다.

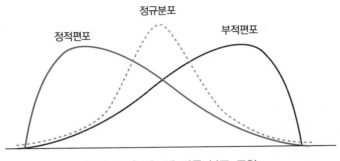

[그림 2-2] 왜도에 따른 분포 모양

• 첨도(kurtosis)는 [그림 2-3]처럼 분포의 뾰족한 정도를 나타내는 값이다. 첨도
가 0보다 커서 분포의 모양이 정규분포보다 더 뾰족한 분포를 '급첨'이라 하고,
0보다 작아 정규분포보다 더 평평한 분포를 '평첨'이라 한다.

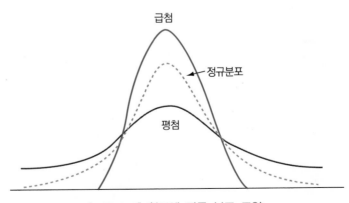

[그림 2-3] 첨도에 따른 분포 모양

• 〈표 2-1〉은 왜도와 첨도에 따른 분포 명칭과 분포 모양을 요약한 것이다.

〈표 2-1〉 왜도와 첨도에 따른 분포 명칭과 분포 모양

구분	값	분포 명칭	분포 모양
왜도	왜도>0	정적편포	가는 꼬리 부분이 오른쪽에 있음
	왜도<0	부적편포	가는 꼬리 부분이 왼쪽에 있음
첨도	첨도>0	급첨	양쪽 꼬리 부분이 얇고 가운데에 몰려 있는 분포
	첨도<0	평첨	양쪽 꼬리 부분이 두터워져 있는 분포

※ 단, 정규분포의 왜도와 첨도는 모두 0

⑪ 다음은 정규분포의 특징을 요약한 것이다.

• 전체적인 모양은 종 모양이다.

• 평균에서 가장 큰 값을 갖는다.

• 평균, 최빈값, 중앙값이 동일하다. 그러나 평균, 최빈값, 중앙값이 동일하다고 반드시 정규분포가 되는 것은 아니다.

• 평균을 중심으로 좌우대칭이다.

• X축을 점근선으로 한다.

• 평균과 표준편차에 따라서 구분되며, 평균이 0이고 표준편차가 1인 정규분포를 '표준정규분포'라고 한다. 정규분포는 다음의 일차변환을 통해서 평균이 0, 표준편차가 1인 표준정규분포로 변환할 수 있다.

$$z = \frac{X-\mu}{\sigma}$$

• 측정오차의 분포는 정규분포를 따른다.

• $N(\mu, \sigma^2)$을 따르는 정규분포이면 [그림 2-4]와 같이
$p(\mu-1\times\sigma \leq X \leq \mu+1\times\sigma) \fallingdotseq .68$,
$p(\mu-2\times\sigma \leq X \leq \mu+2\times\sigma) \fallingdotseq .95$,
$p(\mu-3\times\sigma \leq X \leq \mu+3\times\sigma) \fallingdotseq .997$이다.

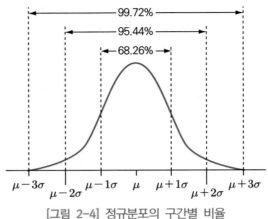

[그림 2-4] 정규분포의 구간별 비율

• 왜도와 첨도가 모두 0이다.

문제 01 🔖

평균이 60점이고 표준편차가 10점인 정규분포를 따르는 수학시험에서, 81점을 받은 학생은 100명 중 몇 등에 해당하는가?

문제 해설 및 정답: 부록 1 참조

---

2) χ^2분포

🔵 확률변수 Z가 표준정규분포를 따르면, 무선적으로 표집된 Z^2의 분포는 자유도가 1인 χ^2분포를 따르게 된다. 그리고 표준정규분포에서 무선적으로 표집된 k개의 독립적인 확률변수 Z_1, Z_2, $\cdots\cdots$, Z_k에 대하여 다음은 자유도가 k인 χ^2분포를 따르게 된다.

$$Z_1^2 + Z_2^2 + \cdots\cdots + Z_k^2 \sim \chi^2(k)$$

• 자유도가 1이라면 χ^2은 Z^2과 같다.
• [그림 2-5]와 같이 χ^2분포는 자유도에 따라서 그 모양이 달라지며, 자유도가 3인 χ^2분포라면 정적인 편포를 따른다.

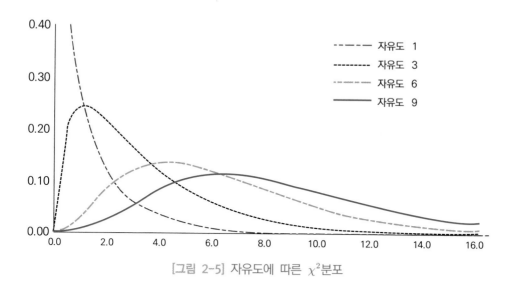

[그림 2-5] 자유도에 따른 χ^2분포

3) t분포

🔟 확률변수 Z가 표준정규분포에서 무선으로 표집된 값이고, 확률변수 χ^2은 자유도가 r인 χ^2분포에서 무선으로 표집된 값이라면, 다음 값들의 분포는 자유도가 r인 t분포를 따르게 된다.

$$\frac{Z}{\sqrt{\chi^2/r}} \sim t(r)$$

• [그림 2-6]과 같이 t분포는 자유도에 따라서 그 모양이 달라진다.

• t분포는 표준정규분포와 같이 좌우대칭이지만, 표분정규분포에 비해 꼬리 부분이 더 두텁고 평균 근처의 변수 값은 더 작다. 이로부터 t분포의 왜도는 0이고, 첨도는 0보다 더 작으며, 표준편차는 1보다 더 크다는 것을 추론할 수 있다.

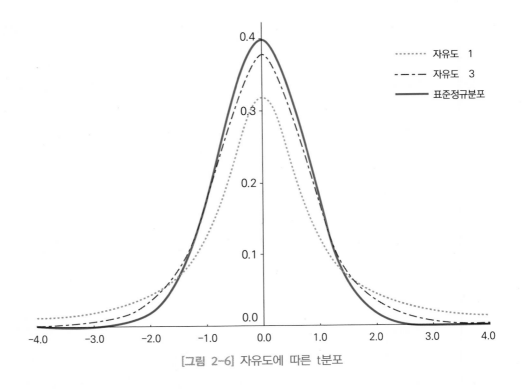

[그림 2-6] 자유도에 따른 t분포

4) F분포

🔢 확률변수 χ_1^2은 자유도가 n_1인 χ^2분포에서 무선으로 표집된 값이고, 확률변수 χ_2^2는 자유도가 n_2인 χ^2분포에서 무선으로 표집된 값이라면, 다음 값들의 분포는 자유도가 $(n_1,\ n_2)$인 F분포를 따르게 된다.

$$\frac{\chi_1^2/n_1}{\chi_2^2/n_2} \sim F(n_1, n_2)$$

• 특히 F의 자유도가 $(1,\ n)$이라면 F는 t^2과 같다.

$$F(1, n) = [t(n)]^2$$

• [그림 2-7]과 같이 F분포는 2개의 자유도에 따라서 그 모양이 달라지며, 분자자유도가 100, 분모자유도가 3인 F분포라면 정적인 편포를 따른다.

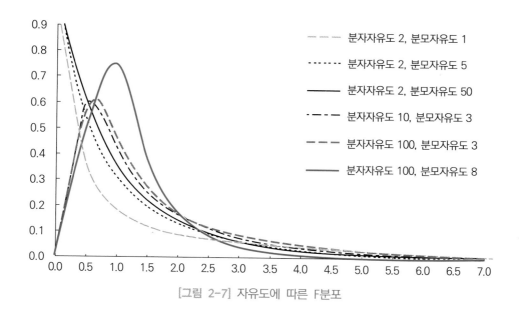

[그림 2-7] 자유도에 따른 F분포

4 실험연구

- 실험연구란 인위적·물리적 통제가 포함된 연구를 말한다. 즉, 독립변수 X를 제외한 나머지 요인이 혼재되지 않도록 인위적으로 제어하고 독립변수 X의 조건만 달리했을 때(manipulation, intervention), 종속변수 Y가 어떠한 변화를 보이는지 살펴봄으로써 독립변수 X가 종속변수 Y에 영향을 미치는지 객관적으로 평가하는 연구방법이다. 이와 대조되는 것이 비실험연구다.

- 실험연구의 핵심 요소는 통제다. 통제(control)란 조건을 동일하게 하는 것을 말한다. 통제의 방법은 다음의 세 가지가 있다.

  • **물리적 통제**: 독립변수를 제외한 나머지 요인이 실험 과정에 혼재되지 않도록 물리적으로 제어하는 것을 말한다. 성취도에 대한 두 가지 교수방법의 효과를 비교하는 실험 과정에서 피험자들이 과외를 받지 않게 하는 것은 물리적 통제의 한 예다.

  • **선택적 통제**: 표집을 통해 조건을 동일하게 하는 것을 말한다. 성취도에 대한 두 가지 교수방법의 효과를 비교함에 있어서 지능의 영향을 통제하기 위해 지능

급간별로 선정된 피험자들을 실험집단과 통제집단에 1명씩 배치하는 것은 선택적 통제에 해당한다.

- **통계적 통제**: 통계적인 힘을 빌려 가외변수의 영향을 제거하는 것이다. 공분산분석, 중다회귀분석, 부분상관, 사후검사와 사전검사의 차이 점수에 대한 일원분산분석(독립표본 t검정) 등은 통계적 통제에 해당한다.

🔟 실험연구의 가장 큰 목적은 인과관계의 규명이다. 처치 프로그램 X를 제외한 모든 변수를 통제한 상태에서 X의 처치 여부에 따라서 Y가 차이가 있었다면, X가 Y의 원인임을 의미한다.

🔟 실험연구에서 등장하는 용어를 '쓰기 병용을 활용한 학습이 성취도에 미치는 영향' 연구를 예로 들어 설명하면 다음과 같다.

- **처치도구**: 새로운 처치 프로그램으로, '쓰기 병용을 활용한 학습 프로그램'이 이에 해당한다.
- **독립변수**: 영향을 주는 변수로, '쓰기 병용을 활용한 학습 프로그램 적용 여부'가 이에 해당한다.
- **종속변수**: 영향을 받는 변수로, 새로운 처치 프로그램의 목표인 '성취도'가 이에 해당한다.
- **측정도구**: 종속변수의 측정을 위해 활용된 검사도구로, '성취도 검사도구'가 이에 해당한다.
- **실험집단**: 새로운 처치 프로그램을 적용한 집단으로, '쓰기 병용을 활용한 학습 프로그램을 적용한 집단'이 이에 해당한다.
- **통제집단**(비교집단): '기존의 프로그램을 적용한 집단'이다.
- **가외변수**: 통제해야 할 변수로, '낭독을 통한 학습' '암기 시간' '학습자 수준' 등이 이에 해당한다.

🔟 실험연구에서 무선표집은 대표성 있는 표본을 선발함으로써 연구결과를 일반화하는 데 목적이 있다. 이에 비해 무선배치(random assignment)는 피험자들을 실험집단과 통제집단에 무선적으로 나눔으로써 처치 이전에 동질적인 실험집단과 통제집단을 구성하려는 데 목적이 있다.

🔟 실험연구는 그 과정이 엄밀하지 않으면 결과를 전혀 믿을 수 없게 된다. 연구자는

실험연구를 수행함에 있어서 내적타당도와 외적타당도를 제고할 수 있도록 노력해야 한다. 내적타당도(internal validity)는 실험연구 과정에서 독립변수 외의 다른 가외변수가 적절히 통제되었는지를 나타낸다. 이에 비해 외적타당도(external validity)는 실험결과를 연구에서 사용된 장면과 피험자 이외에 다른 장면 또는 다른 피험자에 일반화할 수 있는 정도를 일컫는다.

🔟 변수의 인위적인 통제, 조작, 중재가 포함된 실험연구에서의 연구설계를 '실험설계(experimental designs)'라고 한다. 실험설계는 '진실험설계(true-experimental designs)'와 '준실험설계(quasi-experimental designs)'로 구분된다. 진실험설계는 실험집단과 통제집단을 구성함에 있어서 무선배치의 원칙이 지켜진 연구설계를 말한다. 이에 비해 준실험설계는 무선배치의 원칙이 지켜지지 않은 연구설계 또는 통제집단이 없는 연구설계를 말한다.

1) 준실험설계

(1) 단일집단 전후검사설계

🔟 단일집단 전후검사설계(one-group pretest-posttest design)는 한 집단을 대상으로 처치 전후를 비교함으로써 처치의 효과를 검증하는 설계다.

사전검사	처치	사후검사
O_1	X	O_2

(단, O는 관찰, X는 처치)

🔟 효과 검증방법은 대응표본 t검정, 반복측정 일원분산분석 등이다.

🔟 이 설계의 한계점은 사전검사와 사후검사 간 점수 변화가 전적으로 처치에 의한 효과라고 보기 어렵다는 것이다. 즉, 역사, 성숙, 반복검사, 도구 사용의 변화, 통계적 회귀 등의 내적타당도 저해요인이 발생할 수 있다.

(2) 이질집단 사후검사설계

🔟 이질집단 사후검사설계(posttest-only nonequivalent group design)는 동질성을 보장할 수 없는 실험집단과 통제집단을 구성하여 사후검사만을 실시하는 설계다.

	처치	사후검사
실험집단	X	O_1
통제집단		O_2

(단, O는 관찰, X는 처치)

🔲 효과 검증방법은 독립표본 t검정, 무선배치 일원분산분석 등이다.

🔲 이 설계의 한계점은 실험집단과 통제집단을 구성할 때 무선배치의 원칙이 지켜지지 않아 처치 이전에 두 집단이 동질하다고 보기 어렵다는 것이다. 즉, 피험자 선발과 피험자 탈락 등의 내적타당도 저해요인이 발생할 수 있다.

(3) 이질집단 전후검사설계

🔲 이질집단 전후검사설계(nonequivalent control group pretest-posttest design)는 동질성을 보장할 수 없는 실험집단과 통제집단을 구성하여 처치 전후에 사전검사와 사후검사를 실시하는 설계로서, 가장 많이 이용하는 설계방법이다. 이 설계는 처치도구를 투입한 실험집단과 처치도구를 투입하지 않은 통제집단의 사후검사 결과를 비교함으로써 처치의 효과를 검증하되, 사전검사를 통해서 두 집단의 동질성을 확인하거나 사전검사를 공변수로 이용하여 분석함으로써 두 집단의 동질성을 통계적으로 보장해 주는 설계다.

	사전검사	처치	사후검사
실험집단	O_1	X	O_3
통제집단	O_2		O_4

(단, O는 관찰, X는 처치)

🔲 효과 검증방법은 [그림 2-8]과 같이 사전검사를 이용하여 실험집단과 통제집단 간의 동질성을 확인한 후, 동질성이 있는 경우에는 사후검사에서 무선배치 일원분산분석(독립표본 t검정)을 적용하고, 동질성이 없는 경우에는 사후검사를 종속변수로 하고 사전검사를 공변수로 하는 공분산분석을 하거나 반복측정 이원분산분석을 실시한다. 사후검사와 사전검사의 차이 점수에 대한 무선배치 일원분산분석(독립표본 t검정)을 수행하기도 한다.

🔲 이 설계의 한계점은 피험자 선발과 성숙 간의 상호작용(성장 가능성)을 통제하기

어렵다는 것이다.

🔹 사후검사 실시 이후, 일정 기간이 지난 다음 추수검사(follow-up test)를 실시하면, 효과의 지속성을 검증할 수도 있다.

　◆ 지속성 효과 검증방법은 사전검사에서 실험집단과 통제집단 간의 동질성을 가정할 수 있다면 추수검사에서 무선배치 일원분산분석(독립표본 t검정)을 적용하고, 동질성을 가정할 수 없다면 추수검사를 종속변수로 하고 사전검사를 공변수로 하는 공분산분석을 하거나 반복측정 이원분산분석을 실시한다.

	사전검사	처치	사후검사	추수검사
실험집단	O_1	X	O_3	O_5
통제집단	O_2		O_4	O_6

(단, O는 관찰, X는 처치)

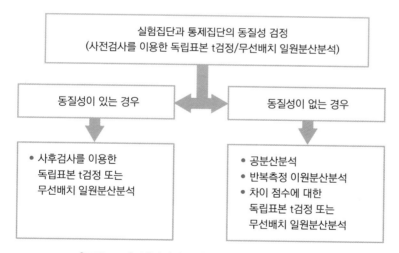

[그림 2-8] 이질집단 전후검사설계의 분석 절차

2) 진실험설계

(1) 전후검사 통제집단설계

🔹 전후검사 통제집단설계(pretest-posttest control group design)는 실험집단과 통제집단을 무선배치의 원칙으로 구성한 다음, 처치 프로그램 투입 전후에 사전검사와 사후검사를 실시하는 설계다. 이 설계는 실험집단과 통제집단을 구성할 때 무선

배치의 원칙이 지켜졌다는 점에서 이질집단 전후검사설계와 구분된다.

		사전검사	처치	사후검사
실험집단	R	O_1	X	O_3
통제집단	R	O_2		O_4

(단, R은 무선배치, O는 관찰, X는 처치)

ⓐ 효과 검증방법은 이질집단 전후검사설계와 동일한 절차를 밟는다.

ⓐ 이 설계의 한계점은 새로운 것에 대한 긍정적 평가에 따른 실험의 오류인 호돈 효과(Hawthorne effect), 통제집단에 있는 연구대상이 실험집단에 있는 연구대상보다 더 나은 결과가 나타나도록 노력하는 현상에 따른 실험의 오류인 존 헨리 효과(John Henry effect), 연구자 효과 등의 실험 상황과 일상생활 간의 이질성에 의한 일반화 한계 및 피험자 선발과 실험처치 간의 상호작용, 사전검사와 실험처치 간의 상호작용 등의 외적타당도 저해요인이 발생할 수 있다는 것이다.

(2) 사후검사 통제집단설계

ⓐ 사후검사 통제집단설계(posttest−only control group design)는 실험집단과 통제집단을 무선배치의 원칙으로 구성한 다음, 처치 프로그램 투입 이후에 사후검사만을 실시하는 설계다. 이 설계는 실험집단과 통제집단을 구성할 때 무선배치의 원칙이 지켜졌다는 점에서 이질집단 사후검사설계와 구분된다.

		처치	사후검사
실험집단	R	X	O_1
통제집단	R		O_2

(단, R은 무선배치, O는 관찰, X는 처치)

ⓐ 효과 검증방법은 독립표본 t검정, 무선배치 일원분산분석이 사용된다.

ⓐ 이론적으로 본다면, 이 설계는 무선배치의 원칙이 지켜졌기 때문에 처치 프로그램 투입 이전에 실험집단과 통제집단 간의 동질성을 보장할 수 있다. 그러나 실제 상황에서는 사례수가 작은 경우 또는 무선배치를 하였음에도 표본이 편파적으로 표집된 경우에는 전후검사 통제집단설계라 하더라도 집단의 동질성을 보장하기 어

려운 경우가 발생할 수 있다.

(3) 요인설계

🔟 한 독립변수의 처치조건이 다른 독립변수의 처치조건과 서로 교차되는 설계를 '요
인설계(factorial design, 또는 교차설계)'라고 한다.

   • 예컨대, [그림 2-9]에서 보는 바와 같이 두 가지 교수방법이 학업성취에 미치
는 효과가 지능의 상하에 따라서 어떻게 다른지를 알아보기 위해서 지능이 '상'
인 집단과 '하'인 집단을 구성한 다음, 각각의 집단을 다시 무선으로 2개의 집
단으로 구성하여 '교수방법 b_1'과 '교수방법 b_2'를 처치한다면 이는 요인설계에
해당한다. 이때 교수방법과 지능을 '교차변수(crossed variable)'라고 한다.

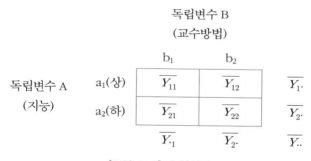

[그림 2-9] 요인설계

🔟 요인설계의 목적은 주효과와 상호작용효과를 동시에 분석하는 데 있다. 한 독립
변수에 따라 종속변수의 차이가 있다면 그 독립변수는 종속변수에 '주효과가 있
다.'고 하고, 한 독립변수에 따른 종속변수의 차이가 다른 독립변수에 따라 다르다
면 두 가지 독립변수는 종속변수에 '상호작용효과가 있다.'고 한다.

   • [그림 2-9]에서 $\overline{Y_{1\cdot}}$과 $\overline{Y_{2\cdot}}$가 통계적으로 유의미한 차이가 있으면 독립변수
A가 주효과가 있는 경우이고, $\overline{Y_{\cdot1}}$과 $\overline{Y_{\cdot2}}$가 통계적으로 유의미한 차이가 있으
면 독립변수 B가 주효과가 있는 경우다. 반면, $\overline{Y_{11}}+\overline{Y_{22}}$와 $\overline{Y_{12}}+\overline{Y_{21}}$이 통계
적으로 유의미한 차이가 있으면 독립변수 A와 독립변수 B가 종속변수에 대해
서 상호작용효과가 있는 경우다.

🔘 효과 검증방법은 독립변수가 2개인 경우에는 무선배치 이원분산분석, 3개인 경우에는 무선배치 삼원분산분석을 적용한다.

- 무선배치 삼원분산분석의 경우, 주효과는 최대 3개(X_1의 주효과, X_2의 주효과, X_3의 주효과)까지 있을 수 있으며, 상호작용효과는 최대 4개(X_1과 X_2의 상호작용효과, X_1과 X_3의 상호작용효과, X_2와 X_3의 상호작용효과, X_1과 X_2와 X_3의 상호작용효과)까지 있을 수 있다. 이때 주의할 것은 통계적으로 유의미하지 않은 효과가 있다면 이보다 더 적은 수의 주효과와 상호작용효과가 있게 된다는 점이다.

(4) 배속설계

🔘 한 독립변수의 처치조건이 다른 독립변수의 처치조건에 배속되는 설계를 '배속설계(nested designs, 일명 내재설계, 위계설계)'라고 한다.

- 예컨대, 두 가지 교수방법(M)이 학업성취(Y)에 미치는 효과를 보기 위해서 [그림 2-10]의 오른쪽에서 나타난 것처럼 교사 A, 교사 B는 교수방법 1을 이용하게 하고, 교사 C, 교사 D는 교수방법 2를 이용하게 함으로써 교사에 따른 효과의 차이를 분석 과정에서 통제하려 한다면 이는 배속설계에 해당한다. 이때 교사변수(t)는 교수방법변수(M)에 배속되어 있기 때문에 '배속변수(nested variable)'라고 하며, 't(M)' 또는 't:M'으로 표현한다. [그림 2-10]의 오른쪽 설계를 적용하였음에도 불구하고 분석 과정에서 교사변수를 반영하지 않으면, 교사의 개인능력 때문에 교수방법에 따른 효과의 차이가 발생할 수 있음을 분석 과정에서 전혀 통제할 수 없게 된다.
- 〈표 2-2〉는 교사변수를 배속변수로 활용하지 않은 경우와 활용한 경우의 분산분석의 차이를 보여 주는 한 예다. 〈표 2-2〉에 따르면, 교사변수를 배속변수로 활용하지 않은 경우에는 교수방법에 따른 효과가 통계적으로 유의미한 차이가 있었지만, 교사변수를 배속변수로 활용한 경우에는 유의미한 차이가 없는 것으로 나타났다. 이처럼 교사변수를 배속변수로 활용하면 t:M 분산을 분리함으로써 실험절차상의 오류를 통제할 수 있기 때문에 교수방법 간 분산에 대한 신뢰성을 제고할 수 있다.

	교수방법(M)			
	교수방법 1		교수방법 2	
	교사 A	교사 B	교사 A	교사 B
	30명	30명	30명	30명

- 교수방법과 교사변수의 상호작용효과 분석이 주목적

	교수방법(M)			
	교수방법 1		교수방법 2	
	교사 A	교사 B	교사 C	교사 D
	30명	30명	30명	30명

- 상호작용효과 분석이 불가능
- 교수방법의 효과를 검증함에 있어서 교사의 영향력을 통제하고자 하는 것이 주목적

[그림 2-10] 요인설계(좌)와 배속설계(우)의 비교

〈표 2-2〉 교사변수를 배속변수로 활용하지 않은 경우와 활용한 경우의 분산분석표 예

분산원	SS	df	MS	F
M	93.63	1	93.63	10.11*
Error	259.33	28	9.26	
Total	352.96	29		

분산원	SS	df	MS	F
M	93.63	1	93.63	3.01
t:M	124.53	4	31.13	5.54*
Error	134.80	24	5.62	
Total	352.96	29		

$* p < .05$

〈교사변수를 배속변수로 활용하지 않은 경우〉　　〈교사변수를 배속변수로 활용한 경우〉

출처: 변창진, 문수백(1996).

📖 요컨대, 배속설계의 장점은 연구자가 궁극적으로 관심 있는 독립변수(예: 교수방법)의 효과를 검증할 때 다른 독립변수(예: 교사변수)의 잡음효과를 통제함으로써 실험의 내적타당도를 높일 수 있다는 것이다.

📖 배속설계의 단점은 교차설계와 달리 상호작용효과를 분석할 수 없다는 점이다. 만약 교수방법의 효과가 교사에 따라서 다를 수 있는지 검증하려 한다면 요인설계를 활용해야 한다.

(5) 구획설계

- 연구자가 관심 있는 독립변수(X)의 효과를 검증할 때, 종속변수(Y)에 영향을 미칠 수 있는 또 다른 독립변수(A)의 영향을 통제하기 위해서 통제하려는 독립변수(A)를 여러 개의 구간으로 나누어, 각 구간 내에서 독립변수 X의 각 처치조건별로 피험자를 할당하는 설계를 '구획설계(block designs)'라고 한다.
  - 예컨대, 세 가지 교수방법(X)이 학업성취도(Y)에 미치는 효과를 비교할 때 지능(A)의 영향을 통제하기 위해서 [그림 2-11]과 같이 각 지능 수준별로 피험자 3명을 표집하여 세 가지 교수방법에 무선적으로 배치하였다면 이는 구획설계에 해당한다. 이때 지능을 '구획변수'라고 한다.

		교수방법(X)		
	구획 1(90~94)	52	53	54
지능(A)	구획 2(95~99)	57	56	56
[구획변수]	구획 3(100~105)	62	62	61
	…	…	…	…

(단, 괄호의 숫자는 지능의 범위, 각 셀의 숫자는 학업성취도)

[그림 2-11] 구획설계의 예

- 구획설계의 목적은 연구자가 궁극적으로 관심 있는 처치도구(예: 교수방법)의 효과를 검증할 때 처치의 효과를 상쇄하는 실험외적 변수(예: 지능)를 통제하는 데 있다. 공분산분석이 실험외적 변수를 통제하기 위한 간접적인 통계기법이라면, 구획설계는 실험외적 변수를 통제하기 위해서 실험외적 변수를 실험설계 속에 직접 포함시킨 방법이다.
- 구획설계는 구획변수의 성격에 따라서 다음과 같이 구분할 수 있다.
  - 구획변수가 지능과 같이 무선변수이면서 구획×처치조건에 피험자를 1명씩 무선으로 배치한 경우를 '무선구획설계(randomized block designs)'라고 한다.
  - 구획변수가 '지역(대도시, 중소도시, 읍면 지역)'과 같이 고정변수이면서 구획×처치조건에 피험자를 1명씩 무선으로 배치한 경우를 '고정구획설계(fixed block designs)'라고 한다.
  - 구획×처치조건에 피험자를 2명 이상씩 무선으로 배치한 경우를 '처치-구획설계(treatments-blocks designs)'라고 한다.

3) 기타 통계적 실험설계

- 앞서 언급한 바와 같이, 초 · 중 · 고등학교별로 30명씩 표집하여 학교급 간 자존감 평균을 비교했을 때 학교급 변수는 피험자 간 변수에 해당하고, 초등학교에서 30명을 표집하여 자존감을 측정하고 이들이 중학교와 고등학교에 진학했을 때 자존감을 반복하여 측정한 다음 학교급 간 자존감 평균을 비교했을 때 학교급 변수는 피험자 내 변수에 해당한다.

- 집단을 구분하는 독립변수가 피험자 간 변수이면 '피험자 간 설계(일명 무선배치설계)'이고, 피험자 내 변수이면 '피험자 내 설계(일명 반복측정설계)'이며, 피험자 간 변수와 피험자 내 변수가 혼합되어 있으면 '혼합설계'라고 한다.

- 피험자 간 설계(between subjects design)는 이월효과의 문제점을 최소화할 수 있다는 장점이 있다. 이월효과란 이전의 실험에서 피험자가 받은 느낌이나 생각, 혹은 수행 경험이 다음 실험의 수행에 미치는 영향을 일컫는다.

- 피험자 내 설계(within subjects design)는 피험자 간 차이가 매우 클 때 이에 대한 요인의 통제가 용이하다. 그리고 사례수의 확보가 힘든 경우에 편리하게 활용할 수 있다.

- 혼합설계(mixed designs, split-plot designs)는 피험자 간 변수와 피험자 내 변수가 통합된 설계로, 피험자 간 변수와 피험자 내 변수의 개수에 따라서 1피험자 간 1피험자 내 설계(one between-one within subjects design), 2피험자 간 1피험자 내 설계(two between-one within subjects design) 등으로 나뉜다.

  - ◆ 예컨대, 두 가지 교수방법이 처치기간에 따라서 수학성취도에 어떻게 영향을 미치고 있는지 검증하기 위해서 실험집단과 통제집단에 각각 30명씩 무선배치한 후, 교수방법 A와 교수방법 B를 6주간 적용하면서 '처치를 시작한 시점' '3주가 지난 시점' '6주가 지난 시점'에 각각 수학성취도를 반복측정한 경우는 피험자 간 변수(교수방법)와 피험자 내 변수(처치기간)가 각각 1개이기 때문에 1피험자 간 1피험자 내 설계에 해당한다.

- 1피험자 간 1피험자 내 설계에 반복측정 이원분산분석(이요인 반복측정 분산분석)을 적용하면, 반복측정한 변수와 무선배치한 변수의 주효과 및 이들 간의 상호작용효과를 검증할 수 있다. 즉, [그림 2-12]의 설계에 반복측정 이원분산분석을 이

용하면, 교수방법 변수의 주효과, 처치기간 변수의 주효과 및 교수방법과 처치기간의 상호작용효과를 검증할 수 있다.

🔹 교수방법과 처치기간의 상호작용효과가 유의미한지를 검증한다면, 이질집단 전후검사설계에서 처치 프로그램이 효과가 있는지를 확인할 수 있다.

- 예컨대, [그림 2-13]의 이질집단 전후검사설계에서, 사전검사에서는 교수방법 B를 적용한 집단이 교수방법 A를 적용한 집단보다 수학성취도가 더 높았지만 사후검사에서는 교수방법 A를 적용한 집단이 오히려 더 높았다면, 교수방법 A는 교수방법 B에 비해서 효과적인 교수방법이라고 판단할 수 있다. 즉, 수학성취도에 대해 교수방법과 측정시점이 상호작용효과를 가진다면, 수학성취도에 대한 두 가지 교수방법의 효과가 다르다고 판단할 수 있다.

- 요컨대, 이질집단 전후검사설계에 반복측정 이원분산분석을 적용하면, 종속변수에 대한 처치여부와 측정시점 간의 상호작용효과를 분석할 수 있고, 이를 통해 처치 프로그램의 효과를 검증할 수 있다.

처치기간

교수방법		0주	3주	6주
A	s_{11}	50	52	51
	s_{12}	63	63	61
	…	…	…	…
B	s_{21}	49	53	55
	s_{22}	63	63	66
	…	…	…	…

(각 셀의 숫자는 수학성취도)

[그림 2-12] 혼합설계(1피험자 간 1피험자 내 설계)의 예

측정시점

		사전검사	사후검사
A	s_{11}	50	52
	s_{12}	63	63
	...	...	...
B	s_{21}	49	53
	s_{22}	63	63
	...	...	...

교수방법

(각 셀의 숫자는 수학성취도)

[그림 2-13] 이질집단 전후검사설계의 예

〈표 2-3〉은 이상의 실험설계에 따른 효과 검증방법 및 분석 상황을 요약한 것이다. 이때 종속변수는 모두 양적변수라고 가정한다.

〈표 2-3〉 실험설계에 따른 분석방법 및 분석 상황

실험설계	분석방법	분석 상황
단일집단 전후검사설계	대응표본 t검정	반복측정이 2회일 때
	반복측정 분산분석	반복측정이 3회 이상일 때
사후검사 통제집단설계	독립표본 t검정	비교할 집단이 2개일 때
	무선배치 일원분산분석	비교할 집단이 2개 이상일 때
이질집단 전후검사설계	독립표본 t검정	비교할 집단이 2개이고, 사전검사에서 비교할 집단이 서로 동질하다고 할 수 있을 때
	무선배치 일원분산분석	비교할 집단이 2개 이상이고, 사전검사에서 비교할 집단이 서로 동질하다고 할 수 있을 때
	공분산분석	비교할 집단 2개 이상이면서 사전검사에서 비교할 집단이 서로 동질하다고 할 수 없을 때
	반복측정 이원분산분석	
요인설계	무선배치 이원분산분석	독립변수가 2개의 피험자 간 변수일 때
	무선배치 삼원분산분석	독립변수가 3개의 피험자 간 변수일 때

제**2**부

SPSS의 기초

생성 확장자의 종류와 기능 | 제**3**장

- SPSS는 Statistical Package for the Social Sciences의 약자로서, SAS와 더불어 가장 많이 활용되는 통계분석용 프로그램이다.
  - SPSS의 장점은 도구상자를 이용하기 때문에 초보자도 손쉽게 다룰 수 있다는 것이다.
- SPSS 분석 과정에서 생성되는 중요한 파일은 다음과 같다.
  - '***.sav': 데이터 파일
  - '***.spv': 결과물 파일
  - '***.sps': 명령문 파일
- 이들 세 가지 종류의 파일의 사용방법을 차례대로 제시하고자 한다.

1 데이터 파일

- 데이터 파일(data file)은 데이터를 입력하여 저장할 때 생기는 파일로서, 확장자는 '***.sav'다.
  - 다음은 10명의 학생에 대한 자존감을 네 번 반복측정하여 얻은 데이터를 입력한 파일의 예다.

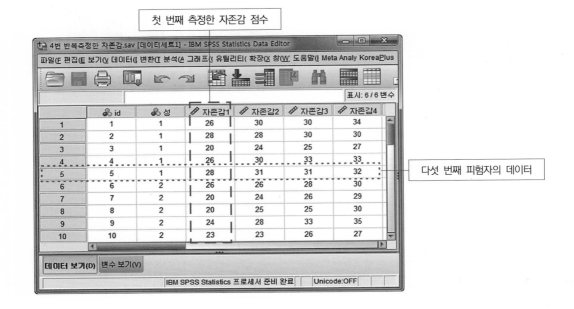

1) 데이터 입력의 기본 원칙

🔘 앞의 데이터 파일에서 보는 바와 같이, 데이터 입력의 기본 원칙은 다음의 두 가지다.
  • **원칙1**: 한 피험자에 관한 데이터는 하나의 행에 입력한다.
  • **원칙2**: 한 변수에 관한 데이터는 하나의 열에 입력한다.

2) 데이터 파일의 저장

  ✔ '파일' 메뉴 ⇨ '다른 이름으로 저장'
  ✔ 파일 이름 창에 원하는 '파일 이름' 입력 ⇨ '저장'

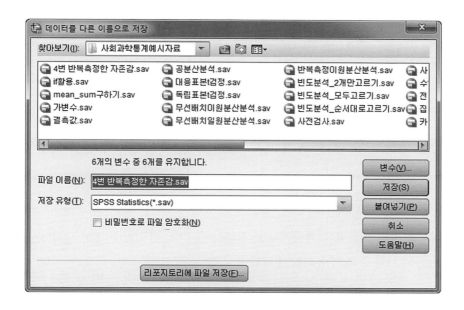

3) 데이터 파일의 구성

(1) '데이터 보기' 창

🔘 다음과 같이 실제 데이터를 입력할 수 있는 창이다.

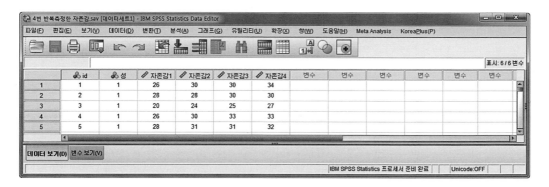

(2) '변수 보기' 창

🔘 다음과 같이 여러 개의 변수를 효율적으로 관리할 수 있는 창이다.

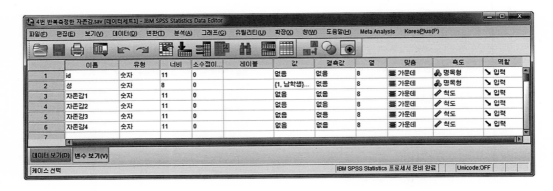

ⓘₙ '변수 보기' 창에서 관리할 수 있는 것은 다음과 같다.

- **이름**: 변수이름을 지정하거나 변경하는 곳이다. 변수이름 지정 과정에서는 다음의 사항을 특히 유의해야 한다.

사용이 제한되는 것	예시
• 띄어쓰기 사용 불가	• 자기 조절 학습 ⇒ 자기조절학습
• 일부 특수문자 사용 불가	• '*, −' 등은 불가, '_'은 가능함
• 제일 앞에 숫자 사용 불가	• '1번, 2번' ⇒ '번호1, 번호2'

※ SPSS에서 대소문자는 구분하지 않는다. 즉, 'A1'과 'a1'은 동일한 변수명이다.

- **유형**: 데이터 형식을 말한다. 예컨대, '김재철'과 같은 문자를 입력하려면 '변수 보기' 창에서, '김재철'을 입력하려는 변수의 '유형' 오른쪽 공백을 클릭했을 때 나타나는 다음의 '변수 유형' 창에서 '숫자' 대신 '문자'를 선택해 주어야 한다.

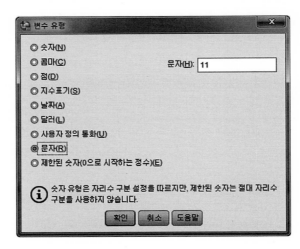

◆ **너비:** '너비'는 다음에 설명할 '소수점이하자리'의 값보다 더 커야 한다. '너비'는
데이터를 '고정 ASCII'로 저장할 때의 자릿수로 활용된다.

◆ **소수점이하자리:** 데이터 보기 창에서 보여 주는 소수점 이하 자리의 개수를 지정
해 주는 곳이다. 예컨대, 변수 자존감1의 '소수점이하자리'를 '2'로 지정하면 다
음과 같이 바뀐다.

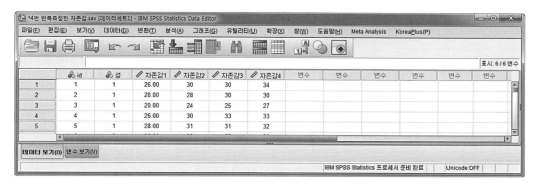

◆ **레이블:** 해당 변수에 관한 구체적인 설명을 붙이는 장소다. 아무런 문자를 이용
해도 무방하지만, 분석에 이용되는 변수는 항상 '이름'에 제시되어 있는 변수이
름이 활용됨을 명심해야 한다.

◆ **값:** 변수값에 대한 구체적인 설명과 내용을 입력하는 장소다. 예컨대, 남학생을
1로, 여학생을 2로 입력하였다면, '값'을 이용하여 1이 남학생이고 2가 여학생
임을 지정할 수 있다. 그 절차는 다음과 같다.

　✔ '변수 보기' 창에서 변수값을 입력하고자 하는 '변수값' 오른쪽 공백을 클릭
　✔ '기준값'에 '1' 입력 ⇨ Tab ⇨ '레이블'에 '남학생' 입력 ⇨ Enter ⇨ '확인'
　　클릭

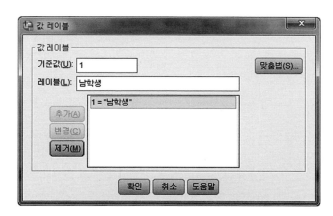

✔ '기준값'에 '2' 입력 ⇨ Tab ⇨ '레이블'에 '여학생' 입력 ⇨ Enter ⇨ '확인' 클릭

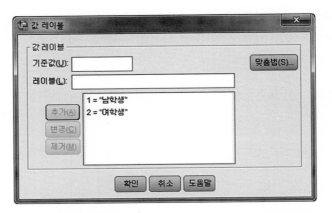

✔ 만약 '남학생'을 '남자'라고 수정하고자 한다면 '남학생'을 선택

✔ 레이블을 '남자'로 수정 ⇨ '변경' ⇨ '확인' 클릭

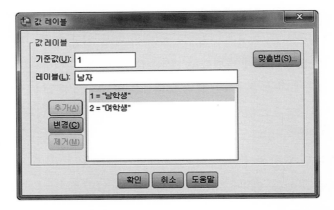

✔ '데이터 보기' 창에서 '1'과 '2' 대신 '남학생'과 '여학생'이 직접 나타나게 하려면 툴 박스(tool box)에서 다음의 직사각형 부분을 클릭한다.

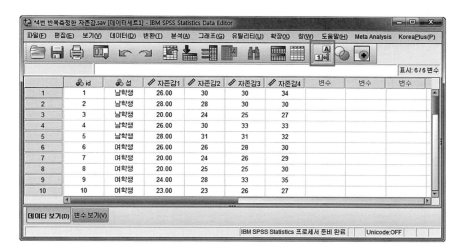

- **결측값**: '데이터 보기' 창에 특정 숫자로 입력은 하였지만 분석에서는 그 숫자를 제외시키고자 할 때, 이를 지정해 주는 곳이다. 다음은 변수 'v2, v3, v4'에 입력된 '9'라는 값을 분석에서 제외시키는 절차다.

✔ '변수 보기' 창 ⇨ 'v2' 변수란의 결측값 오른쪽 공백 클릭

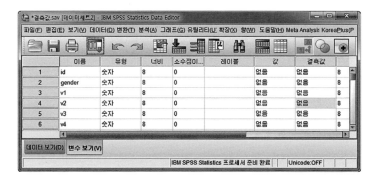

✔ '이산형 결측값'에 '9'를 입력 ⇨ '확인' 클릭

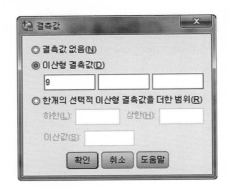

✔ 'v3, v4'에서도 '9'를 결측값으로 지정

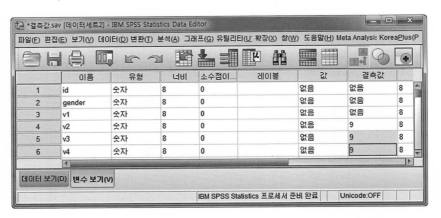

주의 사항 1 v2, v3, v4에서 '9'를 결측값으로 지정하게 되면, '9'라는 값은 입력하지 않은 것과 동일한 효과가 나타난다. 즉, '9'를 입력하고 이를 결측값으로 지정한 앞의 경우'와 '아예 아무것도 입력하지 않은 다음의 경우'는 분석에서 동일한 결과로 나타난다.

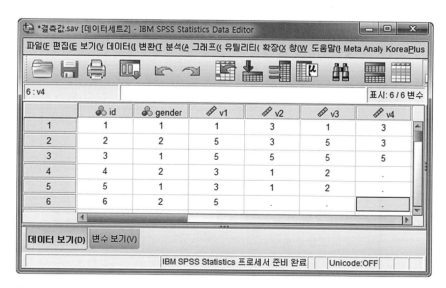

주의 사항 2 '이산형 결측값'을 활용하면, 3개를 한꺼번에 결측값으로 지정할 수 있다. 특히 '1개의 선택적 이산형 결측값을 더한 범위'를 활용하면, '하한'값에서 '상한'값까지의 모든 값과 이산값 1개 값을 한꺼번에 결측값으로 설정할 수 있다. 예컨대, 다음은 6에서 9까지의 모든 숫자와 99를 결측값으로 간주한다.

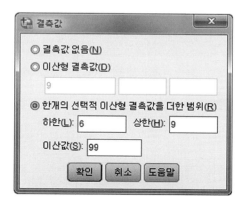

주의 사항 3 v1, v2, v3, v4에서 '9'를 결측값으로 처리한 다음 '변수 계산'을 활용하여 총점과 평균을 구하면, 방법 1과 방법 2에 따라서 결과가 달라진다.

✔ 방법1: '변환' 메뉴 ▷ 변수 계산 ▷ 다음과 같이 입력한 후, '확인'을 클릭하면 한 변수라도 반응하지 않은 피험자는 결측값으로 산출된다.

〈총점 구하기 방법 1〉

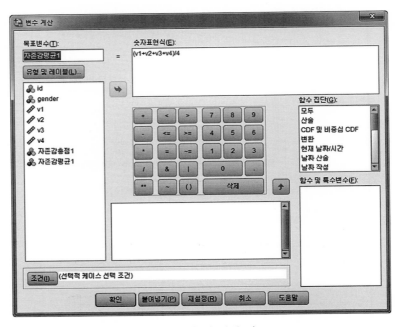

〈평균 구하기 방법 1〉

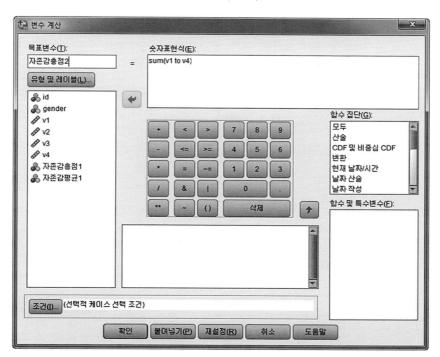

〈결과〉

✔ 방법2: '변환' 메뉴 ⇨ 변수 계산 ⇨ 다음과 같이 입력한 후, '확인'을 클릭하면 특정 변수에 반응하지 않은 피험자도 결측값으로 처리되지 않는다. 이때 결측값이 있는 변수는 없는 값으로 간주된다.

〈총점 구하기 방법 2〉

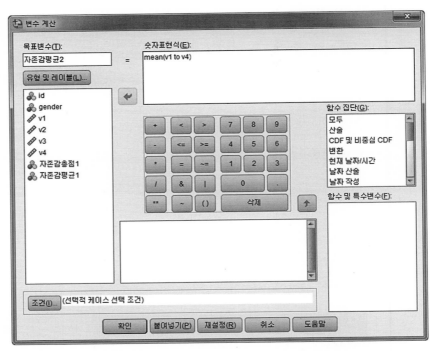

〈평균 구하기 방법 2〉

〈결과〉

✔ 다음은 총점과 평균을 구하는 두 가지 방법을 명령문으로 표현한 것이다. 즉, 자존감총점1, 자존감평균1, 자존감총점2, 자존감평균2를 삭제한 후, '파일' 메뉴 ⇨ '새 파일' ⇨ '명령문'을 선택하면 나타나는 창에 다음을 입력하여 ▶를 클릭해 보기 바란다. 앞의 경우와 동일한 결과가 산출됨을 확인할 수 있다.

```
COMPUTE  자존감총점1=v1+v2+v3+v4.
EXECUTE.
COMPUTE  자존감평균1=(v1+v2+v3+v4)/4.
EXECUTE.
COMPUTE  자존감총점2=sum(v1 to v4).
EXECUTE.
COMPUTE  자존감평균2=mean(v1 to v4).
EXECUTE.
```

주의 사항 4 ┃ 결측값으로 지정된 변수라 하더라도 '코딩변경'은 그 영향을 받지 않는다. 예컨대, v4에서 '9'를 결측값으로 지정하였더라도 '코딩변경'을 활용하여 '9'를 다른 값(예, 5)으로 변경한다면, '9'는 결측값임에도 불구하고 '5'로 변경되며, 변경된 이후에는 더 이상 결측값으로 간주되지도 않는다. 아무것도 입력하지 않은 결측값(.)을 특정값으로 변경하고자 한다면, '변환' 메뉴 ⇨ '같은 변수로 코딩변경' 또는 '다른 변수로 코딩변경'에서 '시스템 결측값'을 특정값으로 변경할 수 있다.

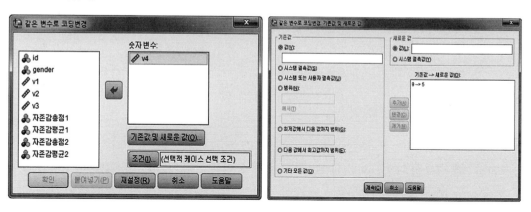

주의 사항 5 ┃ 결측값 처리 방법으로는 '대응별 결측값 제외'와 '목록별 결측값 제외' 등이 있다.

① 대응별 결측값 제외(pairwise deletion): 각 변수의 쌍에 대해 데이터가 유효한 사례만을 사용하여 분석하는 방법이다.

② 목록별 결측값 제외(listwise deletion): 결측값이 하나라도 있는 사례를 모두 제거하는 방법이다. 즉, 모든 변수에 대해 데이터가 유효한 사례만을 사용하여 분석하는 방법이다.

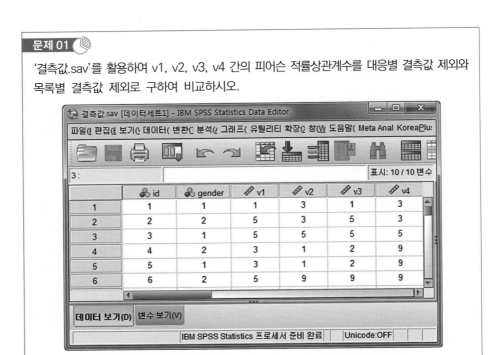

문제 01

'결측값.sav'를 활용하여 v1, v2, v3, v4 간의 피어슨 적률상관계수를 대응별 결측값 제외와
목록별 결측값 제외로 구하여 비교하시오.

문제 해설 및 정답: 부록 1 참조

---

2 결과물 파일

- 결과물 파일(output file)은 분석 후에 축적되는 결과물을 저장하면 생성되는 파일
  이다. 확장자는 '***.spv'다. 이를 흔글 파일로 가져오기 위해서는 먼저 엑셀 파일
  로 저장하는 것이 편리하다.

1) '***.spv' 파일

- 다음은 10명 학생의 자존감을 네 번 반복측정하여 얻은 데이터를 이용하여 시점별
  평균과 표준편차를 분석한 결과다.

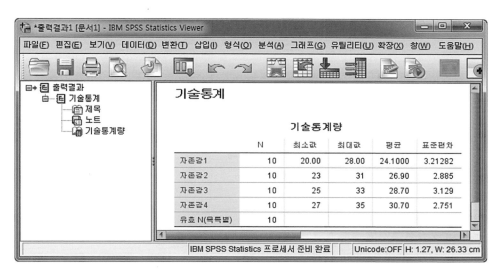

♦ 결과물이 있는 상태에서 새로운 분석을 추가하면 새로운 결과물은 이전 결과물 이후에 계속 축적된다. 그러므로 잘못 분석한 결과물이 있다면 삭제하고 새롭게 분석을 하는 것이 좋다.

(1) 결과물 파일 저장 방법

♦ 결과물 보기 창의 '파일' 메뉴
   - ✔ '다른 이름으로 저장'
   - ✔ '찾아보기'에서 저장하고자 하는 '폴더'를 지정
   - ✔ '파일 이름' 창에 원하는 파일 이름을 입력 ⇨ '저장' 클릭

(2) 결과물 파일 불러오기 방법

♦ '결과물 보기' 창의 '파일' 메뉴
   - ✔ '열기' ⇨ '출력결과'
   - ✔ '찾아보기'에서 열고자 하는 파일이 저장된 '폴더'를 찾는다.
   - ✔ 열고자 하는 '파일 이름' 선택 ⇨ '열기' 클릭

2) '내보내기' 기능을 활용한 결과물 편집

🔘 다음은 '내보내기(export)' 기능을 활용하여 SPSS 결과물을 흔글 파일로 편집하는 과정이다.

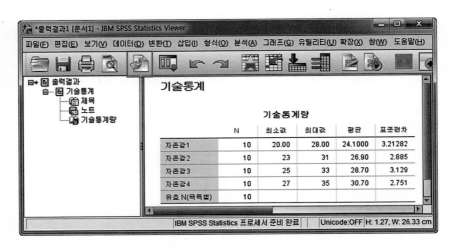

- 1단계: 결과물 파일을 엑셀 파일로 내보내기
  - ✔ '결과물 보기' 창에서 Ctrl+A를 누른 후, 를 클릭
    (이때 주의할 점은 결과물 중 특정표가 선택된 상황에서 '내보내기'를 하면, 선택된 표만 엑셀 파일로 저장된다는 것이다.)
  - ✔ 유형에서 'Excel 2007 이상(*.xlsx)'을 선택하고, '찾아보기'를 클릭하여 저장할 폴더를 지정한 다음 '파일 이름'을 입력
  - ✔ '저장' ⇨ '확인' 클릭
- 2단계: 엑셀 파일을 연 후, 필요한 부분만 흔글 파일로 옮기기

3 명령문 파일

🔟 명령문은 DOS형 프로그램을 만들어 통계분석을 하는 곳이다. 명령문 파일(systax file)은 명령문을 저장한 파일로서, 확장자는 '***.sps'다.

- 다음은 10명 학생의 자존감을 네 번 반복측정하여 얻은 데이터를 이용하여 시점별 평균과 표준편차를 구하는 과정을 명령문으로 처리하는 절차다.

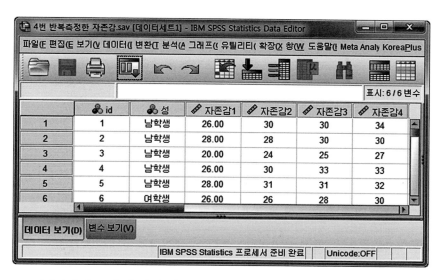

* 1단계: '명령문 파일' 작성 및 실행하기

✔ '분석' 메뉴

✔ '기술통계량' ⇨ '기술통계'

✔ 자존감1~자존감4의 4개 파일을 '변수'로 이동 ⇨ '붙여넣기' 클릭

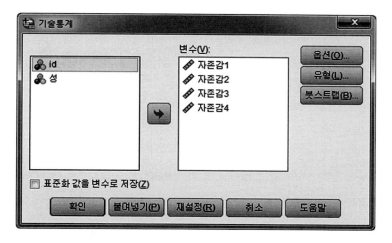

✔ 실행하고자 하는 부분에 블록을 지정한 후, ▶️ 클릭

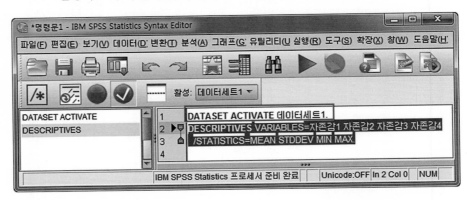

※ 이때 'DATASET ACTIVATE 데이터세트1.'은 데이터 파일이 여러 개 열려 있을 때, '데이터세트1(데이터 파일의 상단에 제시되어 있음)'을 활용하여 분석하겠다는 것을 의미한다. 데이터 창이 하나만 열려 있을 경우에는 이 부분이 없더라도 분석 결과는 동일하다.

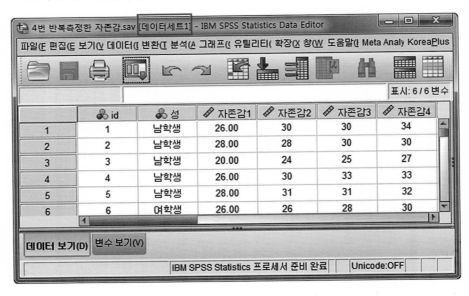

• **2단계: '명령문 파일' 저장**

  ✔ '명령문 파일' 창의 '파일' 메뉴

  ✔ '다른 이름으로 저장'을 선택한 다음, '찾아보기'에서 저장하고자 하는 '폴더'를 지정 ⇨ '파일 이름'에 원하는 파일 이름 입력

  ✔ '저장'

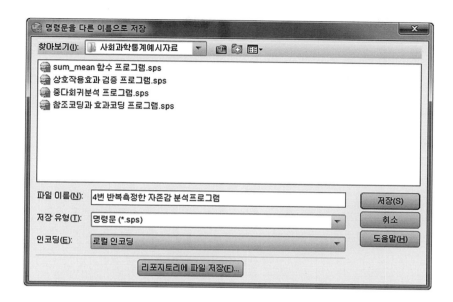

데이터 입력방법 제**4**장

1   SPSS에 직접 입력하는 방법

◉ 데이터를 SPSS의 '데이터 보기' 창에 직접 입력하는 방법이다.

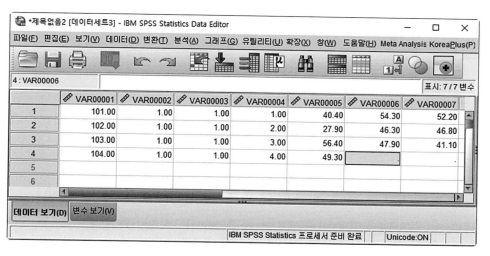

* **주의**: 데이터는 가능한 한 '숫자'로 입력하는 것이 편리하다. 예컨대, '남학생' '여 학생'을 직접 입력하는 것보다 이들을 '1' '2'와 같은 숫자로 부호화하여 입력하 는 것이 바람직하다.
* '변수 보기' 창에서 이름, 유형, 너비, 소수점이하자리, 레이블, 값, 결측값, 열, 맞춤, 측도, 역할 등을 조정한 후, 파일 이름을 지정하여 저장한 다음 분석에 활 용하면 된다.

2 엑셀에 입력하여 SPSS로 불러오는 방법

🔊 데이터를 엑셀에 입력해서 SPSS에서 불러오는 방법이다.

1) 1단계: 엑셀 파일에 데이터 입력 및 저장하기

✔ 엑셀 프로그램에서 데이터를 입력한다. 이때 1행에는 '변수이름'을 입력한다. 주의할 것은 1행의 변수이름은 SPSS에서 그대로 이용되기 때문에 'SPSS에서 변수이름 지정 시 유의할 점'이 그대로 지켜져야 한다. 예컨대, '1번' '수학 성적' 등과 같이 숫자가 앞에 오거나 띄어쓰기가 활용된 변수이름은 적합하지 않다.

✔ '저장' ⇨ 엑셀 창을 닫는다. SPSS 버전이 낮은 경우 '저장한 엑셀 파일'을 SPSS에서 불러오기 위해서는 엑셀 창을 반드시 닫아야 한다.

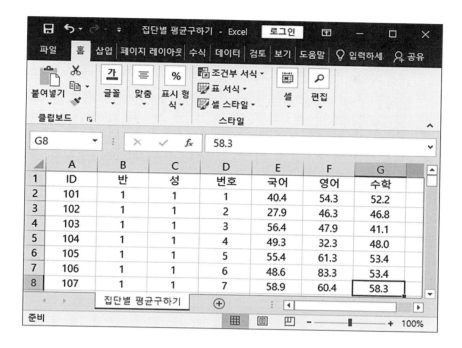

2) 2단계: SPSS에서 엑셀 파일 불러오기

✔ 1단계에서 저장한 엑셀 파일을 SPSS 창 위에 마우스로 드래그하면, 다음과 같은 창이 생긴다.

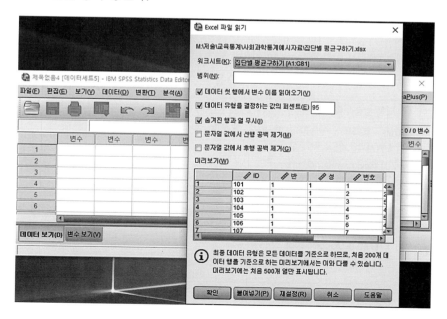

✔ 만약 엑셀 파일에서 여러 개의 워크시트에 데이터를 입력했다면, 불러오고자 하는 '워크시트'를 선택해야 한다.

✔ 엑셀 파일의 첫 행에 변수 이름을 입력한 경우 '데이터 첫 행에서 변수 이름 읽어오기' 앞 부분을 체크(✔)하고, 그렇지 않으면 체크(✔)를 없앤다.

✔ '확인'을 클릭한다.

✔ '변수 보기' 창에서 이름, 유형, 너비, 소수점이하자리, 레이블, 값, 결측값, 열, 맞춤, 측도, 역할 등을 조정한 후, 파일 이름을 지정하여 저장한 다음 분석에 활용하면 된다.

---

3 텍스트 파일로 입력하여 SPSS로 불러오는 방법

🔟 데이터를 텍스트 파일에 입력해서 SPSS에서 불러오는 방법이다.

1) 1단계: 텍스트 파일에 데이터 입력 및 저장하기

◆ 메모장 여는 방법

✔ '시작' ⇨ '검색' ⇨ '메모장' 입력 후 Enter

◆ 데이터 입력방법

✔ ID(3자리), 반(1자리), 성(1자리), 번호(2자리), 국어 · 영어 · 수학(과목별로 소수점 포함해서 4자리, 즉, ★★.★)을 각각 다음과 같이 입력

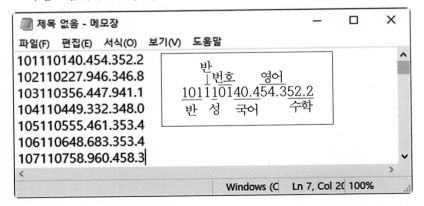

✔ 저장

2) 2단계: SPSS에서 텍스트 파일 불러오기

✔ 1단계에서 저장한 텍스트 파일을 SPSS 창 위에 마우스로 드래그하면, 다음 과 같이 '텍스트 가져오기 마법사 6단계 중 1단계'가 나타난다.

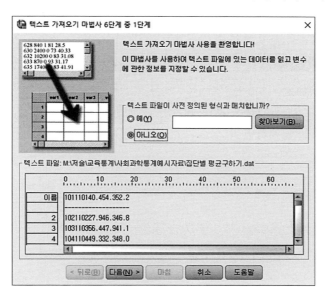

✔ '다음'을 클릭하면 '텍스트 가져오기 마법사 − 6단계 중 2단계'가 나타난다.

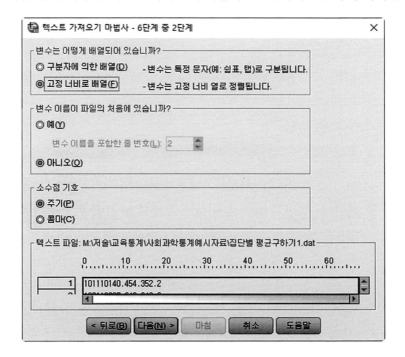

✔ 이 중 '고정 너비로 배열'을 선택하면, 변수 구분을 열의 위치로 하게 된다. 이를 활용하기 위해서는 각 변수가 차지하는 최대 자릿수를 파악해야 한다. 여기에서는 ID 3자리, 반 1자리, 성 1자리, 번호 2자리, 국어 · 영어 · 수학은 과목별로 소수점 포함해서 4자리다(다음 4단계 참조).

✔ '구분자에 의한 배열'을 선택하면, '띄어쓰기' 또는 ' , ' 등으로 변수를 구분하게 된다(다음 4단계 참조). '구분자에 의한 배열'인 경우, 텍스트 파일 첫 행에 변수이름을 미리 입력하여 이를 변수이름으로 활용할 계획이라면, '변수 이름이 파일의 처음에 있습니까?' 부분에서 '예'를 선택하면 된다.

✔ '다음'을 클릭하면 '텍스트 가져오기 마법사 – 6단계 중 3단계'가 나타난다.

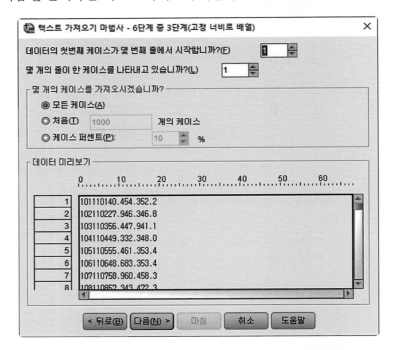

✔ '다음'을 클릭하면 '텍스트 가져오기 마법사 – 6단계 중 4단계'가 나타난다. 여기서는 2단계에서 '고정 너비로 배열'을 선택했기 때문에 ID 3자리, 반 1자리, 성 1자리, 번호 2자리, 국어 · 영어 · 수학은 과목별로 소수점 포함해서 4자리라는 점을 고려하여 숫자를 3칸, 1칸, 1칸, 2칸, 4칸, 4칸, 4칸씩 잘라 준다. 변수들을 'l'로 구분하려면 숫자와 숫자 사이에 마우스 포인터를 놓고 클릭하면 된다. 'l'를 삭제하려면 'l'를 선택한 상태에서 '구분 삭제'를 클릭한다. 숫자 가장 오른쪽에는 화살표를 만들지 않아도 무방하다.

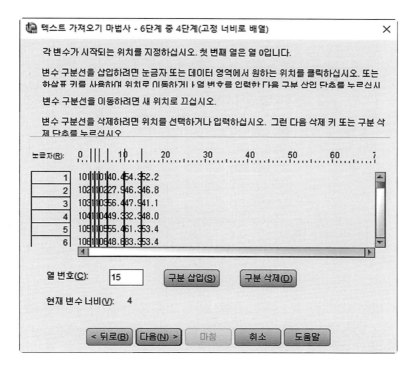

✔ '다음'을 클릭하면 '텍스트 가져오기 마법사 – 6단계 중 5단계'가 나타난다.

✔ '다음'을 클릭하면 '텍스트 가져오기 마법사 – 6단계 중 6단계'가 나타난다.

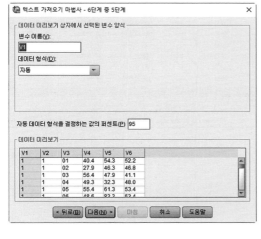
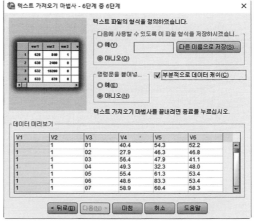

✔ '마침'을 클릭한다.

✔ '변수 보기' 창에서 이름, 유형, 너비, 소수점이하자리, 레이블, 값, 결측값, 열, 맞춤, 측도, 역할 등을 조정한 후, 파일 이름을 지정하여 저장한 다음 분석에 활용하면 된다.

	이름	유형	너비	소수점이...	레이블	값	결측값	열	맞춤	측도	역할
1	V1	숫자	1	0		없음	없음	8	▓ 오른쪽	명목형	↘ 입력
2	V2	숫자	1	0		없음	없음	8	▓ 오른쪽	명목형	↘ 입력
3	V3	숫자	2	0		없음	없음	8	▓ 오른쪽	명목형	↘ 입력
4	V4	숫자	4	1		없음	없음	8	▓ 오른쪽	척도	↘ 입력
5	V5	숫자	4	1		없음	없음	8	▓ 오른쪽	척도	↘ 입력
6	V6	숫자	4	1		없음	없음	8	▓ 오른쪽	척도	↘ 입력

저장 및 다시 불러오기 제**5**장

1 저장

🔅 SPSS에서는 분석 과정에서 생기는 데이터 파일, 결과물 파일, 명령문 파일 등을 저장할 수 있다. '집단별 평균구하기.sav'를 이용하여 그 방법을 설명하기로 한다.

1) 데이터 파일의 저장

• '파일' 메뉴
  ✔ '저장' 또는 디스켓 모양의 아이콘 클릭

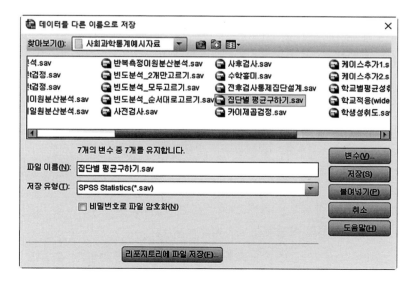

✔ 데이터 파일의 확장자는 'sav'다(***.sav).

2) 결과물 파일의 저장

• **분석 결과물 생성**

✔ 예컨대, '분석' ⇨ '기술통계량' ⇨ '기술통계'

✔ 국어, 영어, 수학을 '변수'로 이동 ⇨ '확인' 클릭

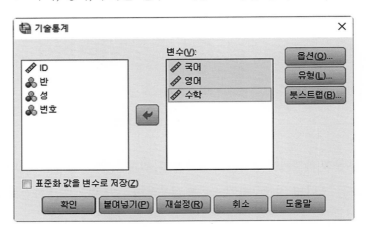

• **결과물 파일의 저장**

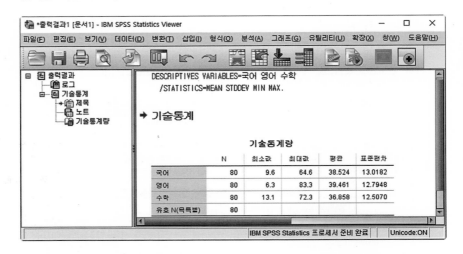

✔ '결과물 보기' 창 ⇨ '파일' 메뉴 ⇨ '저장' 또는 디스켓 모양의 아이콘 클릭

✔ 결과물 파일의 확장자는 'spv'다(***.spv).

3) 명령문 파일의 저장

- **명령문 생성**

  ✔ 예컨대, '분석' ⇨ '기술통계량' ⇨ '기술통계'

  ✔ 국어, 영어, 수학을 '변수'로 이동 ⇨ '붙여넣기' 클릭

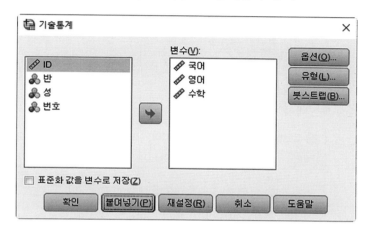

　　　※ '메뉴' 창에서 '재설정'은 초기화시키는 곳이다.

- **명령문 파일의 저장**

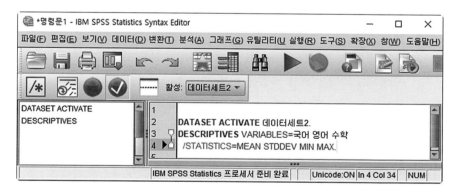

  ✔ 명령문 편집기의 '파일' 메뉴 ⇨ '저장' 또는 디스켓 모양의 아이콘 클릭

  ✔ 명령문 파일의 확장자는 'sps'다(***.sps).

2 다시 불러오기

🔹 SPSS에서는 확장자가 ***.sav(데이터 파일), ***.sps(명령문 파일) 및 ***.spv(결과물 파일)인 파일을 다시 불러올 수 있다.

1) 데이터 파일 다시 불러오기

* '파일' 메뉴
  - ✔ '열기' ➪ '데이터'

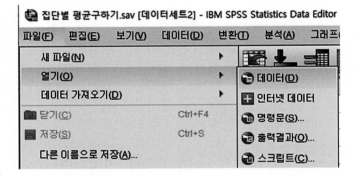

  - ✔ '찾는 위치'에서 찾고자 하는 파일의 경로 지정
  - ✔ 파일 형식으로 'SPSS(*.sav)'를 선택 ➪ 파일 이름 선택 ➪ '열기'
    ※ 데이터 파일은 해당 파일을 더블 클릭해도 불러올 수 있다.

2) 결과물 파일 다시 불러오기

* '파일' 메뉴
  - ✔ '열기' ➪ '출력결과'

✔ '찾는 위치'에서 찾으려는 파일의 경로 지정

✔ 파일 형식으로 '뷰어 문서(*.spv)'를 선택 ⇨ 파일 이름 선택 ⇨ '열기'

※ 결과물 파일은 해당 파일을 더블 클릭해도 불러올 수 있다.

3) 명령문 파일 다시 불러오기

• '파일' 메뉴

✔ '열기' ⇨ '명령문'

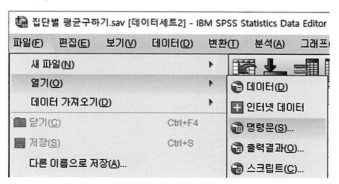

✔ '찾는 위치'에서 찾으려는 파일의 경로 지정

✔ 파일 형식으로 '명령문(*.sps)'을 선택 ⇨ 파일 이름 선택 ⇨ '열기'

※ 명령문 파일은 해당 파일을 더블 클릭해도 불러올 수 있다.

자료 변환 제**6**장

1 코딩변경

1) 개념

ℹ️ 코딩변경(recode)이란 주어진 데이터에 특정한 조건을 주어, 같은 변수 혹은 새로운 변수를 생성하는 것을 말한다. 코딩변경에는 '같은 변수로 코딩변경'과 '다른 변수로 코딩변경'의 두 가지 방법이 있다.

  • 예컨대, '5지 선다형으로 제작된 문항에 대한 채점' '부정문항으로 제작된 리커트 문항에 대한 역채점' 등은 코딩변경을 활용할 수 있다.

2) 코딩변경의 예1

ℹ️ 다음은 '집단별 평균구하기.sav'(네이버 카페의 '스터피아'에서 다운로드)에서 국어, 영어, 수학 점수가 각각 30점 미만이면 3(미흡), 30점 이상 50점 미만이면 2(보통), 50점 이상이면 1(우수)로 분류하도록 하는 '다른 변수로 코딩변경' 절차다.

(1) '변환' 메뉴

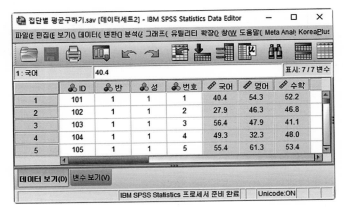

- ✔ '코딩변경' ⇨ '다른 변수로 코딩변경'
- ✔ 국어를 '숫자변수 → 출력변수'로 이동
- ✔ '출력변수'의 '이름'에 '국어등급'을 입력 ⇨ '변경'

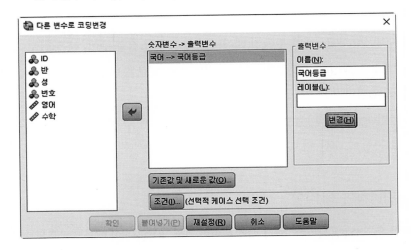

(2) '기존값 및 새로운 값'

- ✔ 첫 번째 기준이 '30점 미만이면 3'이므로 '기존값'의 '최저값에서 다음 값까지의 범위'에 29.9999999999를 입력하고 '새로운 값'의 '값'에 3을 입력 ⇨ '추가'
- ✔ 두 번째 기준이 '30점 이상 50점 미만이면 2'이므로 '기존값'의 '범위'에 30과 49.9999999999를 입력한 후 '새로운 값'의 '값'에 2를 입력 ⇨ '추가'

✔ 세 번째 기준이 '50점 이상이면 1'이므로 '기존값'의 '다음 값에서 최고값까지 범위'에 50을 입력하고 '새로운 값'의 '값'에 1을 입력 ⇨ '추가' ⇨ '계속'

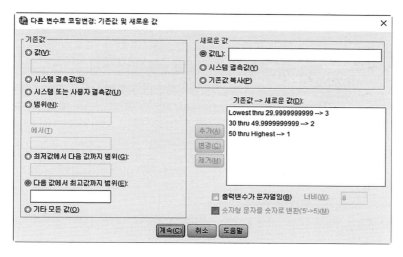

✔ '붙여넣기' 클릭

✔ '국어'에서 얻은 '다른 변수로 코딩변경' 명령문을 활용하여 '영어' '수학'에 관한 '다른 변수로 코딩변경' 명령문을 작성함(아래 음영 부분)

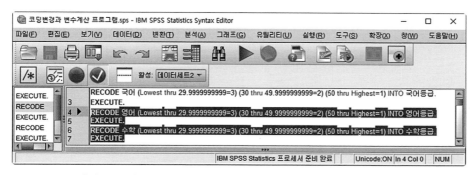

※ 명령문을 활용하면 반복된 분석을 손쉽게 수행할 수 있다.

✔ 작성한 명령문 중 실행하고자 하는 부분에 블록 지정

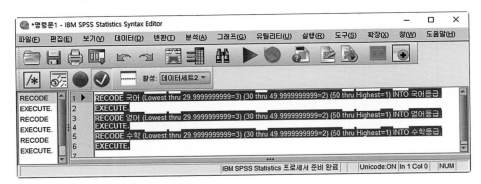

✔ ▶를 클릭하면 국어등급, 영어등급, 수학등급 변수를 손쉽게 얻을 수 있다.

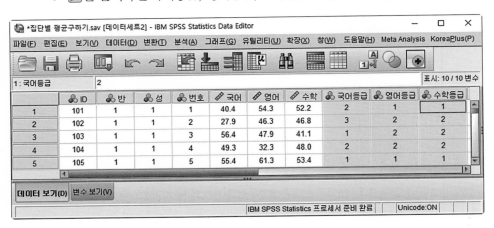

✔ 1이 우수, 2가 보통, 3이 미흡임을 설정해 주기 위해 '변수 보기' 창의 아래 사
   각형 부분을 클릭

	이름	유형	너비	소수점이...	레이블	값	결측값	열	
4	번호	숫자	12	0		없음	없음	6	畺 가졍
5	국어	숫자	12	1		없음	없음	6	畺 가졍
6	영어	숫자	12	1		없음	없음	6	畺 가졍
7	수학	숫자	12	1		없음	없음	6	畺 가졍
8	국어등급	숫자	8	0		없음	... 없음	8	畺 가졍
9	영어등급	숫자	8	0		없음	없음	8	畺 가졍
10	수학등급	숫자	8	0		없음	없음	8	畺 가졍

✔ '기준값'에 '1' ⇨ Tab ⇨ '레이블'에 '우수' ⇨ Enter ⇨ '기준값'에 '2' ⇨ Tab ⇨ '레이블'에 '보통' ⇨ Enter ⇨ '기준값'에 '3' ⇨ Tab ⇨ '레이블'에 '미흡' ⇨ Enter

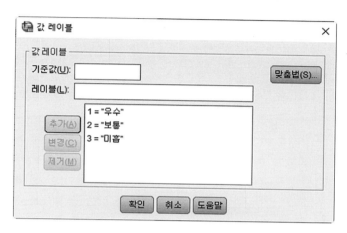

✔ '확인' 클릭 ⇨ 아래 직사각형 부분의 국어등급에 해당하는 '값' 설정을 Ctrl＋C와 Ctrl＋V를 활용하여 영어등급과 수학등급에 복사

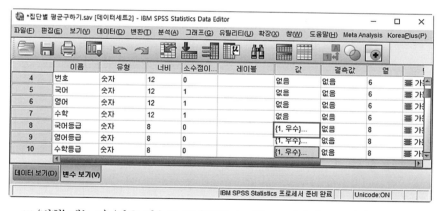

※ '변환' 메뉴 ⇨ '같은 변수로 코딩변경'의 경우, 코딩변경으로 얻어진 변수 자료가 코딩변경 이전의 변수 자료를 덮어쓰게 된다.

3) 코딩변경의 예2

🔘 다음은 '집단별 평균구하기.sav'(네이버 카페의 '스터피아'에서 다운로드)에서 남학생의 경우에는 국어, 영어, 수학 점수가 각각 30점 미만이면 3(미흡), 30점 이상 50점 미만이면 2(보통), 50점 이상이면 1(우수)로 분류하되, 여학생의 경우에는 국어, 영

어, 수학 점수가 각각 25점 미만이면 3(미흡), 25점 이상 45점 미만이면 2(보통), 45점 이상이면 1(우수)로 분류하도록 하는 '다른 변수로 코딩변경' 절차다.

(1) '변환' 메뉴

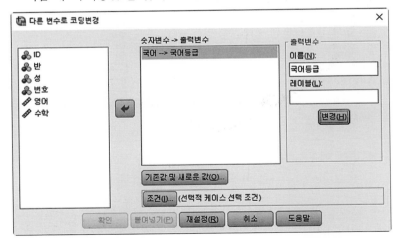

✔ 먼저, 남학생만 선택해서 성취등급을 분류하기 위해 '코딩변경' ▷ '다른 변수로 코딩변경' ▷ 국어를 '숫자변수 → 출력변수'로 이동 ▷ '출력변수'의 '이름'에 '국어등급'을 입력 ▷ '변경' 클릭

✔ '조건' 클릭
✔ '다음 조건을 만족하는 케이스 포함' 선택 ▷ '성' 변수를 오른쪽 공백으로 이동 ▷ '성＝1'로 수정

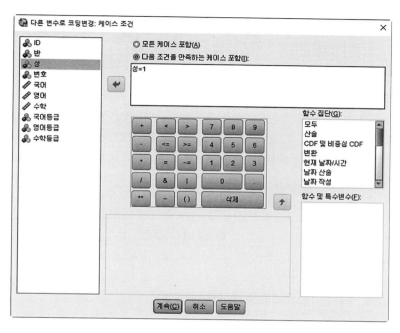

✔ '계속' 클릭

(2) '기존값 및 새로운 값'

✔ 첫 번째 기준이 '30점 미만이면 3'이므로 '기존값'의 '최저값에서 다음 값까지
의 범위'에 29.9999999999를 입력하고 '새로운 값'의 '값'에 3을 입력 ⇨
'추가'

✔ 두 번째 기준이 '30점 이상 50점 미만이면 2'이므로 '기존값'의 '범위'에 30과
49.9999999999를 입력한 후 '새로운 값'의 '값'에 2를 입력 ⇨ '추가'

✔ 세 번째 기준이 '50점 이상이면 1'이므로 '기존값'의 '다음 값에서 최고값까지
범위'에 50을 입력하고 '새로운 값'의 '값'에 1을 입력 ⇨ '추가' ⇨ '계속' 클릭

✔ '붙여넣기' 클릭

✔ '여학생'만 선택할 때 얻을 수 있는 '다른 변수로 코딩변경' 명령문을 작성하기 위해 '남학생'만 선택해서 얻은 '다른 변수로 코딩변경' 명령문을 활용하여 조건에 맞게 수정(아래 음영 부분)함

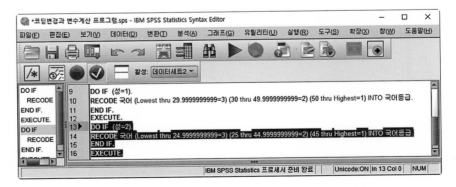

✔ '국어'에서 얻은 '다른 변수로 코딩변경' 명령문을 활용하여 '영어' '수학'에 관

한 '다른 변수로 코딩변경' 명령문을 작성(아래 음영 부분)함

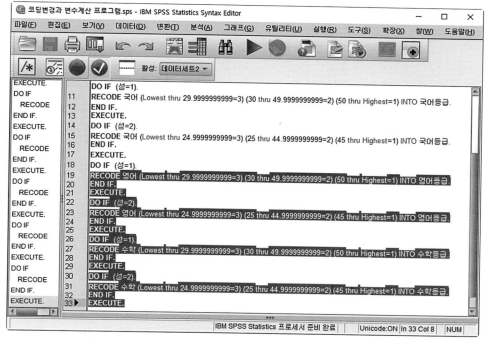

※ 명령문을 활용하면 반복된 분석을 손쉽게 수행할 수 있다.

✔ 작성한 명령문 중 실행하고자 하는 부분을 블록 지정

✔ ▶를 클릭하면, 국어등급, 영어등급, 수학등급 변수를 손쉽게 얻을 수 있다.

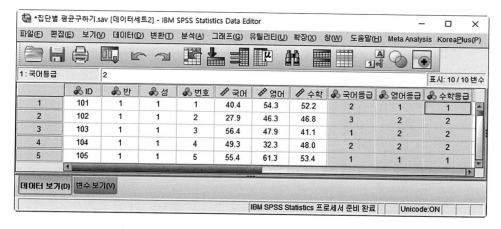

✔ 1이 우수, 2가 보통, 3이 미흡임을 설정해 주기 위해 '변수 보기' 창의 아래 사
　각형 부분을 클릭

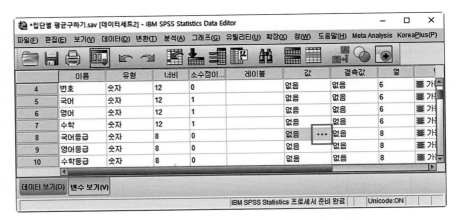

✔ '기준값'에 '1' ⇨ Tab ⇨ '레이블'에 '우수' ⇨ Enter ⇨ '기준값'에 '2' ⇨ Tab
⇨ '레이블'에 '보통' ⇨ Enter ⇨ '기준값'에 '3' ⇨ Tab ⇨ '레이블'에 '미흡'
⇨ Enter

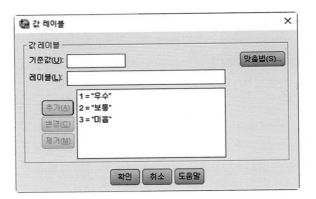

✔ '확인' 클릭 ⇨ 아래 직사각형 부분의 국어등급에 해당하는 '값' 설정을 Ctrl+
C와 Ctrl+V를 활용하여 영어등급과 수학등급의 '값'에 복사

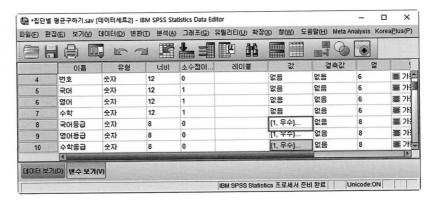

보충학습

SPSS의 명령문에서 사용할 수 있는 연산자

논리 연산자	&	AND		=	같다
	|	OR		~ =	같지 않다
	~	NOT	관계 연산자	<	작다
산술 연산자	+	덧셈		>	크다
	−	뺄셈		< =	작거나 같다
	*	곱셈		>=	크거나 같다
	/	나눗셈			
	**	제곱			

문제 01

'영어수학점수.sav'(네이버 카페의 '스터피아'에서 다운로드) 데이터 파일에서 영어점수 변수를 이용하여 50점 이상이면 '합격', 50점 미만이면 '불합격'으로 처리한 '합격여부' 변수를 생성하시오.

문제 해설 및 정답: 부록 1 참조

문제 02

'if활용.sav'(네이버 카페의 '스터피아'에서 다운로드) 데이터 파일을 이용하여 다음 〈기준〉에 따라 '합격여부' 변수를 생성하시오(단, 남학생은 1, 여학생은 2).

───── 〈기준〉 ─────

• 1학년이면서 남학생인 경우, score가 50점 이상이면 합격 '1', 50점 미만이면 불합격 '2'
• 1학년이면서 여학생인 경우, score가 60점 이상이면 합격 '1', 60점 미만이면 불합격 '2'
• 2학년이면서 남학생인 경우, score가 65점 이상이면 합격 '1', 65점 미만이면 불합격 '2'
• 2학년이면서 여학생인 경우, score가 55점 이상이면 합격 '1', 55점 미만이면 불합격 '2'

문제 해설 및 정답: 부록 1 참조

2 변수 계산

1) 개념

🔹 변수 계산(compute)이란 기존의 변수에 가감승제를 하여 새로운 변수를 생성하는 것을 말한다.

  • 예컨대, 문항별로 획득한 점수를 합산하여 특정 과목의 검사 점수를 구하는 것은 변수 계산을 활용할 수 있다.

2) 변수 계산 활용의 예1

🔹 다음은 '집단별 평균구하기.sav'(네이버 카페의 '스터피아'에서 다운로드)에서 국어, 영어, 수학의 학생별 평균을 구하여 '성취도'라는 새로운 변수를 생성하는 절차다.

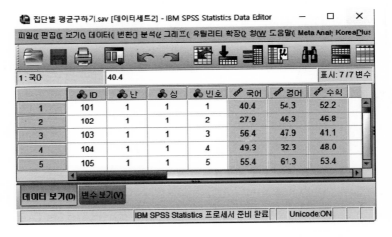

  • '변환' 메뉴

    ✓ '변수 계산' 선택

    ✓ '목표변수'에 '성취도'를, '숫자표현식'에 '(국어＋영어＋수학)/3'을 입력

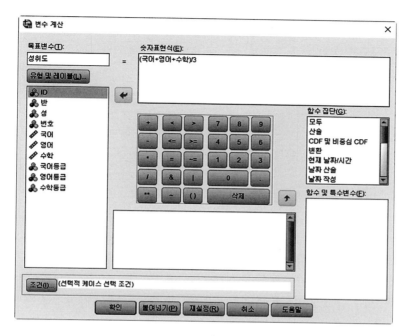

※ '숫자표현식'은 직접 숫자나 글자를 입력해도 되고, 숫자표현식 아래에 있는
　 '계산기'와 '함수 집단'을 이용하여 입력해도 된다.

✔ '확인' 클릭

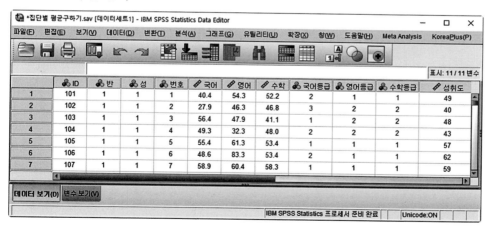

3) 변수 계산 활용의 예2

💿 다음은 '집단별 평균구하기.sav'(네이버 카페의 '스터피아'에서 다운로드)를 활용하여
　 '가중성취도'라는 새로운 변수를 생성하는 절차다. 단, 남학생은 국어, 영어, 수학에

1:2:3의 가중치를 둔 평균을, 여학생은 국어, 영어, 수학에 3:2:1의 가중치를 둔 평균을 구하도록 한다.

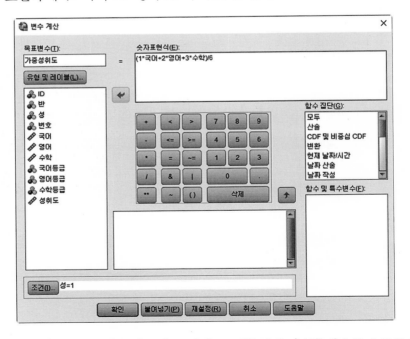

✔ 먼저, 남학생만 선택해서 국어, 영어, 수학에 1:2:3의 가중치를 둔 평균을 구하기 위해 '변환' 메뉴 ⇨ '변수 계산' ⇨ '목표변수'에 '가중성취도'를, '숫자표현식'에 '(1*국어+2*영어+3*수학)/6'을 입력

✔ '조건' ⇨ '다음 조건을 만족하는 케이스 포함' 선택 ⇨ '성' 변수를 오른쪽 공백으로 이동 ⇨ '성=1'로 수정

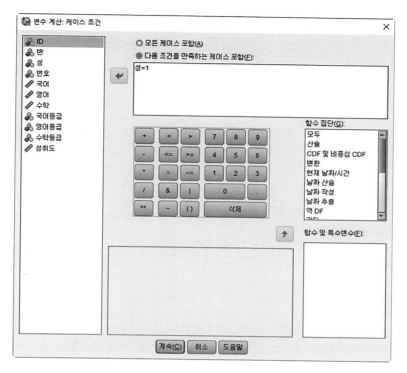

✔ '계속' ➪ '붙여넣기' 클릭

✔ '여학생'만 선택할 때 얻을 수 있는 '변수 계산' 명령문은 '남학생'만 선택해서
   얻은 '변수 계산' 명령문을 조건에 맞게 수정해서 활용함(아래 음영 부분)

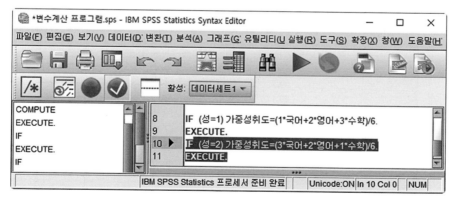

✔ 작성한 명령문 전체를 블록 지정

✔ ▶를 클릭하면 가중성취도 변수를 얻을 수 있음

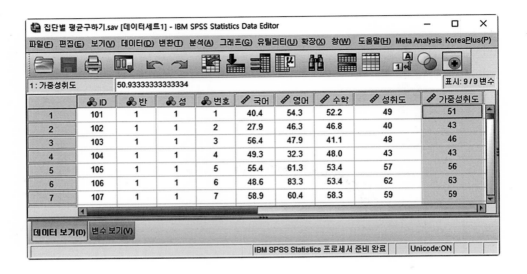

문제 03

'회귀분석_더미변수포함.sav'(네이버 카페의 '스터피아'에서 다운로드) 데이터 파일을 이용하여 부모부재 0, 편부편모 1, 부모양재 2 등과 같이 3개 범주를 가진 가족형태 변수를 r1과 r2라는 2개의 더미변수로 변환하시오(단, 부모부재는 0,0, 편부편모는 1,0, 부모양재는 0,1로 변환할 것).

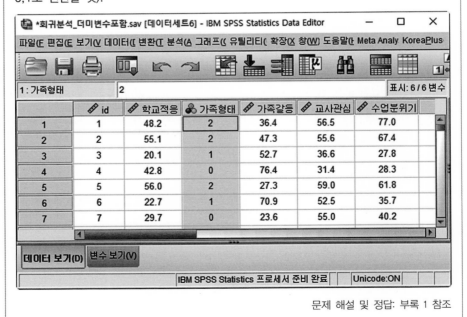

문제 해설 및 정답: 부록 1 참조

파일 합치기   제**7**장

---

1   케이스 추가

1) 개념

- '케이스 추가'는 동일한 변수로 입력된 다른 사례를 추가하여 합치는 데 이용된다.
- 가장 많이 이용할 수 있는 경우는 동일한 설문지를 여러 사람이 나누어 입력하여 얻은 파일을 합치는 상황을 들 수 있다.
- 주의할 것은 동일한 문항에 대한 변수명은 두 파일에서 반드시 동일한 변수이름으로 설정해야 한다는 것이다.
- 만약 두 설문지 중에서 일부 문항이 다르다면, 서로 다른 문항에 대한 변수이름은 두 파일에서 서로 다르게 설정해야 한다(다음 예시 자료 '케이스 추가2.sav'에서 변수 X3이 이에 해당한다).

2) 케이스 추가의 활용

- 다음은 동일한 설문지 내용을 두 사람이 나누어 코딩한 '케이스추가1.sav'와 '케이스추가2.sav'의 파일을 합치는 절차다(단, 케이스추가2.sav에는 'X3'이라는 변수가 하나 더 있으며, 이를 포함한 파일을 작성하도록 한다).

(1) 데이터 파일

◆ **파일 1**: 케이스추가1.sav(네이버 카페의 '스터피아'에서 다운로드)

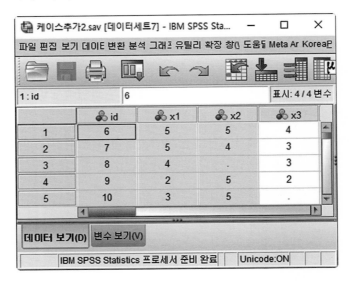

◆ **파일 2**: 케이스추가2.sav(네이버 카페의 '스터피아'에서 다운로드)

(2) 파일을 합치는 절차

◆ '케이스추가1.sav'를 연 상태

✔ '데이터' ⇨ '파일 합치기'

✔ '케이스 추가'

✔ '케이스추가2.sav'를 찾는다.

✔ '계속' 클릭

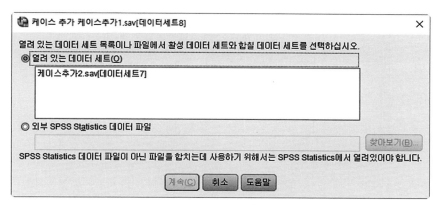

※ 찾고 있는 파일이 열려 있는지 여부에 따라서 '열려 있는 데이터 세트' 또는 '외부 SPSS Statistics 데이터 파일' 중 하나를 선택한다. 여기에서는 '열려 있는 데이터 세트'를 선택하였다.

① 방법 1: 두 파일에 동일하게 포함되지 않는 변수는 제외할 때

✔ 합치려는 두 파일에서 변수이름이 동일한 것은 '새 활성 데이터 세트에 포함될 변수'에, 동일하지 않은 것은 '대응되지 않은 변수'에 표시

✔ '확인' 클릭

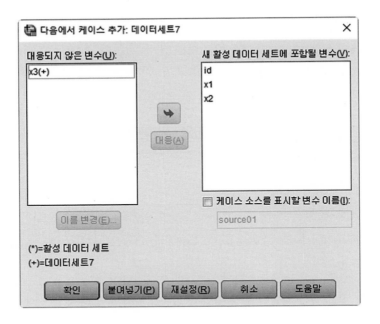

✔ 결과

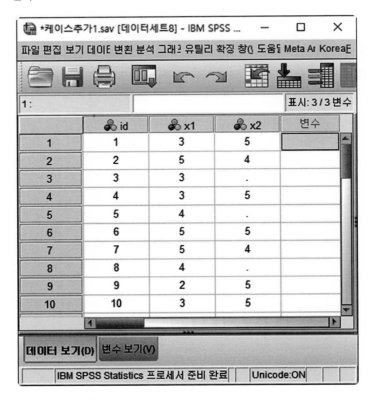

② 방법 2: 두 파일에 동일하게 포함되지 않은 변수까지 포함할 때
  ✔ 합치려는 두 파일에서 변수이름이 동일한 것과 동일하지 않은 것을 모두 '새 활성 데이터 세트에 포함될 변수'에 표시
  ✔ '확인' 클릭

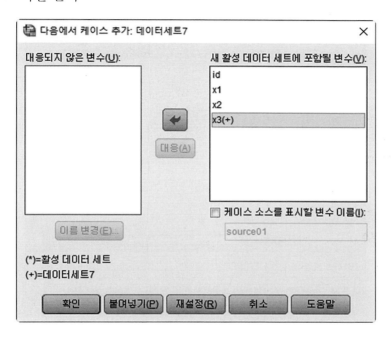

✔ 결과

	id	x1	x2	x3
1	1	3	5	.
2	2	5	4	.
3	3	3	.	.
4	4	3	5	.
5	5	4	.	.
6	6	5	5	4
7	7	5	4	3
8	8	4	.	3
9	9	2	5	2
10	10	3	5	.

2 변수 추가

1) 개념

- '변수 추가'는 동일한 피험자를 대상으로 수집된 2개의 데이터 파일을 합치는 데 이용된다.
  - ✔ 예1: 특정 상담 프로그램이 자존감에 미치는 효과를 검증하기 위해 특정 상담 프로그램 실시 전과 후에 자존감을 측정하여 입력하였다.
  - ✔ 예2: 학교장 리더십과 학생의 학교만족도 간의 관계를 분석하기 위해 학교장을 대상으로 리더십을 측정하였고, 그 학교장이 재직하는 학교의 학생들을 대상으로 학교만족도를 측정하여 입력하였다.
- '예1'은 사전 자존감 변수의 사례수와 사후 자존감 변수의 사례수가 동일한 반

면, '예2'는 학교장 리더십 변수의 각 사례에 학교만족도 변수의 사례가 여러 명이 대응된다. 전자는 '수준이 동일한 변수합치기'에 해당하고, 후자는 '수준이 상이한 변수합치기'에 해당한다.

- '수준이 동일한 변수합치기'와 '수준이 상이한 변수합치기'는 공히 합치고자 하는 2개의 데이터 파일에 동일한 변수명이 반드시 1개가 포함되어 있어야 한다. 이 변수를 '기준변수'라고 한다.
  - ✔ 기준변수는 2개의 데이터 파일을 합치는 데 기준이 된다. 기준변수를 제외한 변수명은 두 데이터 파일에서 서로 달라야 한다. 기준변수를 제외하고 변수명이 동일한 것이 포함되어 있다면 파일을 합치는 과정에서 둘 중 한 변수가 제외된다.
  - ✔ 기준변수는 반드시 오름차순으로 정렬(sorting)되어 있어야 한다.

2) 수준이 동일한 변수합치기의 예

특정 상담 프로그램이 자존감에 미치는 효과를 검증하기 위해 특정 상담 프로그램 실시 전과 후에 자존감을 측정하였다. 다음은 특정 상담 프로그램 실시 전과 후에 수집한 '사전검사.sav'와 '사후검사.sav'라는 2개의 데이터 파일을 하나의 파일로 합치는 절차다.

(1) 분석 데이터

- **파일:** 사전검사.sav, 사후검사.sav(네이버 카페의 '스터피아'에서 다운로드)

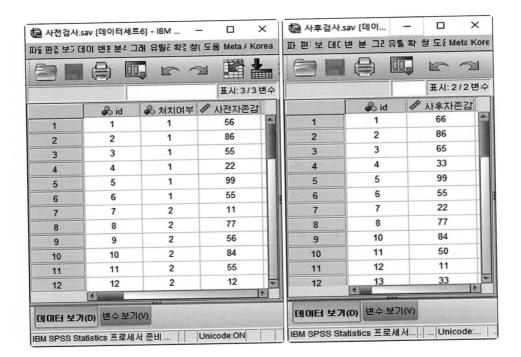

(2) 파일을 합치는 절차

① 1단계: 링크하려는 각 파일에서 기준변수(여기서는 id)를 정렬하는 단계

✔ '데이터' ⇨ '케이스 정렬'

✔ 기준변수인 'id'를 오른쪽 창으로 보내고 '오름차순' 체크 ⇨ '확인' 클릭

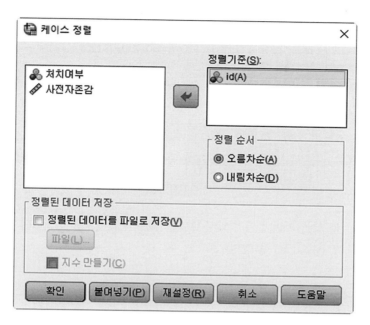

※ 1단계 대신 링크하려는 2개의 파일에 다음의 '명령문'을 적용해도 같은 결과를
  얻을 수 있다. 다만, 기준변수 이름(여기서는 id)은 주어진 데이터에 따라서
  변경해야 한다.

```
SORT CASES BY id (A).
```

② 2단계: 2개의 파일에서 기준변수인 'id'를 제외하고 동일한 변수명이 있다면 이를
  다른 변수명으로 변경하는 단계

③ 3단계: 1개의 파일(여기서는 '사전검사.sav')을 연 상태에 다음을 적용함으로써 다
  른 파일(여기서는 '사후검사.sav')을 합치는 단계
  ✔ '데이터' ⇨ '파일 합치기' ⇨ '변수 추가'
  ✔ 찾는 파일인 사후검사.sav가 열려 있다면, '열려 있는 데이터 세트'에서 사후
    검사.sav를 선택 ⇨ '계속' 클릭

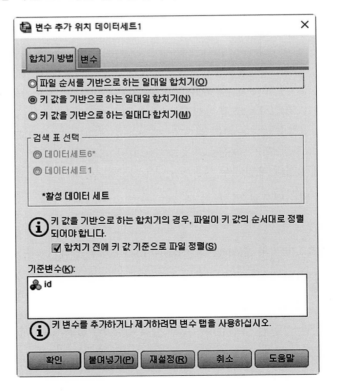

※ 찾는 파일이 열려 있지 않다면 '외부 SPSS Statistics 데이터 파일'에서 '사후검
  사.sav'를 선택한다.

✔ '키 값을 기반으로 하는 일대일 합치기' 체크

✔ 기준변수를 추가하거나 변경하려면 '변수' 클릭

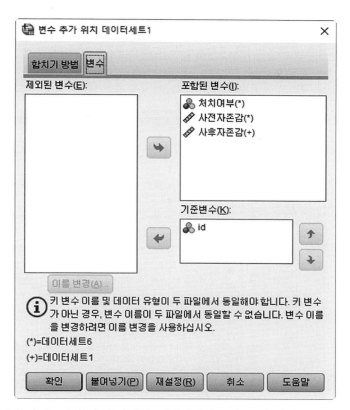

※ 3단계 대신 1개의 파일(여기서는 '사전검사.sav')을 연 상태에서 다음의 '명령
문'을 적용해도 같은 결과를 얻을 수 있다. 다만, 기준변수 이름(여기서는 id)과
대상 파일명(여기서는 '사후검사.sav')은 주어진 데이터에 따라서 변경해야
한다.

```
MATCH  FILES  /FILE=*
   /FILE='C:₩사후검사.sav'
   /BY  id.
EXECUTE.
```

✔ 결과: 사전검사와 사후검사 중 한 번만 측정에 참여한 피험자는 측정하지 않
은 시점에서의 점수가 결측값으로 나타남에 주의하기 바란다.

3) 수준이 상이한 변수합치기의 예

🔵 학교장 리더십과 학생의 학교만족도 간의 관계를 분석하기 위해 학교장을 대상으로 리더십을 측정하였고, 그 학교장이 재직하는 학교의 학생들을 대상으로 학교만족도를 측정하였다. 다음은 '학교장의 리더십.sav'와 '학생의 학교만족도.sav'라는 2개의 데이터 파일을 하나의 파일로 합치는 절차다.

(1) 분석 데이터

◆ **파일**: 학교장의 리더십.sav, 학생의 학교만족도.sav(네이버 카페의 '스터피아'에서 다운로드)

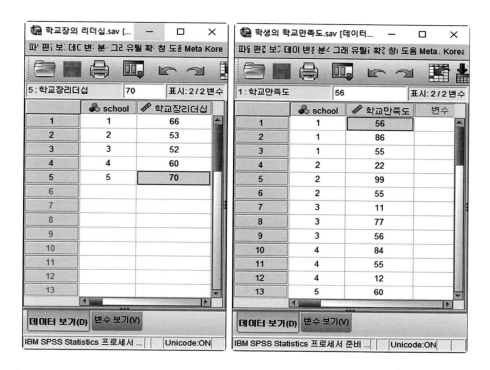

(2) 파일을 합치는 절차

① 1단계: 링크하려는 각 파일의 기준변수(여기서는 school)를 정렬하는 단계

✔ '데이터' ⇨ '케이스 정렬'

✔ 기준변수인 'school'을 오른쪽 창으로 보내고 '오름차순' 체크 ⇨ '확인' 클릭

※ 1단계 대신 링크하려는 2개의 파일에 다음의 '명령문'을 적용해도 같은 결과를 얻을 수 있다. 다만, 기준변수 이름(여기서는 school)은 주어진 데이터에 따라서 변경해야 한다.

```
SORT CASES BY school (A) .
```

② 2단계: 2개의 파일에 기준변수인 'school'을 제외하고 동일한 변수명이 있다면 이를 다른 변수명으로 변경하는 단계

③ 3단계: '학생의 학교만족도.sav'에 '학교장의 리더십.sav'를 합치는 단계

✔ '학생의 학교만족도.sav'를 연다.

✔ '데이터' ⇨ '파일 합치기' ⇨ '변수 추가'

✔ 찾는 파일인 '학교장의 리더십.sav'가 열려 있다면, '열려 있는 데이터 세트'
에서 '학교장의 리더십.sav'를 선택 ⇨ '계속' 클릭

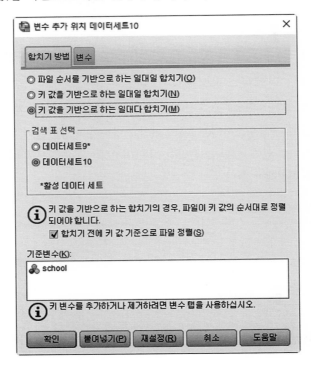

※ 찾는 파일이 열려 있지 않다면 '외부 SPSS Statistics 데이터 파일'에서 '학교장의
리더십.sav'를 선택한다.

✔ '키 값을 기반으로 하는 일대다 합치기' 체크 ⇨ '확인' 클릭

✔ 기준변수를 추가하거나 변경하려면 '변수' 클릭

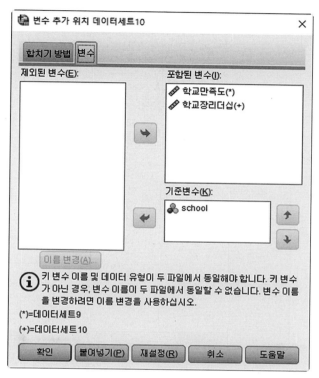

※ '3단계' 대신 1개의 파일(여기서는 '학생의 학교만족도.sav')을 연 상태에서 다음의 '명령문'을 적용해도 같은 결과를 얻을 수 있다. 다만, 기준변수 이름(여기서는 school)과 대상 파일명(여기서는 '학교장의 리더십.sav')은 주어진 데이터에 따라서 변경해야 한다.

```
MATCH  FILES  /FILE=*
   /TABLE='C:₩학교장의 리더십.sav'
   /BY  school.
EXECUTE.
```

✔ 결과

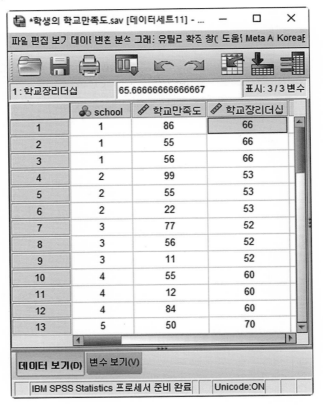

케이스 선택   제8장

1) 개념

◉ '케이스 선택'은 일정한 조건에 해당하는 케이스를 선택하여 분석할 때 이용한다. 예컨대, 남학생이면서 1학년인 학생만을 대상으로 평균과 표준편차를 구하는 경우, 케이스 선택 메뉴를 이용한다.

2) 케이스 선택의 활용

◉ 다음은 '집단별 평균구하기.sav' 파일에서 '1반 남학생의 국어, 영어, 수학의 사례수, 평균, 표준편차' 및 '1반 여학생의 국어, 영어, 수학의 사례수, 평균, 표준편차'를 구하는 절차다.

(1) 분석 데이터

• 집단별 평균구하기.sav(네이버 카페의 '스터피아'에서 다운로드)

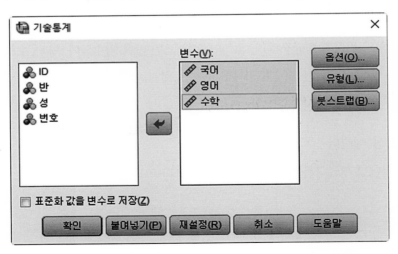

(2) 분석 절차

① 1단계: 전체 집단에 대한 기술통계치를 구하는 명령문 작성 단계

✔ '분석' ⇨ '기술통계량' ⇨ '기술통계' ⇨ '국어, 영어, 수학'을 '변수'로 이동

※ 기술통계는 각 변수에 대한 평균과 표준편차를 구하는 곳이다.

✔ '붙여넣기'를 클릭하면 다음과 같은 명령문 창이 생긴다.

② 2단계: 케이스를 선택하여 기술통계치를 구하는 명령문 작성 단계

　✔ 앞에서 얻은 '명령문 앞'에 다음의 내용을 직접 입력

---
temporary.
select if 반=1 and 성=1.

　※ 이 명령문은 '반＝1이면서 성＝1인 케이스를 선택하여 바로 다음에 오는 프로
　　그램을 실행하라.'는 것을 의미한다.

　※ 'temporary.'가 포함된 명령문은 바로 다음에 오는 프로그램에만 영향을 준다.
　　그러므로 다음에서 (A)는 1반 남학생에 대한 국어, 영어, 수학의 사례수, 평균
　　및 표준편차를 구해 주지만, 그 이후에 오는 (B)는 또다시 전체 집단에 대한
　　국어, 영어, 수학의 사례수, 평균 및 표준편차를 구하는 과정으로 변해 버린다.

temporary. select if 반=1 and 성=1. DESCRIPTIVES VARIABLES=국어 영어 수학 　/STATISTICS=MEAN STDDEV MIN MAX.	(A)
DESCRIPTIVES VARIABLES=국어 영어 수학 　/STATISTICS=MEAN STDDEV MIN MAX.	(B)

　※ 케이스를 선택하여 분석할 경우에는 명령문(syntax)을 이용하는 것이 유용하다.

✔ '1반 여학생의 국어, 영어, 수학의 사례수, 평균, 표준편차'에 해당하는 명령
　문은 '1반 남학생의 국어, 영어, 수학의 사례수, 평균, 표준편차'를 구하는 명

령문을 수정하여 작성한다(아래 음영 부분 참조).

✔ 실행하고자 하는 부분을 블록으로 지정하여 ▶를 클릭

(3) 분석 결과

기술통계량

	N	최소값	최대값	평균	표준편차
국어	10	27.9	64.6	51.700	10.7349
영어	10	32.3	83.3	51.040	14.6009
수학	10	34.6	72.3	51.860	10.3409
유효N(목록표)	10				

기술통계량

	N	최소값	최대값	평균	표준편차
국어	10	12.7	57.3	32.280	13.6199
영어	10	23.6	45.4	34.730	6.6750
수학	10	13.5	49.6	34.570	11.5025
유효N(목록표)	10				

데이터 통합, 구조변환 및 유용한 명령문들   제**9**장

1 데이터 통합

1) 개념

- '데이터 통합'은 개인수준의 변수를 집단별 평균 또는 표준편차 등의 집단수준의 변수를 만드는 데 이용된다. 데이터 통합은 다층모형분석에 많이 활용된다.
  - ✔ 예: 100개 학교를 대상으로 학생별로 성취도와 그들 부모의 SES 변수를 측정한 후, 성취도와 부모의 SES의 학교별 평균을 활용하여 부모의 SES의 학교별 평균과 성취도의 학교별 평균 간의 관계를 분석하고자 한다면 데이터 통합을 활용할 수 있다.

2) 데이터 통합의 활용

- 다음은 '집단별 평균구하기.sav' 파일에서 국어, 영어, 수학의 학급별 평균에 해당하는 변수를 생성한 후, 국어, 영어, 수학의 학급별 편차점수를 구하는 절차다.

(1) 분석 데이터

* 집단별 평균구하기.sav(네이버 카페의 '스터피아'에서 다운로드)

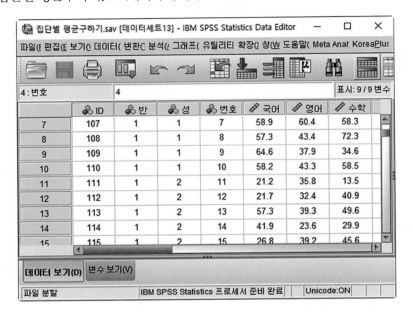

(2) 분석 절차

① 1단계: 국어, 영어, 수학의 학급별 평균에 해당하는 변수를 생성하는 단계
  ✔ '데이터' 메뉴 ⇨ '데이터 통합' ⇨ '반'을 '구분변수'로, 국어, 영어, 수학을 '변수 요약'으로 이동

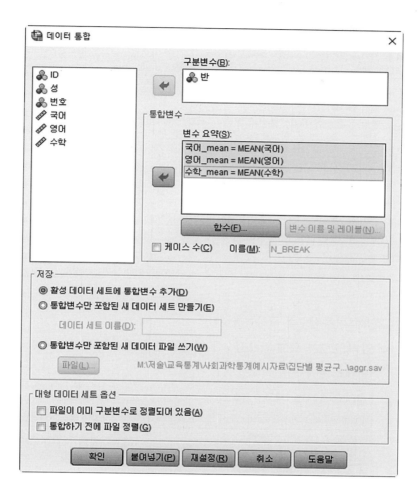

✔ '붙여넣기'를 클릭하면 다음과 같은 명령문 창이 생김

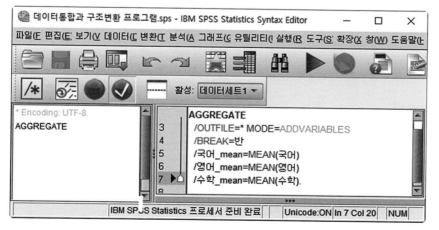

✔ 실행하고자 하는 부분을 블록으로 지정하여 ▶를 클릭

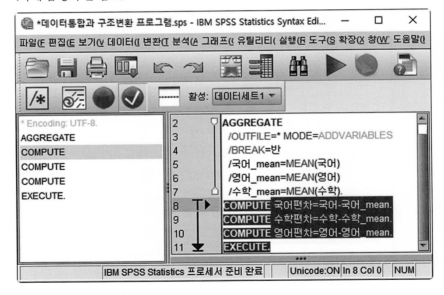

② 2단계: 편차점수를 구하는 단계

✔ 앞의 명령문 뒤에 편차점수를 구하는 변수 계산 명령문을 추가

(아래 음영 부분 참조)

✔ 실행하고자 하는 부분을 블록으로 지정하여 ▶를 클릭

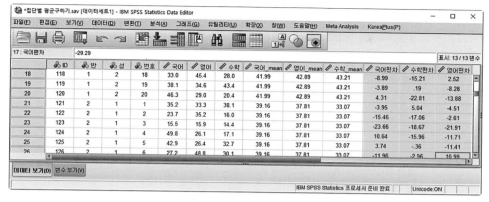

2   구조변환

1) 개념

• 반복측정하여 구한 데이터는 Wide Format과 Long Format의 두 가지 방법으로 입력할 수 있다. '구조변환'은 주로 Wide Format 데이터를 Long Format 데이터로 변환할 때 사용된다.

  ✔ 예: 다섯 번 반복측정한 학교적응 변수가 포함된 Wide Format 데이터를 Long Format 데이터로 변환하고자 한다.

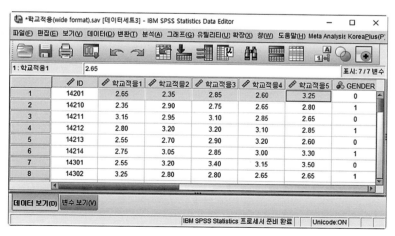

〈Wide Format 데이터〉

〈Long Format 데이터〉

2) 구조변환의 활용

🔟 다음은 '학교적응(Wide Format).sav' 파일을 활용하여 다섯 번 반복측정한 학교적
응 변수가 포함된 Wide Format 데이터를 Long Format 데이터로 변환하는 절
차다.

(1) 분석 데이터

• 학교적응(Wide Format).sav(네이버 카페의 '스터피아'에서 다운로드)

(2) 분석 절차

✔ '데이터' 메뉴 ⇨ '구조변환' ⇨ '선택한 변수를 케이스로 구조변환' 선택 ⇨
'다음' 클릭

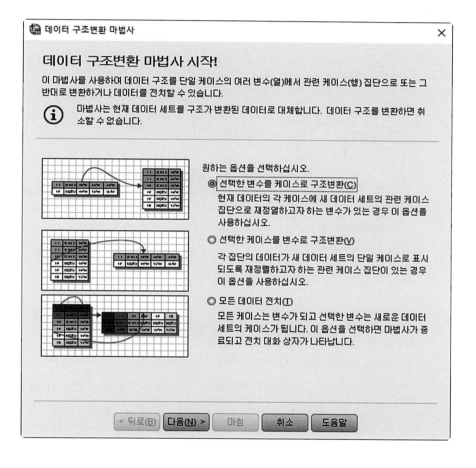

✔ '한 개' 선택 ⇨ '다음' 클릭

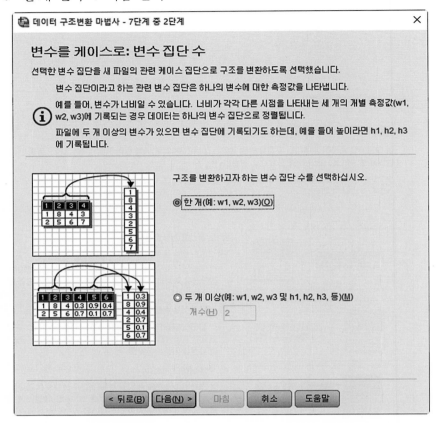

※ '구조를 변환하고자 하는 변수 집단 수를 선택하십시오.'는 구조변환하고자 하
는 변수군의 수와 관련한다. 여기서는 학교적응군만 있기 때문에 '한 개'를 선
택한다.

✔ '케이스 집단 식별'에서 '선택한 변수 사용'을 선택 ⇨ 'ID'를 '변수' 부분으로
이동 ⇨ '목표변수'를 '학교적응'으로 수정한 후, '학교적응1~학교적응5'를
오른쪽 창으로 이동 ⇨ '성별'을 '고정 변수'로 이동 ⇨ '다음' 클릭

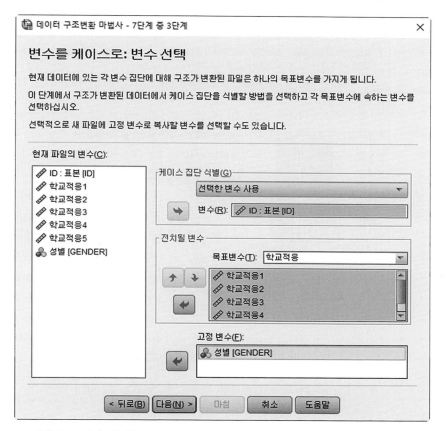

※ '케이스 집단 식별'은 Long Format 데이터로 변환했을 때 피험자를 구분하는
변수로 어떤 변수를 활용할 것인지를 지정하는 곳이다. 여기서는 ID 변수를
활용하여 피험자를 구분하겠다는 의미다.

※ '목표변수'는 반복측정한 변수군을 Long Format 데이터로 변환했을 때 어떤
변수명으로 설정할 것인지를 지정하는 곳이다. 그리고 Long Format 데이터로
변환하고자 하는 반복측정한 변수군을 오른쪽 창으로 이동한다.

※ '고정 변수'는 반복측정한 변수군이 아닌 변수를 의미한다.

✔ '한 개' 선택 ⇨ '다음' 클릭

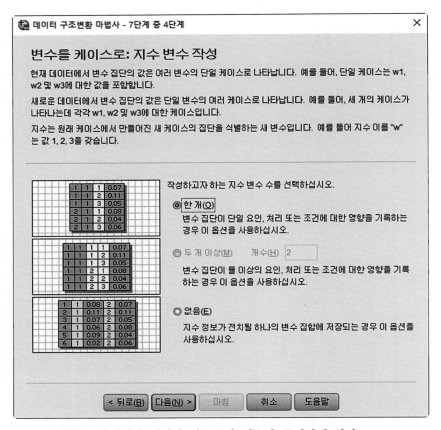

※ 7단계 중 2단계에서 지정한 변수군의 개수와 동일하게 한다.

✔ '원하는 지수 값 유형을 선택하십시오.'에서 '순차 번호'를 선택 ⇨ '다음' 클릭

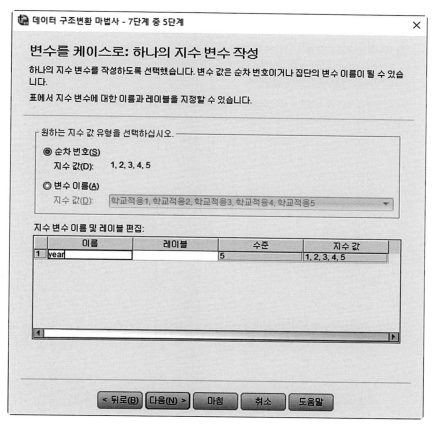

※ '원하는 지수 값 유형을 선택하십시오.'에서 '순차 번호'는 Long Format 데이터
로 변환했을 때 측정시점에 해당하는 변수값으로 '1, 2, 3, 4, 5'를 활용하겠다는
의미다.

✔ '선택되지 않은 변수 처리'는 '새 데이터 파일에서 변수 삭제'를, '전치된 모든
변수의 시스템 결측값 또는 공백값'은 '데이터 삭제'를 선택 ⇨ '다음' 클릭

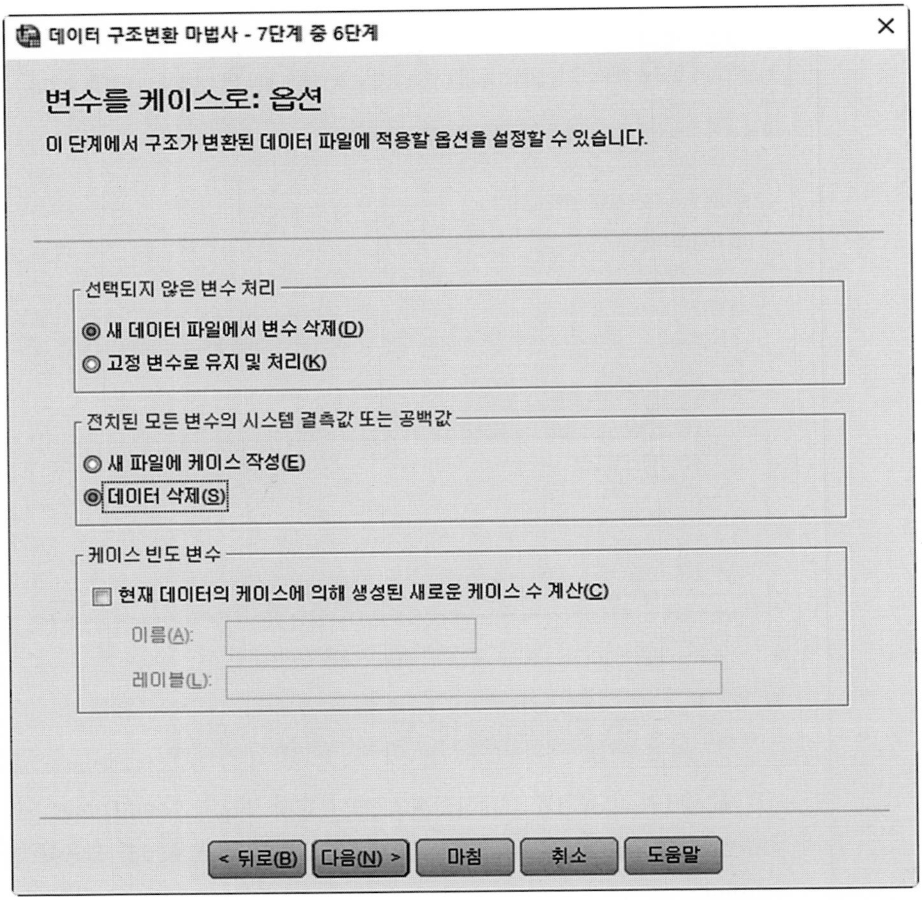

데이터 구조변환 마법사 - 7단계 중 6단계 ✕

변수를 케이스로: 옵션

이 단계에서 구조가 변환된 데이터 파일에 적용할 옵션을 설정할 수 있습니다.

선택되지 않은 변수 처리
- ◉ 새 데이터 파일에서 변수 삭제(D)
- ◎ 고정 변수로 유지 및 처리(K)

전치된 모든 변수의 시스템 결측값 또는 공백값
- ◉ 새 파일에 케이스 작성(E)
- ◉ 데이터 삭제(S)

케이스 빈도 변수
- ☐ 현재 데이터의 케이스에 의해 생성된 새로운 케이스 수 계산(C)
  - 이름(A): [   ]
  - 레이블(L): [   ]

[< 뒤로(B)] [다음(N) >] [마침] [취소] [도움말]

※ '선택되지 않은 변수 처리'에서 '새 데이터 파일에서 변수 삭제'는 7단계 중 3단계에
서 지정되지 않은 변수를 삭제하겠다는 의미다.

※ '전치된 모든 변수의 시스템 결측값 또는 공백값'은 반복측정한 변수군 중에서 결
측값이 있으면 Long Format 데이터로 변환했을 때 그 결측값에 해당하는 행은
삭제하겠다는 의미다.

✔ '지금 데이터 구조변환' 선택 ⇨ '마침' 클릭

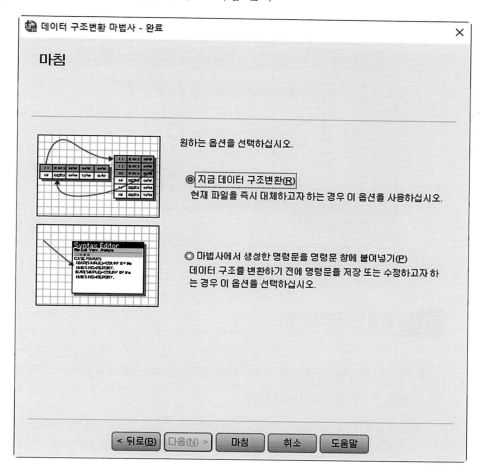

✔ '확인' 클릭

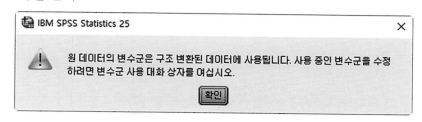

✔ 최종 결과

---

3 유용한 명령문들

🔸 다음은 유용한 명령문들의 용도를 종합한 것이다. 박스 부분에는 각 명령문의 실
례와 그 의미가 제시되어 있다.

※ SPSS의 변수이름뿐만 아니라 명령문에서도 대소문자를 구분하지 않는다.

1) 파일 관리

(1) SAV 파일 불러오기 및 저장하기

① 데이터 파일 불러오기

```
GET files="C: ₩aaaa.sav".
```

• 의미: SPSS 데이터 파일인 C: ₩aaaa.sav를 불러오라.

② 데이터 파일 저장하기

```
SAVE OUTFILE="C: ₩aaaa.sav".
```

　• 의미: SPSS 데이터 파일인 C: ₩aaaa.sav를 저장하라.

(2) 텍스트 파일 불러오기: 텍스트 파일을 불러오는 명령문

```
PRESERVE.
SET DECIMAL DOT.
GET DATA   /TYPE=TXT
  /FILE="C:₩aaa.txt"
  /FIXCASE=1
  /ARRANGEMENT=FIXED
  /FIRSTCASE=1
  /VARIABLES=
  /1 V1 0-2 AUTO
  V2 3-4 AUTO
  V3 5-7 AUTO.
RESTORE.
```

　• 의미: 텍스트 파일 C:₩aaa.txt를 SPSS로 불러오되, 1~3칸은 변수이름 V1으로, 4~
　5칸은 변수이름 V2로, 6~8칸은 변수이름 V3로 하라.

2) 변수 관리

(1) 변수이름 변경

```
RENAME VARIABLE v1=rc1.
RENAME VARIABLE v2=rc2.
EXECUTE.
```

　• 의미: 변수이름 v1은 rc1으로, v2는 rc2로 변경하라.

(2) 변수 삭제

```
DELETE VARIABLE v1 to v10.
EXECUTE.
```

• 의미: 변수 v1에서 v10까지를 삭제하라.

(3) 변수 라벨 붙이기

① 변수가 1개인 경우

```
VARIABLE LABELS v1 '지식'.
EXECUTE.
```

• 의미: 변수 v1에 대한 설명으로 '지식'이라는 라벨을 붙이라.

② 변수가 여러 개인 경우

```
variable labels
country          "나라이름"
성               "성별"
a1               "MILK Q1"
a2               "MILK Q2"
a3               "MILK Q3".
```

• 의미: 변수 country에는 '나라이름'이라는 라벨을, 변수 성에는 '성별'이라는 라벨을 붙이라. 그 이하도 마찬가지의 의미다.

(4) 변수 계산

① 여러 변수에 대한 합산 변수 구하기

```
COMPUTE 자존감1=v1 + v2 + v3 + v4 + v5.
EXECUTE.

COMPUTE 자존감2=sum(v1, v2, v3, v4, v5).
EXECUTE.
```

```
COMPUTE 자존감3=sum(v1 to v5).
EXECUTE.
```

- 의미: 이들은 각각 '변수 v1에서 v5까지를 합하여 변수이름 자존감1, 자존감2, 자존감3으로 저장하라.'는 명령문이다.
- 주의1: 자존감1에서는 변수 v1, v2, v3, v4, v5 중 한 변수에서라도 반응하지 않은 피험자는 결측값으로 취급되어 분석에서 제외되는 반면, 자존감2와 자존감3에서는 특정 변수에 대해 반응하지 않은 피험자도 분석에서 제외되지 않는다. 후자의 경우 반응하지 않은 변수를 제외한 나머지 변수에 대한 합산 점수를 구해 준다.
- 주의2: 자존감3은 SPSS 데이터 파일상에서 v1에서 v5까지의 변수를 모두 더한 값을 제공하라는 의미다. 예컨대, SPSS 데이터 파일에서 변수가 v1, v7, v9, v5의 순서대로 있다면 v1 + v2 + v3 + v4 + v5가 자존감3이 되는 것이 아니라 v1 + v7 + v9 + v5가 자존감3이 된다.

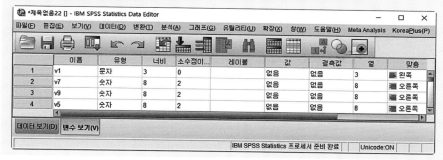

② 여러 변수에 대한 평균 변수 구하기

```
COMPUTE 자존감1=(v1 + v2 + v3 + v4 + v5)/5.
EXECUTE.

COMPUTE 자존감2=mean(v1, v2, v3, v4, v5).
EXECUTE.

COMPUTE 자존감3=mean(v1 to v5).
EXECUTE.
```

- 의미: 이들은 각각 '변수 v1에서 v5까지의 값에 대한 평균을 구하여 변수이름 자존감1, 자존감2, 자존감3으로 저장하라.'는 명령문이다.
- 주의1: 자존감1에서는 변수 v1, v2, v3, v4, v5 중 한 변수에서라도 반응하지 않은 피

험자는 결측값으로 취급되어 분석에서 제외되는 반면, 자존감2와 자존감3에서는 특
정 변수에 대해 반응하지 않은 피험자도 분석에서 제외되지 않는다. 후자의 경우 반
응하지 않은 변수를 제외한 나머지 변수에 대한 평균 점수를 구해 준다.

- 주의2: 자존감3은 SPSS 데이터 파일상에서 v1에서 v5까지의 변수에 대한 평균값을
제공하라는 의미다. 예컨대, SPSS 데이터 파일에서 변수가 v1, v7, v9, v5의 순서대로
있다면 (v1 + v2 + v3 + v4 + v5)/5가 자존감3이 되는 것이 아니라 (v1 + v7 + v9
+ v5)/4가 자존감3이 된다.

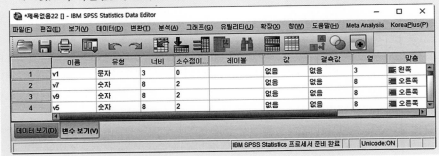

③ 조건부 변수 계산

```
IF   (성=1) 성취도=(2*국어+3*영어)/5.
IF   (성=2) 성취도=(3*국어+2*영어)/5.
EXECUTE.
```

- 의미: 성이 1인 피험자는 국어와 영어에 대해 2:3의 가중치를 두어 평균을 구하고, 성
이 2인 피험자는 국어와 영어에 대해 3:2의 가중치를 두어 평균을 구한 다음, 이를 '성
취도'라는 변수로 저장하라.

(5) 측도 변경

```
VARIABLE LEVEL var1 to var10 (scale).
VARIABLE LEVEL var11 to var20 (nominal).
EXECUTE.
```

- 의미: 변수 var1에서 var10까지의 모든 변수의 측도를 scale(척도)로 변경함으로써 양
적변수로 취급하여 분석되도록 하라. 그리고 변수 var11에서 var20까지의 모든 변수
의 측도는 nominal(명명)로 변경함으로써 질적변수로 취급하여 분석되도록 하라. 측
도 변경은 SPSS 메뉴 중 '분석 ⇨ 표 ⇨ 사용자 정의 표'를 활용할 때 매우 유용하게 이
용된다.

3) 변수값 관리

(1) 코딩변경(recoding)

① 다른 변수로 코딩변경

```
RECODE
  v1 (Lowest thru 1=SYSMIS) (2=1)(3=2)(4 thru Highest=SYSMIS) INTO rv1.
  v2 (Lowest thru 1=SYSMIS) (2=1)(3=2)(4 thru Highest=SYSMIS) INTO rv2.
EXECUTE.
```

* 의미: 변수 v1과 v2에 대해 1 이하는 결측값으로, 2는 1로, 3은 2로, 4 이상은 결측값으로 코딩변경해서 새로운 변수 rv1과 rv2를 생성하라.

② 같은 변수로 코딩변경

```
RECODE
  v1 to v10 (Lowest thru 1=SYSMIS) (2=1)(3=2)
  (4 thru Highest=SYSMIS).
EXECUTE.
```

* 의미: 변수 v1에서 v10까지의 모든 변수에 대해 1 이하는 결측값으로, 2는 1로, 3은 2로, 4 이상은 결측값으로 코딩변경하여 변수 v1에서 v10에 덮어쓰기 하라.

③ 조건부 코딩변경

```
DO IF   (성=1).
RECODE v1 (Lowest thru 50=1)(ELSE=2) INTO cv1.
END IF.
DO IF   (성=2).
RECODE v1 (Lowest thru 60=1)(ELSE=2) INTO cv1.
END IF.
EXECUTE.
```

* 의미: 변수 v1에 대해 성이 1인 피험자는 50 이하를 1로 하고, 기타 모든 값은 2로 코딩변경하라. 그리고 성이 2인 피험자는 60 이하를 1로 하고, 기타 모든 값은 2로 코딩변경한 다음, 이를 'cv1'이라는 변수로 저장하라.

(2) 결측값 지정

① 유형이 숫자인 경우

MISSING VALUES a1 to a3 (99, 999).
EXECUTE.

- 의미: 변수 a1에서 a3까지의 모든 변수값 중 99, 999를 결측값으로 설정하라.

② 유형이 문자열인 경우

MISSING VALUES a1 to a3 ('8', '9', 'n').
EXECUTE.

- 의미: 변수 a1에서 a3까지의 모든 변수값 중 8, 9, n을 결측값으로 설정하라. 변수값이 문자열인 경우, 결측값에 ' '를 붙여야 함에 주의할 필요가 있다.

(3) 변수값에 라벨 붙이기

① 유형이 숫자인 경우

VALUE LABELS var1 var2
 (1) 대도시 (2) 중소도시 (3) 읍면 지역.
EXECUTE.

- 의미: 변수 var1과 var2의 변수값 중 1에는 '대도시', 2에는 '중소도시', 3에는 '읍면 지역'이라는 라벨을 붙이라.

② 유형이 문자열인 경우

VALUE LABELS
 a1 to a3
        "n"   "N/A"
        "r"   "Not reached"
        "8"   "M/R"
        "9"   "Missing".

- 의미: a1에서 a3까지의 모든 변수에 대한 변수값 중 n에는 'N/A', r에는 'Not reached', 8에는 'M/R', 9에는 'Missing'이라는 라벨을 붙이라.

(4) 변수값의 소수점 이하 자리 지정

① 실제 반올림할 경우

```
COMPUTE cv1 = RND(v1, 10).
COMPUTE cv2 = RND(v2, 0.1).
EXECUTE.
```

* 의미: 변수 v1은 1의 자리에서 반올림하여 10의 자리까지 구하여 새로운 변수 cv1로 저장하라. 그리고 변수 v2는 0.01의 자리에서 반올림하여 0.1의 자리까지 구하여 새로운 변수 cv2로 저장하라.

② 표현만 반올림할 경우

```
FORMATS v1 to v40 (F8.0).
```

* 의미: v1에서 v40까지의 모든 변수에 대해서 소수점 이하 첫 번째 자리에서 반올림한 값을 '데이터 보기' 창에 나타나도록 하라.
* 주의: FORMAT 명령문은 RND 명령문과 달리, 실제 반올림하라는 것이 아님에 주의할 필요가 있다. FORMAT 명령문은 SPSS의 '데이터 보기' 창에서 '소수점이하자리'를 설정하는 것으로써 '데이터 보기' 창에서 표현되는 숫자를 설정해 주는 것에 불과하며 실제 분석에서는 반올림하지 않은 원래 점수가 활용된다.

4) 기타 관리

(1) 타이틀 붙이기: title은 제목을 붙이는 명령어

```
title '반복측정 이원분산분석'.
```

* 의미: 결과물 파일에서 '반복측정 이원분산분석'이라는 타이틀을 붙인 상태에서 결과물이 산출되도록 하라. 마지막에 '.'를 잊어서는 안 된다.

(2) 주석 붙이기

```
*** 반복측정 이원분산분석.
```

* 의미: 명령문에서 '*' 다음에 오는 글은 분석에서 제외되는 주석이다. '*** 반복측정 이원분산분석.'은 분석에 영향을 주지 않는다. 마지막에 '.'를 잊어서는 안 된다.

제3부

자료의 요약

통계의 목적 제**10**장

통계의 목적은 자료의 요약과 가설검정을 통한 분석 결과의 일반화 가능성 평가로 구분할 수 있다.

1 자료의 요약

통계의 첫 번째 목적은 자료를 요약하는 것이다.

- '성에 따라 가장 선호하는 담임교사의 유형은 무엇인가?' '학년에 따라 수학 태도가 가장 떨어지는 상황은 언제인가?' 등과 같이 독립변수는 집단을 구분하는 질적변수이고, 종속변수도 질적변수일 때 빈도분석과 교차분석을 이용하여 자료를 요약한다.

  - **종속변수**: '가장 선호하는 담임교사의 유형' '수학 태도가 가장 떨어지는 상황'과 같이 연구자가 궁극적으로 관심이 있는 변수를 말한다.
  - **독립변수**: '성' '학년'과 같이 응답자의 배경에 해당하는 변수로, '배경변수(background variable)'라고도 한다.
  - **빈도분석**(frequency analysis): 독립변수는 집단을 구분하는 질적변수이고, 종속변수도 질적변수일 때, 집단을 구분하지 않은 상태에서 종속변수의 항목별 빈도와 백분율로 자료를 요약하는 것을 말한다.

* **교차분석**(crosstab analysis): 집단 간 비교를 위해 집단별로 종속변수의 항목별 빈도와 백분율로 자료를 요약하는 것을 말한다.
  ✔ 예컨대, 〈표 10-1〉은 수학 태도가 가장 많이 떨어지는 상황에 대한 빈도분석과 교차분석의 예다.

〈표 10-1〉 수학 태도가 가장 많이 떨어지는 상황에 대한 빈도분석과 교차분석 결과

배경 변수	항목	교사가 일방적으로 수업할 때	시험을 못 봤을 때	어제 풀었던 문제를 오늘 못 풀 때	실용적이지 못하다고 느껴질 때	합계	
학년	1학년	3(16.7)	3(16.7)	11(61.1)	1(5.6)	18(100)	
	2학년	10(47.6)	4(19.0)	5(23.8)	2(9.5)	21(100)	
	3학년	4(19.0)	8(38.1)	4(19.0)	5(23.8)	21(100)	교차분석
성별	남학생	4(15.4)	4(15.4)	15(57.7)	3(11.5)	26(100)	
	여학생	13(38.2)	11(32.4)	5(14.7)	5(14.7)	34(100)	
	전체	17(28.3)	15(25.0)	20(33.3)	8(13.3)	60(100)	빈도분석

$*p < .05$ $**p < .01$

🔟 '도시화 정도에 따라 고등학생의 키는 어떻게 다른가?' '학급에 따라 수학 점수는 어떻게 다른가?' 등과 같이 독립변수는 집단을 구분하는 질적변수이고, 종속변수는 양적변수일 때 집중경향, 변산도, 왜도, 첨도를 이용하여 자료를 요약한다.

* **집중경향**(central tendency): 전반적 수준을 나타내는데, 평균, 중앙값, 최빈값 등이 이에 해당한다.
* **변산도**(variability): 개인 간의 차이를 나타내는데, 범위, 사분편차, 표준편차, 분산 등이 이에 해당한다. 변산도는 그 값이 클수록 개인 간 차이가 크다는 것을 의미한다.
* **왜도**(skewness): 좌우대칭을 벗어난 정도로서 왼쪽으로 벗어난 '정적편포'와 오른쪽으로 벗어난 '부적편포'로 구분할 수 있다. 정적편포는 왜도값이 +인 반면, 부적편포는 −다. 이에 비해서 정규분포의 왜도값은 0이다.
* **첨도**(kurtosis): 분포의 뾰족한 정도를 나타내는 값이다. 첨도가 0보다 커서 분포의 모양이 정규분포보다 더 뾰족한 분포를 '급첨'이라 하고, 0보다 작아 정규분

포보다 더 평평한 분포를 '평첨'이라 한다.

✔ 예컨대, 한국고등학교 1학년 1반과 2반의 수학 점수의 기술통계가 〈표 10-2〉와 같다고 할 때, 두 집단의 점수분포는 [그림 10-1]과 같음을 추론할 수 있다.

〈표 10-2〉 한국고등학교 1학년 1반과 2반의 수학 점수 기술통계 결과

반	사례수	평균	표준편차	왜도	첨도
1반	32	60.0	20.0	−3.0	6.0
2반	31	50.0	30.0	5.0	−5.0

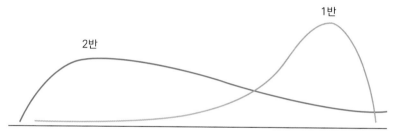

[그림 10-1] 한국고등학교 1학년 1반과 2반의 점수분포

🔟 종속변수가 질적변수인 경우에 자료의 요약은 제3부 제11장에서, 종속변수가 양적변수인 경우에 자료의 요약은 제3부 제12장에서 구체적으로 다루고 있다.

2 가설검정을 통한 분석 결과의 일반화 가능성 평가

통계의 두 번째 목적은 가설검정의 절차를 통해서 얻은 연구 결과를 전집에 일반화할 수 있는지를 평가하는 것이다.

🔟 가설검정(hypothesis test)은 수집된 자료에 근거하여 원가설과 대립가설 중 하나를 확률적으로 판단하는 과정이다.

- 원가설(original hypothesis)은 영가설(null hypothesis) 또는 귀무가설이라고도 하며, '프로그램이 효과가 없다.' '평균이나 빈도 또는 비율이 집단 간에 차이가 없다.' '변수 간에 상관이 없다.' 등이 이에 해당한다.
- 대립가설(alternative hypothesis)은 연구자가 새롭게 주장하고자 하는 가설로서, '프로그램이 효과가 있다.' '평균이나 빈도 또는 비율이 집단 간에 차이가 있다.' '변수 간에 상관이 있다.' 등이 이에 해당한다.
  - ✔ 연구자가 기존 이론을 통해서 새롭게 도출한 것으로서 기존 이론을 통해서 연구자가 설정한 잠정적인 결과를 '대립가설'이라 한다. 일반적으로 연구자는 대립가설을 연구가설로 설정한다.
- '성취도는 남녀 간에 차이가 있을 것이다.'와 같이 연구자가 설정한 연구가설이 방향성이 없을 경우에는 가설검정에서 양측검정을 하게 된다. 이에 비해 '성취도는 남학생이 여학생보다 더 높을 것이다.'와 같이 연구자가 설정한 연구가설이 방향성이 있는 경우에는 가설검정에서 단측검정을 하게 된다.
- 가설검정 절차를 거치면서 원가설을 기각하게 되면, 연구가설은 새로운 이론이 된다. 그리고 새롭게 만들어진 이론은 현상을 설명하고 예측하고 통제하는 데 이용할 수 있다.
  - ✔ 예컨대, '인슐린은 탄수화물의 소화에 영향을 미칠 것이다.'라는 연구가설은 통계적 검정을 통해 유의미하다는 결론에 도달하면 새로운 이론이 된다. 그리고 새롭게 만들어진 이론은 '인슐린이 부족한 사람은 당뇨 현상이 생길 것이다.'와 같은 예측과 '인슐린이 부족한 사람에게 인슐린을 주입하면 당뇨 현상을 없앨 수 있다.'와 같은 통제를 가능하게 한다.
- 좋은 이론은 간명하면서도 포괄적인 이론, 경험적으로 검증 가능한 이론이다.

🔟 가설검정에 관한 구체적인 알고리듬은 제4부 제14장을 참조하기 바란다.

빈도분석과 교차분석   제**11**장

1   빈도분석과 교차분석

A. 자녀의 성별은 무엇입니까?

① 남자   ② 여자

1. 자녀의 담임교사로 가장 선호하는 유형은 무엇입니까?

① 엄격한 교사   ② 자상한 교사

③ 성적 향상에 열정을 쏟는 교사   ④ 인성교육에 최선을 다하는 교사

2. 자녀의 담임교사로 선호하는 유형을 모두 고르시오.

① 엄격한 교사   ② 자상한 교사

③ 성적 향상에 열정을 쏟는 교사   ④ 인성교육에 최선을 다하는 교사

3. 자녀의 담임교사로 선호하는 유형을 2개만 고르시오.

① 엄격한 교사   ② 자상한 교사

③ 성적 향상에 열정을 쏟는 교사   ④ 인성교육에 최선을 다하는 교사

4. 자녀의 담임교사로 선호하는 유형을 중요한 순서대로 고르시오.

① 엄격한 교사   ② 자상한 교사

③ 성적 향상에 열정을 쏟는 교사   ④ 인성교육에 최선을 다하는 교사

⑩ 자녀의 성별에 따라 선호하는 담임교사의 유형이 어떻게 달라지는지를 확인하기
  위해 앞의 설문을 활용하여 학부모 174명을 대상으로 수집한 자료가 있다고 하자.
  이처럼 독립변수는 집단을 구분하는 질적변수이고, 종속변수도 질적변수일 때에
  는 빈도분석과 교차분석을 통해 자료를 요약하게 된다.
  • 앞의 설문에서 A는 독립변수 또는 배경변수에 해당한다.
  • 앞의 설문에서 1~4번은 종속변수에 해당한다. 1번은 하나만 고르는 단일응답
    자료인 반면, 2~4번은 각각 '있는 대로 고르시오.' '2개만 고르시오.' '중요한 순서
    대로 고르시오.'와 같이 여러 개를 고르는 다중응답 자료(multiple response data)다.

⑩ 단일응답 자료는 〈표 11−1〉과 같이, 빈도분석과 교차분석을 통해 자료를 요약하
  며, χ^2 검정을 통해 가설검정을 할 수 있다.
  • 빈도분석과 교차분석의 구체적인 방법은 제3부 제11장의 **2**를, χ^2 검정을
    통한 가설검정 방법은 제5부를 참조하기 바란다.

〈표 11−1〉 자녀의 성별에 따른 학부모가 선호하는 담임교사 유형에 대한 교차분석 결과

배경 변수	엄격한 교사	자상한 교사	성적 향상에 열정을 쏟는 교사	인성교육에 최선을 다하는 교사	합계	χ^2
남자	34(35.1)	18(18.6)	21(21.6)	24(24.7)	97(100)	16.10**
여자	11(14.3)	33(42.9)	17(22.1)	16(20.8)	77(100)	
전체	45(25.9)	51(29.3)	38(21.8)	40(23.0)	174(100)	

( ): 백분율   **$p<.01$

⑩ 다중응답 자료는 빈도분석과 교차분석을 통해 자료를 요약하되, χ^2 검정 등을 통
  한 가설검정은 실시할 수 없음에 유의하기 바란다.
  • 이에 관한 구체적인 내용은 제3부 제11장의 **3** ~ **5** 를 참조하기 바란다.

2 단일응답일 때의 교차분석

1) 설문지

다음과 같은 설문지를 중학생 60명에게 실시하였다고 하자.

A. 당신은 몇 학년입니까?

　① 1학년　　　　　　　　② 2학년　　　　　　　　③ 3학년

B. 당신의 성별은 무엇입니까?

　① 남자　　　　　　　　② 여자

1. 수학 태도를 가장 많이 떨어뜨리는 때는 언제입니까?

　① 교사가 혼자서 일방적으로 수업을 할 때

　② 시험을 못 봤을 때

　③ 어제 풀었던 문제를 오늘은 못 풀 때

　④ 수업 중 내용을 전혀 알아들을 수 없을 때

2. 수학 태도를 가장 많이 떨어뜨리는 내용 영역은 무엇입니까?

　① 집합　　　　　　　　② 수와 식

　③ 방정식　　　　　　　④ 함수

2) 연구문제, 분석방법 및 분석 데이터

- 연구문제: 수학 태도를 가장 많이 떨어뜨리는 때가 언제이며 수학 태도를 가장 많이 떨어뜨리는 내용 영역은 무엇인가? 그리고 이것은 학년과 성에 따라서 어떠한 차이가 있는가?
- 분석방법: 빈도분석과 교차분석 및 χ^2 검정
- 분석 데이터: 수학흥미.sav(네이버 카페의 '스터피아'에서 다운로드)

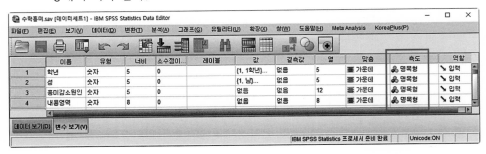

3) 분석 절차

(1) 1단계: 측도를 변경하는 절차

- 이 분석을 위한 전제조건으로 흥미감소원인, 내용영역 등의 종속변수와 학년
  과 성 등의 독립변수는 모두 '변수 보기' 창을 활용하여 측도를 '명목형'으로 설
  정해 두어야 한다.

(2) 2단계: 교차분석표 및 'χ^2값과 p값'을 구하는 절차

- '분석' 메뉴
  - ✔ '표' ⇨ '사용자 정의 표'
  - ✔ '학년, 성'을 동시에 선택하여 '행'바로 드래그해서 이동
    (동시에 선택할 때에는 Ctrl 또는 Shift 키를 활용하면 편리)
  - ✔ '흥미감소원인'을 '열'바로 드래그해서 이동

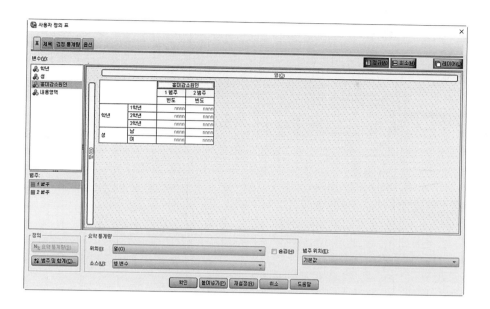

- ◆ 오른쪽에 생성된 표의 '학년'을 더블클릭하면 '요약 통계량'이 나타남
  - ✔ '통계량'의 '행 퍼센트' 클릭 ⇨ '행 N%'를 오른쪽(➡)의 '표시' 부분으로 보냄
  - ✔ '빈도'의 '형식'은 n,nnn으로 변경하고, '행 N%'의 '형식'은 (nnnn.n)으로 변경
  - ✔ '빈도'의 '소수점이하자리'는 0, '행 N%'의 '소수점이하자리'는 1로 변경
  - ✔ '모든 항목에 적용' 클릭

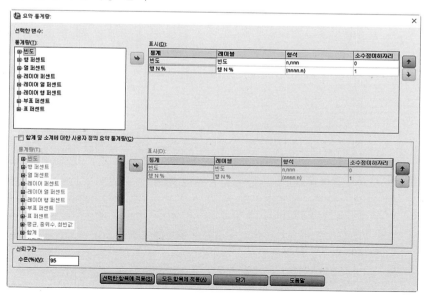

      ✔ '닫기' 클릭

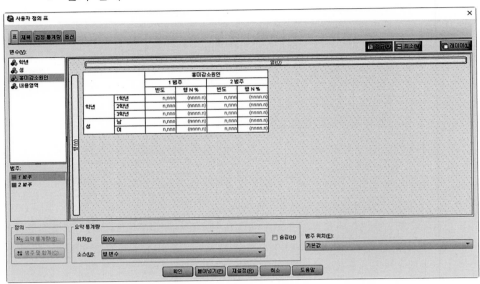

   • 오른쪽 표의 '성'을 선택한 상태에서 '범주 및 합계'를 클릭

      ✔ '표시'의 '총계' 앞의 네모 박스 체크 ⇨ '적용' 클릭

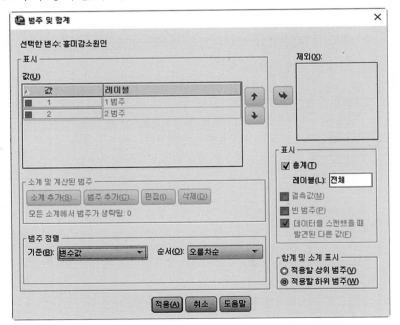

- 오른쪽 표의 '흥미감소원인'을 선택한 상태에서 '범주 및 합계'를 클릭
  - ✔ '표시'의 '총계' 앞의 네모 박스 체크 ⇨ '적용' 클릭

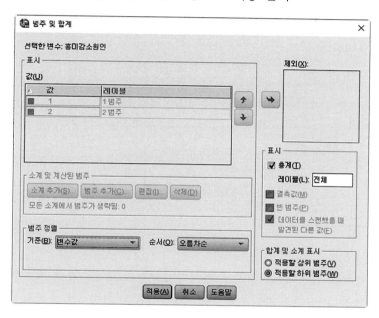

- 상단의 '검정 통계량'을 클릭
  - ✔ '독립성 검정(카이제곱)'의 왼쪽 박스 체크

    (배경변수별로 χ^2값과 유의확률 p값을 얻는 과정)

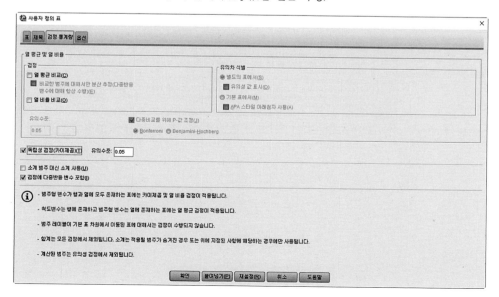

※ χ^2 검정의 기본 원리에 관한 상세한 내용은 제5부를 참조하기 바란다.

◆ **바로 실행하거나 명령문에서 실행하기**

　✔ 바로 실행하려면 '확인'을 클릭하고, 명령문에서 실행하려면 '붙여넣기'를
　　클릭한다.

　✔ 종속변수를 '내용영역'으로 하여 빈도분석과 교차분석을 다시 한번 반복해
　　야 한다. 반복된 작업을 효율적으로 수행하기 위해서는 앞의 명령문을 복사
　　하여 종속변수인 '흥미감소원인'을 '내용영역'으로 변경하기만 하면 된다.
　　('찾아바꾸기'는 명령문 창에서 단축키 Ctrl+H를 활용하면 편리)

✔ 실행하고자 하는 부분을 블록으로 지정하여 ▶ 클릭

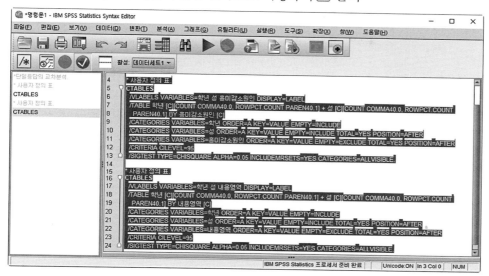

4) 분석 결과

흥미감소원인

		1 빈도	1 행 N%	2 빈도	2 행 N%	3 빈도	3 행 N%	4 빈도	4 행 N%	총계 빈도	총계 행 N%
학년	1학년	3	(16.7)	3	(16.7)	11	(61.1)	1	(5.6)	18	(100.0)
	2학년	10	(47.6)	4	(19.0)	5	(23.8)	2	(9.5)	21	(100.0)
	3학년	4	(19.0)	8	(38.1)	4	(19.0)	5	(23.8)	21	(100.0)
성	남	4	(15.4)	4	(15.4)	15	(57.7)	3	(11.5)	26	(100.0)
	여	13	(38.2)	11	(32.4)	5	(14.7)	5	(14.7)	34	(100.0)
	총계	17	(28.3)	15	(25.0)	20	(33.3)	8	(13.3)	60	(100.0)

Pearson 카이제곱검정

		흥미감소원인
학년	카이제곱	15.296
	자유도	6
	TPL유의확률	.018*,b
성	카이제곱	12.690
	자유도	3
	TPL유의확률	.005*,b

결과는 가장 안쪽에 있는 각 부표의 비어 있지 않은 행과 열을 기준으로 합니다.

 *. 카이제곱 통계량은 .05 수준에서 유의합니다.

 b. 이 부표에 있는 셀의 20% 이상에서 셀 빈도가 5 미만일 것으로 예상됩니다. 카이제곱 결과가
   유효하지 않을 수 있습니다.

		내용영역									
		1		2		3		4		총계	
		빈도	행 N%	빈도	행 N%	빈도	행 N%	빈도	행 N%	빈도	행 N%
학년	1학년	5	(27.8)	5	(27.8)	4	(22.2)	4	(22.2)	18	(100.0)
	2학년	4	(19.0)	5	(23.8)	6	(28.6)	6	(28.6)	21	(100.0)
	3학년	6	(28.6)	5	(23.8)	5	(23.8)	5	(23.8)	21	(100.0)
성	남	7	(26.9)	7	(26.9)	6	(23.1)	6	(23.1)	26	(100.0)
	여	8	(23.5)	8	(23.5)	9	(26.5)	9	(26.5)	34	(100.0)
	총계	15	(25.0)	15	(25.0)	15	(25.0)	15	(25.0)	60	(100.0)

Pearson 카이제곱검정

		내용영역
학년	카이제곱	.889
	자유도	6
	TPL유의확률	.989[a]
성	카이제곱	.271
	자유도	3
	TPL유의확률	.965

결과는 가장 안쪽에 있는 각 부표의 비어 있지 않은 행과 열을 기준으로 합니다.

a. 이 부표에 있는 셀의 20% 이상에서 셀 빈도가 5 미만일 것으로 예상됩니다. 카이제곱 결과가 유효하지 않을 수 있습니다.

※ 직사각형 안에 있는 '카이제곱' 오른쪽의 값이 'χ^2값'이며, 'TPL 유의확률' 오른쪽이 'p값'이다.
※ 이러한 표는 각 종속변수별로 배경변수의 개수만큼 생성된다.

5) 보고서 제시 및 해석

①. 수학 태도가 가장 많이 떨어지는 때에 관한 '교차분석표'와 'χ^2값과 p값' 결과를 활용하여, 최종 교차분석 결과와 해석 샘플을 제시하면 다음과 같다.

〈표 11-2〉 수학 태도가 가장 많이 떨어지는 때에 관한 빈도 및 교차분석 결과

배경변수	항목	교사가 일방적으로 수업을 할 때	시험을 못 봤을 때	어제 풀었던 문제를 오늘은 못 풀 때	실용적이지 못하다고 느껴질 때	합계	χ^2
학년	1학년	3(16.7)	3(16.7)	11(61.1)	1(5.6)	18(100)	
	2학년	10(47.6)	4(19.0)	5(23.8)	2(9.5)	21(100)	15.296*
	3학년	4(19.0)	8(38.1)	4(19.0)	5(23.8)	21(100)	
성별	남학생	4(15.4)	4(15.4)	15(57.7)	3(11.5)	26(100)	12.690**
	여학생	13(38.2)	11(32.4)	5(14.7)	5(14.7)	34(100)	
전체		17(28.3)	15(25.0)	20(33.3)	8(13.3)	60(100)	

*p<.05   **p<.01

수학 태도가 가장 많이 떨어지는 때가 언제인지 물어본 결과, 〈표 11-2〉와 같이 '어제 풀었던 문제를 오늘은 못 풀 때(33.3%)'가 가장 많았고, '교사가 혼자서 일방적으로 수업을 할 때(28.3%)'가 그 뒤를 따랐다. 이를 좀 더 구체적으로 보면, 이러한 반응 경향은 학년, 성별에 따라서 통계적으로 유의미한 차이가 있었다($\chi^2 = 15.296$, $p<.05$; $\chi^2 = 12.690$, $p<.01$). 먼저, 학년별로 본다면 1학년은 '어제 풀었던 문제를 오늘은 못 풀 때'라고 답한 학생이 가장 많았으나, 2학년은 '교사가 일방적으로 수업을 할 때', 3학년은 '시험을 못 봤을 때'라고 답한 학생이 가장 많았다. 성별로 본다면, 남학생은 '어제 풀었던 문제를 오늘은 못 풀 때'라고 답한 학생이 가장 많았으나, 여학생은 '교사가 혼자서 일방적으로 수업을 할 때'라고 답한 학생이 가장 많았다.

3 다중응답 중 '모두 고르시오.'일 때의 교차분석

1) 설문지

다음과 같은 설문지를 대학생 60명에게 실시하였다고 하자.

A. 당신은 몇 학년입니까?

　① 1학년　　　　　　　② 2학년　　　　　　　③ 3학년

B. 당신의 성별은 무엇입니까?

　① 남자　　　　　　　② 여자

1. 학술정보관을 이용하는 목적을 모두 고르시오.

　① 열람실 이용　　　　　② DVD 관람

　③ 도서 및 논문 대여　　④ PC 사용

앞의 설문지를 통해서 연구자가 확인하려는 연구문제는 다음의 두 가지다.

첫째, '1'번에 대해 각 항목별로 빈도와 백분율이 어떠한가?

둘째, '1'번의 항목별 빈도와 백분율이 배경변수에 따라서 어떠한 차이가 있는가?

  첫 번째 연구문제에 대한 분석을 '빈도분석'이라 하고, 두 번째 연구문제에 대한 분석을 '교차분석'이라 한다. 단일응답일 때와 달리 이 경우에는 교차분석 과정에서 χ^2 검정을 제공하지 않는다.

2) 연구문제, 분석방법 및 분석 데이터

⑩ 연구문제: 학술정보관을 이용하는 목적이 무엇인가? 그리고 이것은 학년과 성에 따라서 어떠한 차이가 있는가?

⑩ 분석방법: 빈도분석과 교차분석

⑩ 분석 데이터: 빈도분석_모두고르기.sav(네이버 카페의 '스터피아'에서 다운로드)

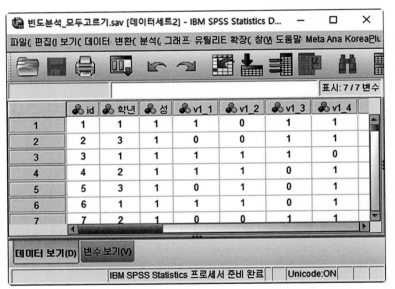

※ '모두 고르는 문항'의 코딩방식: '모두 고르시오.'에 해당하는 문항의 경우, 선택한 항목은 1, 선택하지 않은 항목은 0으로 입력해야 한다. 그러므로 '모두 고르는 문항'의 경우, 항목의 개수만큼 변수가 필요하다.
  4개 항목을 가진 1번 문항은 자료 입력을 위해 v1_1~v1_4의 4개 변수가 필요하다. 예컨대, 1, 3, 4를 선택한 첫 번째 피험자(id가 1인 피험자)의 경우, v1_1에 1, v1_2에 0, v1_3에 1, v1_4에 1을 차례대로 입력하면 된다.

3) 분석 절차

(1) 1단계: 측도를 변경하는 절차

- 이 분석을 위한 전제조건으로 v1_1~v1_4 등의 종속변수와 학년과 성 등의 독립변수는 모두 '변수 보기' 창을 활용하여 측도를 '명목형'으로 설정해 두어야 한다.

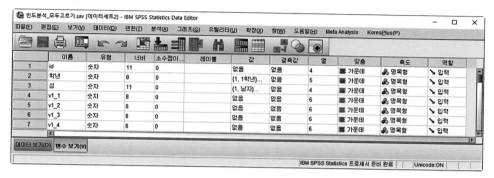

(2) 2단계: 다중반응 변수군을 정의하는 절차

- '분석' 메뉴
  - ✔ '표' ➪ '다중반응 변수군'
  - ✔ '변수군 정의'에서 1번 문항을 코딩한 변수인 'v1_1~v1_4'를 '변수군에 포함된 변수'로 이동
  - ✔ '변수 코딩'에서 '이분형'을 선택 ➪ '빈도화 값'에 '1'을 입력
    (선택한 항목을 1, 선택하지 않은 항목을 0이라고 코딩하였으므로 '빈도화 값'에 '1'을 입력한 것이다. 만약 선택한 항목을 2로 코딩하였다면 '빈도화 값'에 '2'를 입력해야 한다.)
  - ✔ '변수군 이름'에 '다중반응 변수군'으로 정의될 새로운 변수이름을 입력
    (여기에서는 'v1'을 입력하였다. 이후 'v1'은 '다중반응 변수군' 창으로 이동하면 자동적으로 '$v1'으로 변한다. '$v1'은 'v1_1~v1_4의 변수군'을 하나로 묶은 변수임을 의미한다.)

✔ '추가' ⇨ '확인' 클릭

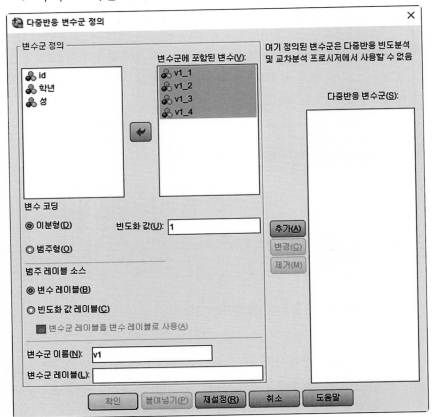

(3) 3단계: 교차분석표를 구하는 절차

- '분석' 메뉴
    ✔ '표' ⇨ '사용자 정의 표'
    ✔ '학년, 성'을 동시에 선택하여 '행'바로 드래그해서 이동
    (동시에 선택할 때에는 Ctrl 또는 Shift 키를 활용하면 편리)

✔ '$v1'을 '열'바로 드래그해서 이동

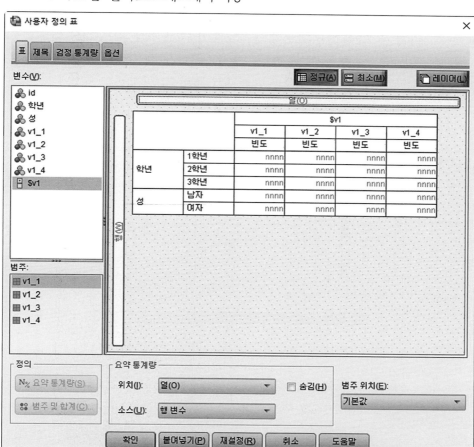

• 오른쪽에 생성된 표의 '학년'을 더블클릭하면 '요약 통계량'이 나타남
   ✔ '통계량'의 '행 퍼센트' 클릭 ⇨ '행 N%'를 오른쪽(☞)의 '표시' 부분으로
      보냄
   ✔ '빈도'의 '형식'은 n,nnn으로 변경하고, '행 N%'의 '형식'은 (nnnn.n)으로
      변경
   ✔ '빈도'의 '소수점이하자리'는 0, '행 N%'의 '소수점이하자리'는 1로 변경

✔ '모든 항목에 적용' 클릭

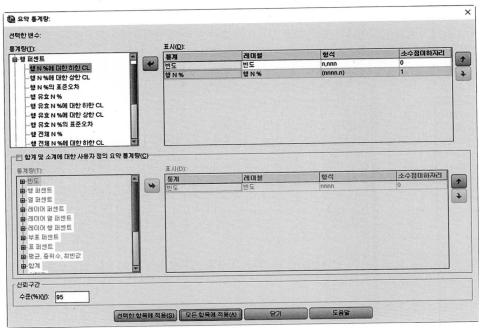

✔ '닫기' 클릭

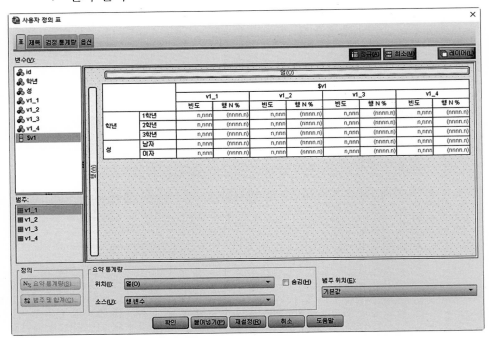

- 오른쪽 표의 '성'을 선택한 상태에서 '범주 및 합계'를 클릭
  ✔ '표시'의 '총계' 앞의 네모 박스 체크 ⇨ '적용' 클릭

- 오른쪽 표의 '$v1'을 선택한 상태에서 '범주 및 합계'를 클릭
  ✔ '표시'의 '총계' 앞의 네모 박스 체크 ⇨ '적용' 클릭

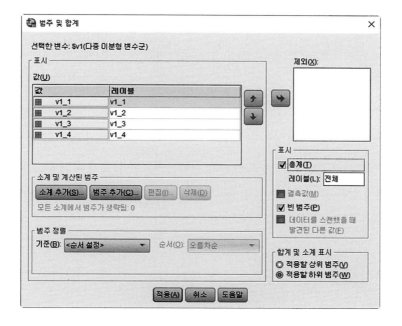

• 바로 실행하거나 명령문에서 실행하기

✔ 바로 실행하려면 '확인'을 클릭하고, 명령문에서 실행하려면 '붙여넣기'를 클릭

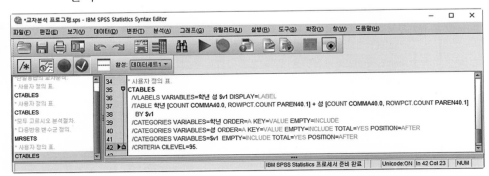

✔ 실행하고자 하는 부분을 블록으로 지정하여 ▶ 클릭

4) 분석 결과

		\$v1									
		v1_1		v1_2		v1_3		v1_4		총계	
		빈도	행 N%	빈도	행 N%	빈도	행 N%	빈도	행 N%	빈도	행 N%
학년	1학년	18	(85.7)	12	(57.1)	9	(42.9)	15	(71.4)	21	(100.0)
	2학년	12	(66.7)	9	(50.0)	9	(50.0)	12	(66.7)	18	(100.0)
	3학년	6	(28.6)	9	(42.9)	15	(71.4)	18	(85.7)	21	(100.0)
성	남	21	(70.0)	21	(70.0)	18	(60.0)	21	(70.0)	30	(100.0)
	여	15	(50.0)	9	(30.0)	15	(50.0)	24	(80.0)	30	(100.0)
	총계	36	(60.0)	30	(50.0)	33	(55.0)	45	(75.0)	60	(100.0)

5) 보고서 제시 및 해석방법

🔟 학술정보관을 이용하는 목적에 관한 교차분석표를 활용하여 최종 교차분석 결과와 해석 샘플을 제시하면 다음과 같다.

〈표 11-3〉 학술정보관을 이용하는 목적에 관한 교차분석 결과

배경 변수	항목	열람실 이용	DVD 관람	도서 및 논문 대여	PC 사용	합계
학년	1학년	18(85.7)	12(57.1)	9(42.9)	15(71.4)	21(100.0)
	2학년	12(66.7)	9(50.0)	9(50.0)	12(66.7)	18(100.0)
	3학년	6(28.6)	9(42.9)	15(71.4)	18(85.7)	21(100.0)
성별	남학생	21(70.0)	21(70.0)	18(60.0)	21(70.0)	30(100.0)
	여학생	15(50.0)	9(30.0)	15(50.0)	24(80.0)	30(100.0)
전체		36(60.0)	30(50.0)	33(55.0)	45(75.0)	60(100.0)

학술정보관을 이용하는 목적을 물어본 결과, 〈표 11-3〉과 같이 'PC 사용'이라고 답한 학생이 전체 학생의 75%로 가장 많았다. 그 뒤를 이어 '열람실 이용' '도서 및 논문 대여' 'DVD 관람'이라고 답한 학생이 각각 전체의 60%, 55%, 50%였다. 학년별로 보면, 1학년과 2학년은 3학년에 비해 '열람실 이용' 'DVD 관람'이라고 답한 학생이 많았던 반면, 3학년은 1학년과 2학년에 비해서 '도서 및 논문 대여' 'PC 사용'이라고 답한 학생이 많았다. 성별로 보면, 남학생은 여학생에 비해서 '열람실 이용' 'DVD 관람' '도서 및 논문 대여'라고 답한 학생이 많았던 반면, 여학생은 남학생에 비해서 'PC 사용'이라고 답한 학생이 많았다.

4 다중응답 중 '두 가지만 고르시오.'일 때의 교차분석

1) 설문지

다음과 같은 설문지를 대학생 60명에게 실시하였다고 하자.

A. 당신은 몇 학년입니까?

　　① 1학년　　　　　　　② 2학년　　　　　　　③ 3학년

B. 당신의 성별은 무엇입니까?

　　① 남자　　　　　　　② 여자

1. 학술정보관을 이용하는 목적을 두 가지만 고르시오.

　　① 열람실 이용　　　　　② DVD 관람

　　③ 도서 및 논문 대여　　　④ PC 사용

이 설문지를 통해서 연구자가 확인하려는 연구문제는 다음의 두 가지다.

첫째, '1'번에 대해 각 항목별로 빈도와 백분율이 어떠한가?

둘째, '1'번의 항목별 빈도와 백분율이 배경변수에 따라서 어떠한 차이가 있는가?

첫 번째 연구문제에 대한 분석을 '빈도분석'이라 하고, 두 번째 연구문제에 대한 분석을 '교차분석'이라 한다. 단일응답일 때와 달리 이 경우에는 교차분석 과정에서 χ^2 검정을 제공하지 않는다.

2) 연구문제, 분석방법 및 분석 데이터

🄒 연구문제: 학술정보관을 이용하는 목적이 무엇인가? 그리고 이것은 학년과 성에 따라서 어떠한 차이가 있는가?

🄒 분석방법: 빈도분석과 교차분석

🄒 분석 데이터: 빈도분석_2개만고르기.sav(네이버 카페의 '스터피아'에서 다운로드)

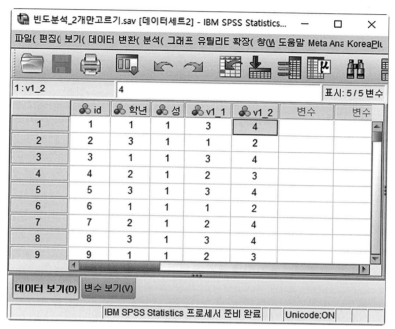

※ '2개만 고르는 문항'의 코딩방식: '2개만 고르시오.'에 해당하는 문항의 경우,
선택한 항목의 번호를 차례대로 입력해야 한다. 그러므로 '2개만 고르는 문항'
의 경우, 2개의 변수가 필요하다. 1번 문항은 2개만 고르는 문항이기에 v1_1과
v1_2의 2개 변수가 필요하다.

예컨대, 3과 4를 선택한 첫 번째 피험자(id가 1인 피험자)의 경우, v1_1에 3,
v2_1에 4를 차례대로 입력하면 된다.

3) 분석 절차

(1) 1단계: 측도를 변경하는 절차

* 이 분석을 위한 전제조건으로 v1_1~v1_2 등의 종속변수와 학년과 성 등의 독
립변수는 모두 '변수 보기' 창을 활용하여 측도를 '명목형'으로 설정해 두어야
한다.

(2) 2단계: 다중반응 변수군을 정의하는 절차

- '분석' 메뉴
  - ✔ '표' ⇨ '다중반응 변수군'
  - ✔ '변수군 정의'에서 1번 문항을 코딩한 변수인 'v1_1~v1_2'를 '변수군에 포함된 변수'로 이동
  - ✔ '변수 코딩'에서 '범주형'을 선택
  - ✔ '변수군 이름'에 '다중반응 변수군'으로 정의될 새로운 변수이름을 입력
    (여기에서는 'v1'을 입력하였다. 이후 'v1'은 '다중반응 변수군' 창으로 이동하면 자동적으로 '$v1'으로 변한다. '$v1'은 'v1_1~v1_2의 변수군'을 하나로 묶은 변수임을 의미한다.)
  - ✔ '추가' ⇨ '확인' 클릭

(3) 3단계: 교차분석표를 구하는 절차

　• '분석' 메뉴

　　✔ '표' ⇨ '사용자 정의 표'

　　✔ '학년, 성'을 동시에 선택하여 '행'바로 드래그해서 이동

　　　(동시에 선택할 때에는 Ctrl 또는 Shift 키를 활용하면 편리)

　　✔ '$v1'을 '열'바로 드래그해서 이동

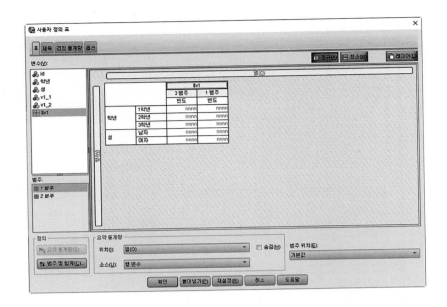

- 오른쪽에 생성된 표의 '학년'을 더블클릭하면 '요약 통계량'이 나타남
  - ✔ '통계량'의 '행 퍼센트' 클릭 ⇨ '행 N%'를 오른쪽(➡)의 '표시' 부분으로
    보냄
  - ✔ '빈도'의 '형식'은 n,nnn으로 변경하고, '행 N%'의 '형식'은 (nnnn.n)으로 변경
  - ✔ '빈도'의 '소수점이하자리'는 0, '행 N%'의 '소수점이하자리'는 1로 변경
  - ✔ '모든 항목에 적용' 클릭

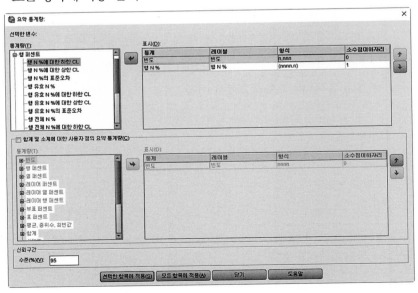

✔ '닫기' 클릭

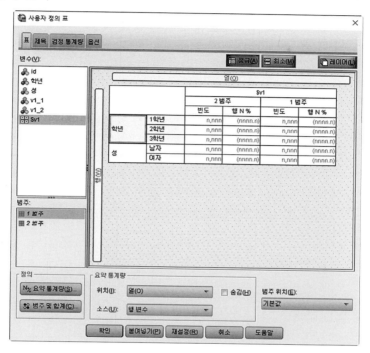

❖ 오른쪽 표의 '성'을 선택한 상태에서 '범주 및 합계'를 클릭

　✔ '표시'의 '총계' 앞의 네모 박스 체크 ⇨ '적용' 클릭

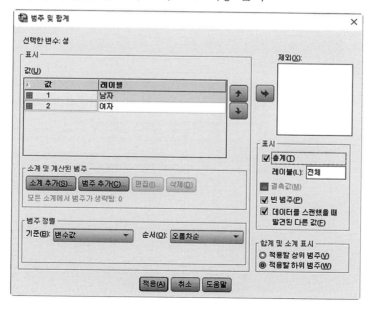

- 오른쪽 표의 '$v1'을 선택한 상태에서 '범주 및 합계'를 클릭
  - ✔ '표시'의 '총계' 앞의 네모 박스 체크 ⇨ '적용' 클릭

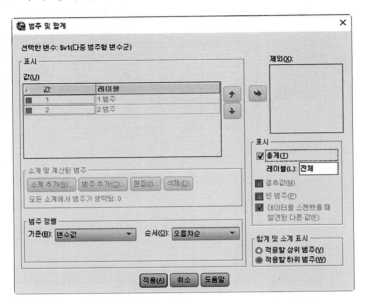

- 바로 실행하거나 명령문에서 실행하기
  - ✔ 바로 실행하려면 '확인'을 클릭하고, 명령문에서 실행하려면 '붙여넣기'를 클릭
  - ✔ 실행하고자 하는 부분을 블록으로 지정하여 ▶ 클릭

4) 분석 결과

		\$v1									
		1		2		3		4		총계	
		빈도	행 N%	빈도	행 N%	빈도	행 N%	빈도	행 N%	빈도	행 N%
학년	1학년	6	(28.6)	12	(57.1)	12	(57.1)	12	(57.1)	21	(100.0)
	2학년	3	(16.7)	15	(83.3)	12	(66.7)	6	(33.3)	18	(100.0)
	3학년	9	(42.9)	3	(14.3)	18	(85.7)	12	(57.1)	21	(100.0)
성	남자	6	(20.0)	18	(60.0)	21	(70.0)	15	(50.0)	30	(100.0)
	여자	12	(40.0)	12	(40.0)	21	(70.0)	15	(50.0)	30	(100.0)
	총계	18	(30.0)	30	(50.0)	42	(70.0)	30	(50.0)	60	(100.0)

5) 보고서 제시 및 해석방법

ⓘ 학술정보관을 이용하는 목적에 관한 교차분석표를 활용하여, 최종 교차분석 결과
와 해석 샘플을 제시하면 다음과 같다.

〈표 11-4〉 학술정보관을 이용하는 목적에 관한 교차분석 결과

배경 변수	항목	열람실 이용	DVD 관람	도서 및 논문 대여	PC 사용	합계
학년	1학년	6(28.6)	12(57.1)	12(57.1)	12(57.1)	21(100.0)
	2학년	3(16.7)	15(83.3)	12(66.7)	6(33.3)	18(100.0)
	3학년	9(42.9)	3(14.3)	18(85.7)	12(57.1)	21(100.0)
성별	남학생	6(20.0)	18(60.0)	21(70.0)	15(50.0)	30(100.0)
	여학생	12(40.0)	12(40.0)	21(70.0)	15(50.0)	30(100.0)
전체		18(30.0)	30(50.0)	42(70.0)	30(50.0)	60(100.0)

〈표 11-4〉를 보면, 학술정보관의 이용 목적으로 '도서 및 논문 대여'라고 답한 학생
이 전체 학생의 70.0%로 가장 많았다. 그 뒤를 이어 'DVD 관람' 'PC 사용' '열람실 이용'
이라고 답한 학생이 각각 50.0%, 50.0%, 30.0% 순이었다. 학년별로 보면, 1학년과
2학년은 3학년에 비해서 'DVD 관람'이라고 답한 학생이 더 많았던 반면, 3학년은 1학
년과 2학년에 비해서 '도서 및 논문 대여'라고 답한 학생이 더 많았다. 성별로 보면, 남
학생은 여학생에 비해서 'DVD 관람'이라고 답한 학생이 더 많았던 반면, 여학생은 남
학생에 비해서 '열람실 이용'이라고 답한 학생이 더 많았다.

5   다중응답 중 '순서대로 고르시오.'일 때의 교차분석

1) 설문지

다음과 같은 설문지를 대학생 60명에게 실시하였다고 하자.

A. 당신은 몇 학년입니까?

① 1학년   ② 2학년   ③ 3학년

B. 당신의 성별은 무엇입니까?

① 남자   ② 여자

1. 다음은 학술정보관을 이용하는 목적들입니다. 가장 중요하다고 생각하는 것부터 순서
   대로 나열하시오. (   )-(   )-(   )-(   )

① 열람실 이용   ② DVD 관람
③ 도서 및 논문 대여   ④ PC 사용

앞의 설문지를 통해서 연구자가 확인하려는 연구문제는 다음의 두 가지다.

첫째, '1'번에 대해 각 항목별로 빈도와 백분율이 어떠한가?

둘째, '1'번의 항목별 빈도와 백분율이 배경변수에 따라서 어떠한 차이가 있는가?

첫 번째 연구문제에 대한 분석을 '빈도분석'이라 하고, 두 번째 연구문제에 대한 분석을 '교차분석'이라 한다. 단일응답일 때와 달리 이 경우에는 교차분석 과정에서 χ^2검정을 제공하지 않는다.

2) 연구문제, 분석방법 및 분석 데이터

- **연구문제:** 학술정보관을 이용하는 목적이 무엇인가? 그리고 이것은 학년과 성에 따라서 어떠한 차이가 있는가?

- **분석방법:** 빈도분석과 교차분석

● 분석 데이터: 빈도분석_순서대로고르기.sav(네이버 카페의 '스터피아'에서 다운로드)

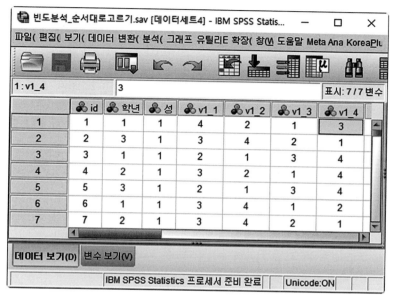

※ '순서대로 고르는 문항'의 코딩방식: '중요한 순서대로 고르시오.'에 해당하는
  문항의 경우, 피험자가 고른 항목 순서대로 입력해야 한다. 그러므로 '순서대로
  고르는 문항'의 경우, 항목의 개수만큼 변수가 필요하다. 4개 항목을 가진 1번
  문항은 v1_1~v1_4의 4개 변수가 필요하다.
  예컨대, 4, 2, 1, 3을 순서대로 선택한 첫 번째 피험자(id가 1인 피험자)의 경우,
  v1_1에 4, v1_2에 2, v1_3에 1, v1_4에 3을 차례대로 입력하면 된다.

3) 분석 절차

(1) 1단계: 측도를 변경하는 절차

• 이 분석을 위한 전제조건으로 v1_1~v1_4 등의 종속변수와 학년과 성 등의 독
  립변수는 모두 '변수 보기' 창을 활용하여 측도를 '명목형'으로 설정해 두어야
  한다.

	이름	유형	너비	소수점이...	레이블	값	결측값	열	맞춤	측도	역할
1	id	숫자	11	0		없음	없음	4	가운데	명목형	입력
2	학년	숫자	8	0		{1, 1학년}...	없음	5	가운데	명목형	입력
3	성	숫자	11	0		{1, 남자}...	없음	4	가운데	명목형	입력
4	v1_1	숫자	8	0	1st	없음	없음	6	가운데	명목형	입력
5	v1_2	숫자	8	0	2nd	없음	없음	6	가운데	명목형	입력
6	v1_3	숫자	8	0	3rd	없음	없음	6	가운데	명목형	입력
7	v1_4	숫자	8	0	4th	없음	없음	6	가운데	명목형	입력

(2) 2단계: 각 배경변수에 대한 항목별 빈도를 구하는 절차

- ◆ '분석' 메뉴
  - ✔ '표' ⇨ '사용자 정의 표'
  - ✔ '학년, 성'을 동시에 선택하여 '행'바로 드래그해서 이동

    (동시에 선택할 때에는 Ctrl 또는 Shift 키를 활용하면 편리)

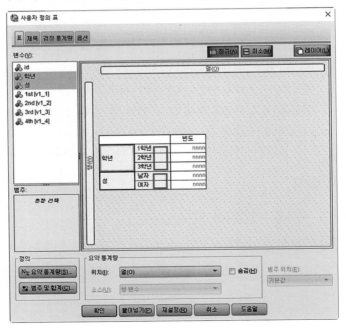

  - ✔ 'v1_1~v1_4'를 동시에 선택해서 위의 직사각형 부분에 드래그해서 차례대
    로 이동 ⇨ '범주 위치'를 '행 레이블을 열로 표시'로 변경

✔ '확인' 클릭

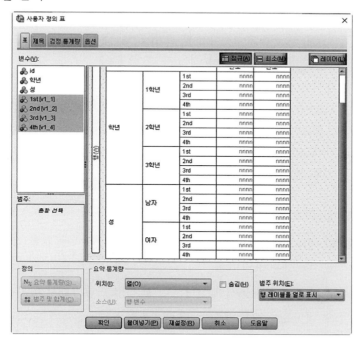

◆ 분석 결과

			1	2	3	4
			빈도	빈도	빈도	빈도
학년	1학년	1st	5	3	9	4
		2nd	3	9	3	6
		3rd	7	6	5	3
		4th	6	3	4	8
	2학년	1st	0	3	12	3
		2nd	0	3	6	9
		3rd	12	6	0	0
		4th	6	6	0	6
	3학년	1st	3	9	6	3
		2nd	3	3	9	6
		3rd	6	9	3	3
		4th	9	0	3	9
성	남자	1st	2	6	18	4
		2nd	6	9	3	12
		3rd	13	9	8	0
		4th	9	6	1	14
	여자	1st	6	9	9	6
		2nd	0	6	15	9
		3rd	12	12	0	6
		4th	12	3	6	9

※ 앞의 결과에서 직사각형 안의 5, 3, 7, 6은 1학년 중에서 학술정보관 이용 목적 중 '항목 1'을 가장 중요하다고 한 사람이 5명, 두 번째 중요하다고 한 사람이 3명, 세 번째 중요하다고 한 사람이 7명, 네 번째 중요하다고 한 사람이 6명이 있다는 것을 의미한다.

※ 가장 중요하다고 한 사람 수에는 가중치 '4'를, 두 번째 중요하다고 한 사람 수에는 가중치 '3'을, 세 번째 중요하다고 한 사람 수에는 가중치 '2'를, 네 번째 중요하다고 한 사람 수에는 가중치 '1'을 줌으로써 학술정보관 이용 목적에 대한 선호 정도를 평가할 예정이다(4단계 참조). 가중치는 연구자에 따라 다르게 부여할 수 있다.

(3) 3단계: 항목별 빈도를 구하는 절차

• '분석' 메뉴

✔ '표' ⇨ '사용자 정의 표'

✔ 'v1_1~v1_4'를 동시에 선택하여 '행'바로 드래그해서 이동 ⇨ '범주 위치'를 '행 레이블을 열로 표시'로 변경

✔ '확인' 클릭

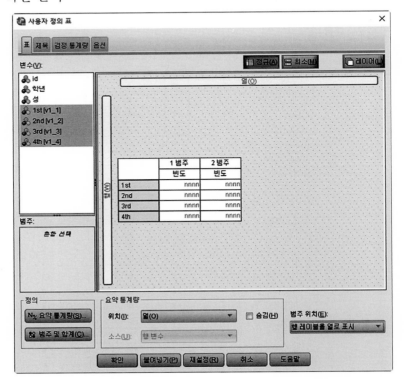

• 분석 결과

분석 결과					
		1 빈도	2 빈도	3 빈도	4 빈도
1st		8	15	27	10
2nd		6	15	18	21
3rd		25	21	8	6
4th		21	9	7	23

※ 앞의 결과에서 직사각형 안의 8, 6, 25, 21은 학술정보관 이용 목적 중에서 '항목 1'을 가장 중요하다고 한 사람이 8명, 두 번째 중요하다고 한 사람이 6명, 세 번째 중요하다고 한 사람이 25명, 네 번째 중요하다고 한 사람이 21명이 있다는 것을 의미한다.

※ 가장 중요하다고 한 사람 수에는 가중치 '4'를, 두 번째 중요하다고 한 사람 수에는 가중치 '3'을, 세 번째 중요하다고 한 사람 수에는 가중치 '2'를, 네 번째 중요하다고 한 사람 수에는 가중치 '1'을 줌으로써 학술정보관 이용 목적에 대한 선호 정도를 평가할 예정이다(4단계 참조).

(4) 4단계: 엑셀 프로그램을 이용한 가중치 부여 절차

✔ 2단계와 3단계의 '분석 결과'를 '엑셀 프로그램'에 붙인다(Ctrl+C, Ctrl+V).

✔ H3란에 '=C3 *4+C4 *3+C5 *2+C6 *1'를 입력한다. 이는 ①을 가장 중요하다고 반응한 피험자 수에는 가중치 4를, ①을 두 번째 중요하다고 반응한 피험자에는 가중치 3을, ①을 세 번째 중요하다고 반응한 피험자에는 가중치 2를, ①을 네 번째 중요하다고 반응한 피험자에는 가중치 1을 부여하여 이들을 합한 값을 ①을 선택한 피험자 비율을 구하는 데 활용하겠다는 의미다. ②, ③, ④를 선택한 피험자 비율도 마찬가지 방법으로 구한다.

✔ H4란에 '=H3 *100/SUM($H3 :$K3)'을 입력한다. 이는 가중치를 활용하여 구한 ①, ②, ③, ④를 선택한 피험자 수인 (49명+54명+59명+48명)에 대해 ①을 선택한 피험자 수의 백분율을 구하겠다는 의미다. ②, ③, ④를 선택한 피험자 백분율도 마찬가지 방법으로 구한다.

✔ 동일한 방법으로 2학년, 3학년, 남자, 여자, 전체에 대해 ①, ②, ③, ④를 선택한 피험자의 백분율을 구한다.

4) 보고서 제시 및 해석방법

🔟 학술정보관을 이용하는 목적에 관한 교차분석표를 활용하여, 최종 교차분석 결과와 해석 샘플을 제시하면 다음과 같다.

〈표 11-5〉 학술정보관을 이용하는 목적에 대한 교차분석 결과

배경변수	항목	열람실 이용	DVD 관람	도서 및 논문 대여	PC 사용	합계
학년	1학년	23.3	25.7	28.1	22.9	100
	2학년	16.7	21.7	36.7	25.0	100
	3학년	20.0	30.0	28.6	21.4	100
성별	남학생	20.3	25.0	32.7	22.0	100
	여학생	20.0	27.0	29.0	24.0	100
전체		20.2	26.0	30.8	23.0	100

학술정보관을 이용하는 목적을 물어본 결과, 〈표 11-5〉와 같이 '도서 및 논문 대여'라고 답한 학생이 전체 학생의 30.8%로 가장 많았다. 그 뒤를 이어 'DVD 관람' 'PC 사

용' '열람실 이용'이라고 답한 학생이 각각 26.0%, 23.0%, 20.2%의 순이었다. 학년별로 보면, 1학년과 2학년은 3학년에 비해서 '도서 및 논문 대여'라고 답한 학생이 더 많았던 반면, 3학년은 1학년과 2학년에 비해서 'DVD 관람'이라고 답한 학생이 더 많았다. 성별로 보면, 남학생은 여학생에 비해서 '도서 및 논문 대여'라고 답한 학생이 더 많았던 반면, 여학생은 남학생에 비해서 'DVD 관람' 'PC 사용'이라고 답한 학생이 더 많았다.

집중경향과 변산도 **제12장**

1 집중경향

◾ 집중경향(central tendency)은 전반적 수준을 나타내는 지수로서 '대푯값'이라고도
한다.

◾ 집중경향으로는 평균, 중앙값, 최빈값, 절삭평균이 있다.

> ① 11, 12, 13, 14, 15의 산술평균 = 13
> ② 11, 12, 13, 14, 15의 중앙값 = 13
> ③ 11, 12, 13, 14, 100의 산술평균 = 30
> ④ 11, 12, 13, 14, 100의 중앙값 = 13
> ⑤ 11, 12, 13, 13, 15의 중앙값 = 13
> ⑥ 11, 12, 13, 14, 15, 16의 중앙값 = 13.5
> ⑦ 11, 12, 13, 13, 15의 최빈값 = 13
> ⑧ 11, 11, 12, 13, 13, 15의 최빈값 = 11과 13
> ⑨ 11, 12, 13, 14, 100의 20% 절삭평균 = 13

* **평균(mean)**: 전체 합산 점수를 사례수로 나눈 산술평균이 가장 많이 사용되며,
이 밖에도 기하평균, 조화평균 등이 있다. 산술평균은 극단값(outlier)의 영향을
크게 받는 단점이 있다. 예컨대, ③의 집중경향으로 산술평균을 활용하면 전반
적 수준을 과대평가할 수 있다.

* **중앙값(median)**: 서열상 가운데에 위치한 피험자의 점수다. ⑥과 같이 사례수가
짝수인 경우 중앙값은 서열상 가운데에 위치한 두 값의 평균으로 정의한다. 특

히 ②와 ④를 비교했을 때 알 수 있듯이, 중앙값은 극단값의 영향을 받지 않는다.

* **최빈값**(mode): 빈도가 가장 높은 점수다. 주의할 것은 ⑧과 같이 최빈값은 2개 이상의 값이 산출되기도 한다.
* **절삭평균**(trimmed mean): 극단값의 영향을 최소화하기 위해 양쪽에서 특정 비율을 제거한 후, 나머지 피험자를 대상으로 한 평균을 의미한다. 양쪽에서 5%씩 제거하면 '5% 절삭평균'이라 한다. 0% 절삭평균은 산술평균과 동일하며, 50% 절삭평균은 중앙값과 일치한다. 절삭평균은 체조, 피겨 스케이팅 등에서 객관도를 높이기 위해 심사위원들이 평점을 구할 때 많이 활용한다.

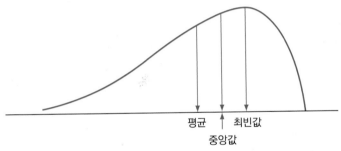

[그림 12-1] 부적편포에서 산술평균, 중앙값, 최빈값 간의 관계

🄑 산술평균의 성질 또는 특징은 다음과 같다.

* [그림 12-1]과 같이, 극단적으로 부적편포를 이루는 경우 산술평균이 가장 작고 중앙값, 최빈값 순으로 배열될 가능성이 높다. 그 이유는 평균은 다른 값에 비해서 극단값을 가진 사례의 영향을 크게 받을 수 있기 때문이다. 그러나 부적편포라고 해서 반드시 평균<중앙값<최빈값이 되는 것은 아니다.
* 산술평균은 모든 값의 영향을 받으며, 특히 극단값의 영향을 크게 받는다. 이러한 문제점을 최소화하기 위해 중앙값과 절삭평균을 사용한다.
* 모든 사례에 대하여 특정 수 b를 더하거나 빼면 산술평균은 그만큼 증감하며, 특정 수 a를 곱하면 산술평균도 a배 커진다.

$$E(X \pm b) = E(X) \pm b$$
$$E(aX) = aE(X)$$

2 변산도

- 변산도(variability)는 점수가 흩어진 정도로서 '산포도(dispersion, 일명 분산도)'라고
  도 한다. 변산도가 크다는 것은 개인 간 차이가 크다는 것을 의미한다.

- 변산도를 나타내는 지수로는 범위, 사분위수 범위, 사분편차, 평균편차, 표준편차,
  분산 등이 있다.

  - **범위**(range): 최댓값에서 최솟값을 뺀 값인데, 이는 극단값의 영향을 크게 받을
    수 있다.

  - **사분위수 범위**(interquartile range): 중앙값보다 큰 관찰값의 중앙값(Q_3, 일명 제3사
    분위수)에서 중앙값보다 작은 관찰값의 중앙값(Q_1, 일명 제1사분위수)을 뺀 값이
    다([그림 12-2] 참조). 사분위수 범위는 '범위'가 극단값의 영향을 크게 받는 범위
    의 단점을 보완하기 위해서 상위와 하위 25%를 절삭하고 나머지 피험자를 대
    상으로 범위를 구한 것이다. 〈표 12-1〉는 사분위수 범위의 계산의 한 예다. 상
    자그림(box plot)은 [그림 12-3]과 같이, 특정 집단의 점수를 최댓값, 최솟값, 제
    1사분위수(Q_1), 중앙값, 제3사분위수(Q_3), 사분위수 범위, 극단값 등의 정보를
    요약한 그림이다. 극단값은 Q_3과 Q_1에 비해 각각 $\pm1.5\times(Q_3-Q_1)$을 벗어난 값
    이다.

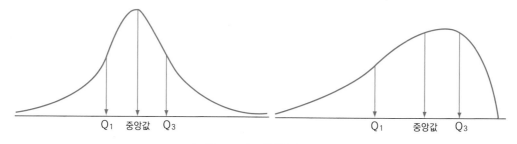

[그림 12-2] 사분위수

〈표 12-1〉 사분위수 범위의 계산 예

id	1	2	3	4	5	6	7
X	7	9	10	11	12	13	13

- X의 중앙값은 11이다.
- $Q_1=9$, $Q_3=13$이므로 X의 사분위수 범위는 $13-9=4$다.
- 다만, 사례수가 짝수인 경우에는 사분위수 범위를 정확하게 산출하기 위해서는 보간법으로 교정하는 절차를 거쳐야 한다.

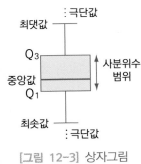

[그림 12-3] 상자그림

- **사분편차**(quartile deviation, semi-interpercentile range, 일명 사분위편차): 사분위수 범위를 2로 나눈 값이다.

$$사분편차 = \frac{(Q_3 - Q_1)}{2}$$

- **평균편차**(average deviation): 편차점수 절댓값의 평균이다.

$$평균편차 = \frac{\sum\limits_{i=1}^{n} |X_i - \mu|}{n}$$

- **분산**(variance, 일명 변량): 편차($X_i - \mu = x_i$)제곱들의 평균이다. 기하학적으로 분산은 [그림 12-4]와 같이, 평균에서 떨어진 거리를 한 변으로 하는 정사각형 넓이의 평균이다. 전집에서의 분산(일명 모분산)은 편차제곱의 합을 사례수로 나누는 반면, 표본에서의 분산(일명 표본분산)은 편차제곱의 합을 자유도로 나누

어 구한다. 자유도(degree of freedom)는 주어진 조건하에서 자유롭게 변할 수 있는 수 또는 변수의 개수로 정의된다. 예컨대, 제한 없이 5개의 숫자를 쓰는 경우의 자유도는 5이지만, 합이 20이라는 조건하에서 5개의 숫자를 쓰는 경우의 자유도는 4다. 5개의 표본에서 그 평균이 결정되어 있다면 자유도는 4다. 그러므로 평균이 알려진 전집에서 n개의 표본을 추출하는 과정에서 표본평균이 전집의 평균과 동일하다고 가정한다면 n개의 표본으로 표본분산을 구할 때의 자유도는 n−1이다. n개의 표본에서 분산을 구할 때에는 편차제곱의 합을 사례수로 나누지 않고 자유도로 나눈다. 그 이유는 자유도를 활용한 분산이 전집의 분산을 대체하기에 더 좋은 추정값을 제공하기 때문이다. 일반적으로, $E(\dfrac{\sum_{i=1}^{n}x_i^2}{n-1})=\sigma^2$을 증명할 수 있다. 이처럼 표본에서 구한 통계량들(statistics)의 평균이 전집에서의 모수(parameters)와 같을 때 그 통계량을 '불편추정량(unbiased estimator)'이라고 한다. 이에 관한 더 구체적인 내용은 제4부 제13장의 **1** 을 참조하기 바란다. 〈표 12−2〉는 전집과 표본에서 분산을 구하는 과정을 예시적으로 보여 준다.

$$모분산 = \sigma^2 = \frac{\sum_{i=1}^{N}(X_i-\mu)^2}{N} \qquad 표본분산 = \hat{\sigma^2} = \frac{\sum_{i=1}^{n}(X_i-\overline{X})^2}{n-1}$$

$$(단, \frac{\sum_{i=1}^{n}(X_i-\overline{X})^2}{n} 는 \ s^2 으로 \ 기호화한다.)$$

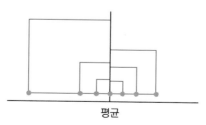

평균

[그림 12-4] 분산의 기하학적 표현

〈표 12-2〉 전집과 표본에서 분산 계산의 예

변수 X	전집(모평균 μ는 3)		표본(표본평균 $\overline{X}$는 3)	
	편차($X_i - \mu$)	편차제곱	편차($X_i - \overline{X}$)	편차제곱
2	−1	1	−1	1
3	0	0	0	0
1	−2	4	−2	4
4	1	1	1	1
5	2	4	2	4
편차제곱 합(sum of squares, ss): 10			SS: 10	
사례수: 5			자유도(df): 4	
모분산: $\sigma^2 = 10/5 = 2$			표본분산: $\hat{\sigma^2} = 10/4 = 2.5$	

• **표준편차**(standard deviation): 분산의 제곱근이다.

$$\text{모표준편차} = \sigma = \sqrt{\frac{\sum_{i=1}^{N}(X_i - \mu)^2}{N}} \qquad \text{표본표준편차} = \hat{\sigma} = \sqrt{\frac{\sum_{i=1}^{n}(X_i - \overset{\cdot}{X})^2}{n-1}}$$

• **변동계수**(coefficient of variation): 표준편차를 평균으로 나눈 값이다. 이는 단위에 영향을 받지 않는 표준편차라고 볼 수 있다. 예컨대, 1, 2, 3, 4, 5와 10, 20, 30, 40, 50은 표준편차는 다르지만 변동계수는 동일하다.

$$\text{변동계수} = \frac{\sigma(aX)}{E(aX)} = \frac{a\sigma(X)}{aE(X)} = \frac{\sigma(X)}{E(X)} \quad (\text{단, } a > 0)$$

ⓑ 표준편차의 성질 또는 특징은 다음과 같다.

• 동일한 값들에 관한 표준편차는 0이다.

• 특정 수를 더하거나 빼더라도 표준편차는 변하지 않으며, 특정 수 a를 곱하면 표준편차는 $|a|$ 배 커진다.

$$\sigma(X \pm b) = \sigma(X)$$

$$\sigma(aX) = |a|\sigma(X)$$

- 표준편차는 모든 값의 영향을 받으며, 특히 극단값의 영향을 크게 받는다. 이러한 문제점을 최소화하기 위해 사분편차를 사용하기도 한다.
- 평균을 기준으로 한 편차제곱의 평균은 다른 어떤 기준의 편차제곱 평균보다 더 작다.

$$E(X-\mu)^2 < E(X-k)^2 \quad (\text{단}, \mu \ne k)$$

문제 01

다음의 A, B, C, D는 4개 집단에 대한 점수분포다. 다음 물음에 답하시오.

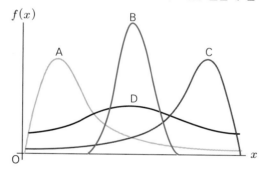

(1) 평균이 큰 순서대로 나열하시오.
(2) 표준편차가 큰 순서대로 나열하시오.
(3) 교육의 효과가 큰 순서대로 나열하시오.

문제 해설 및 정답: 부록 1 참조

문제 02

A, B, C, D, E, F에서의 측정값들의 모분산에 관한 설명으로 옳은 것을 모두 고르시오.

A: 1, 2, 2, 2, 2, 3   B: 1, 1, 1, 3, 3, 3
C: 2, 2, 2, 6, 6, 6   D: 1, 3
E: 1, 1, 2, 3, 3   F: 1, 2, 3

① B의 모분산은 A의 모분산보다 더 크다.
② C의 모분산은 B의 모분산의 4배다.
③ B와 D의 모분산은 동일하다.
④ E의 모분산은 F의 모분산보다 더 크다.

문제 해설 및 정답: 부록 1 참조

문제 03

A 집단과 B 집단에 관한 설명으로 옳은 것을 모두 고르시오.

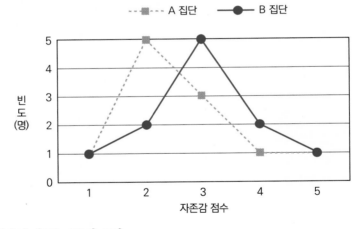

① A 집단의 왜도는 0보다 크다.
② A 집단의 중앙값은 2다.
③ A 집단에서는 중앙값이 평균보다 크다.
④ B 집단의 왜도는 0이다.
⑤ B 집단의 평균은 A 집단의 평균보다 크다.

출처: 한국산업인력공단 청소년상담사(2018).

문제 해설 및 정답: 부록 1 참조

3　집단별 평균과 표준편차 구하기

1) 한 종속변수에 대한 여러 종류의 집단별 평균과 표준편차

🄓 분석 상황: 독립표본 t검정 또는 무선배치 일원분산분석 상황이다. 여러 가지 종류
　의 집단을 구분하는 독립변수에 따라 하나의 종속변수의 평균과 표준편차가 어떠
　한지를 구하는 과정이다.

🄓 연구문제: 국어의 평균과 표준편차는 반과 성에 따라서 어떻게 다른가?

🄓 분석 데이터: 집단별 평균구하기.sav(네이버 카페의 '스터피아'에서 다운로드)

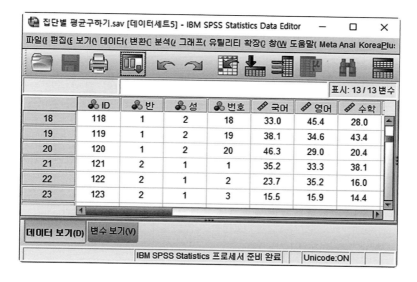

(1) 분석 절차

* 전제 조건: '변수 보기' 창을 활용하여 '반'과 '성'은 측도를 '명목형'으로, '국어'는
　'척도'로 설정되어 있어야 한다.

* '분석' 메뉴
　✔ '표' ⇨ '사용자 정의 표'
　✔ '국어'를 '행'바로 드래그해서 이동
　✔ '반, 성'을 한꺼번에 선택하여 드래그해서 오른쪽 표의 국어 오른쪽 부분에
　　직사각형 모양이 생겼을 때 내려놓음
　　(동시에 선택할 때에는 Ctrl 또는 Shift 키를 활용하면 편리)

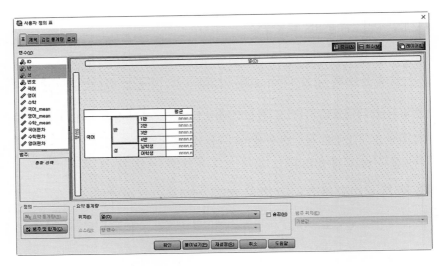

- 오른쪽에 생성된 표의 '국어'를 더블클릭하면 '요약 통계량'이 나타난다.
  - ✔ '통계량'의 '빈도' 클릭 ⇨ '빈도'를 오른쪽(➡)의 '표시' 부분으로 보냄
  - ✔ '통계량'의 '합계' 하위의 '표준편차'를 오른쪽(➡)의 '표시' 부분으로 보냄
  - ✔ ⬆와 ⬇를 활용하여 '표시' 부분을 '빈도' '평균' '표준편차' 순으로 변경
  - ✔ '빈도' '평균' '표준편차'의 '형식'을 모두 n,nnn으로 변경
  - ✔ '빈도'의 '소수점이하자리'는 0, '평균'과 '표준편차'의 '소수점이하자리'는 1로 변경
  - ✔ '선택한 항목에 적용' 클릭

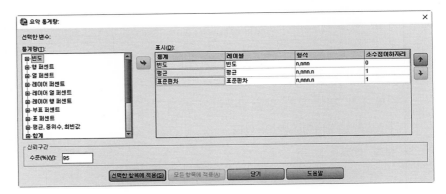

✔ '닫기' 클릭

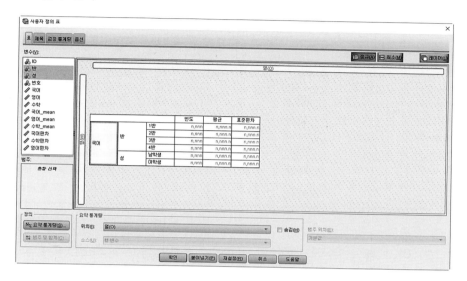

* 바로 실행하거나 명령문에서 실행하기

  ✔ 바로 실행하려면 '확인'을 클릭하고, 명령문에서 실행하려면 '붙여넣기'를 클릭

  ✔ 블록으로 지정하여 ▶ 클릭

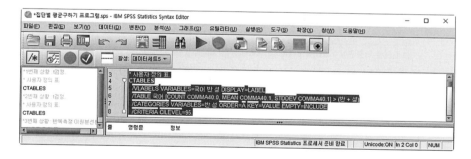

(2) 분석 결과

			빈도	평균 순위	표준편차
국어	반	1반	20	42.0	15.5
		2반	20	39.2	12.3
		3반	20	38.6	12.8
		4반	20	34.3	10.8
	성	남학생	40	41.1	14.3
		여학생	40	36.0	11.2

(3) 보고서 제시

〈표 12-3〉 반과 성에 따른 국어의 평균 및 표준편차 분석 결과

집단		N	M	SD
반	1반	20	42.0	15.5
	2반	20	39.2	12.3
	3반	20	38.6	12.8
	4반	20	34.3	10.8
성	남학생	40	41.1	14.3
	여학생	40	36.0	11.2

2) 여러 종속변수에 대한 한 종류의 집단별 평균과 표준편차

🔘 분석 상황: 독립표본 t검정 또는 무선배치 일원분산분석 상황이다. 한 가지 종류의 집단을 구분하는 독립변수에 따라 여러 개의 종속변수의 평균과 표준편차가 어떠한지를 구하는 과정이다.

🔘 연구문제: 국어, 영어, 수학의 평균과 표준편차는 반에 따라서 어떻게 다른가?

🔘 분석 데이터: 집단별 평균구하기.sav(네이버 카페의 '스터피아'에서 다운로드)

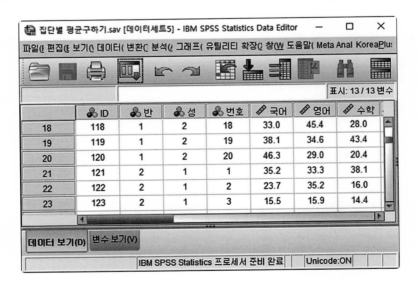

(1) 분석 절차

- 전제 조건: '변수 보기' 창을 활용하여 '반'은 측도를 '명목형'으로, '국어' '영어' '수학'은 '척도'로 설정되어 있어야 한다.

- '분석' 메뉴

  ✔ '표' ⇨ '사용자 정의 표'

  ✔ '반'을 '행'바로 드래그해서 이동

  ✔ '국어, 영어, 수학'을 한꺼번에 선택하여 드래그해서 오른쪽 표의 반 왼쪽 부분에 직사각형 모양이 생겼을 때 내려놓음

  (동시에 선택할 때에는 Ctrl 또는 Shift 키를 활용하면 편리)

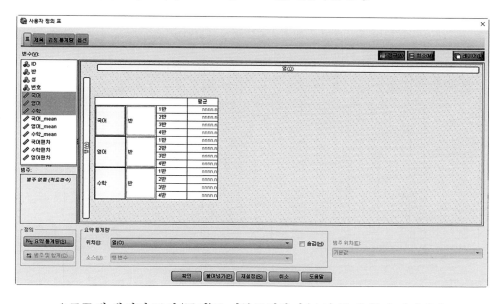

- 오른쪽에 생성된 표의 '국어'를 더블클릭하면 '요약 통계량'이 나타난다.

  ✔ '통계량'의 '빈도' 클릭 ⇨ '빈도'를 오른쪽(→)의 '표시' 부분으로 보냄

  ✔ '통계량'의 '합계' 하위의 '표준편차'를 오른쪽(→)의 '표시' 부분으로 보냄

  ✔ ↑와 ↓를 활용하여 '표시' 부분을 '빈도' '평균' '표준편차' 순으로 변경

  ✔ '빈도' '평균' '표준편차'의 '형식'을 모두 n,nnn으로 변경

  ✔ '빈도'의 '소수점이하자리'는 0, '평균'과 '표준편차'의 '소수점이하자리'는 1로 변경

✔ '모든 항목에 적용' 클릭

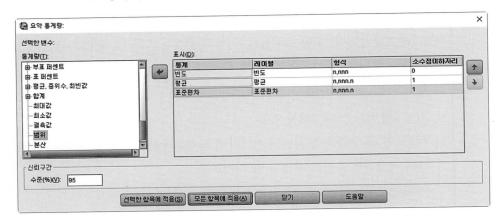

✔ '닫기' 클릭

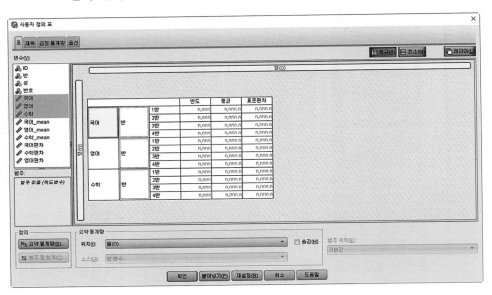

◆ 바로 실행하거나 명령문에서 실행하기

   ✔ 바로 실행하려면 '확인'을 클릭하고, 명령문에서 실행하려면 '붙여넣기'를
     클릭

   ✔ 블록으로 지정하여 ▶ 클릭

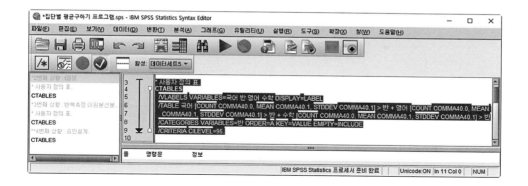

(2) 분석 결과

			빈도	평균 순위	표준편차
국어	반	1반	20	42.0	15.5
		2반	20	39.2	12.3
		3반	20	38.6	12.8
		4반	20	34.3	10.8
영어	반	1반	20	42.9	13.9
		2반	20	37.8	12.1
		3반	20	40.7	13.0
		4반	20	36.5	12.1
수학	반	1반	20	43.2	13.9
		2반	20	33.1	12.3
		3반	20	38.2	12.6
		4반	20	33.0	8.5

(3) 보고서 제시

〈표 12-4〉 국어, 영어, 수학의 반별 평균 및 표준편차 분석 결과

변수	반	N	M	SD
국어	1반	20	42.0	15.5
	2반	20	39.2	12.3
	3반	20	38.6	12.8
	4반	20	34.3	10.8
영어	1반	20	42.9	13.9
	2반	20	37.8	12.1
	3반	20	40.7	13.0
	4반	20	36.5	12.1

	1반	20	43.2	13.9
수학	2반	20	33.1	12.3
	3반	20	38.2	12.6
	4반	20	33.0	8.5

3) 이질집단 전후검사 설계에서의 집단별 평균과 표준편차

● 분석 상황: 실험설계로 가장 많이 활용되고 있는 이질집단 전후검사 설계에서 집단별 평균과 표준편차를 구하는 상황이다. 분석방법으로는 반복측정 이원분산분석 또는 공분산분석이 이에 해당한다.

- 실험집단과 통제집단 등의 집단을 구분하는 피험자 간 변수 1개와 사전검사·사후검사 등 측정시점에 따라 구분되는 피험자 내 변수 1개에 따라 종속변수의 평균과 표준편차가 어떻게 다른지를 분석하는 경우다.

● 연구문제: 처치여부(실험집단, 통제집단)와 측정시점(사전검사, 사후검사)에 따라 자존감의 평균과 표준편차가 어떻게 다른가?

● 분석 데이터: 공분산분석.sav(네이버 카페의 '스터피아'에서 다운로드)

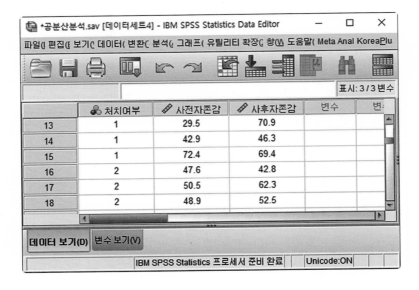

(1) 분석 절차

♦ **전제조건:** '변수 보기' 창을 활용하여 '처치여부'는 측도를 '명목형'으로, '사전자존감'과 '사후자존감'은 '척도'로 설정되어 있어야 한다.

♦ **'분석' 메뉴**

✔ '표' ⇨ '사용자 정의 표'

✔ '사전자존감'과 '사후자존감'을 동시에 선택하여 '열'바로 드래그해서 이동
(동시에 선택할 때에는 Ctrl 또는 Shift 키를 활용하면 편리)

✔ '처치여부'를 '행'바로 드래그해서 이동

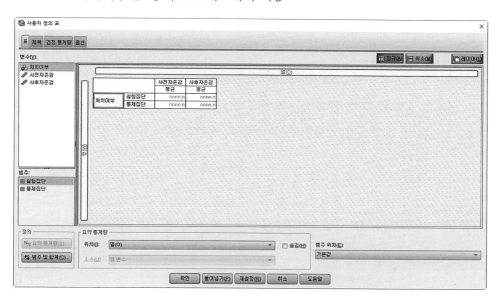

♦ 오른쪽에 생성된 표의 '사전자존감'을 더블클릭하면 '요약 통계량'이 나타난다.

✔ '통계량'의 '빈도' 클릭 ⇨ '빈도'를 오른쪽(➡)의 '표시' 부분으로 보냄

✔ '통계량'의 '합계' 하위의 '표준편차'를 오른쪽(➡)의 '표시' 부분으로 보냄

✔ ⬆와 ⬇를 활용하여 '표시' 부분을 '빈도' '평균' '표준편차' 순으로 변경

✔ '빈도' '평균' '표준편차'의 '형식'을 모두 n,nnn으로 변경

✔ '빈도'의 '소수점이하자리'는 0, '평균'과 '표준편차'의 '소수점이하자리'는 1로 변경

✔ '모든 항목에 적용' 클릭 ⇨ '닫기' 클릭

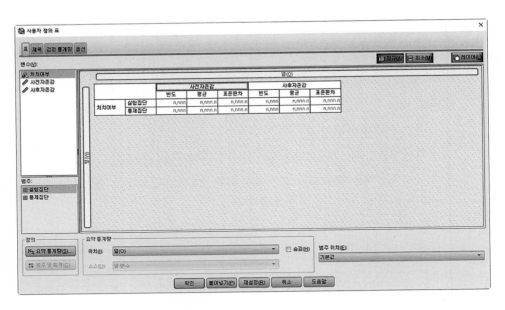

• 바로 실행하거나 명령문에서 실행하기
 ✔ 바로 실행하려면 '확인'을 클릭하고, 명령문에서 실행하려면 '붙여넣기'를 클릭
 ✔ 블록으로 지정하여 ▶ 클릭

(2) 분석 결과

			사전자존감			사후자존감	
		빈도	평균 순위	표준편차	빈도	평균 순위	표준편차
처치여부	실험집단	15	41.7	10.1	15	60.1	11.4
	통제집단	15	50.3	7.8	15	47.8	10.1

(3) 보고서 제시

〈표 12-5〉 처치여부와 측정시점에 따른 자존감의 평균 및 표준편차 분석 결과

집단	사전검사			사후검사		
	N	M	SD	N	M	SD
실험집단	15	41.7	10.1	15	60.1	11.4
통제집단	15	50.3	7.8	15	47.8	10.1

4) 요인설계에서의 집단별 평균과 표준편차

🅐 분석 상황: 무선배치 이원분산분석 상황으로서, 집단을 구분하는 2개의 독립변수를 가진 하나의 종속변수에 대한 집단별 평균과 표준편차를 구하는 과정이다. 이를 활용하면 하나의 종속변수에 대한 2개의 독립변수의 주효과와 상호작용효과가 어떠한지를 보여 줄 수 있다.

🅑 연구문제: 교수법(1: 토론식, 2: 강의식), 수업매체방법(1: 청각위주, 2: 시각위주)에 따라 성취도의 평균과 표준편차는 어떻게 다른가?

🅒 분석 데이터: 무선배치이원분산분석.sav(네이버 카페의 '스터피아'에서 다운로드)

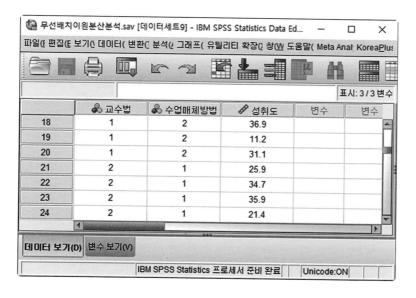

(1) 분석 절차

- 전제조건: '변수 보기' 창을 활용하여 교수법과 수업매체방법은 측도를 '명목형'
  으로, 성취도는 '척도'로 설정되어 있어야 한다.

- '분석' 메뉴
  - ✔ '표' ⇨ '사용자 정의 표'
  - ✔ '성취도'를 '행'바로 드래그해서 이동
  - ✔ '교수법'을 '행'바로, '수업매체방법'을 '열'바로 드래그해서 이동

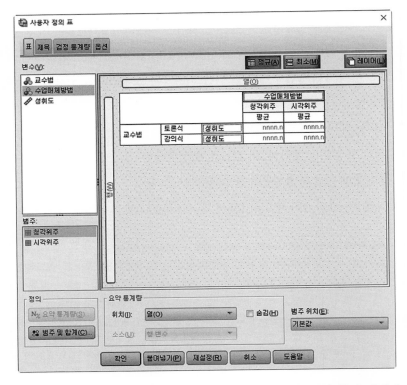

- 오른쪽에 생성된 표의 '성취도'를 더블클릭하면 '요약 통계량'이 나타난다.
  - ✔ '통계량'의 '빈도' 클릭 ⇨ '빈도'를 오른쪽(➡)의 '표시' 부분으로 보냄
  - ✔ '통계량'의 '합계' 하위의 '표준편차'를 오른쪽(➡)의 '표시' 부분으로 보냄
  - ✔ ⬆와 ⬇를 활용하여 '표시' 부분을 '빈도' '평균' '표준편차' 순으로 변경
  - ✔ '빈도' '평균' '표준편차'의 '형식'을 모두 n,nnn으로 변경
  - ✔ '빈도'의 '소수점이하자리'는 0, '평균'과 '표준편차'의 '소수점이하자리'는 1로
    변경

✔ '선택한 항목에 적용' 클릭 ⇨ '닫기' 클릭

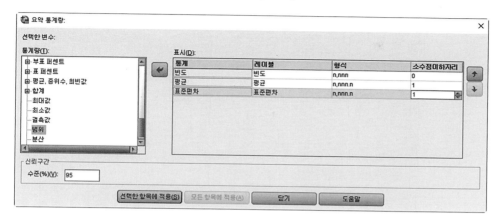

• 앞 페이지 표의 '교수법'을 선택한 상태에서 '범주 및 합계'를 클릭
　✔ '표시'의 '총계' 앞의 네모 박스 체크 ⇨ '적용' 클릭

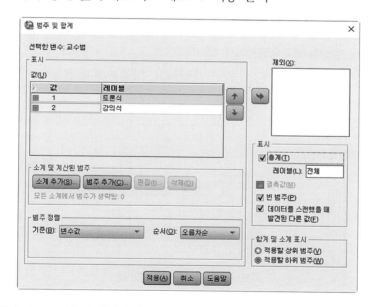

• 앞 페이지 표의 '수업매체방법'을 선택한 상태에서 '범주 및 합계'를 클릭
　✔ '표시'의 '총계' 앞의 네모 박스 체크 ⇨ '적용' 클릭

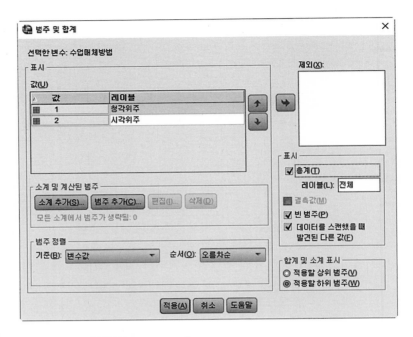

* 바로 실행하거나 명령문에서 실행하기
  ✔ 바로 실행하려면 '확인'을 클릭하고, 명령문에서 실행하려면 '붙여넣기'를 클릭

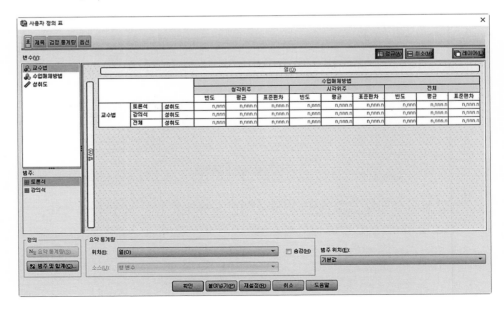

✔ 블록으로 지정하여 ▶ 클릭

(2) 분석 결과

			청각위주			시각위주			총계		
						수업매체방법					
		빈도	평균 순위	표준편차	빈도	평균 순위	표준편차	빈도	평균 순위	표준편차
교수법	토론식 성취도	10	53.4	7.4	10	31.6	11.2	20	42.5	14.5
	강의식 성취도	10	28.1	8.3	10	41.5	8.4	20	34.8	10.6
	총계 성취도	20	40.8	15.1	20	36.5	10.9	40	38.7	13.1

(3) 보고서 제시

〈표 12-6〉 교수법과 수업매체방법에 따른 성취도의 평균 및 표준편차 결과

집단	청각위주			시각위주			전체		
	N	M	SD	N	M	SD	N	M	SD
토론식	10	53.4	7.4	10	31.6	11.2	20	42.5	14.5
강의식	10	28.1	8.3	10	41.5	8.4	20	34.8	10.6
전체	20	40.8	15.1	20	36.5	10.9	40	38.7	13.1

제**4**부

가설검정을 통한
분석 결과의
일반화 가능성 평가

자유도와 표집분포 제**13**장

1 자유도

1) 자유도의 개념

Ⓐ 자유도의 일반적 개념

• 자유도는 '독립적인 행위 차원의 수'를 말한다. 예컨대, 온도계 안에서 수은의
운동은 자유도가 1인 운동이며, 지상에서 사람의 운동은 자유도가 2인 운동이
다. 한편, 공중에서 새의 운동은 자유도가 3인 운동이며, 쥐불놀이에서 깡통의
운동은 자유도가 1인 운동이다.

Ⓑ 통계학에서의 자유도의 개념

• 통계학에서 자유도는 '주어진 조건하에서 독립적으로 자유롭게 변화할 수 있는
점수나 변수의 수' 또는 '편차의 합이 0이면서 자유롭게 어떤 값도 가질 수 있는
사례의 수'를 말한다.

✓ 예컨대, 제한 없이 5개의 숫자를 쓰는 경우의 자유도는 5이지만, 합이 20이
라는 조건하에서 5개의 숫자를 쓰는 경우의 자유도는 4다. 5개의 편차점수
가 있다고 할 때 이들의 자유도는 4가 된다. 편차점수들의 합은 0이 되어야
한다. 그러므로 '−2, −3, 2, 2, □'가 편차점수들이라면 □ 안의 숫자는 1로
이미 결정되어 있다. 즉, 5개의 편차점수가 있다면 이 중에서 자유롭게 변할
수 있는 숫자는 4개뿐이므로 자유도는 4가 된다.

✔ 또 다른 예로, 전집의 평균이 알려져 있고 표본평균이 전집의 평균과 동일하
다고 가정한다면, 5개 숫자에 대한 표본분산을 구할 때의 자유도는 4다. 왜
냐하면 5개 숫자의 평균이 정해져 있다면 이들 중에서 자유롭게 변할 수 있
는 숫자는 4개뿐이기 때문이다.

2) 자유도를 활용하는 이유

🔵 표본분산을 구할 때 편차제곱의 합을 자유도로 나누는 이유

- 분산은 편차제곱의 합을 사례수로 나누는 것이 원칙이다. 그러나 n개의 표본에
  서 분산을 구할 때는 편차제곱의 합을 사례수로 나누지 않고 자유도로 나눈다.
  그 이유는 n개의 표본에서 분산을 구할 때, 편차제곱의 합을 사례수로 나누는
  것보다 자유도로 나누는 것이 전집의 분산에 대한 더 좋은 추정값을 제공해 주
  기 때문이다.

- $E(\dfrac{\sum_{i=1}^{n}x_i^2}{n}) \neq \sigma^2$ 이지만 $E(\dfrac{\sum_{i=1}^{n}x_i^2}{n-1}) = \sigma^2$ 임을 수리적으로 증명할 수 있다(다음의

  '문제 01' 참조). 즉, 사례수로 나눈 표본분산들의 기댓값은 전집의 분산과 동일
  하지 않지만, 자유도로 나눈 표본분산들의 기댓값은 전집의 분산과 동일하다.
  통계량의 평균이 모수와 같을 때 그 통계량을 '불편추정량(unbiased estimator)'
  이라고 한다. 불편추정량에 해당하는 통계량은 그렇지 않은 통계량에 비해 모
  수를 대신할 수 있는 더 좋은 추정값으로 간주된다.

  ✔ 전집에서 구한 평균, 분산 등을 '모수(parameter)'라 하고, 표본에서 구한 평
  균, 분산 등을 '통계량(statistics)'이라 한다.

- 표본분산과 달리, n개의 표본에서 평균을 구할 때에는 사례수로 나누는 것이
  자유도로 나누는 것보다 전집의 평균에 대한 더 좋은 추정값(불편추정량)이 된

  다. 즉, $E(\dfrac{\sum_{i=1}^{n}X_i}{n-1}) \neq \mu$ 이지만 $E(\dfrac{\sum_{i=1}^{n}X_i}{n}) = \mu$ 이다.

- 요컨대, n개의 표본에서 분산을 구할 때에는 편차제곱의 합을 자유도인 $n-1$로
  나눈 통계량이 불편추정량이다. 이에 비해 n개의 표본에서 평균을 구할 때에
  는 표본의 합을 사례수인 n으로 나눈 통계량이 불편추정량이다.

✔ 이러한 이유에서 표본분산을 구할 때에는 편차제곱합을 자유도로 나눈다. 그러나 표본평균을 구할 때에는 표본의 합을 사례수로 나눈다.

문제 01 🎯

다음을 증명하시오.

(1) $E(s^2) \neq \sigma^2$, 즉, $E(\dfrac{\sum\limits_{i=1}^{n} x_i^2}{n}) \neq \sigma^2$ 이다.

(2) $E(\widehat{\sigma^2}) = \sigma^2$, 즉, $E(\dfrac{\sum\limits_{i=1}^{n} x_i^2}{n-1}) = \sigma^2$ 이다.

문제 해설 및 정답: 부록 1 참조

---

3) 분산분석에서의 자유도

🔘 분산분석의 개념

  • 분산분석은 집단 내 분산에 대한 집단 간 분산의 비율을 이용하여 집단의 평균이 통계적으로 유의미한 차이가 있는지를 검증하는 방법이다.

🔘 분산분석에서의 자유도

  • 분산분석은 표본에서 얻은 통계량으로 전집의 모수를 확률적으로 예측하는 절차 중 하나다. 그러므로 집단 내 분산과 집단 간 분산을 구하는 과정에서 더 좋은 추정값을 얻기 위해서 사례수가 아닌 자유도를 이용한다.

  • 집단의 수를 J, j번째 집단($j = 1, 2, 3, \cdots, J$)의 사례수를 n_j라 할 때 분산분석에서의 자유도는 다음과 같다.

    ✔ 전체 분산을 구할 때의 자유도: $\sum\limits_{j=1}^{J} n_j - 1$

    ✔ 집단 간 분산을 구할 때의 자유도: $J - 1$

    ✔ 집단 내 분산을 구할 때의 자유도: $\sum\limits_{j=1}^{J} (n_j - 1)$

    ✔ 예컨대, 각각 30명으로 구성된 3개의 집단 간 평균 차이를 검증하는 분산분

석에서 전체 분산을 구할 때의 자유도는 89이고, 집단 간 분산을 구할 때의 자유도는 2이며, 집단 내 분산을 구할 때의 자유도는 87이다.

〈표 13-1〉 분산분석에서 각 피험자의 점수 표시

집단 1	집단 2	⋯	집단 j	⋯	집단 J	비고
X_{11}	X_{12}	⋯	X_{1j}	⋯	X_{1J}	X_{ij}: j 집단의 i 번째
X_{21}	X_{22}	⋯	X_{2j}	⋯	X_{2J}	피험자의 점수
X_{31}	X_{32}	⋯	X_{3j}	⋯	X_{3J}	
⋮	⋮	⋯	⋮	⋯	⋮	n_j: j 집단의 사례수
$X_{n_1 1}$	$X_{n_2 2}$	⋯	$X_{n_j j}$	⋯	$X_{n_J J}$	
$\overline{X_{\cdot 1}}$	$\overline{X_{\cdot 2}}$	⋯	$\overline{X_{\cdot j}}$	⋯	$\overline{X_{\cdot J}}$	$\overline{X_{\cdot\cdot}} = \overline{X}$: 전체 평균

● 분산분석에서의 표본분산(〈표 13-1〉 참조)

* 집단의 수가 J 이고, j번째 집단의 사례수를 n_j, j집단의 i번째 사례의 점수를 X_{ij}라 할 때 분산분석에서의 표본분산은 다음과 같다.

✔ 전체 분산 $= \sum_{j=1}^{J}\sum_{i=1}^{n_j}(X_{ij}-\overline{X})^2/(\sum_{j=1}^{J}n_j-1)$

✔ 집단 간 분산 $= \sum_{j=1}^{J}n_j(\overline{X_{\cdot j}}-\overline{X})^2/(J-1)$

✔ 집단 내 분산 $= \sum_{j=1}^{J}\sum_{i=1}^{n_j}(X_{ij}-\overline{X_{\cdot j}})^2/\sum_{j=1}^{J}(n_j-1)$

4) χ^2검정에서의 자유도

● χ^2검정의 개념

* χ^2검정은 1개의 범주형 변수의 척도별 비율을 비교(예: 5부제에 대한 찬반 의견이 동일하다고 할 수 있는가?)하거나 빈도 또는 비율의 집단 간 차이를 검증하는 방법이다.

✔ 예컨대, 흡연 여부에 따라 폐암 발병률이 동일하다고 할 수 있는지는 χ^2검정에 해당한다.

ⓑ χ^2검정에서의 자유도

- χ^2검정에서 자유도는 '자유롭게 변할 수 있는 빈도의 개수'로 정의한다.
- 항목의 수가 k개인 빈도분석에서의 자유도는 $k-1$이다.
  - ✔ 예컨대, 150명을 대상으로 A, B, C 중에서 가장 선호하는 것을 하나만 고르게 하였다고 하자. 〈표 13-2〉는 이에 관한 빈도분석 결과다. A, B, C 선호에 대한 기대빈도 비율을 1:1:1이라고 가정한다면, A와 B를 선택한 빈도만 결정되면 C를 선택한 빈도는 자동적으로 결정된다. 예컨대, A가 40, B가 30이면 C는 80이다. 이 경우 A, B, C 셀 중에서 자유롭게 변할 수 있는 셀은 2개뿐이므로 자유도는 2다.

〈표 13-2〉 빈도분석표

구분	A	B	C
실제빈도	40	30	X
기대빈도 비율(%)	33.3	33.3	33.3

- $m \times n$개의 셀을 가진 교차분석에서의 자유도는 $(m-1) \times (n-1)$이다.
  - ✔ 예컨대, 150명(남 : 60명, 여 : 90명)을 대상으로 A, B, C 중에서 가장 선호하는 것을 하나만 고르게 하였다고 하자. 〈표 13-3〉은 이에 관한 교차분석 결과다. 'A, B, C를 선택한 비율은 남녀에 상관없이 40:50:60으로 동일하며, 남자와 여자의 구성 비율은 60:90으로 변하지 않는다.'라고 가정한다면, 6개 셀 중에서 2개 셀에서의 빈도만 결정되면 나머지 셀에서의 빈도는 자동적으로 결정된다. 즉, 6개 셀 중에서 자유롭게 변할 수 있는 셀은 2개뿐이다. 그러므로 〈표 13-3〉과 같은 교차분석에서 자유도는 2가 된다.

〈표 13-3〉 교차분석표

배경변수	A	B	C	전체
남	10	20	Y	60
여	Y	Y	Y	90
전체	40	50	60	150

5) 단순회귀분석에서의 자유도

- n명을 활용한 단순회귀분석에서 Y의 전체 분산(S_Y^2)을 구할 때의 자유도는 $n-1$이다.
- 독립변수 X에 의해서 예측된 Y의 분산($S_{\hat{Y}}^2$)을 구할 때의 자유도는 1이다. 왜냐하면 회귀선은 언제나 X와 Y의 평균점인 $(\overline{X}, \overline{Y})$를 지나므로 자유롭게 변할 수 있는 것은 기울기뿐이기 때문이다. 이를 독립변수 수가 k개인 중다회귀분석으로 확장한다면 자유도는 k가 된다.
- n개의 점이 흩어져 있는 좌표평면에서 최소제곱법으로 최적의 직선을 구하기 위해 직선으로부터의 편차제곱합(SSE)을 구할 때의 자유도는 얼마일까? 먼저 2개의 점만 있을 때 최적의 선은 이 두 점을 지나게 되므로 이 직선에서 편차제곱합을 구할 때의 자유도는 0이 된다. 그리고 3개의 점만 있을 때는 자유도가 1이 된다. 그러므로 n개의 점이 흩어져 있을 때의 자유도는 $n-2$가 된다.

2 표집분포

1) 모수, 통계량 및 표집분포의 개념

ⓐ 모수와 통계량

- [그림 13-1]에서와 같이, 전집에서 얻은 변수의 특성을 '모수(parameters)'라 하고 표본에서 얻은 변수의 특성을 '통계량(statistics)'이라고 한다. 예컨대, 전국의 고등학교 1학년 학생 중 1,000명을 무선으로 표집하여 수학성취도 평가를 실시했다고 하자. 이때 전국의 고등학교 1학년 학생의 수학성취도 평균, 표준편차 등을 '모수'라 하고, 표집된 1,000명의 수학성취도 평균, 표준편차 등을 '통계량'이라 한다.

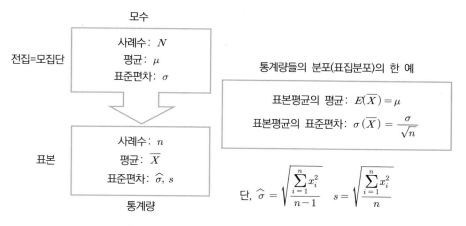

[그림 13-1] 모수와 통계량 및 표집분포

표집분포

- 여러 번의 표집에서 얻은 통계량들의 분포를 '표집분포(sampling distribution)'라 한다. 표집분포는 그 모양에 따라서 정규분포, χ^2분포, t분포, F분포 등으로 구분된다. 표집분포는 수학적 · 이론적 분포로서 시뮬레이션에 의해 경험적으로 확인할 수는 있으나, 연구 중에 연구자가 직접 생성할 필요는 없는 것이다.

중심극한정리

- 평균이 μ, 표준편차가 σ인 전집에서, 복원추출로 n명을 무선표집하여 표본평균($\overline{X}$)을 구하는 과정을 무수히 거쳤다고 가정하자. 이때 표본평균($\overline{X}$)들의 분포는 사례수 n이 증가함에 따라서 다음과 같은 정규분포를 따른다. 이를 '중심극한정리(central limit theorem)'라고 한다([그림 13-2] 참조).
- 표본평균들의 분포도 표집분포 중 하나다.

$$E(\overline{X}) = \mu$$

$$\sigma(\overline{X}) = \frac{\sigma}{\sqrt{n}}$$

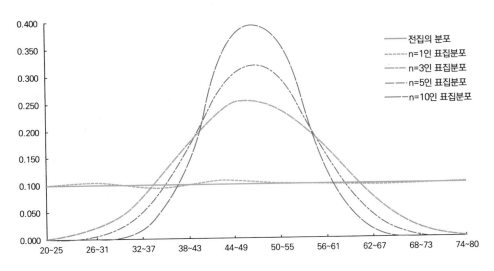

[그림 13-2] 사례수에 따른 표본평균들의 분포

보충학습

표준편차와 표준오차

1. **표준편차**

   표준편차는 분산의 제곱근이며, 분산은 편차제곱의 평균이다. 표준편차는 각 데이터가 평균과 얼마나 떨어져 있는지를 나타내는 값으로서, 표준편차가 크다는 것은 개인 간 차이가 크다는 것을 의미한다.

2. **평균의 표준오차**

   표준편차와 평균의 표준오차는 구분되는 개념이다. 표준편차는 각 데이터가 평균과 얼마나 차이가 있느냐를 나타내는 값인 반면, 평균의 표준오차(standard error of the mean)는 표본평균($\overline{X}$)들의 표준편차를 의미한다. 표준오차는 여러 번 샘플링했을 때 각 샘플의 평균이 전체 평균과 얼마나 차이를 보이는가를 나타내는 값이다. 평균의 표준오차는 모표준편차를 표본 크기의 제곱근으로 나눈 값과 동일하다.

   $$S.E. = \frac{\sigma}{\sqrt{n}}$$ (단, $S.E.$: 평균의 표준오차, σ: 표준편차, n: 사례수)

3. **측정의 표준오차**

   측정의 표준오차(standard error of measurement)는 측정 과정 중에 등장하는 개념으로서 측정오차의 표준편차를 의미한다. 측정의 표준오차는 다음과 같이 구한다.

$$S_e = S_x \sqrt{1 - r_{xx}}$$

(단, S_e: 측정의 표준오차, S_x: 관찰점수 표준편차, r_{xx}: 신뢰도)

2) 정규분포를 따르는 표집분포

◉ 평균이 μ, 표준편차가 σ인 전집에서 n명의 대표집을 무한 번 선정하여 얻은 표본 평균들($\overline{X}$)의 분포는 평균이 μ, 표준편차가 $\dfrac{\sigma}{\sqrt{n}}$인 정규분포를 따른다. 표본평균들의 분포는 정규분포를 따르는 표집분포에 해당한다.

3) χ^2분포를 따르는 표집분포

◉ 관찰빈도와 기대빈도 간의 차이를 이용한 다음의 검정통계량은 자유도가 $(A-1)$ $(B-1)$인 χ^2분포를 따른다는 것을 수학적으로 증명할 수 있다.

$$검정통계량 = \sum_{j=1}^{B} \sum_{i=1}^{A} \frac{(O_{ij} - E_{ij})^2}{E_{ij}} \sim \chi^2[(A-1)(B-1)]$$

(단, O: 관찰빈도, E: 기대빈도)

• 여기서 관찰빈도(observed frequency, obtained frequency)는 실제 관측된 빈도이고, 기대빈도(expected frequency, 일명 이론빈도)는 변수들이 서로 독립적이라고 가정하였을 때 각 셀에 기대되는 빈도를 말한다.

〈표 13-4〉 교차분석표의 예

배경변수	찬성	반대	전체
남	70 (a)	20 (b)	90
여	70 (c)	40 (d)	110
전체	140	60	200

✔ 예컨대, 조기 유학의 필요성에 대한 찬반 의견이 남녀 간에 차이가 있는지 확인하기 위해 200명(남: 90명, 여: 110명)을 대상으로 조사한 결과, 〈표 13-4〉를 얻었다고 하자. 이때 4개의 셀에 있는 '70, 20, 70, 40'과 같이 실제로 수집한 빈도를 '관찰빈도'라고 한다. 이에 비해 '남자 90명과 여자 110명을 대상으로 했을 때, 조기 유학에 대한 찬반 의견은 남녀 간에 동일하다.'라는 가정하에서 기대되는 빈도를 '기대빈도'라고 한다. 남자 90명과 여자 110명을 대상으로 했을 때, 남녀의 찬성과 반대 비율이 140:60으로 동일하다면 (a)와 (b) 및 (c)와 (d)에 들어갈 기대빈도는 각각 다음과 같이 구할 수 있다.

$$90 \times \frac{140}{200} = 63 \cdots\cdots\cdots\cdots (a) \qquad\qquad 90 \times \frac{60}{200} = 27 \cdots\cdots\cdots\cdots (b)$$

$$110 \times \frac{140}{200} = 77 \cdots\cdots\cdots\cdots (c) \qquad\qquad 110 \times \frac{60}{200} = 33 \cdots\cdots\cdots\cdots (d)$$

• 관찰빈도와 기대빈도 간의 차이와 관련한 다음의 검정통계량 $\chi^2 = 4.717$이 자유도 1인 χ^2분포에서 어디에 위치하는지를 근거로 남녀 간의 찬반 의견이 동일하다고 할 수 있는지 검증할 수 있다. 이에 대한 좀 더 상세한 내용은 제5부를 참조하기 바란다.

$$\chi^2 = \sum_{j=1}^{2} \sum_{i=1}^{2} \frac{(O_{ij} - E_{ij})^2}{E_{ij}}$$

$$= \frac{(70-63)^2}{63} + \frac{(20-27)^2}{27} + \frac{(70-77)^2}{77} + \frac{(40-33)^2}{33} = 4.717$$

• 〈표 13-5〉는 χ^2검정에서 각 자유도별로 유의수준에 따른 기각임계치를 요약한 것이다. 예컨대, 검정통계량 $\chi^2 = 4.717(df=1)$은 자유도가 1일 때 유의수준 5%에서의 기각임계치인 $\chi^2 = 3.84$보다 더 크다. 이는 '유의수준 5%에서 조기 유학에 대한 찬반 의견은 남녀 간에 차이가 있다.'는 것을 의미한다. 그러나 $\chi^2 = 4.717$은 자유도가 1일 때 유의수준 1%에서의 기각임계치인 $\chi^2 = 6.63$보다는 작으므로 '유의수준 1%에서는 조기 유학에 대한 찬반 의견은 남녀 간에 차이가 없다.'고 결론 내려야 한다.

• 〈표 13-5〉에 의하면, 가설검정 과정에서 동일한 유의수준이라면 기각임계치

는 자유도가 클수록 더 커진다는 것을 확인할 수 있다. 예컨대, 유의수준을 5%라고 가정한다면, 원가설을 기각하기 위한 검정통계량 χ^2값은 자유도가 클수록 더 커져야 한다.

〈표 13-5〉 χ^2검정에서 각 자유도별로 유의수준에 해당하는 기각임계치

자유도	유의수준				
	0.100	0.050	0.025	0.010	0.005
1	2.71	3.84	5.02	6.63	7.88
2	4.61	5.99	7.38	9.21	10.60
3	6.25	7.81	9.35	11.34	12.84
4	7.78	9.49	11.14	13.28	14.86
5	9.24	11.07	12.83	15.09	16.75
6	10.64	12.59	14.45	16.81	18.55
7	12.02	14.07	16.01	18.48	20.28
8	13.36	15.51	17.53	20.09	21.95
9	14.68	16.92	19.02	21.67	23.59
10	15.99	18.31	20.48	23.21	25.19

4) t분포를 따르는 표집분포

🔵 표준편차는 알 수 없으나 평균이 μ이고 정규분포를 따른다고 알려진 전집으로부터 $X_1, \cdots\cdots, X_n$을 표집하였다고 할 때, 다음의 검정통계량은 자유도가 $n-1$인 t분포를 따른다는 것을 수학적으로 증명할 수 있다. 이에 대한 좀 더 자세한 내용은 제6부 제16장을 참조하기 바란다.

$$검정통계량 = \frac{\overline{X}-\mu}{s/\sqrt{n-1}} = \frac{\overline{X}-\mu}{\hat{\sigma}/\sqrt{n}} \sim t(n-1)$$

$$\left(단, \overline{X}: 표본평균, \quad s = \sqrt{\frac{\sum\limits_{i=1}^{n}x_i^2}{n}}, \quad \hat{\sigma} = \sqrt{\frac{\sum\limits_{i=1}^{n}x_i^2}{n-1}} \right)$$

◆ 이 검정통계량은 표본을 통해서 전집의 평균이 변화가 있었다고 할 수 있는지를 검증하는 데 이용된다.

❖ 〈표 13-6〉에 의하면, 가설검정 과정에서 동일한 유의수준이라면 기각임계치
는 자유도가 클수록 더 작아진다는 것을 확인할 수 있다. 예컨대, 유의수준을
5%라고 가정한다면, 원가설을 기각하기 위한 검정통계량 t값은 자유도가 클수
록 더 작아져야 한다.

〈표 13-6〉 t검정에서 각 자유도별로 유의수준에 해당하는 기각임계치

자유도	유의수준				
	0.100	0.050	0.025	0.010	0.005
1	6.31	12.71	25.45	63.66	127.32
2	2.92	4.30	6.21	9.92	14.09
3	2.35	3.18	4.18	5.84	7.45
4	2.13	2.78	3.50	4.60	5.60
5	2.02	2.57	3.16	4.03	4.77
6	1.94	2.45	2.97	3.71	4.32
7	1.89	2.36	2.84	3.50	4.03
8	1.86	2.31	2.75	3.36	3.83
9	1.83	2.26	2.69	3.25	3.69
10	1.81	2.23	2.63	3.17	3.58

5) F분포를 따르는 표집분포

📖 분산이 동일하다고 알려진 두 전집에서 각각 n_1, n_2 명을 표집하였다고 할 때, 다음
의 검정통계량은 자유도가 $n_1 - 1$, $n_2 - 1$인 F분포를 따른다는 것을 수학적으로
증명할 수 있다. 이에 대한 자세한 내용은 제7부 제18장을 참조하기 바란다.

$$\text{검정통계량} = \frac{\widehat{\sigma_1^2}}{\widehat{\sigma_2^2}} \sim F[n_1 - 1, n_2 - 1] \ \left(\text{단}, \ \widehat{\sigma_1} = \sqrt{\frac{\sum_{i=1}^{n_1} x_i^2}{n_1 - 1}}, \ \widehat{\sigma_2} = \sqrt{\frac{\sum_{i=1}^{n_2} y_i^2}{n_2 - 1}} \right)$$

❖ 〈표 13-7〉에 의하면, 가설검정 과정에서 동일한 유의수준이라면 기각임계치
는 분모자유도가 클수록 더 작아진다는 것을 확인할 수 있다. 예컨대, 유의수준
을 5%라고 가정한다면 원가설을 기각하기 위한 검정통계량 F값은 분모자유도
가 클수록 더 작아져야 한다. 그러나 분자자유도와 기각임계치 간에는 일관된

관계가 없음을 알 수 있다.

〈표 13-7〉 F검정에서 각 자유도별로 유의수준에 해당하는 기각임계치

분모 자유도	유의 수준	분자자유도				
		1	2	3	4	5
1	.05	161.45	199.50	215.71	224.58	230.16
	.01	4052.18	4999.50	5403.35	5624.58	5763.65
2	.05	18.51	19.00	19.16	19.25	19.30
	.01	98.50	99.00	99.17	99.25	99.30
3	.05	10.13	9.55	9.28	9.12	9.01
	.01	34.12	30.82	29.46	28.71	28.24
4	.05	7.71	6.94	6.59	6.39	6.26
	.01	21.20	18.00	16.69	15.98	15.52
5	.05	6.61	5.79	5.41	5.19	5.05
	.01	16.26	13.27	12.06	11.39	10.97
6	.05	5.99	5.14	4.76	4.53	4.39
	.01	13.75	10.92	9.78	9.15	8.75
7	.05	5.59	4.74	4.35	4.12	3.97
	.01	12.25	9.55	8.45	7.85	7.46

추정과 가설검정 제**14**장

1 추정의 개념

- 표본에서 얻은 통계량을 활용하여 점 또는 구간으로 모수를 예측하는 것을 '추정 (estimation)'이라 한다. 예컨대, 10,000명(전집)의 지능이 얼마(모평균)인지 알기 위해 이들 중에서 16명의 표본에서 얻은 표본평균을 이용하여 모평균을 점 또는 구간으로 예측하는 절차는 추정에 해당한다.

- 10,000명 중에서 16명을 뽑을 수 있는 이론적인 경우의 수는 $_{10000}C_{16}$이지만, 추정을 위해서 실제 연구자가 데이터를 수집하는 경우는 1회에 불과하다. 추정의 기본 원리는 실제 연구자가 수집한 데이터에서의 표본평균과 $_{10000}C_{16}$번 각각에서 이론적으로 얻을 수 있는 표본평균들의 분포인 '표집분포' 간의 관계를 통해서 유도된다.

2 신뢰구간의 추정

1) 신뢰구간 추정의 개념

- 미지의 모수가 확률적으로 포함되어 있을 것으로 판단되는 구간을 표본으로 추정한 것을 '신뢰구간(confidence interval)'이라 한다.

문제 01

어느 지역에서 무선으로 64명을 선정하여 몸무게를 조사하였더니 그 평균이 65kg이었다. 전집의 몸무게 표준편차가 4kg이라고 할 때, 이 지역 학생의 평균 몸무게에 대한 95% 신뢰구간을 구하라.

문제 해설 및 정답: 부록 1 참조

2) 신뢰구간의 의미

Ⅱ. 신뢰수준 95%에서의 신뢰구간의 의미

- 신뢰수준 95%라는 것은 '전집에서 표본을 얻은 방법을 100번 수행하여 신뢰구간을 얻었을 때, 그때 얻은 많은 신뢰구간 중에서 모평균(μ)을 포함하는 신뢰구간이 95% 정도가 기대된다.'는 것을 의미한다.
  - ✔ 예컨대, 모평균(μ)이 50이고, 모표준편차(σ)가 10인 전집에서 10명을 무선으로 표집하여 신뢰수준 95%에서의 신뢰구간을 실제로 100번 구할 때, 구간 내에 모평균인 50을 포함하는 경우가 95번 정도가 될 수 있음을 [그림 14-1]을 통해 확인할 수 있다.
  - ✔ '모평균이 신뢰구간에 포함될 확률이 95%다.'라는 것은 잘못된 해석이다.

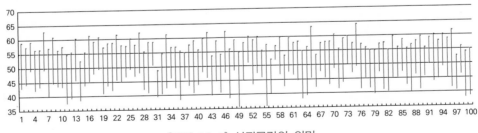

[그림 14-1] 신뢰구간의 의미

3   가설검정 관련 기본 개념

1) 가설검정

ⓑ 수집된 자료에 근거하여 원가설과 대립가설 중 하나를 확률적으로 판단하는 과정을 '가설검정'이라고 한다. 즉, 가설검정은 원가설의 기각 여부를 확률적으로 판단하는 과정이다.

2) 대립가설과 원가설

ⓑ 대립가설

- 대립가설(H_A)은 연구자가 새롭게 주장하려는 가설로서, 연구가설과 동일한 것으로 간주해도 무방하다.
- 대립가설은 통계량 간의 차이 또는 관계가 표집오차에 의한 우연적인 것이 아니라 모수 간의 유의미한 차이 또는 관계에 의한 것이라 주장하는 가설이다.
- '변화가 있다.' '이전과 다르다.' '평균 간에 차이가 있다.' '상관이 있다.' 등은 대립가설의 예다.

ⓑ 원가설

- 원가설[일명 영가설, 귀무가설(H_0)]은 대립가설에 대응하는 것으로, '평균 간에 차이가 없다.' '변수 간에 상관이 없다.'와 같이 주로 '변함이 없다.' '이전과 같다.'라는 식으로 진술된다.
- 원가설은 통계량 간의 차이 또는 관계가 표집오차에 의한 우연적 결과라고 주장하는 가설이다.
- 원가설 기각 여부는 '연구자가 실제 수집한 표본에서의 검정통계량이 표집분포에서 나타날 확률'에 기초한다. 자세한 것은 이후 내용을 참조하기 바란다.

3) 표집분포

ⓑ '표집분포'는 원가설하에서 수학적으로 증명할 수 있는 가상적 분포이며 이론적 분포다.

- 중심극한정리에서 등장하는 표본평균들의 분포는 표집분포의 한 예다. 중심극
한정리는 다음과 같이 정의된다.
  - ✔ 전집의 분포가 평균이 μ이고 표준편차가 σ라고 가정한다면, 이로부터 n명
의 대표집을 무한 번 선정하여 얻은 표본평균들의 분포는 평균이 μ이고 표
준편차가 $\dfrac{\sigma}{\sqrt{n}}$인 정규분포를 따른다는 것이다.
  - ✔ 중심극한정리는 전집의 평균이 μ이고 표준편차가 σ라는 가정하에서 성립
하며, 수학적으로 증명이 가능하다.
- 표집분포는 정규분포, χ^2분포, t분포, F분포 등을 따르게 되며, 표집분포가 어
떤 분포를 따르는가에 따라 Z검정, χ^2검정, t검정, F검정(분산분석) 등으로 가설
검정의 명칭이 정해진다.

4) 검정통계량

- ⓘ '검정통계량(test statistic)'이란 연구자가 실제로 수집한 자료가 표집분포에서 어디
에 위치하고 있는지를 나타내는 변수값이다.
- 가설검정에서 등장하는 z값, χ^2값, t값, F값 등은 모두 검정통계량에 해당한다.

5) 유의확률

- ⓘ 검정통계량은 표집분포에서 연구자가 실제로 수집한 자료의 위치를 나타내는 변
수값이다. 그러나 검정통계량만으로는 실제로 수집한 자료가 표집분포 상에서 어
디에 위치하고 있는지를 연구자가 알기는 쉽지 않다. 이러한 불편함을 해소하기
위한 것이 유의확률이다. 유의확률(p-value, significant ratio)은 표집분포에서 검
정통계량의 위치를 구체적으로 표현하기 위한 것으로, '표집분포에서 검정통계량
의 바깥 부분의 넓이'로 정의한다.
- 양측검정에서의 유의확률은 '표집분포에서 검정통계량의 바깥 꼬리 부분 넓이
의 2배'다. 이에 관한 자세한 내용은 이 절의 '7) 양측검정과 단측검정' 부분을
참조하기 바란다.

6) 유의수준, 기각역

- 표집분포는 원가설하에서 수학적으로 증명할 수 있는 가상적 분포이며 이론적 분포다.

- 연구자가 실제로 수집한 자료가 표집분포에서 어디에 위치하고 있는지를 나타내는 변수값이 검정통계량이다. 그리고 검정통계량의 위치를 쉽게 표현하기 위해 표집분포에서 검정통계량 바깥 꼬리 부분의 넓이를 구한 것이 유의확률이다.

- 이때 '유의확률이 작게 나타났다.'는 것은 원가설하에서 연구자가 실제로 수집한 자료가 좀처럼 나타나기 어렵다는 것을 의미한다. 이 경우 연구자는 이것의 원인이 원가설을 잘못 설정하였기 때문이라고 간주하여 원가설을 기각하는 모험을 하게 된다.
  - 이때 표집분포에서 원가설을 기각하게 되는 영역을 '기각역(critical region)'이라고 한다. 기각역의 크기를 '유의수준(level of significance)'이라 한다.
  - 유의확률이 작을 때 원가설을 기각할 수 있기 때문에, 기각역은 표집분포에서 양쪽 극단에 위치하게 된다.

7) 양측검정과 단측검정

- '성취도는 남녀 간에 차이가 있을 것이다.'와 같이 연구자가 설정한 연구가설이 방향성이 없을 경우, 가설검정에서 '양측검정(two-tailed test, two sided test)'을 하게 된다. 이에 비해 '성취도는 남학생이 여학생보다 더 높을 것이다.'와 같이 연구자가 설정한 연구가설이 방향성이 있는 경우, '단측검정(one-tailed test, one sided test)'을 하게 된다.
  - 양측검정에서는 기각역이 양극단에 분산되어 있고, 단측검정에서는 기각역이 양극단 중 어느 한쪽에 집중되어 있다. [그림 14-2]는 양측검정과 단측검정에서의 기각역과 채택역을 나타낸 것이다.

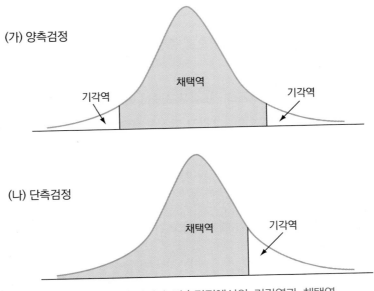

[그림 14-2] 양측검정과 단측검정에서의 기각역과 채택역

- 유의수준이 5%라면, 양측검정에서는 양극단 각각에 2.5%의 기각역이 있으며, 단측검정에서는 양극단 중에서 한쪽에 5%의 기각역이 있다.

  · 양측검정에서는 원가설 기각 여부를 판단하는 과정에서 유의수준 5%와 비교하기 위해 '표집분포에서 검정통계량의 바깥 꼬리 부분 넓이의 2배'를 유의확률로 정의한다.

- 일반적으로 표집분포가 비대칭인 χ^2검정과 F검정에서는 대립가설을 어떻게 설정했는지와 상관없이 양측검정은 하지 않는다. 즉, χ^2검정과 F검정에서는 대립가설을 '집단 간에 차이가 있을 것이다.'와 같이 양측검정을 해야 하는 상황으로 설정했다 하더라도 '표집분포에서 검정통계량의 바깥 꼬리 부분 넓이'를 유의확률로 간주한다는 점에 유의하기 바란다.

8) 제1종 오류, 제2종 오류 및 통계적 검정력

- 가설검정은 표본에서 얻은 검정통계량을 이용하여 원가설의 기각 여부를 확률적으로 판단하는 과정이다. 그러므로 '검정통계량이 표본에 의존한다.'는 점과 '표본은 편파될 가능성을 가지고 있다.'는 점을 고려한다면 연구자가 내린 가설검정의

결론은 오류의 가능성을 내포하고 있다.

· 예컨대, 고등학교에 재학 중인 학생들의 키가 남녀 간에 차이가 있는지 검증하기 위해 남녀 각각 100명을 표집하였다고 하자. 이때 공교롭게도 남학생은 모두 165cm 이하인 사람만 표집되고, 여학생은 모두 170cm 이상인 학생만 표집될 가능성도 있다. 이러한 경우, 전집에서는 남학생의 키의 평균이 여학생의 그것보다 더 크다 하더라도 가설검정 결과에서는 여학생의 키가 남학생의 키보다 더 크다는, 전집과는 다른 결론을 내릴 수도 있다.

⑪. 가설검정 과정에서 연구자가 범할 수 있는 오류는 제1종 오류와 제2종 오류로 나눌 수 있다. [그림 14-3]과 [그림 14-4]는 제1종 오류, 제2종 오류 및 통계적 검정력의 개념을 도식화한 것이다.

진리

	H_o	H_A
H_o	$1-\alpha$	β 제2종 오류
H_A	α 제1종 오류	$1-\beta$ 통계적 검정력

의사결정

[그림 14-3] 제1종 오류, 제2종 오류 및 통계적 검정력

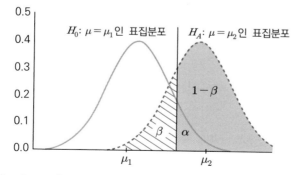

[그림 14-4] 제1종 오류, 제2종 오류 및 통계적 검정력

◆ **제1종 오류(type I error)**: 제1종 오류는 원가설이 참인데 이를 잘못 기각하는 오류다. 예컨대, 교수방법 A가 효과가 없는데 효과가 있다고 하는 경우가 여기에 해당한다. 제1종 오류를 범하는 사람은 '대범한 사람'이다. 제1종 오류는 α로 표기한다.

◆ **제2종 오류(type II error)**: 제2종 오류는 대립가설이 참인데 원가설을 잘못 채택하는 오류다. 예컨대, 교수방법 A가 효과가 있는데도 효과가 없다고 하는 경우가 여기에 해당한다. 제2종 오류를 범하는 사람은 '소심한 사람'이다. 제2종 오류는 β로 표기한다.

◆ **통계적 검정력(statistical power)**: 통계적 검정력은 원가설이 참이 아닐 때 이를 기각함으로써 올바른 결정을 내릴 가능성의 정도를 일컫는다. 예컨대, 교수방법 A가 효과가 있을 때 효과가 있다고 제대로 주장하는 경우가 여기에 해당한다. 통계적 검정력은 $1-\beta$로 표기한다.

🔘 제1종 오류, 제2종 오류 및 통계적 검정력 간의 관계는 다음과 같다.

◆ 대범한 사람일수록 소심함은 줄어든다. 즉, 제1종 오류가 높을수록 제2종 오류는 줄어든다.

◆ 제2종 오류는 β, 통계적 검정력은 $1-\beta$이므로 제2종 오류가 줄어들면 통계적 검정력은 높아진다.

🔘 사례수, 신뢰도와 통계적 검정력 간의 관계는 다음과 같다.

◆ 중심극한정리가 적용된 상황이라고 가정할 때, 사례수가 커지면 표집분포에서의 표준편차인 $\frac{\sigma}{\sqrt{n}}$는 작아지게 된다. 그러므로 [그림 14-5]와 같이 두 집단의 평균 차이가 동일하고 제1종 오류(α)가 동일하다 하더라도 제2종 오류(β)는 작아지고 통계적 검정력($1-\beta$)은 커지게 된다.

◆ 측정에서 신뢰도가 높아지는 경우에도 마찬가지 현상이 발생한다. 측정에서 신뢰도(reliability)란 측정의 일관성을 말한다. 측정할 때마다 그 결과가 달라진다면 신뢰도는 낮아진다. 측정의 신뢰도가 높다는 것은 $\sigma_x^2 = \sigma_t^2 + \sigma_e^2$에서 σ_e^2가 작음을 의미하며, 이는 측정값들의 표준편차인 σ_x가 작아지게 하여 결국 표집분포에서의 표준편차인 $\frac{\sigma}{\sqrt{n}}$도 작아지게 한다. 그러므로 측정의 신뢰도가

높아질수록 두 집단의 평균 차이가 동일하고 제1종 오류(α)가 동일하다 하더라
도 제2종 오류(β)는 작아지고 통계적 검정력($1-\beta$)은 커지게 된다.

* 요컨대, 사례수가 커지고 측정의 신뢰도가 높을수록 제1종 오류를 동일하게 하
 더라도 통계적 검정력($1-\beta$)은 커진다.

  ✔ 이는 유의수준을 유지한 상태에서 통계적 검정력($1-\beta$)을 높이기 위한 방법
   은 사례수를 늘리거나 측정의 신뢰도를 제고하는 것임을 의미한다.

  ✔ 특히 χ^2검정은 사례수가 커짐에 따라서 통계적 검정력이 기하급수적으로
   커진다고 알려져 있다.

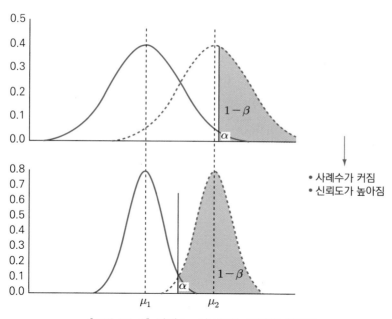

[그림 14-5] 사례수, 신뢰도와 통계적 검정력

문제 02

사례수와 측정의 신뢰도가 동일하여 표집분포의 표준편차인 표준오차가 동일하다는 가정하
에서, 제1종 오류(α), 제2종 오류(β) 및 통계적 검정력 간의 관계는 어떠한가?

문제 해설 및 정답: 부록 1 참조

9) 유의확률과 유의수준에 따른 해석

📖 유의확률은 표집분포에서 검정통계량의 위치를 구체적으로 표현하기 위한 것으로서, 단측검정의 경우 '표집분포에서 검정통계량의 바깥 꼬리 부분의 넓이'로 정의한다. '유의확률이 작다.'는 것은 원가설하에서 연구자가 실제로 수집한 자료가 좀처럼 나타나기 어렵다는 것을 의미한다. 이 경우 연구자는 원가설을 기각하게 된다. 이에 비해 유의수준은 표집분포에서 원가설을 기각하게 되는 영역인 '기각역의 크기'로 정의한다. 그러므로 연구자는 유의확률이 유의수준보다 작거나 같을 때 원가설을 기각할 수 있다.

📖 유의수준은 '새로운 주장을 하려는 사람에게 인정해 주는 오류의 최대 허용 확률'로서, '원가설이 옳음에도 불구하고 이를 잘못 기각하는 확률'이다. 다른 말로 유의수준은 '제1종 오류의 최대 허용 확률'로서 '기각역의 넓이'와 일치한다. 사회과학에서 유의수준은 주로 .05 또는 .01 또는 .001을 활용한다. 이에 비해 유의확률은 '연구자가 실제로 수집한 데이터로부터 계산되는 값으로서, 연구자가 새로운 주장을 했을 때 그것이 오류일 확률'로 볼 수 있다.

• 원가설을 기각함으로써 '통계적으로 유의미한 차이가 있다.'라고 판단하는 것의 기준은 '유의확률(p)≤유의수준(α)'인 경우다.

가설검정

원가설 기각 여부의 판단 기준

원가설 기각 여부는 유의확률(p)과 유의수준(α)을 비교함으로써 이루어진다.

• '.01<p≤.05'이면 유의수준 5%에서 원가설을 기각할 수 있다.
• 'p≤.01'이면 유의수준 1%에서 원가설을 기각할 수 있다.
• 'p>.05'이면 원가설을 기각할 수 없다.

---

10) 가설검정 종합

📖 가설검정 과정에서 등장하는 여러 가지 용어를 사용하여 〈예시 자료 1〉에서 제시한 문제를 해결해 보도록 한다.

─── 〈예시 자료 1〉 ───

평균이 85점, 표준편차가 15점으로 알려진 전집에서 100명을 표집하여 구한 표본평균이 81점이었다. 전집의 평균이 달라졌다고 할 수 있는지를 유의수준 5%로 가설검정하라.

〈풀이〉 • 원가설은 '전집의 평균은 85점이다.'이다.

　　　• 대립가설은 '전집의 평균은 85점이 아니다.'이다. 대립가설을 '평균이 더 높아졌다.' 또는 '평균이 더 낮아졌다.'라고 한다면 단측검정을 해야 하고, '평균이 달라졌다.'라고 한다면 양측검정을 해야 한다. 여기서는 양측검 정을 해야 하는 상황이다.

　✔ '전집의 평균이 달라졌다고 할 수 있는지를 유의수준 5%로 가설검정하라.' 고 하였으므로 기각역은 표집분포인 표준정규분포에서 양쪽 극단의 2.5% 영역이다.

• 100명은 충분히 큰 사례수라고 볼 수 있다. 그러므로 중심극한정리에 의해서 표본평균들의 분포는 정규분포를 따른다고 할 수 있다. 표집분포가 정규분포 이므로 가설검정 방법은 Z검정에 해당한다.

• 표본평균 81점이 표집분포인 표준정규분포에서 어디에 위치하는지를 나타내 기 위해서 검정통계량을 다음과 같이 구하였다.

$$검정통계량 = \frac{81 - 85}{\frac{15}{\sqrt{100}}} = -2.67 \sim Z$$

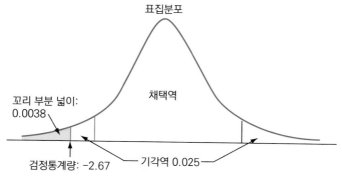

[그림 14-6] 표집분포에서의 검정통계량과 유의확률

- 검정통계량이 표준정규분포에서 어디에 위치하는지를 구체적으로 표현하기 위해 유의확률을 구하였다. 양측검정이므로 유의확률은 표집분포인 표준정규 분포에서 검정통계량의 바깥 꼬리 부분 넓이인 0.0038의 2배, 즉 0.0076이다 ([그림 14-6] 참조).
  - ✔ 왜냐하면 유의수준이 5%이므로 양측검정에서 기각역은 표집분포의 양쪽에 2.5%씩 나누어져 있다. 그러므로 검정통계량이 기각역에 포함되어 있는지 여부를 판단하기 위해서는 '검정통계량의 바깥 꼬리 부분의 넓이'는 5%가 아니라 2.5%와 비교해야 한다. 그러나 가설검정 상황에서는 일반적으로 2.5%가 아니라 5%와 비교하게 된다. 이를 위해서 양측검정에서 유의확률은 '검정통계량의 바깥 꼬리 부분 넓이의 2배'가 된다.
- 이상을 종합하면, 유의확률 0.0076은 0.05보다 작으므로 유의수준 5%에서 원 가설을 기각할 수 있다. 즉, 전집의 평균은 달라졌다고 판단할 수 있다.

🔟 〈예시 자료 2〉를 활용하여 수리적인 과정 없이 가설검정을 보다 쉽게 설명해 보도록 한다.

> ──────────── 〈예시 자료 2〉 ────────────
>
> '키 큰 사람은 보통 사람보다 더 싱거울 것이다.'라는 연구가설을 검증하기 위해 키 큰 100명을 대상으로 싱거운 정도를 측정한 결과, 97명은 보통 사람보다 더 싱거웠지만 3명 은 아닌 것으로 나타났다. 연구가설을 유의수준 5%로 가설검정하라.

〈풀이〉
- **원가설(영가설, 귀무가설)**: 키 큰 사람은 보통 사람과 다르지 않을 것이다.
- **대립가설**: 키 큰 사람은 보통 사람보다 더 싱거울 것이다.
  - ✔ 이 경우는 단측검정에 해당한다. 만약 대립가설이 '키 큰 사람은 보통 사람 과 싱거운 정도가 다를 것이다.'였다면 양측검정을 해야 한다.
- **유의확률**: 실제 데이터에서 새로운 주장이 틀렸음을 보여 주는 확률로서, 여기 서는 100명 중에 3명이므로 0.03이다.
- **유의수준**: 새로운 주장을 하려는 사람에게 인정해 주는 오류의 최대 허용 확률 로서, 여기서는 100명 중 5명이므로 0.05다.
- **결론**: '키 큰 사람은 보통 사람과 다르지 않다.'라고 보수적으로 결론을 내릴 수

도 있고, 위험률, 즉 틀릴 가능성을 가지고 '키 큰 사람은 싱겁다'라는 새로운
주장을 할 수도 있다. 여기서는 유의수준보다 유의확률이 더 작으므로, 유의수
준 5%에서 '키 큰 사람은 보통 사람보다 더 싱겁다.'라는 새로운 주장을 할 수
있다.

● 〈예시 자료 3〉의 자료에 SPSS를 적용하여 가설검정을 설명해 보도록 한다.

──────────── 〈예시 자료 3〉 ────────────

평균이 84점으로 알려진 전집에서 10명을 표집한 자료가 다음과 같을 때 전집의 평균이
달라졌다고 할 수 있는지를 유의수준 5%로 가설검정하라.

자료: 88, 89, 90, 97, 79, 99, 98, 96, 79, 80

〈풀이〉

• **원가설**: 전집의 평균은 84점이다.
• **대립가설**: 전집의 평균은 84점이 아니다(양측검정 상황).
• **표집분포**: 사례수가 10으로 작기 때문에 다음의 표집분포는 t분포를 따른다. 그
  러므로 이 가설검정은 t검정에 해당한다.

$$\text{검정통계량 } t = \frac{\overline{X} - \mu}{\dfrac{s}{\sqrt{n-1}}} = \frac{\overline{X} - \mu}{\dfrac{\hat{\sigma}}{\sqrt{n}}} \sim t(n-1)$$

$$(\text{단, } s\text{: 제곱합을 사례수로 나눈 값에 대한 제곱근}$$
$$\hat{\sigma}\text{: 제곱합을 자유도로 나눈 값에 대한 제곱근}$$
$$n\text{: 사례수})$$

• **검정통계량 t값과 유의확률 p값 산출**
  ✔ SPSS에 자료 입력

✔ '분석' 메뉴 ⇨ '평균 비교' ⇨ '일표본 t검정'

✔ 변수를 '검정변수'로 보냄

✔ '검정값'에 '84' 입력

✔ '확인' 클릭

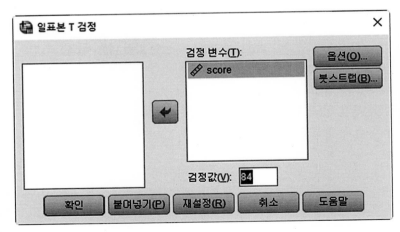

✔ 분석 결과

일표본 통계량				
	N	평균	표준화 편차	표준오차 평균
score	10	89.50	7.990	2.527

일표본 검정					
					검정값 = 84
	t	자유도	유의확률 (양측)	평균차이	차이의 95% 신뢰구간
					하한 / 상한
score	2.177	9	.057	5.500	-.22 / 11.22

• 해석

✔ 사례수 n은 10이고, 표본평균 $\overline{X}$는 89.50, 표본표준편차 $\hat{\sigma}$은 7.990이다.

✔ 검정통계량 t는 2.177(단, 자유도는 9)이고, 유의확률(p)은 양측검정으로 .057이다. 검정통계량은 다음과 같은 식에 의해서 구해진 것이다.

$$t = \frac{\overline{X} - \mu}{\dfrac{s}{\sqrt{n-1}}} = \frac{\overline{X} - \mu}{\dfrac{\hat{\sigma}}{\sqrt{n}}} = \frac{89.50 - 84}{\dfrac{7.990}{\sqrt{10}}} \fallingdotseq 2.177$$

그리고 유의확률은 자유도가 9인 t분포에서 $2P(t \geq 2.177) \fallingdotseq .057$로 구해졌을 것이다(이는 자유도가 9인 t분포표가 있어야 구할 수 있다).

• 최종 결론

✔ 유의수준 5%에서 원가설을 기각할 수 없다. 즉, 전집의 평균은 달라졌다고 할 수 없다.

문제 03

측정의 신뢰도가 낮은 경우는 그렇지 않은 경우에 비해서 유의수준을 어떻게 하는 것이 타당한가?

문제 해설 및 정답: 부록 1 참조

문제 04

일반적으로 사회과학은 자연과학에 비해서 유의수준을 어떻게 하는 것이 타당한가?

문제 해설 및 정답: 부록 1 참조

문제 05 🥧

사람을 대상으로 새롭게 개발된 약품이 효과가 있는지 가설검정하고자 한다. 가설검정 결과의 위험성이 비교적 적은 기타 연구와 비교한다면, 이때의 유의수준을 어떻게 하는 것이 타당한가?

문제 해설 및 정답: 부록 1 참조

문제 06 🥧

일반적으로 제1종 오류가 작아지면 통계적 검정력도 작아진다. 그렇다면 제1종 오류를 일정하게 유지하면서 통계적 검정력을 높이는 방법은 무엇인가?

문제 해설 및 정답: 부록 1 참조

문제 07 🥧

양측검정과 단측검정 중에서 통계적 검정력이 더 큰 것은 어느 것인가?

문제 해설 및 정답: 부록 1 참조

---

4 가설검정의 절차

가설검정의 절차는 다음과 같다.

첫째, 대립가설(연구가설)을 설정한다. 대립가설이 '이전과 변화가 있다.'와 같다면 양측검정을 적용하고, '더 향상되었다.' '더 하락하였다.'와 같다면 단측검정을 적용한다.

둘째, 원가설을 인정한다.

셋째, 유의수준에 따라서 원가설을 기각하는 영역인 기각역을 결정한다.

넷째, 원가설하에서 표집분포의 종류가 무엇인지 결정한다. 표집분포는 주어진 조건에 따라서 Z분포, χ^2분포, t분포, F분포 등이 될 수 있다.

다섯째, 검정통계량을 계산한다.

여섯째, 표집분포에서 검정통계량이 기각역에 속하면 원가설을 기각한다. 즉, 검정통계량으로 유의확률을 구한 다음, 유의확률(p)이 유의수준(α)보다 작거나 같으면 원가설을 기각한다.

가설검정의 절차를 좀 더 상세히 설명하면 다음과 같다.

1) 대립가설(연구가설)의 설정

- 예컨대,
  - 최근 동전은 앞면과 뒷면이 나올 확률이 다를 것이다.
  - 두(세) 가지 교수방법의 효과는 차이가 있을 것이다.
  - 두(세) 집단의 반응 비율은 차이가 있을 것이다.
  - 두 변수 간에는 상관이 있을 것이다.

2) 원가설의 인정

- 예컨대,
  - 동전의 앞면이 나올 확률은 .5다.
  - 두(세) 집단의 평균은 동일하다(t검정, F검정).
  - 두(세) 집단의 반응 비율은 동일하다(χ^2검정).
  - 두 변수 간 상관은 0이다(상관분석).

3) 유의수준의 결정

- 사회과학에서는 일반적으로 .05 또는 .01 또는 .001을 이용한다.

4) 표집분포의 결정

- 원가설하에서 이론적으로 만들어지는 표집분포의 모양이 무엇인지 결정한다. 표집분포는 주어진 조건에 따라서 Z분포, χ^2분포, t분포 및 F분포 등이 될 수 있다.
  - ✔ 예컨대, 남학생과 여학생의 성취도가 동일하다고 가정할 수 있는 전집에서 남학생 $n_{남}$명과 여학생 $n_{여}$명을 표집하여 다음의 통계량을 무한 번 구하면 표집분포는 t분포를 따르게 된다.

$$\frac{(\overline{X_{남}} - \overline{X_{여}}) - (\mu_{남} - \mu_{여})}{\sqrt{\widehat{\sigma_p^2}(\frac{1}{n_{남}} + \frac{1}{n_{여}})}} \sim t(n_{남} + n_{여} - 2) \quad (단, \widehat{\sigma_p^2} = \frac{(n_{남} - 1)\widehat{\sigma_{남}^2} + (n_{여} - 1)\widehat{\sigma_{여}^2}}{n_{남} + n_{여} - 2})$$

- 표집분포의 모양이 Z분포이면 Z검정, χ^2분포이면 χ^2검정, t분포이면 t검정, 그리고 F분포이면 분산분석이 된다.
- 연구자는 표집분포의 모양이 무엇인지를 확인하기 위해서 경험적인 절차를 밟을 필요는 없다. 표집분포의 모양은 수학적인 접근을 통해서 통계학자가 규명해 놓은 이론에 따라서 결정하면 된다.

5) 검정통계량의 계산

- 검정통계량은 표본에서의 통계량을 활용하여 연구자가 수집한 실제 데이터가 표집분포에서 어디에 위치하는지를 계산한 변수값이다.

    ✔ 예컨대, 남학생과 여학생의 성취도가 동일하다고 가정할 수 있는 전집에서 남학생 100명과 여학생 100명을 표집하여 $\overline{X_\text{남}}=52$, $\overline{X_\text{여}}=50$, $\widehat{\sigma_\text{남}^2}=34$, $\widehat{\sigma_\text{여}^2}=32$를 얻었다고 하자. 이들을 다음 식에 대입하여 구한 $t \fallingdotseq 2.462$는 검정통계량의 한 예다.

$$t = \frac{(\overline{X_\text{남}} - \overline{X_\text{여}}) - (\mu_\text{남} - \mu_\text{여})}{\sqrt{\widehat{\sigma_p^2}(\frac{1}{n_\text{남}} + \frac{1}{n_\text{여}})}} \fallingdotseq 2.462 \ (\text{단}, \widehat{\sigma_p^2} = \frac{(n_\text{남}-1)\widehat{\sigma_\text{남}^2} + (n_\text{여}-1)\widehat{\sigma_\text{여}^2}}{n_\text{남} + n_\text{여} - 2})$$

6) 원가설의 기각 여부 결정

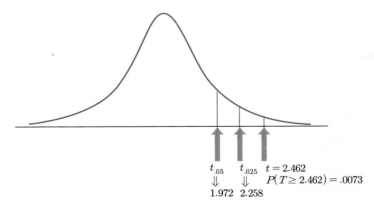

[그림 14-7] 검정통계량에 따른 원가설 기각 여부

* **방법 1**: 표집분포에서 검정통계량이 기각역에 속하면 원가설을 기각하는 방법
  이다. 예컨대, 남학생과 여학생의 성취도가 동일하다고 가정할 수 있는 전집에
  서 남학생 100명과 여학생 100명을 표집하여 $\overline{X_남} = 52$, $\overline{X_여} = 50$, $\widehat{\sigma^2_남} = 34$,
  $\widehat{\sigma^2_여} = 32$를 얻었고, 이를 이용하여 $t \fallingdotseq 2.462$를 얻었다. $P(T \geq 2.258) \fallingdotseq .025$,
  $P(T \geq 1.972) \fallingdotseq .05$임을 고려한다면, [그림 14–7]에서 보는 바와 같이, 유
  의수준 5%에서는 양측검정이든 단측검정이든 원가설을 기각할 수 있다[단,
  $P(T \geq \alpha)$는 컴퓨터 프로그램을 활용하여 구한 값이다].

* **방법 2**: 검정통계량을 이용하여 유의확률을 구한 다음, 유의확률(p)이 유의수준
  (α)보다 작거나 같으면 원가설을 기각하는 방법이다. 단측검정에서는 표집분포
  에서 검정통계량보다 더 극단적인 통계량을 얻을 확률을 유의확률로 정의하는 반
  면, 양측검정에서는 표집분포에서 검정통계량보다 더 극단적인 통계량을 얻을
  확률을 2배 한 값을 유의확률로 정의한다. 예컨대, 남학생과 여학생의 성취도가 동
  일하다고 가정할 수 있는 전집에서 남학생 100명과 여학생 100명을 표집하여
  $\overline{X_남} = 52$, $\overline{X_여} = 50$, $\widehat{\sigma^2_남} = 34$, $\widehat{\sigma^2_여} = 32$를 얻었고, 이를 이용하여 $t \fallingdotseq 2.462$
  그리고 $P(T \geq 2.462) \fallingdotseq .0073$을 얻었다면, 유의확률은 양측검정에서는
  $2P(T \geq 2.462) \fallingdotseq .0167$이고 단측검정에서는 $P(T \geq 2.462) \fallingdotseq .0073$이다.
  그러므로 유의수준 5%에서는 양측검정이든 단측검정이든 원가설을 기각할 수
  있다. 유의수준 1%에서도 단측검정으로는 원가설을 기각할 수 있으나 양측검
  정으로는 원가설을 기각할 수 없다.

교차분석과 χ^2검정

제15장 교차분석과 χ^2검정

교차분석과 χ^2검정 　제**15**장

1 　χ^2검정의 기본 원리

1) 설문지

> A. 자녀의 성별은 무엇입니까?
>
> 　① 남자　　　　　　　　　　② 여자
>
> 1. 자녀의 담임교사로 가장 선호하는 유형은 무엇입니까?
>
> 　① 엄격한 교사　　　　　　　② 자상한 교사
>
> 　③ 성적 향상에 열정을 쏟는 교사　　④ 인성교육에 최선을 다하는 교사

📖 앞의 설문지에 대해서 174명이 반응한 결과가 있다고 하자. 이때 '자녀의 담임교사로 가장 선호하는 유형은 무엇입니까?'와 같이 연구자가 궁극적으로 관심이 있는 변수를 '종속변수'라고 한다. 이에 비해서 '자녀의 성별은 무엇입니까?'와 같이 응답자의 배경에 해당하는 변수를 '독립변수' 또는 '배경변수'라고 한다.

📖 앞의 설문지를 통해서 연구자가 확인하려는 연구문제는 다음의 두 가지다.

　• 자녀의 담임교사로 가장 선호하는 유형은 무엇인가?

　• 자녀의 담임교사로 가장 선호하는 유형은 자녀의 성에 따라서 어떠한 차이가 있는가?

● 첫 번째 연구문제에 대한 분석, 즉 항목별 빈도와 백분율로 자료를 요약하는 것을 '빈도분석'이라 하고, 두 번째 연구문제에 대한 분석, 즉 배경변수의 각 유목별 빈도분석을 행함으로써 항목별 빈도와 백분율이 배경변수에 따라 어떠한 차이가 있는지를 확인하는 것을 '교차분석'이라 한다.

  • 빈도분석과 교차분석은 모두 종속변수가 질적변수(범주형 변수, 명명변수 또는 서열변수)다. 그리고 교차분석의 경우 독립변수가 집단을 구분하는 변수다.

● 자녀의 담임교사로 선호하는 유형이 무엇인지를 알아보기 위해 다음과 같이 여러 가지 방법으로 질문할 수 있다.

  • '자녀의 담임교사로 가장 선호하는 유형은 무엇인가?'
  • '자녀의 담임교사로 선호하는 유형을 있는 대로 고르시오.'
  • '자녀의 담임교사로 선호하는 유형을 2개만 고르시오.'
  • '자녀의 담임교사로 선호하는 유형을 순서대로 고르시오.'

● 첫 번째 질문은 단일응답 자료를, 두 번째부터 네 번째까지의 질문은 다중응답 자료를 제공해 준다. 단일응답 자료와 다중응답 자료는 모두 빈도분석과 교차분석을 활용하여 분석하게 된다.

● 교차분석의 경우, 반응 빈도 및 백분율의 분포가 배경변수의 유목에 따라서 통계적으로 유의미한 차이가 있는지를 보기 위해서 χ^2검정을 시도한다.

  • 예컨대, 어느 대학의 입학시험에서 남자는 825명 중에서 512명이 합격하였고, 여자는 108명 중에서 89명이 합격하였다고 할 때, 이 대학의 남녀 합격률이 동일하다고 할 수 있는지는 χ^2검정을 통해 확인할 수 있다. 이때의 원가설은 '성별과 합격 여부는 아무 관계도 없다.' 또는 '남자와 여자의 합격률은 동일하다.'는 것이다. 이러한 가설을 '동질성의 가설(hypothesis of homogeneity)'이라고 한다. 즉, χ^2검정은 동질성의 가설을 검증하는 데 이용된다.

  • 교차분석에서 가설검정이 가능한 경우는 단일응답 자료에 한하며, 다중응답 자료에는 적용할 수 없음을 유의하기 바란다.

● 〈표 15-1〉은 앞의 설문지를 통해 수집한 자료에 대해 빈도분석과 교차분석 및 χ^2검정을 실시한 결과다.

〈표 15-1〉 자녀의 성별에 따른 학부모가 선호하는 담임교사 유형에 대한 교차분석 결과

배경 변수	엄격한 교사	자상한 교사	성적 향상에 열정을 쏟는 교사	인성교육에 최선을 다하는 교사	합계	χ^2
남자	34(35.1)	18(18.6)	21(21.6)	24(24.7)	97(100)	
여자	11(14.3)	33(42.9)	17(22.1)	16(20.8)	77(100)	16.10**
전체	45(25.9)	51(29.3)	38(21.8)	40(23.0)	174(100)	

( ): 백분율   **$p<.01$

🔵 남학생 90명, 여학생 110명, 총 200명의 대학생을 대상으로 조기 유학의 필요성에 대한 찬반 의견을 조사한 결과인 〈표 15-2〉를 예로 들어 χ^2검정의 기본 원리를 설명하고자 한다.

〈표 15-2〉 관찰빈도와 기대빈도의 예

성별	찬성	반대	전체
남학생	70(a)	20(b)	90
여학생	70(c)	40(d)	110
전체	140	60	200

• 〈표 15-2〉의 각 셀에 포함된 사례수를 '관찰빈도'라고 한다. 이에 비해서 조기 유학의 필요성에 대해 성별과 찬반 의견이 서로 독립적이라고 할 때, 즉 찬반 의견에 남녀 간 차이가 없다고 가정할 때 각 셀에 기대되는 빈도를 '기대빈도'라고 한다.

• 남녀에 따라서 찬반 의견이 차이가 없다면 찬반 비율은 남녀를 통합한 찬반 비율인 140:60으로 보는 것이 합리적일 것이다. 그렇다면 (a)와 (b)에 들어갈 기대빈도는 남학생 90명을 140:60으로 나눈 값이고, (c)와 (d)에 들어갈 기대빈도는 여학생 110명을 140:60으로 나눈 값이다. 그러므로 (a)와 (b) 및 (c)와 (d)에 들어갈 기대빈도는 각각 다음과 같이 구할 수 있다.

$$(a): 90 \times \frac{140}{200} = 63 \qquad (b): 90 \times \frac{60}{200} = 27$$

$$(c): 110 \times \frac{140}{200} = 77 \qquad (d): 110 \times \frac{60}{200} = 33$$

- 분할표(crosstab table)에서 i 행 $\times$ j 열의 관찰빈도(O_{ij})에 대한 기대빈도(E_{ij})는 다음과 같이 구할 수 있다.

$$E_{ij} = \frac{i\,\text{행의 관찰빈도의 합} \times j\,\text{열의 관찰빈도의 합}}{\text{총 관찰빈도}} = \frac{n_{i+} \times n_{+j}}{N}$$

- 피어슨은 다음의 검정통계량이 χ^2 분포를 따른다는 것을 증명하였다.

$$\sum_{i=1}^{I} \sum_{j=1}^{J} \frac{(\text{관찰빈도}\,O_{ij} - \text{기대빈도}\,E_{ij})^2}{\text{기대빈도}\,E_{ij}} \sim \chi^2[(I-1)(J-1)]$$

[단, I, J는 각각 유목의 수이고, I 또는 J가 1이면 자유도는 $\max(I-1, J-1)$]

- 이를 '피어슨의 χ^2 검정통계량'이라고 한다. 특히 자유도가 1인 경우 각각의 기대빈도는 최소한 10 이상은 되어야 χ^2 분포로 접근한다. 그리고 자유도가 2 이상인 경우에도 각각의 기대빈도는 최소한 5 이상은 되어야 χ^2 분포로 접근한다. 만약 그렇지 못하다면 유의확률을 초기하학적 분포(hypergeometric distribution)를 이용해서 직접 구해야 한다.
- 〈표 15-2〉의 자료에서 χ^2 값은 다음과 같다.

$$\chi^2 = \frac{(70-63)^2}{63} + \frac{(20-27)^2}{27} + \frac{(70-77)^2}{77} + \frac{(40-33)^2}{33} = 4.713$$

- 엑셀 또는 SPSS를 활용하여 검정통계량 $\chi^2 = 4.713$이 자유도가 1인 χ^2 분포에서 어디에 위치하는지를 보기 위해 꼬리 부분의 넓이를 구한 결과, 0.030을 얻을 수 있었다. 이 값이 유의확률이다.
- 유의확률(p) 0.030이 유의수준(α) 5%보다 작다는 것은 '조기 유학의 필요성에 대한 찬반 의견이 남녀 간에 차이가 있음'을 의미한다.
- 참고로, 피어슨의 χ^2 검정 이외에 자주 쓰이는 검정통계량으로 '우도비 χ^2 (likelihood ratio χ^2)'이 있다. 우도비 χ^2 은 다음과 같이 정의된다.

$$2\sum_{i=1}^{I}\sum_{j=1}^{J}(\text{관찰빈도}\,O_{ij}\times\ln\frac{\text{관찰빈도}\,O_{ij}}{\text{기대빈도}\,E_{ij}})\sim\chi^2[(I-1)(J-1)]$$

2 연관성의 측도

- χ^2검정에서 원가설이 기각되어 범주형 변수 간에 독립성을 인정할 수 없다는 것은 범주형 변수 간에 연관성이 있다는 것을 의미한다. 두 범주형 변수 간의 결합성의 정도를 기술통계치로 나타낸 것이 '연관성의 측도(measure of association)'다.
  - 예컨대, 대통령 선거에서 지역과 지지 후보에 대한 분할표를 만들었을 때 대통령 지지 후보가 지역에 따라 다르다는 결과가 나왔다면, '지역'과 '대통령 지지 후보'라는 범주형 변수 간에는 연관성이 높음을 의미한다. 이 경우 χ^2검정을 실시하면 원가설이 기각될 가능성이 높다.

- 이러한 연관성의 측도는 매우 다양하다. 먼저, 피어슨 χ^2 검정통계량에 근거한 '파이계수(φ; $0\leq$측도값$\leq+1$)' '유관계수(contingency coefficient; $0\leq$측도값$\leq+1$)' 'Cramer의 V계수($0\leq$측도값$\leq+1$)' 등이 있고, 순서가 없는 명목형 변수 간의 연관성 측도로는 '람다(λ; $0\leq$측도값$\leq+1$)'가 있다. 마지막으로, 순서가 있는 유목변수 간의 연관성 측도로는 '감마(γ; $-1\leq$측도값$\leq+1$)' 'Kendall의 τ-b($-1\leq$측도값$\leq+1$)' 'Stuart의 τ-c($-1\leq$측도값$\leq+1$)' 'Somer의 D($-1\leq$측도값$\leq+1$)' 등이 있다.

- 이상의 값에 대한 절댓값이 ASE(Asymptotic Standard Error, 점근표준오차)의 2배보다 더 클 때 '두 범주형 변수 간에는 연관성이 있다.'고 판단한다(유의수준 5%).

3 χ^2검정의 특징 및 가정

- χ^2검정은 다른 검정통계량에 비해서 사례수에 매우 민감하다는 특징을 가지고 있다.
  - 사례수가 커짐에 따라서 통계적 검정력이 커지는 것은 당연하지만, χ^2검정이

사례수에 지나치게 민감하다는 것을 연구자가 악용하여 옳지 못한 주장을 할 가능성이 있다. 즉, 통계적으로 유의미한 차이가 없음에도 불구하고 사례수를 늘려서 차이가 있다는 주장을 할 수도 있다.

⑫ χ^2검정은 다음과 같은 가정을 필요로 한다.

• 전체 사례수는 적어도 30 이상이 되어야 하며, 기대빈도가 5 이하인 셀이 전체의 20% 이하가 되어야 한다. 기대빈도가 5 이하인 셀이 전체의 20% 이하가 되지 않는 경우에는 배경변수의 유목수 또는 종속변수의 항목수를 유사한 것끼리 묶어서 줄일 필요가 있다. 이 밖에 로짓모형 등의 분석방법을 적용하는 것도 하나의 방안이 될 수 있다.

• 독립변수의 특정한 유목에 속하는 관찰빈도는 다른 유목에 속하는 관찰빈도와 상호 독립적이어야 한다. 예컨대, 상담 프로그램이 우울증 감소에 영향을 주는지 보기 위해서 100명을 대상으로 프로그램 적용 전후에 우울증 여부를 측정하였다. 이때 우울증 출현 비율이 상담 프로그램 적용 전후 간에 차이가 있는지 검증하고자 한다면, χ^2검정을 활용할 수 없다. 이 경우에는 McNemar 검정(이분변수인 경우) 등의 다른 방법을 이용해야 한다. McNemar 검정은 대응표본(paired samples)의 자료에 관한 비율을 비교하는 검증방법이다. 예컨대, 프로그램 전후의 성공과 실패 빈도가 〈표 15-3〉과 같다고 한다면, 다음의 검정통계량을 통해 성공과 실패 빈도분포가 프로그램 전후 간에 차이가 있는지를 검증할 수 있다.

$$\frac{(B-C)^2}{B+C} \sim \chi^2(1)$$

〈표 15-3〉 프로그램 전후의 성공 및 실패 빈도

사후 측정 사전 측정	성공	실패
성공	A	B
실패	C	D

제6부

t검정

독립표본 t검정 제**16**장

- 두 집단의 평균이 통계적으로 유의미한 차이가 있는지를 검증하는 데 일반적으로 t검정을 이용한다. 특히 비교할 두 집단이 독립적(무선배치설계)인지 종속적(반복측정설계)인지에 따라서 t검정은 '독립표본 t검정(independent samples t-test)'과 '대응표본 t검정(paired samples t-test)'으로 나눌 수 있다.

- 이들은 모두 전집의 정규성을 가정할 수 있어야 한다는 공통점이 있다. 그렇지 않으면 비모수적 통계방법을 이용해야 한다. 특히 두 전집의 분산이 같다고 할 수 없는 경우 두 집단의 사례수를 동일하게 하거나 각 집단별 사례수가 15 이상이 되도록 하면 안정적인 추정값이 산출되는 것으로 확인되었다.

- 〈표 16-1〉은 사례수가 매우 적은 경우에 적용해야 할 비모수적 통계방법을 관련된 모수적 통계방법과 짝지어 정리한 것이다.

  ✔ 예컨대, 독립표본 t검정을 적용해야 할 자료 구조이지만, 사례수가 작고 정규성을 가정할 수 없어서 비모수 통계방법을 적용해야 한다면 Mann-Whitney U 검정을 활용할 수 있다.

〈표 16-1〉 비모수적 통계방법

모수적 통계방법		비모수적 통계방법
대응표본 t검정	⇆	Wilcoxon 검정
반복측정 일원분산분석	⇆	Friedman 검정
독립표본 t검정	⇆	Mann–Whitney U검정
무선배치 일원분산분석	⇆	Kruskal–Wallis 검정

출처: 임인재, 김신영, 박현정(2000).

1 독립표본 t검정의 기본 원리

● 독립표본 t검정은 두 전집에서 독립적으로 추출된 표본을 이용하여 특정 변수의 평균이 집단 간에 통계적으로 유의미한 차이가 있는지 검증하는 분석방법이다.
 • 독립표본 t검정에서는 일반적으로 각 처치조건별 전집의 분산이 동일한 경우와 그렇지 않은 경우를 구분하여 검정통계량이 제공된다.

1) 등분산성이 있는 경우

● 전집의 분산이 동일하다고 가정할 수 있는 경우, 두 표본에서 얻은 분산인 s_1^2과 s_2^2를 통합하여 전집의 분산을 먼저 추정한다. 전집의 분산 추정치 $\widehat{\sigma_p^2}$는 다음과 같이 구한다.

$$\widehat{\sigma_p^2} = \frac{n_1 s_1^2 + n_2 s_2^2}{n_1 + n_2 - 2} \ \left(\text{단,} \ s_1^2 = \frac{\sum_{i=1}^{n_1} x_i^2}{n_1}, \quad s_2^2 = \frac{\sum_{i=1}^{n_2} x_i^2}{n_2} \right)$$

(단, n_1과 n_2는 각각 두 전집에서 추출된 표본의 수)

● 비교하려는 두 집단의 전집 분산이 동일하고 집단 간 평균이 동일하다는 가정하에 다음의 표집분포는 자유도가 $n_1 + n_2 - 2$인 t분포를 따른다는 것을 수학적으로 증명할 수 있다.

$$\frac{(\overline{X_1}-\overline{X_2})-(\mu_1-\mu_2)}{\sqrt{\dfrac{\widehat{\sigma_p^2}}{n_1}+\dfrac{\widehat{\sigma_p^2}}{n_2}}}\sim t(n_1+n_2-2)$$

- 이때 연구자가 실제로 수집한 표본에서 구한, 검정통계량 t값이 표집분포에서 어디에 위치하는지를 근거로 원가설의 기각 여부를 판정하게 된다. 원가설을 기각할 수 있다는 것은 두 집단의 평균이 통계적으로 유의미한 차이가 있음을 의미한다.

2) 등분산성이 없는 경우

ⓐ 두 전집의 분산이 동일하다고 가정할 수 없는 경우에는, '두 표본평균의 차$(\overline{X_1}-\overline{X_2})$들의 전집에서의 분산$(\widehat{\sigma_{\overline{X_1}-\overline{X_2}}^2})$'을 추정할 때, s_1^2과 s_2^2을 통합하여 추정하지 않고, 다음과 같이 각 집단에서의 전집의 분산을 먼저 추정한 다음 이들을 합한 값으로 전집에서의 분산$(\widehat{\sigma_{\overline{X_1}-\overline{X_2}}^2})$을 추정한다.

$$\widehat{\sigma_{\overline{X_1}-\overline{X_2}}^2}=\frac{\widehat{\sigma_1^2}}{n_1}+\frac{\widehat{\sigma_2^2}}{n_2}=\frac{s_1^2}{n_1-1}+\frac{s_2^2}{n_2-1}$$

ⓑ 전집의 집단 간 평균이 동일하다는 가정하에 다음의 표집분포는 t분포를 따른다는 것을 수학적으로 증명할 수 있다. 이때의 자유도는 n_1+n_2-2가 아니라, Welch(1938)의 공식 혹은 Aspen(1949)의 공식을 따르는 것으로 알려져 있다(임인재, 1987에서 재인용).

$$\frac{(\overline{X_1}-\overline{X_2})-(\mu_1-\mu_2)}{\widehat{\sigma_{\overline{X_1}-\overline{X_2}}}}=\frac{(\overline{X_1}-\overline{X_2})-(\mu_1-\mu_2)}{\sqrt{\dfrac{s_1^2}{n_1-1}+\dfrac{s_2^2}{n_2-1}}}\sim t(v)$$

$$\left(단,\ v=\frac{(\widehat{\sigma_{\overline{X_1}}^2}+\widehat{\sigma_{\overline{X_2}}^2})^2}{(\widehat{\sigma_{\overline{X_1}}^2})^2/(n_1+1)+(\widehat{\sigma_{\overline{X_2}}^2})^2/(n_2+1)}-2\right)$$

- 연구자가 실제로 수집한 표본에서 구한, 검정통계량 t값이 표집분포에서 어디에 위치하는지를 근거로 원가설의 기각 여부를 판정하게 된다. 원가설을 기각할 수 있다는 것은 두 집단의 평균이 통계적으로 유의미한 차이가 있음을 의미한다.

🔲 요컨대, 독립표본 t검정은 두 전집에서 각각 독립적으로 추출한 표본을 이용하여, 특정 변수의 평균이 집단 간에 통계적으로 유의미한 차이가 있는지를 검증하는 방법이다. 이를 위해서는 먼저 두 전집의 분산이 동일하다고 할 수 있는지를 확인해야 한다. 그리고 그 동일 여부에 따라서 적합한 검정통계량을 선택하여 집단 간 평균 차이를 검증해야 한다.

🔲 처치조건별 전집의 등분산성(homogeneity of variance test)을 검증하는 검정통계량으로는 여러 가지가 있으나, 그중에서 Levene 검정(Levene test)이 가장 보편적으로 사용되고 있다.

- Levene 검정은 처치조건별 전집의 분산이 동일하다고 할 수 있는지를 검증한다. 이때의 원가설은 '전집에서의 집단별 분산은 동일하다.'이다.
- Levene 검정에서 검정통계량으로는 F값이 제공된다. 이때 분자의 자유도는 '집단 수-1'이고, 분모의 자유도는 '피험자 수-집단 수'다. Levene 검정에서 검정통계량은 각 처치집단별로 편차점수의 절댓값을 계산한 다음, 이 값을 이용하여 분산분석을 적용한 것이다. 즉, 비교하려는 표본의 변수를 X_{ij}(단, i는 피험자, j는 집단)라 할 때 다음을 먼저 구한다.

$$Y_{ij} = |X_{ij} - \overline{X_j}| \ (\text{단}, \overline{X_j}\text{는 } j \text{ 집단의 평균})$$

- 그리고 Y_{ij}(단, i는 피험자, j는 집단)에 대해 분산분석을 적용한다. Levene 검정에서 유의확률이 0.05보다 작다면, J개의 전집의 분산은 동일하다고 할 수 없다.

3) t검정의 기본 가정

🔲 각 처치조건별 전집은 정규분포를 따른다는 가정이 요구된다. 정규분포를 가정할 수 없는 경우, 각 처치조건별 사례수가 20보다 크거나 각 처치조건별 전집의 분포

가 유사한 모양을 이룬다는 조건이 필요하다.

🔟 각 처치조건별 사례수는 적어도 15 정도는 될 필요가 있다.

🔟 모든 표본은 무선적이고 상호 독립적이어야 한다. 이는 집단 내에서나 집단 간의 모든 표본은 상호 독립적이어야 함을 의미한다. 다만, 동일한 표본에 두 가지의 처치조건을 이용한 경우에는 대응표본 t검정으로 분석이 가능하다.

2 독립표본 t검정의 예

🔟 독립표본 t 검정에서는 두 전집에서 독립적으로 추출된 표본이 이용된다.

- 여기서 '독립적'이라는 것은 한 전집에서 하나의 사례를 선택한 것이 다른 전집에서의 사례를 선택하는 것에 영향을 미치지 않음을 의미한다.
- 예컨대, 성별에 따라 자아존중감이 차이가 있는지를 알아보기 위해서 남녀 2개의 독립적인 집단을 구성하는 경우는 남자 중에서 1명을 선택하는 것이 여자 중에서 1명을 선택하는 것에 영향을 주지 않기 때문에 성별에 따른 자아존중감의 차이를 분석하는 것은 독립표본 t 검정에 해당한다. 독립표본 t 검정에서는 두 집단의 사례수가 동일하지 않아도 무방하다.

1) 연구설계와 연구가설

(1) 연구설계

🔟 남편이 인식하는 결혼만족도와 아내가 인식하는 결혼만족도의 평균이 차이가 있는지 검증하기 위해 전국의 기혼자 남자 중 30명을, 기혼자 여자 중 30명을 무선으로 표집하였다.

- 이 경우 '기혼자 성'이라는 독립변수는 피험자 간 변수에 해당한다.

(2) 연구가설

🔟 남편이 인식하는 결혼만족도와 아내가 인식하는 결혼만족도 간에는 차이가 있을 것이다.

2) 변수 설명 및 분석 데이터

- **변수 설명:** 기혼자성(1: 남편, 2: 아내), 결혼만족도
- **분석 데이터:** 독립표본t검정.sav(네이버 카페의 '스터피아'에서 다운로드)

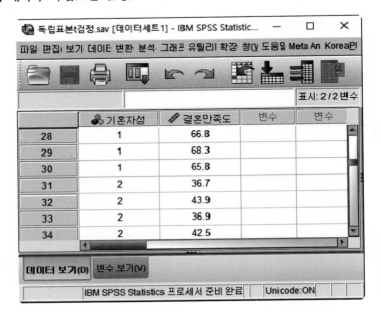

3) 분석 절차

(1) 1단계: 집단별 평균과 표준편차 구하기

- '분석' 메뉴
    - ✔ '표' ⇨ '사용자 정의 표'
    - ✔ '결혼만족도'를 '행'바로 드래그해서 이동
    - ✔ '기혼자성'을 선택하여 드래그해서 오른쪽 표의 결혼만족도 오른쪽 부분에 직사각형 모양이 생겼을 때 내려놓음

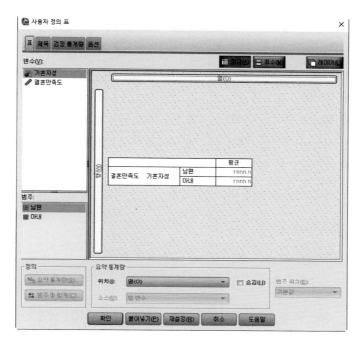

- 오른쪽에 생성된 표의 '결혼만족도'를 더블클릭하면 '요약 통계량'이 나타난다.
  - ✔ '통계량'의 '빈도' 클릭 ⇨ '빈도'를 오른쪽(➡)의 '표시' 부분으로 보냄
  - ✔ '통계량'의 '합계' 하위의 '표준편차'를 오른쪽(➡)의 '표시' 부분으로 보냄
  - ✔ ⬆와 ⬇를 활용하여 '표시' 부분을 '빈도' '평균' '표준편차' 순으로 변경
  - ✔ '빈도' '평균' '표준편차'의 '형식'을 모두 n,nnn으로 변경
  - ✔ '빈도'의 '소수점이하자리'는 0, '평균'과 '표준편차'의 '소수점이하자리'는 1로
    변경
  - ✔ '선택한 항목에 적용' 클릭 ⇨ '닫기' 클릭

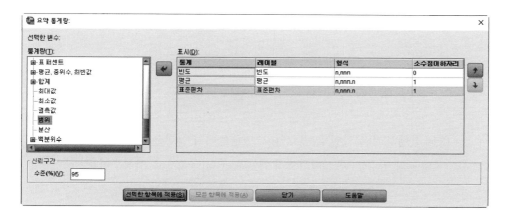

• 바로 실행하려면 '확인'을 클릭하고, 명령문에서 실행하려면 '붙여넣기'를 클릭

(2) 2단계: 't값'과 'p값' 구하기

• '분석' 메뉴

✔ '평균 비교' ⟹ '독립표본 t검정'

✔ '결혼만족도'를 '검정 변수'로 이동: 여러 개의 종속변수를 한꺼번에 처리할 수 있음

✔ '기혼자성'을 '집단변수'로 이동

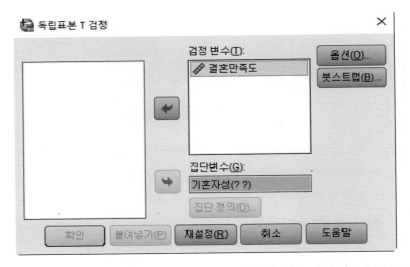

✔ '집단 정의' 클릭 ⟹ '기혼자성'의 변수값 '1'과 '2'를 입력 ⟹ '계속' 클릭

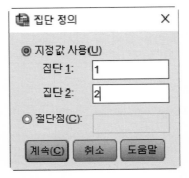

• 바로 실행하려면 '확인'을 클릭하고, 명령문에서 실행하려면 '붙여넣기'를 클릭

✔ 다음의 명령문 중 실행하고자 하는 부분을 블록으로 지정하여 ▶ 클릭

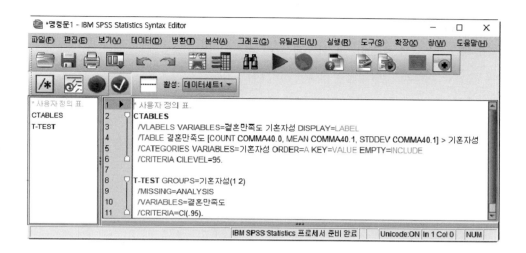

4) 분석 결과

			빈도	평균 순위	표준편차
결혼만족도	기혼자성	남편	30	53.6	9.3
		아내	30	45.7	7.5

독립표본 검정

		Levene의 등분산 검정		평균의 동일성에 대한 T검정						
						유의확률		표준오차	차이의 95% 신뢰구간	
		F	유의확률	t	자유도	(양측)	평균차이	차이	하한	상한
결혼만족도	등분산을 가정함	1.644	.205	3.657	58	.001	7.9733	2.1804	3.6087	12.3380
	등분산을 가정하지 않음			3.657	55.669	.001	7.9733	2.1804	3.6048	12.3419

5) 보고서 제시 및 해석방법

Levene 검정을 활용하여 결혼만족도의 분산이 기혼자 성에 따라 차이가 있는지 분석하였다. 그 결과, 〈표 16-2〉에서와 같이 결혼만족도의 분산은 남편과 아내 간에 유의미한 차이가 없었다($F=1.644$, $p>.05$). 이는 t검정을 실시함에 있어서 등분산성을 가정할 수 있음을 의미한다.

〈표 16-2〉 기혼자 성에 따른 결혼만족도의 등분산성 검정 결과

F	p
1.644	.205

독립표본 t검정을 활용하여 결혼만족도 평균이 기혼자 성에 따라 차이가 있는지 분석하였다. 그 결과, 〈표 16-3〉에서와 같이 남편이 인식하는 결혼만족도가 아내에 비해 더 높은 것으로 나타났다($t = 3.657$, $p < .01$).

〈표 16-3〉 기혼자 성에 따른 결혼만족도 평균 차이 검증 결과

기혼자 성	N	M	SD	t	p
남편	30	53.6	9.3	3.657	.001
아내	30	45.7	7.5		

대응표본 t검정 제**17**장

1 대응표본 t검정의 기본 원리

💷 대응표본 t검정은 두 전집에서 종속적으로 추출된 표본을 이용하여, 특정 변수의 평균이 집단 간에 통계적으로 유의미한 차이가 있는지를 검증하는 분석방법이다.

* 여기서 '종속적'이라는 것은 한 전집에서 하나의 사례를 선택한 것이 다른 전집에서의 사례를 선택하는 것에 영향을 주는 것을 의미한다.

* 가장 흔한 예가 반복측정(repeated measures)한 자료 간의 평균 차이를 분석하는 것이다. 예컨대, 동일한 집단을 대상으로 처치하기 전과 처치한 후의 자존감 평균 차이를 검증하는 경우가 이에 해당한다.

* 쌍둥이 100쌍을 표집하여 형과 동생의 지능 평균을 비교하는 경우와 같이, 반복측정한 자료가 아니더라도 일대일로 짝짓기를 할 수 있으면 대응표본 t검정을 적용해야 한다.

💷 대응표본 t검정은 짝을 이루고 있는 두 집단의 평균을 비교하는 데 그 목적이 있다. 대응표본 t검정의 원리는 짝을 이루고 있는 두 전집의 평균과 분산이 동일하다는 가정하에 '짝을 이루고 있는 피험자의 점수 차($X_1 - X_2 = D$)'들의 평균($\overline{D}$)을 활용한 다음의 표집분포가 자유도가 $n - 1$(단, n은 비교하려는 쌍의 개수)인 t분포를 따른다는 것에서 출발한다.

$$\frac{\overline{D} - \mu_D}{\dfrac{S_D}{\sqrt{n-1}}} = \frac{\overline{D} - \mu_D}{\dfrac{\widehat{\sigma_D}}{\sqrt{n}}} \sim t(n-1)$$

◆ 이때 연구자가 실제로 수집한 표본에서 구한 검정통계량 t값이 표집분포에서 어디에 위치하는지를 근거로 원가설 '$H_o : \mu_D = 0$'의 기각 여부를 판정하게 된다. 원가설을 기각할 수 있다는 것은 쌍을 이루는 두 집단의 평균이 통계적으로 유의미한 차이가 있음을 의미한다.

2 대응표본 t검정의 예

💷 대응표본 t검정에서는 짝으로 추출된 표본이 이용된다.

◆ 예컨대, 동일한 집단을 대상으로 처치를 하기 전과 후의 자존감 평균 차이를 검증하는 경우는 대응표본 t검정에 해당한다.

◆ 대응표본 t검정에서는 비교하고자 하는 두 집단의 사례수가 같다. 만약 짝이 없는 피험자가 있으면 분석 과정에서 제외된다.

1) 연구설계와 연구가설

(1) 연구설계

💷 남편이 인식하는 결혼만족도와 아내가 인식하는 결혼만족도의 평균이 차이가 있는지 검증하기 위해 전국의 기혼자 중 30쌍을 무선으로 표집하였다. 이 경우 '기혼자 성'이라는 독립변수는 피험자 내 변수에 해당한다.

◆ 만약 이와 동일한 연구 목적을 가졌음에도 '전국의 기혼자 남자 중 30명을, 기혼자 여자 중 30명을 무선으로 표집'하는 연구설계 방법을 취하였다면, '기혼자 성'이라는 독립변수는 피험자 간 변수에 해당한다. 이 경우 분석방법은 독립표본 t검정을 이용해야 한다.

(2) 연구가설

🔘 남편이 인식하는 결혼만족도와 아내가 인식하는 결혼만족도 간에는 차이가 있을
것이다.

2) 변수 설명 및 분석 데이터

* **변수 설명**: 남편결혼만족도, 아내결혼만족도
* **분석 데이터**: 대응표본t검정.sav(네이버 카페의 '스터피아'에서 다운로드)

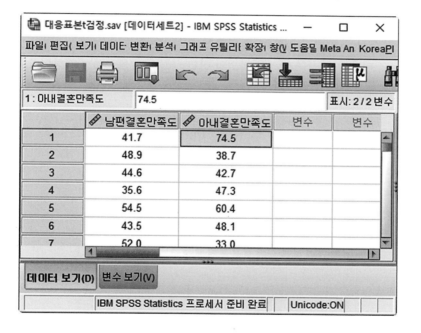

3) 분석 절차

* **'분석' 메뉴**
  * ✔ '평균 비교' ⇨ '대응표본 t검정'
  * ✔ '남편결혼만족도' '아내결혼만족도'를 '대응 변수'로 이동

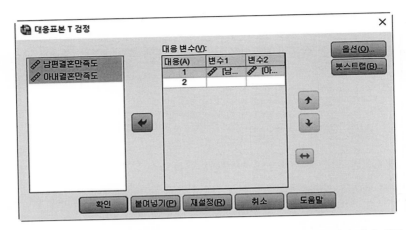

• 바로 실행하려면 '확인'을 클릭하고, 명령문에서 실행하려면 '붙여넣기'를 클릭

✔ 다음의 명령문 중 실행하고자 하는 부분을 블록으로 지정하여 ▶ 클릭

4) 분석 결과

대응표본 통계량

		평균	N	표준화 편차	표준오차 평균
대응 1	남편결혼만족도	48.443	30	8.8403	1.6140
	아내결혼만족도	55.357	30	10.7388	1.9606

대응표본 검정

		대응차							유의확률 (양측)
		평균	표준화 편차	표준오차 평균	차이의 95% 신뢰구간 하한	차이의 95% 신뢰구간 상한	t	자유도	
대응 1	남편결혼만족도-아내결혼만족도	-6.9133	13.7673	2.5136	-12.0541	-1.7725	-2.750	29	.010

5) 보고서 제시 및 해석방법

대응표본 t검정을 활용하여 결혼만족도 평균이 기혼자 성에 따라 차이가 있는지 분석하였다. 그 결과, 〈표 17-1〉과 〈표 17-2〉와 같이 아내가 인식하는 결혼만족도가 남편에 비해 더 높은 것으로 나타났다($t = -2.750$, $p < .01$).

〈표 17-1〉 기혼자 성에 따른 결혼만족도 평균 및 표준편차 결과

변수	N	M	SD
남편의 결혼만족도	30	48.4	8.8
아내의 결혼만족도	30	55.4	10.7

〈표 17-2〉 '남편의 결혼만족도-아내의 결혼만족도'에 대한 t검정 결과

변수	M	SD	t	p
남편의 결혼만족도 -아내의 결혼만족도	-6.9	13.8	-2.750	.010

※ 대응표본 t검정에서의 원가설은 개별적으로 구한 '남편의 결혼만족도-아내의 결혼만족도가 0이다.'가 된다.

제**7**부

분산분석

무선배치 일원분산분석 제**18**장

- 📖 3개 이상의 집단 간의 평균이 통계적으로 유의미한 차이가 있는지를 검증하는 데 일반적으로 분산분석(Analysis of Variance: ANOVA, 일명 변량분석)을 이용한다.

  - 평균 차이를 비교함에도 분산이라는 용어를 사용하는 이유는 집단 내 분산에 대한 집단 간 분산의 비율로 집단 간 평균 차이를 검증하기 때문이다.
  - 두 집단 간의 평균 비교에도 t검정 대신 분산분석을 활용할 수 있다.

- 📖 3개 이상의 집단 간의 평균이 통계적으로 유의미한 차이가 있는지를 검증할 때, 분산분석 대신에 전통적인 t검정의 방법을 활용하면 다음과 같은 문제점이 발생한다.

  - t검정은 임의의 두 집단 간의 평균이 통계적으로 유의미한 차이가 있는지에 대한 개별적인 정보만을 줄 뿐이며, 독립변수와 종속변수 간의 관계에 대한 전반적이고 포괄적인 정보를 주지 못한다. 예컨대, 수학성취도에 대한 네 가지 교수방법(A, B, C, D)의 효과를 t검정으로 검증하기 위해서는 $_4C_2(=6)$번의 분석을 수행하게 된다. 그러나 그 결과를 토대로 수학성취도에 대한 네 가지 교수방법의 효과를 포괄적으로 해석할 수는 없다.
  - 평균 간의 상호 비교를 통해 얻은 여러 번의 t검정은 서로 독립적인 정보를 주지 못한다. 예컨대, t검정을 통해서 교수방법 A가 교수방법 B보다 효과적이고, 교수방법 B가 교수방법 C보다 효과적이라면, 추가적인 t검정을 하지 않더라도 교수방법 A가 교수방법 C보다 효과적일 것임을 예측할 수 있다. 일반적으로 여러 번의 t검정을 실시하면 원가설(H_0)을 오류로 기각할 가능성인 제1종 오류가

지나치게 높아질 우려가 있다. 예컨대, 수학성취도에 대한 네 가지 교수방법(A, B, C, D)의 효과를 비교하기 위해 유의수준 5%로 여섯 번의 t검정을 실시하면, 이들 여섯 번이 상호 독립적인 비교라고 가정하더라도 이 중에서 어느 하나가 통계적으로 유의미한 차이가 있다고 잘못 판단할 오류의 확률은 30%(= 5% × 6번)로 높아지게 된다.

🔟 분산분석에서는 독립변수가 집단을 구분하는 질적변수이고 종속변수는 양적변수다. 학교급(초·중·고등학교), 성(남·여) 등과 같이 집단을 구분하는 독립변수의 경우, 독립적인 집단인지 종속적인 집단인지에 따라 '피험자 간 변수'와 '피험자 내 변수'로 나눌 수 있다.

• 예컨대, 초·중·고등학교에서 각각 100명을 무선표집하여 자존감을 측정한 후에 학교급에 따른 자존감 평균을 비교하였다면, 학교급은 피험자 간 변수다. 이에 비해 초등학교에서 100명을 무선표집하여 자존감을 측정하고 이들이 중학교와 고등학교에 진학했을 때 자존감을 반복해서 측정한 후에 학교급에 따른 자존감 평균을 비교하였다면, 학교급은 피험자 내 변수다.

🔟 분산분석에서 독립변수가 피험자 간 변수이면 '무선배치 분산분석(ANOVA with random assignments)'이라 하고, 독립변수가 피험자 내 변수이면 '반복측정 분산분석(ANOVA with repeated measurements)'이라 한다.

🔟 분산분석에서 독립변수가 1개이면 '일원분산분석(one-way ANOVA)', 독립변수가 2개이면 '이원분산분석(two-way ANOVA)', 독립변수가 3개이면 '삼원분산분석(three-way ANOVA)'이라고 한다.

• 예컨대, 초·중·고등학교에서 각각 100명을 무선표집하여 자존감을 측정한 후에 학교급에 따른 자존감 평균을 비교하였다면, 독립변수인 학교급이 피험자 간 변수이고 독립변수의 개수가 1개이므로 무선배치 일원분산분석에 해당한다.

• 초등학교에서 100명을 무선표집하여 자존감을 측정하고 이들이 중학교와 고등학교에 진학했을 때 자존감을 반복해서 측정한 후에 학교급에 따른 자존감 평균을 비교하였다면, 독립변수인 학교급이 피험자 내 변수이고 독립변수의 개수가 1개이므로 반복측정 일원분산분석에 해당한다.

- 초·중·고등학교에서 성별로 각각 50명씩 무선표집하여 자존감을 측정한 후에 학교급과 성에 따른 자존감 평균을 비교하였다면, 독립변수인 학교급과 성은 모두 피험자 간 변수이고 독립변수의 개수가 2개이므로 무선배치 이원분산분석에 해당한다.

- 초등학교에서 성별로 각각 50명씩 무선표집하여 자존감을 측정하고 이들이 중학교와 고등학교에 진학했을 때 자존감을 반복해서 측정한 후에 학교급과 성에 따른 자존감 평균을 비교하였다면, 독립변수인 학교급은 피험자 내 변수이고, 성은 피험자 간 변수이며, 독립변수의 개수가 2개다. 이런 경우 반복측정이 포함된 이원분산분석이라는 의미에서 반복측정 이원분산분석(또는 이요인 반복측정 분산분석)이라고 한다.

  ※ 무선배치 일원분산분석은 이 장에서, 반복측정 일원분산분석은 제7부 제19장에서, 무선배치 이원분산분석은 제7부 제20장에서, 반복측정 이원분산분석은 제7부 제21장에서 다룰 것이다.

  ※ 일원, 이원, 삼원 등은 일요인, 이요인, 삼요인 등의 용어로 표현해도 무방하다.

- 분산분석은 모두 충분한 사례수를 요구하며 전집이 정규분포를 따른다는 가정이 필요하다. 전집이 정규성의 가정을 만족시키지 못하면서, 소표집인 경우라면 '비모수적 통계방법(nonparametic statistics)'을 이용해야 한다.

- 지금까지 설명한 분산분석은 모두 종속변수가 1개다. 이에 비해 종속변수가 2개 이상으로 증가하면 '다변량분산분석(Multi-variate ANOVA: MANOVA)'이라고 부른다.

- 예컨대, 초·중·고등학교에서 각각 100명을 무선표집하여 자존감과 자기주도성을 측정한 후에 학교급에 따른 자존감과 자기주도성의 평균 벡터를 비교하였다면 이는 무선배치 일원다변량분석에 해당한다.

1 무선배치 일원분산분석의 기본 원리

- '무선배치 일원분산분석'이란 하나의 독립변수가 세 가지 이상의 독립적인 처치조건을 가질 때, 이들에 의한 종속변수의 평균이 집단 간에 통계적으로 유의미한 차

이가 있는지 검증하는 분석방법이다.

• 무선배치 일원분산분석은 표본에서 종속변수의 '전체 분산'을 '집단 간 분산'과 '집단 내 분산'으로 분할한 후, 집단 내 분산에 대한 집단 간 분산의 비율을 이용하여 전집의 집단 간 평균 차이를 검증한다. 여기서 전체 분산은 집단을 구분하지 않고 구한 분산이고, 집단 간 분산은 각 집단별 평균을 이용하여 구한 분산이며, 집단 내 분산은 각 집단 내에서 구한 분산이다.

• 무선배치 일원분산분석 과정에서 표본에서의 종속변수의 집단 간 분산이 클수록 전집의 집단 간 평균 차이가 통계적으로 유의미할 가능성이 더 높아질 것이라는 것은 상식적으로 받아들일 수 있다. 그렇다면 집단 내 분산은 어떠한가? [그림 18-1]은 표본에서의 집단 내 분산이 통계적 검정력에 미치는 영향을 단적으로 보여 주는 예다.

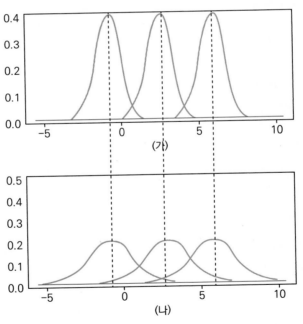

[그림 18-1] 집단 간 분산이 동일한 반면, 집단 내 분산이 서로 다른 경우

• [그림 18-1]을 연구자가 수집한 자료에서의 3개 집단에 대한 점수분포라고 가정하자. 이때 (가)와 (나)는 집단 간 분산이 동일하지만, (가)는 (나)와 비교할 때 집단 내 분산이 작다. 이때 어느 경우가 전집에서의 집단 간 평균 차이가 통

계적으로 유의미할 가능성이 더 높을까? 표본에서 점수분포가 (가)와 (나)처럼 나타났다는 것은 전집에서의 점수분포도 유사하다고 가정할 수 있다. 이런 가정하에서 새로운 표본을 얻었다고 할 때 (가)의 경우가 (나)의 경우에 비해서 집단 간 평균 차이가 유지될 가능성은 더 높을 것이다.

- 이상을 종합하면, 표본에서 집단 간 분산은 클수록 그리고 집단 내 분산은 작을수록 전집에서의 집단 간 평균 차이는 통계적으로 유의미할 가능성이 더 높다.

🄑 종속변수에 대해서 각 집단별 전집이 정규분포를 따르고, 집단별 평균과 분산이 동일하다고 가정할 수 있는 전집에서 각각 n_j(j집단의 사례수)명의 표집을 계속한다면, 종속변수의 집단 내 분산에 대한 집단 간 분산의 비는 F분포를 따른다는 것을 수학적으로 증명할 수 있다.

- j집단의 i번째 피험자의 점수를 X_{ij}, j집단의 사례수를 n_j라 한다면, $\sum_{j=1}^{J} n_j$명의 표본의 개인별 점수와 집단별 평균은 〈표 18-1〉과 같이 나타낼 수 있다.

〈표 18-1〉 무선배치 일원분산분석에서 각 피험자의 점수 표시

집단 1	집단 2	⋯	집단 j	⋯	집단 J	비고
X_{11}	X_{12}	⋯	X_{1j}	⋯	X_{1J}	
X_{21}	X_{22}	⋯	X_{2j}	⋯	X_{2J}	
X_{31}	X_{32}	⋯	X_{3j}	⋯	X_{3J}	X_{ij}: j집단의 i번째 피험자의 점수
⋮	⋮	⋯	⋮	⋯	⋮	n_j: j집단의 사례수
$X_{n_1 1}$	$X_{n_2 2}$	⋯	$X_{n_j j}$	⋯	$X_{n_J J}$	
$\overline{X_{.1}}$	$\overline{X_{.2}}$	⋯	$\overline{X_{.j}}(=\overline{X_j})$	⋯	$\overline{X_{.J}}$	$\overline{X_{..}}=\overline{X}$: 전체 평균

- 피험자 점수(X_{ij})는 전체 평균($\overline{X}$), 집단의 효과($\overline{X_j}-\overline{X}$), 무선적 오차($X_{ij}-\overline{X_j}$)로 분리할 수 있다.

$$X_{ij} = \mu(\text{전체 평균}) + \alpha_j(j\text{집단의 효과}) + e_{ij}(\text{무선적 오차})$$
$$X_{ij} = \overline{X} + (\overline{X_j}-\overline{X}) + (X_{ij}-\overline{X_j})$$

$$X_{ij} - \overline{X} = (\overline{X_j} - \overline{X}) + (X_{ij} - \overline{X_j})$$

(단, i : 피험자, j : 집단)

- $X_{ij} - \overline{X} = (\overline{X_j} - \overline{X}) + (X_{ij} - \overline{X_j})$의 양변을 제곱하여 모든 피험자에 대해서 합하면 전체 편차제곱합은 집단 간 편차제곱합과 집단 내 편차제곱합으로 나눌 수 있다.

$$\sum_{j=1}^{J} \sum_{i=1}^{n_j} (X_{ij} - \overline{X})^2 = \sum_{j=1}^{J} n_j (\overline{X_j} - \overline{X})^2 + \sum_{j=1}^{J} \sum_{i=1}^{n_j} (X_{ij} - \overline{X_j})^2$$

SST(전체 편차제곱합, the total sum of squared deviations)

$= SSB$(집단 간 편차제곱합, sum of squares between groups)

$+ SSW$(집단 내 편차제곱합, sum of squares within groups)

- 집단 간 편차제곱합을 이들의 자유도인 $J-1$로 나눈 값을 '집단 간 분산 ($\widehat{\sigma^2_{between}}$)'이라 하고, 집단 내 편차제곱합을 이들의 자유도인 $\sum_{j=1}^{J} (n_j - 1)$로 나눈 값을 '집단 내 분산($\widehat{\sigma^2_{within}}$)'이라 한다. 집단 간 분산은 실험효과에 의한 분산이고, 집단 내 분산은 무선적 오차에 의한 분산이다. 이때 전집의 집단별 평균과 분산이 동일하다는 가정하에 다음의 표집분포들은 자유도가 $J-1$, $\sum_{j=1}^{J} (n_j - 1)$인 F분포를 따른다는 것을 수학적으로 증명할 수 있다.

$$\frac{SS_{between} / df_{between}}{SS_{within} / df_{within}} = \frac{\widehat{\sigma^2_{between}}}{\widehat{\sigma^2_{within}}} = \frac{\sum_{j=1}^{J} n_j (\overline{X_j} - \overline{X})^2 / (J-1)}{\sum_{j=1}^{J} \sum_{i=1}^{n_j} (X_{ij} - \overline{X_j})^2 / \sum_{j=1}^{J} (n_j - 1)}$$

$$\sim F\left[J-1, \sum_{j=1}^{J} (n_j - 1)\right]$$

- 무선배치 일원분산분석에서는 연구자가 실제로 수집한 표본에서 구한 검정통 계량 F값이 표집분포에서 어디에 위치하는지를 근거로 원가설의 기각 여부를

판정하게 된다. 원가설(H_0: $\mu_1 = \mu_2 = \cdots = \mu_J$)을 기각할 수 있다는 것은 집단 간 평균이 통계적으로 유의미한 차이가 있음을 의미한다.

- 독립변수가 2개의 처치조건만을 가질 때에도 독립표본 t검정 대신에 무선배치 일원분산분석을 적용할 수 있다.
  - 독립표본 t검정에서의 자유도를 k라고 하면, '$[t_{\frac{\alpha}{2}}(k)]^2 = F_\alpha(1, k)$'임을 증명할 수 있다.
  - 두 방법에서의 유의확률 p도 동일한 값이 산출된다. 다만, t검정에서는 검정통계량 t값의 바깥 부분 넓이를 2배 한 양측검정 결과이고, 무선배치 일원분산분석에서는 검정통계량 F값의 바깥 부분의 넓이인 단측검정 결과일 때 한하여 동일한 유의확률이 산출된다.

2 무선배치 일원분산분석의 기본 가정

- 처치조건을 나타내는 J개의 전집은 각각 정규분포를 따른다는 가정이 요구된다. J개의 전집이 정규분포를 이룬다는 가정을 할 수 없는 경우, 각 처치조건별 사례수가 20보다 크거나 J개의 전집의 분포가 유사한 모양을 이룬다는 조건이 필요하다.
- 각 처치조건별 사례수는 적어도 15 정도는 될 필요가 있다.
- J개의 모든 전집의 분산은 동일하다는 가정이 요구된다. 그러나 각 집단의 사례수가 유사하면 등분산성 가정을 할 수 없는 경우에도 큰 오류가 발생하지는 않는다. 따라서 등분산성을 가정하기 어려운 경우에는 각 처치조건별 사례수를 유사하게 할 필요가 있다.
- 모든 표본은 무선적이고 상호 독립적이어야 한다. 이는 집단 내에서나 집단 간의 모든 표본은 상호 독립적이어야 함을 의미한다. 다만, 동일한 표본에 J개의 처치조건을 차례로 적용하는 경우에는 반복측정 일원분산분석을 적용할 수 있다.

3 다중비교

- 무선배치 일원분산분석은 대부분 3개 이상의 처치조건에서의 종속변수 평균이 전반적으로 동일하다고 할 수 있는지를 검증한다. 이러한 통계적 검증을 '전반적 검정(overall test)' 또는 '옴니버스 검정(omnibus test)'이라고 한다.

- 이에 비해서 좀 더 세부적인 평균 비교를 위해 처치조건 간의 종속변수 평균을 여러 번에 걸쳐서 세부적으로 비교하는 것을 '다중비교(multiple comparison)'라고 한다. 다중비교는 '사전비교(a priori comparison, planned comparison)'와 '사후비교 (posterior comparison, post-hoc comparison, 일명 사후검정)'로 나뉜다.

1) 사전비교

- 사전비교는 비교하려는 집단이 3개 이상인 경우, 전반적 검정인 무선배치 일원분산분석을 하기 전에 특정한 집단 간의 평균 차이에 대해 연구자가 가설을 정립한 후, 그 차이를 구체적으로 검증하는 절차다. 즉, 사전비교는 자료 수집 전에 연구자가 관심을 가진 특정한 몇 가지 가설에 대한 답을 얻기 위한 것으로, 자료의 분석 계획을 미리 세워 두고 분석하는 절차다.

  • 예컨대, A, B, C 3개의 집단이 있다고 할 때, 사전비교는 'A+B vs C' 'A vs B' 'A vs C' 등 다양한 대비를 만들어 이용한다. 이처럼 사전비교는 3개 이상의 집단 간 평균 차이를 전반적으로 비교하기 전에 연구자가 설정한 가설에 따라 두 쌍의 집단으로 재구성하여 그 평균 차이를 검증하는 절차다.

- 사전비교에서 설정한 가설은 가능한 한 '직교대비(orthogonal contrast)'가 되게 하여 제1종 오류의 확률을 줄여 주어야 한다. 직교대비란 동일한 비교집단에 대하여 구성된 일련의 대비 중에서 서로 독립적인 관계에 있는 대비를 말한다. 독립적인 관계란 2개의 대비를 구성하는 가중치 간의 상관이 0인 경우를 말한다.

  • 예컨대, 새로운 교수방법 A와 B 및 기존의 교수방법 C의 효과를 비교하기 위해서 '새로운 교수방법(A와 B)과 기존의 교수방법(C)은 그 효과에 있어서 차이가 있을 것이다.'라는 가설 1과 '새로운 교수방법인 A와 B는 그 효과에 있어서 차이가 있을 것이다.'라는 가설 2는 직교대비에 해당한다. 왜냐하면 〈표 18-2〉

와 같이 가설 1과 가설 2에 해당하는 대비 1과 대비 2의 가중치의 곱의 합(1×1 $+1\times(-1)+(-2)\times0$)이 0으로서 상관이 0이 되기 때문이다.

〈표 18-2〉 직교대비에 해당하는 대비가중치의 예

대비	교수방법 A	교수방법 B	교수방법 C	합계
대비 1	$1(C_{11})$	$1(C_{12})$	$-2(C_{13})$	0
대비 2	$1(C_{21})$	$-1(C_{22})$	$0(C_{23})$	0
대비 1×대비 2	1	-1	0	0

● 일반적으로 직교대비가 되게 하는 대비가중치(C_{kj}는 k번째 대비의 j번째 집단의 대비가중치이고, $j=1, 2, \cdots, J$라고 가정)들은 다음의 조건을 모두 갖추어야 한다.

- 각 대비에서의 대비가중치의 합은 0이다($\sum_{j=1}^{J} C_{kj} = 0$). 예컨대, 〈표 18-2〉에서 대비 1에서의 대비가중치의 합은 0(=1+1-2)이고, 대비 2에서의 대비가중치의 합도 0(=1-1+0)이다.

- 각각의 대비에서 비교하려는 집단의 대비가중치의 합은 절댓값은 같고 부호는 반대다. 예컨대, 새로운 교수방법(A와 B)과 기존의 교수방법(C) 간의 비교를 위한 대비 1에서의 대비가중치는 각각 '2(=1+1)'와 '-2'이고, 교수방법 A와 교수방법 B 간의 비교를 위한 대비 2에서의 대비가중치는 각각 '1'과 '-1'이다.

- 연구자의 가설에 따라서 만든 대비 간의 대비가중치의 곱의 합은 0이다. 즉, 집단별 사례수가 같은 경우 임의의 두 가지 대비 a와 대비 b에 대해서 $\sum_{j=1}^{J} C_{aj} C_{bj} = 0$이다. 예컨대, 집단별 사례수가 같다는 가정하에 〈표 18-2〉에서 대비 1과 대비 2의 대비가중치의 곱의 합은 0(=1×1+1×(−1)+(−2)×0)이다.

● 앞의 세 가지 조건을 동시에 만족시키는 대비가중치 세트는 〈표 18-3〉과 같이 더 만들 수도 있다.

〈표 18-3〉 직교대비에 해당하는 대비가중치의 또 다른 예

대비	교수방법 A	교수방법 B	교수방법 C	합계
대비 1	0	−1	1	0
대비 2	−1	0.5	0.5	0
대비 1×대비 2	0	−0.5	0.5	0

- 이때 대비가중치에 상수를 동일하게 곱하는 것은 사전비교 결과에 아무런 영향을 주지 않는다. 예컨대, 대비가중치가 $(1, 1, -2)$인 경우와 $(5, 5, -10)$인 경우는 동일하다.

- 일반적으로 J개의 집단 간 평균을 비교할 때, $J-1$개의 직교대비를 만들 수 있다. 예컨대, 처치조건의 수(비교하고자 하는 집단의 수)가 5개이면, 4개의 직교대비에 의해서 처치조건별 평균을 비교할 수 있다. 특히 $J-1$개의 직교대비의 집단 간 편차제곱합의 합은 J개 집단에서 얻은 전반적 검정에서의 집단 간 편차제곱합과 같음을 수학적으로 증명할 수 있다.

$$SSB_1 + SSB_2 + \cdots SSB_k \cdots + SSB_{J-1} = SSB$$

$$\left[\begin{array}{ll} \text{단, } SSB_k = \dfrac{(\sum\limits_{j=1}^{J} C_{kj} \overline{X_j})^2}{\sum\limits_{j=1}^{J} \dfrac{C_{kj}^2}{n_j}} & \begin{array}{l} J: \text{집단 수} \\ SSB_k : k\text{번째 대비의 집단 간 편차제곱합} \\ n_j : j\text{번째 집단의 사례수} \\ C_{kj} : k\text{번째 대비의 } j\text{번째 집단의 대비가중치} \\ \overline{X_j} : j\text{번째 집단의 평균} \end{array} \end{array} \right]$$

- 그러나 대비들이 서로 직교가 아니면 대비들이 반영하는 집단 간 편차제곱합의 합은 전반적 검정에서의 집단 간 편차제곱합보다 더 크다.

- 일반적으로 직교대비인 경우에 한하여 다음이 성립한다.

$$\frac{SSB/(J-1)}{MSE} = \frac{\sum\limits_{k=1}^{J-1} SSB_k / (J-1)}{MSE} \sim F(J-1, \ N-J)$$

[단, MSE: 분산분석의 오차제곱평균(mean square errors)]

- 즉, 전반적 검정 절차인 무선배치 일원분산분석에서 얻은 F값과 모든 가능한 직교대비를 통해서 얻은 집단 간 분산의 합을 오차제곱평균(MSE)으로 나누어 구한 F값은 동일하다.

⬤ 사전비교에서의 가설검정은 k번째 대비에 대한 다음의 표집분포가 자유도가 $N-J$인 t분포 또는 자유도가 1, $N-J$인 F분포를 따른다는 수학적 증명 결과를 이용한다.

$$\frac{\sum_{j=1}^{J} C_{kj}\overline{X_j}}{\sqrt{MSE \sum_{j=1}^{J} \frac{C_{kj}^2}{n_j}}} \sim t(N-J) \text{ 또는 } \frac{(\sum_{j=1}^{J} C_{kj}\overline{X_j})^2}{MSE \sum_{j=1}^{J} \frac{C_{kj}^2}{n_j}} \sim F(1, N-J)$$

단, J: 집단 수
C_{kj}: k번째 대비의 j번째 집단의 대비가중치
$\overline{X_j}$: j번째 집단의 평균
MSE: 분산분석의 오차제곱평균
n_j: j번째 집단의 사례수
N: 전체 집단의 사례수

- 사전비교에서는 연구자가 실제로 수집한 표본에서 구한 검정통계량 t값 또는 F값이 표집분포에서 어디에 위치하는지를 근거로 원가설의 기각 여부를 판정하게 된다.

2) 사후비교

⬤ 무선배치 일원분산분석에서 전반적 검정 결과 원가설이 기각되었다고 해서 모든 집단 간의 평균이 통계적으로 유의미한 차이가 있다고는 할 수 없다. 한 집단이라도 다른 집단과 평균 차이가 있다면 무선배치 일원분산분석에서는 원가설이 기각될 수 있다.

⬤ 무선배치 일원분산분석에서 전반적 검정 결과 원가설을 기각할 수 있는 경우, 즉 처치조건 간에 통계적으로 유의미한 차이가 있는 경우에 한하여, 연구자는 좀 더

구체적으로 어떤 처치조건의 평균이 서로 통계적으로 유의미한 차이가 있는지 파악할 필요가 있다. 이를 '사후비교'라고 한다.

• 전반적 검정에서 원가설이 기각되지 않은 경우에는 사후비교를 해서는 안 된다.

🔵 주어진 J개 집단의 평균에 대해서 모든 가능한 직교대비 이상의 비교를 하는 경우, 이들 비교는 상호 독립적이지 않기 때문에 원가설(H_0)이 사실임에도 이를 잘못 기각하는 제1종 오류의 가능성이 처음 설정한 유의수준보다 더 높아지게 된다.

• 즉, 주어진 자료에 대해 모든 가능한 집단 간 비교를 수행하게 되면, 연구자는 미리 설정한 유의수준보다 제1종 오류를 범할 가능성이 커지게 된다.

• 이러한 문제를 해결하기 위해 다양한 사후비교 방법이 개발되었다.

🔵 사후비교 중에서 가장 통계적 검정력이 강한(또는 민감한, sensitive) 방법은 Fisher의 LSD 방법이다. 그리고 Duncan 방법, Student-Newman-Keuls(S-N-K) 방법, Tukey의 HSD 방법, $Scheff\acute{e}$ 방법, Bonferroni 방법으로 갈수록 통계적 검정력은 약해진다(또는 엄격해진다, strict).

• Fisher의 LSD 방법은 사후비교에서 발생할 수 있는 제1종 오류 가능성을 전혀 조정하지 않은 것이다. 즉, Fisher의 LSD 방법에서 산출된 유의확률은 집단 간 평균 차이를 단순히 독립표본 t검정을 수행했을 때의 유의확률과 동일하다.

• Bonferroni 방법은 가장 엄격한 사후비교 방법으로서, Bonferroni 방법에서 산출된 유의확률은 Fisher의 LSD 방법에서 산출된 유의확률의 3배다.

• Tukey의 HSD 방법은 $Scheff\acute{e}$의 방법과 더불어 가장 많이 활용되는 사후비교 방법으로서 전자는 집단별 사례수가 동일한 경우에, 후자는 집단별 사례수가 동일하지 않은 경우에 주로 활용된다.

🔵 Tukey의 HSD 방법은 집단별 사례수(n)가 같은 경우에 활용되며, '스튜던트의 범위 통계량 분포(Studentized range distribution)'에 근거한다. 이것의 원리는 다음과 같다.

• 평균이 μ, 분산이 σ^2이며 정규분포를 이루고 있는 J개의 전집에서 사례수가 각각 n인 표본을 무선표집하여 J개의 표본평균을 만든다.

• 이들 표본평균 중에서 가장 큰 것($\overline{X_{max}}$)과 가장 작은 것($\overline{X_{min}}$) 간의 차이(R)를 계산한다.

* 앞의 두 가지 절차를 무수히 반복한다면 다음의 통계량 Q의 분포를 구할 수 있다. 이때 Q의 분포를 '스튜던트의 범위 통계량 분포'라고 한다.

$$Q = \frac{(\overline{X_{\max}} - \overline{X_{\min}})}{\sqrt{\dfrac{MSE}{n}}}$$

$$\left[\begin{array}{l} \text{단,} \quad n : \text{집단별 사례수} \\ \quad MSE : \text{분산분석의 평균오차제곱} \end{array}\right.$$

* 스튜던트의 범위 통계량 분포(부록 2의 6 참조)를 이용하면 유의수준, 집단의 수 (J) 및 자유도($N-J$)에 해당하는 Q값을 찾아낼 수 있다(단, N은 전체 집단의 사례수).

* 앞의 식을 변형하면, J개의 집단 중에서 임의의 두 집단의 평균이 미리 설정한 유의수준에서 통계적으로 유의미한 차이가 있게 하는 최소의 차(d)를 구할 수 있다.

$$d = Q\sqrt{\frac{MSE}{n}}$$

* 비교하려는 두 집단의 평균 차이가 d보다 크다면, 미리 설정한 유의수준에서 통계적으로 유의미한 차이가 있다고 해석한다.

* Tukey의 HSD검정은 통계적 검정력이 높지 않기 때문에 '진실로 유의미한 차이의 검정(Tukey's honestly significant difference)'이라고 불린다.

🔵 이에 비해서 $Scheff\acute{e}$ 방법은 다음의 표집분포의 자유도가 $J-1$, $N-J$인 F분포를 따른다는 수학적 결과를 이용한다.

$$\frac{(\sum\limits_{j=1}^{J} C_j \overline{X_j})^2}{(MSE)(\sum\limits_{j=1}^{J} \dfrac{C_j^2}{n_j})(J-1)} = \frac{(\overline{X_A} - \overline{X_B})^2}{(MSE)(\dfrac{1}{n_A} + \dfrac{1}{n_B})(J-1)} \sim F(J-1, N-J)$$

$$\left[\begin{array}{l} 단, \quad \overline{X_A}, \overline{X_B} : 비교하고자 \ 하는 \ 두 \ 집단의 \ 평균 \\ \qquad MSE : 분산분석의 \ 오차평균제곱합 \\ \qquad j : j번째 \ 집단 \\ \qquad J : 집단의 \ 수 \\ \qquad C_j : j집단의 \ 대비가중치(사후비교에서 \ 대비가중치는 \ 1, -1, 0 \ 중 \ 하나) \\ \qquad n_j : j집단의 \ 사례수 \\ \qquad n_A, n_B : A, B집단의 \ 사례수 \\ \qquad N : 전체 \ 집단의 \ 사례수 \end{array}\right.$$

- $Scheffé$ 방법에서는 연구자가 실제로 수집한 표본에서 구한 검정통계량 F값이 표집분포에서 어디에 위치하는지를 근거로 원가설의 기각 여부를 판정하게 된다.
- 일반적으로 비교하려는 집단의 사례수가 같다면 Tukey 방법이 $Scheffé$ 방법보다 우수하다. 이에 비해서, $Scheffé$ 방법은 사례수가 다르더라도 사용할 수 있고, 전집이 정규분포 및 등분산성을 따라야 한다는 가정이 위배되더라도 사용할 수 있기 때문에 가장 융통성 있는 방법으로 볼 수 있다.

4 무선배치 일원분산분석의 예

1) 연구설계와 연구가설

(1) 연구설계

🔋 학교급에 따라 자존감의 평균이 차이가 있는지 검증하기 위해 초·중·고등학교에서 각각 30명을 무선으로 표집하였다.

- 이때의 학교급은 피험자 간 변수다.

(2) 연구가설

[연구가설 1] 선행 연구를 통해 다음의 두 가지 가설을 도출하였다.

　✔ 자존감 평균은 초등학교와 중·고등학교 간에 차이가 있을 것이다.
　✔ 자존감 평균은 중학교와 고등학교 간에 차이가 있을 것이다.

[연구가설 2] 자존감 평균은 학교급 간에 차이가 있을 것이다.

2) 변수 설명 및 분석 데이터

- **변수 설명**: 학교급(1: 초등학교, 2: 중학교, 3: 고등학교), 자존감
- **분석 데이터**: 무선배치일원분산분석.sav(네이버 카페의 '스터피아'에서 다운로드)

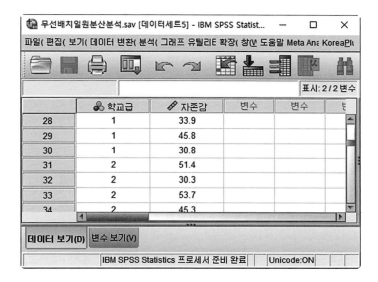

3) 분석 절차

(1) 1단계: 집단별 평균과 표준편차 구하기

- '분석' 메뉴
  - ✔ '표' ⇨ '사용자 정의 표'
  - ✔ '자존감'을 '행'바로 드래그해서 이동
  - ✔ '학교급'을 선택하여 드래그해서 오른쪽 표의 자존감 오른쪽 부분에 직사각
    형 모양이 생겼을 때 내려놓음

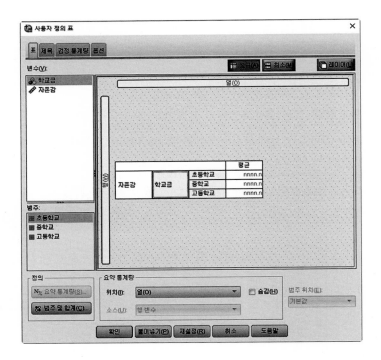

- 오른쪽에 생성된 표의 '자존감'을 더블클릭하면 '요약 통계량'이 나타난다.
  - ✔ '통계량'의 '빈도' 하위의 '빈도'를 오른쪽(➡)의 '표시' 부분으로 보냄
  - ✔ '통계량'의 '합계' 하위의 '표준편차'를 오른쪽(➡)의 '표시' 부분으로 보냄
  - ✔ ⬆와 ⬇를 활용하여 '표시' 부분을 '빈도' '평균' '표준편차' 순으로 변경
  - ✔ '빈도' '평균' '표준편차'의 '형식'을 모두 n,nnn으로 변경
  - ✔ '빈도'의 '소수점이하자리'는 0, '평균'과 '표준편차'의 '소수점이하자리'는 1로 변경
  - ✔ '선택한 항목에 적용' 클릭 ⇨ '닫기' 클릭

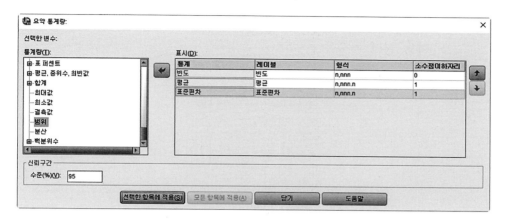

 ◦ 바로 실행하려면 '확인'을 클릭하고, 명령문에서 실행하려면 '붙여넣기'를 클릭

(2) 2단계: 'F값'과 'p값' 구하기

 ◦ '분석' 메뉴

　✔ '평균 비교' ⇨ '일원배치 분산분석'

　✔ '자존감'을 '종속변수'로 이동: 여러 개의 종속변수를 한꺼번에 처리할 수
　　있음

　✔ '학교급'을 '요인'으로 이동

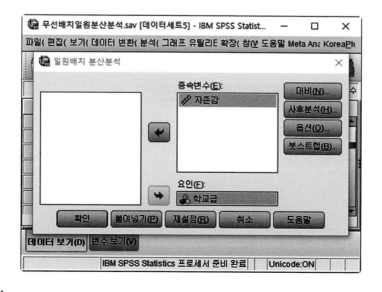

 ◦ '옵션'

　✔ '기술통계'를 체크: 집단별 평균과 표준편차를 구하는 절차

✔ '분산 동질성 검정' 체크: Levene 검정을 실시하는 절차

✔ '계속' 클릭

◆ '사후분석'

✔ 'Tukey 방법' 체크: 각 집단별 사례수가 동일한 경우에 한함

✔ '계속' 클릭

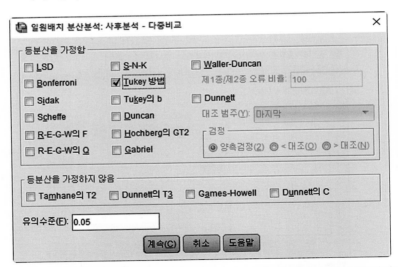

※ 각 집단별 사례수가 같지 않으면 '*Scheffé*' 방법'이 가장 일반적이다.

◆ '대비'

✔ '초등학교 vs 중학교＋고등학교(대비 1)' '중학교 vs 고등학교(대비 2)'라는

두 가지 연구가설은 직교대비에 해당함을 확인할 수 있다.

대비	초등학교	중학교	고등학교	합계
대비 1	2	−1	−1	0
대비 2	0	−1	1	0
대비 1×대비 2	0	−0.5	0.5	0

✔ '계수'에 '2' 입력 후 '추가' ⇨ '−1' 입력 후 '추가' ⇨ '−1' 입력 후 '추가' ⇨ '다음' ⇨ '0' 입력 후 '추가' ⇨ '−1' 입력 후 '추가' ⇨ '1' 입력 후 '추가' ⇨ '계속' 클릭

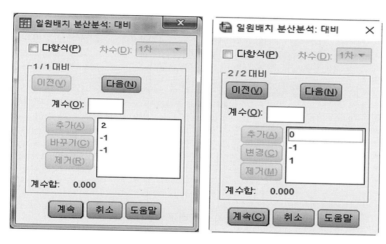

◆ 바로 실행하려면 '확인'을 클릭하고, 명령문에서 실행하려면 '붙여넣기'를 클릭

　✔ 다음의 명령문 중 실행하고자 하는 부분을 블록으로 지정하여 ▶ 클릭

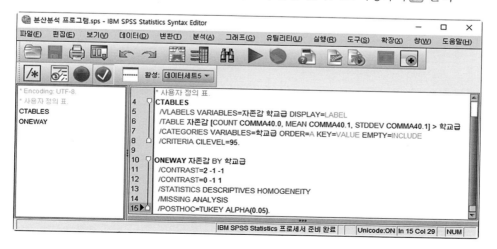

4) 분석 결과

			빈도	평균 순위	표준편차
자존감	학교급	초등학교	30	44.8	12.0
		중학교	30	47.3	9.2
		고등학교	30	51.4	8.1

분산의 동질성 검정

		Levene 통계량	자유도 1	자유도 2	유의확률
자존감	평균을 기준으로 합니다.	2.784	2	87	.067
	중위수를 기준으로 합니다.	2.845	2	87	.064
	자유도를 수정한 상태에서 중위수를 기준으로 합니다.	2.845	2	83.524	.064
	절삭평균을 기준으로 합니다.	2.823	2	87	.065

ANOVA

		제곱합	자유도	평균제곱	F	유의확률
자존감	집단-간	660.114	2	330.057	3.377	.039
	집단-내	8502.630	87	97.731		
	전체	9162.744	89			

대비검정

		대비	대비 값	표준화 오류	t	자유도	유의확률(양측)
자존감	등분산 가정	1	-9.060	4.4211	-2.049	87	.043
		2	4.080	2.5525	1.598	87	.114
	등분산을 가정하지 않습니다.	1	-9.060	4.9085	-1.846	44.621	.072
		2	4.080	2.2360	1.825	57.080	.073

사후검정

다중비교

종속변수: 자존감
Tukey HSD

(I) 학교급	(J) 학교급	평균차이(I-J)	표준화 오류	유의확률	95% 신뢰구간 하한	95% 신뢰구간 상한
초등학교	중학교	-2.4900	2.5525	.594	-8.576	3.596
	고등학교	-6.5700*	2.5525	.031	-12.656	-.484
중학교	초등학교	2.4900	2.5525	.594	-3.596	8.576
	고등학교	-4.0800	2.5525	.252	-10.166	2.006
고등학교	초등학교	6.5700*	2.5525	.031	.484	12.656
	중학교	4.0800	2.5525	.252	-2.006	10.166

*. 평균차이는 0.05 수준에서 유의합니다.

5) 보고서 제시 및 해석방법

선행 연구를 통해 미리 도출한 가설인 '자존감 평균은 초등학교와 중·고등학교 간에 차이가 있을 것이다.'와 '자존감 평균은 중학교와 고등학교 간에 차이가 있을 것이다.'를 검증하기 위해 사전비교(planned comparison)를 실시하였다.

〈표 18-4〉 미리 도출한 두 가지 가설에 대한 사전비교 결과

대비	추정값	S.E.	t	p
2·초등학교+(−1)·중학교+(−1)·고등학교	−9.060	4.421	−2.049	.043
0·초등학교+(−1)·중학교+1·고등학교	4.080	2.553	1.598	.114

그 결과, 〈표 18-4〉와 같이 자존감 평균은 초등학교와 중·고등학교 간에 유의미한 차이가 있었다($t=-2.049$, $p<.05$). 그러나 중학교와 고등학교 간에는 유의미한 차이가 발견되지 않았다($t=1.598$, $p>.05$).

(1) 보고서 제시방법 1: 분산분석표 없이 유의확률을 범위로 제시한 경우

〈표 18-5〉 학교급에 따른 자존감의 평균 차이 검증 결과

학교급	N	M	SD	F	Tukey 검정		
					Ⅰ	Ⅱ	Ⅲ
초등학교(Ⅰ)	30	44.8	12.0		−		*
중학교(Ⅱ)	30	47.3	9.2	3.377*		−	
고등학교(Ⅲ)	30	51.4	8.1		*		−

*$p<.05$

(2) 보고서 제시방법 2: 분산분석표 없이 유의확률을 구체적 값으로 제시한 경우

〈표 18-6〉 학교급에 따른 자존감의 평균 차이 검증 결과

학교급	N	M	SD	F	p
초등학교	30	44.8	12.0		
중학교	30	47.3	9.2	3.377	0.039
고등학교	30	51.4	8.1		

(3) 보고서 제시방법 3: 분산분석표를 따로 제시한 경우

〈표 18-7〉 학교급에 따른 자존감의 Levene 검정 결과

F	df	p
2.784	2, 87	.067

Levene 검정을 활용하여 자존감의 분산이 학교급에 따라 차이가 있는지 분석하였다. 그 결과, 〈표 18-7〉에서와 같이 자존감의 분산은 학교급 간에 유의미한 차이가 없었다($F=2.784$, $p > .05$). 이는 무선배치 일원분산분석을 수행할 수 있음을 의미한다.

〈표 18-8〉 학교급에 따른 자존감의 평균 및 표준편차 결과

학교급	N	M	SD
초등학교	30	44.8	12.0
중학교	30	47.3	9.2
고등학교	30	51.4	8.1

〈표 18-9〉 학교급에 따른 자존감의 평균 차이 검증 결과

분산원	SS	df	MS	F
집단 간	660.1	2	330.1	3.377*
집단 내	8502.6	87	97.7	
전체	9162.7	89		

*$p < .05$

무선배치 일원분산분석을 활용하여 자존감 평균이 학교급에 따라 차이가 있는지 분석하였다. 그 결과, 〈표 18-9〉에서와 같이 통계적으로 유의미한 차이가 있는 것으로 나타났다($F=3.377$, $p < .05$).

전반적 검정 결과를 토대로, 학교급에 따른 자존감 평균 차이가 어떠한 학교급 간 차이에 의한 것인지 세부적으로 확인하기 위해서 사후비교(post-hoc comparison) 분석을 실시하였다. 이 연구의 경우, 집단별 사례수가 동일하기 때문에 Tukey의 HSD 방법을 이용하였다.

〈표 18-10〉 학교급에 따른 자존감의 Tukey의 HSD검정 결과

학교급		J	
		중학교	고등학교
I	초등학교	−2.49	−6.57*
	중학교	−	−4.08

숫자: I 평균−J 평균의 값임　*$p < .05$

　그 결과, 〈표 18-10〉과 같이 초등학교와 고등학교 간의 자존감 평균은 유의미한 차이가 있었지만, 그 이외의 학교급 간에는 차이가 없는 것으로 나타났다.

반복측정 일원분산분석　제**19**장

1　반복측정 일원분산분석의 기본 원리

- 반복측정 일원분산분석은 3개 이상의 전집에서 종속적으로 추출된 표본을 이용하여 특정 변수의 평균이 집단 간에 통계적으로 유의미한 차이가 있는지를 검증하는 분석방법이다.

  - 여기서 '종속적'이라는 것은 한 전집에서 하나의 사례를 선택한 것이 다른 전집에서의 사례를 선택하는 것에 영향을 주는 것을 의미한다.
  - 가장 흔한 예가 세 번 이상 반복측정한 자료 간의 평균 차이를 분석하는 것이다.
    - ✔ 예컨대, 초등학교에서 100명을 무선표집하여 자존감을 측정하고 이들이 중학교와 고등학교에 진학했을 때 자존감을 반복해서 측정한 후에 학교급에 따른 자존감 평균을 비교하였다면, 독립변수인 학교급은 피험자 내 변수이고 독립변수의 개수가 1개이므로 이는 반복측정 일원분산분석에 해당한다.
  - 요컨대, 반복측정 일원분산분석은 대부분 단요인 반복측정설계(single-factor within subjects designs)로, 측정시점에 따른 종속변수의 평균 차이를 검증하는 데 활용된다.

- 반복측정 일원분산분석을 적용할 수 있는 자료는 〈표 19-1〉에서 보는 바와 같이, 동일한 피험자들을 한 처치변수의 모든 처치조건에 반복적으로 노출시키면서 종속변수를 측정한 것이다. 이때 피험자 변수를 구획변수라고 본다면, 구획설계로 수집된 자료도 반복측정 일원분산분석으로 효과 검증을 할 수 있음을 알 수 있다.

- 예컨대, 세 가지 교수방법(X)이 학업성취도(Y)에 미치는 효과를 비교할 때 지능의 영향을 통제하기 위해서, 각 지능 수준별로 피험자 3명을 표집하여 세 가지 교수방법에 무선적으로 배치하였다면, 학업성취도에 대한 교수방법의 효과 비교에 반복측정 일원분산분석을 적용할 수 있다.

🔟 i번째 피험자의 j번째 처치조건에 대한 점수를 X_{ij}라고 한다면, 5명의 피험자에게 세 가지 처치조건을 차례대로 노출하면서 측정한 점수는 〈표 19-1〉과 같이 표현할 수 있다.

〈표 19-1〉 세 가지 처치조건에 대한 피험자 5명의 점수 표시

피험자	처치조건1	처치조건2	처치조건3	평균	비고
1	X_{11}	X_{12}	X_{13}	$\overline{X_{1.}}$	
2	X_{21}	X_{22}	X_{23}	$\overline{X_{2.}}$	X_{ij}: 피험자 i의 j번째
3	X_{31}	X_{32}	X_{33}	$\overline{X_{3.}}$	처치조건에 대한 점수
4	X_{41}	X_{42}	X_{43}	$\overline{X_{4.}}$	$\overline{X_{i.}}$: 피험자 i의 평균
5	X_{51}	X_{52}	X_{53}	$\overline{X_{5.}}$	$\overline{X_{.j}}$: 처치조건 j의 평균
평균	$\overline{X_{.1}}$	$\overline{X_{.2}}$	$\overline{X_{.3}}$	$\overline{X_{..}} = \overline{X}$	

- 피험자 점수(X_{ij})는 전체 평균($\overline{X}$), 처치조건 j의 효과($\overline{X_{.j}} - \overline{X}$), 피험자 i의 효과($\overline{X_{i.}} - \overline{X}$) 및 피험자와 처치조건 간의 상호작용효과($X_{ij} - \overline{X_{.j}} - \overline{X_{i.}} + \overline{X}$)의 합으로 표현할 수 있다.

$$X_{ij} = \mu(\text{전체 평균}) + \alpha_j(\text{처치조건 } j\text{의 효과}) + \beta_i(\text{피험자 } i\text{의 효과})$$
$$+ \alpha\beta_{ij}(\text{피험자와 처치조건 간의 상호작용효과})$$
$$X_{ij} = \overline{X} + (\overline{X_{.j}} - \overline{X}) + (\overline{X_{i.}} - \overline{X}) + (X_{ij} - \overline{X_{.j}} - \overline{X_{i.}} + \overline{X})$$
$$X_{ij} - \overline{X} = (\overline{X_{.j}} - \overline{X}) + (\overline{X_{i.}} - \overline{X}) + (X_{ij} - \overline{X_{.j}} - \overline{X_{i.}} + \overline{X})$$

- 양변을 제곱하여 모든 피험자에 대해 합한 식을 정리하면, 전체 편차제곱합은 '종렬 간 편차제곱합' '횡렬 간 편차제곱합' 및 '상호작용 편차제곱합'으로 나눌

수 있음을 알 수 있다.

$$\sum_{j=1}^{3}\sum_{i=1}^{5}(X_{ij}-\overline{X})^2 = \sum_{j=1}^{3}5(\overline{X_{\cdot j}}-\overline{X})^2 + \sum_{j=1}^{3}\sum_{i=1}^{5}(\overline{X_{i\cdot}}-\overline{X})^2$$

$$+ \sum_{j=1}^{3}\sum_{i=1}^{5}(X_{ij}-\overline{X_{\cdot j}}-\overline{X_{i\cdot}}+\overline{X})^2$$

SST(전체 편차제곱합)

= $SSBC$(종렬 간 편차제곱합) + $SSBR$(횡렬 간 편차제곱합)

+ $SSIA$(상호작용 편차제곱합)

• 즉, 피험자 점수는 '처치조건의 효과' '피험자의 효과' 및 '처치조건과 피험자 간의 상호작용효과'로 나눌 수 있다.

🔵 '처치조건의 효과' '피험자의 효과' 및 '처치조건과 피험자 간의 상호작용효과'가 처치조건의 최종 효과에 미치는 영향은 다음과 같다.

• 처치효과의 효과인 '각 처치조건에서의 평균($\overline{X_{\cdot j}}$)들 간의 분산'이 클수록 처치조건에 따른 효과 차이는 당연히 더 커진다.

• 피험자의 효과인 '각 피험자의 여러 처치조건에서의 평균($\overline{X_{i\cdot}}$)들 간의 분산'은 처치조건에 따른 효과 차이와 아무런 관련이 없다.

• '처치조건과 피험자 간의 상호작용효과'가 존재한다는 것은 각 처치조건에 대한 효과 차이가 피험자에 따라서 달라진다는 것을 의미한다. 그러므로 '처치조건과 피험자 간의 상호작용효과'가 클수록 처치조건에 대한 효과 차이는 당연히 더 작아진다.

🔵 요컨대, 반복측정 일원분산분석에서는 '각 처치조건에서의 평균($\overline{X_{\cdot j}}$)들 간의 분산'은 클수록 그리고 '처치조건과 피험자 간의 상호작용효과'는 작을수록 처치조건에 따른 효과 차이는 더 커진다.

• 그러므로 처치조건에 따른 효과 차이가 통계적으로 유의미하게 나타나기 위해서는 종렬 간 편차제곱합인 $SSBC$는 클수록 유리하고, 상호작용 편차제곱합인 $SSIA$는 작을수록 유리하다.

🔟 반복측정 일원분산분석의 기본 원리는 다음과 같다.

- 각 처치조건별 측정값이 정규분포를 따르고, 처치조건별 평균과 분산이 동일하다고 가정할 수 있는 전집에서 I명의 표집을 무한 번 계속하였다. 그리고 I명을 표집할 때마다 J번의 처치조건을 반복하면서 그에 대한 반응을 측정하였다. 이때 '처치조건과 피험자 간의 상호작용효과에 해당하는 분산'을 분모로 하고, '처치조건별 평균을 활용한 분산'을 분자로 하는 값들을 무수히 구하면 그 분포는 자유도가 $J-1$, $(I-1)(J-1)$인 F분포를 따른다는 것을 수학적으로 증명할 수 있다.

$$\frac{\widehat{\sigma^2_{\text{처치조건 간}}}}{\widehat{\sigma^2_{\text{상호작용}}}} = \frac{SSBC/(J-1)}{SSIA/(I-1)(J-1)}$$

$$= \frac{\displaystyle\sum_{j=1}^{J} I(\overline{X}_{.j} - \overline{X})^2/(J-1)}{\displaystyle\sum_{j=1}^{J}\sum_{i=1}^{I} (X_{ij} - \overline{X}_{.j} - \overline{X}_{i.} + \overline{X})^2/(I-1)(J-1)} \sim F[(J-1,\ (I-1)(J-1)]$$

단, 자유도: $[J-1,\ (I-1)(J-1)]$
   j: 처치조건 i: 피험자
   J: 처치조건의 수 I: 사례수

- 반복측정 일원분산분석에서는 연구자가 실제로 수집한 표본에서 '처치조건과 피험자 간의 상호작용효과에 해당하는 분산'을 분모로 하고, '처치조건별 평균을 활용한 분산'을 분자로 하는 검정통계량 F값이 표집분포에서 어디에 위치하는지를 근거로 원가설의 기각 여부를 판정하게 된다. 원가설($H_0: \mu_1 = \mu_2 = \cdots = \mu_J$)을 기각할 수 있다는 것은 처치조건 간의 효과 차이가 유의미하다는 것을 의미한다.

반복측정 일원분산분석의 예

1) 연구설계와 연구가설

(1) 연구설계

◉ 학교급에 따라 자존감의 평균이 차이가 있는지 검증하기 위해 초등학교에서 30명
을 무선표집하여 자존감을 측정하고, 이들이 중학교와 고등학교에 진학했을 때 자
존감을 반복해서 측정하였다.

　◆ 이때의 학교급은 피험자 내 변수다.

(2) 연구가설

[연구가설] 자존감 평균은 학교급 간에 차이가 있을 것이다.

2) 변수 설명 및 분석 데이터

　◆ **변수 설명:** 초등학교자존감, 중학교자존감, 고등학교자존감
　◆ **분석 데이터:** 반복측정일원분산분석.sav(네이버 카페의 '스터피아'에서 다운로드)

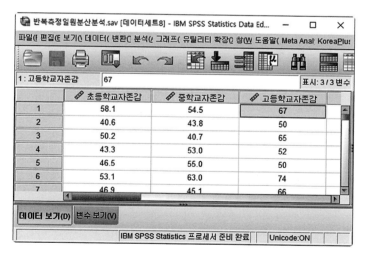

3) 분석 절차

- **'분석' 메뉴**
  - ✔ '일반선형모형' ⇨ '반복측도'
  - ✔ '개체–내 요인이름'에 반복측정한 요인의 이름(여기에서는 '자존감')을 입력한다. 요인의 이름은 연구자가 임의로 지정할 수 있음
  - ✔ '수준 수'에 반복측정한 횟수인 '3'을 입력
  - ✔ '추가' 클릭

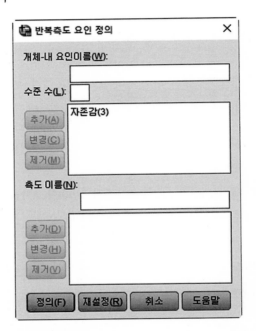

- ✔ '정의' ⇨ 반복측정한 변수들을 '개체–내 변수'로 이동

※ 만약 독립변수로 피험자 간 변수가 있으면 이에 해당하는 변수를 '개체-간
　요인'으로 이동시킨다. 반복측정 일원분산분석에서는 피험자 간 변수가 없다.

• '옵션'
　✔ '기술통계량' 체크: 집단별 평균과 표준편차를 구하는 절차
　✔ '계속' ⇨ '확인' 클릭

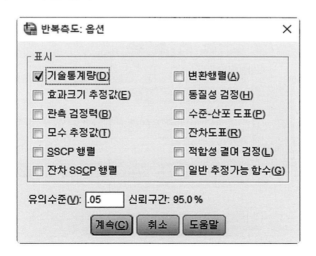

◆ '도표'

   ✔ '자존감'을 '수평축 변수'로 이동 ⇨ '추가' ⇨ '계속' 클릭

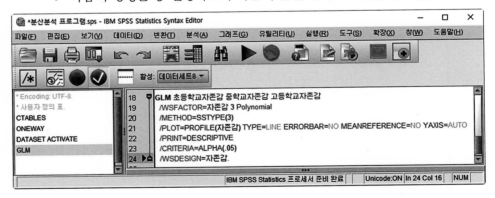

◆ 바로 실행하려면 '확인'을 클릭하고, 명령문에서 실행하려면 '붙여넣기'를 클릭

   ✔ 다음의 명령문 중 실행하고자 하는 부분을 블록으로 지정하여 ▶ 클릭

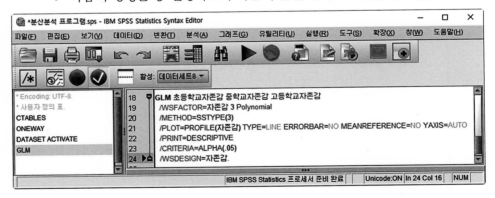

4) 분석 결과

기술통계량

	평균	표준편차	N
초등학교 자존감	46.880	8.7631	30
중학교 자존감	50.090	7.9902	30
고등학교 자존감	52.66	9.713	30

개체-내 효과검정

측도: MEASURE_1

소스		제Ⅲ유형 제곱합	자유도	평균제곱	F	유의확률
자존감	구형성 가정	503.731	2	251.865	3.560	.035
	Greenhouse-Geisser	503.731	1.897	265.608	3.560	.037
	Huynh-Feldt	503.731	2.000	251.865	3.560	.035
	하한	503.731	1.000	503.731	3.560	.069
오차(자존감)	구형성 가정	4103.996	58	70.759		
	Greenhouse-Geisser	4103.996	54.999	74.619		
	Huynh-Feldt	4103.996	58.000	70.759		
	하한	4103.996	29.000	141.517		

개체-내 대비검정

측도: MEASURE_1

소스	자존감	제Ⅲ유형 제곱합	자유도	평균제곱	F	유의확률
자존감	선형	501.704	1	501.704	6.726	.015
	이차	2.027	1	2.027	.030	.863
오차(자존감)	선형	2163.091	29	74.589		
	이차	1940.905	29	66.928		

개체-간 효과검정

측도: MEASURE_1
변환된 변수: 평균

소스	제Ⅲ유형 제곱합	자유도	평균제곱	F	유의확률
절편	223901.344	1	223901.344	2395.525	.000
오차	2710.529	29	93.467		

※ 밑줄 친 부분은 보고서에 제시해야 하는 부분이다.

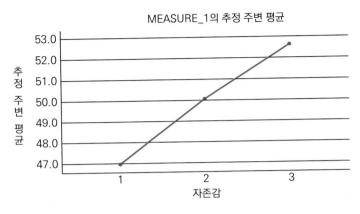

- '명령문'으로 분석하는 방법
  - ✔ '파일' 메뉴 ⇨ '새 파일' ⇨ '명령문'
  - ✔ 다음을 작성

※ '초등학교자존감, 중학교자존감, 고등학교자존감'은 '반복측정한 변수이름'이
고, '자존감(3)'에서 '자존감'은 '요인의 이름'으로 연구자가 임의로 지정할 수
있다. '(3)'은 반복측정한 횟수다.

  - ✔ 앞의 명령문 중 실행하고자 하는 부분을 블록으로 지정하여 ▶ 클릭

✔ 분석 결과

* * * * * * * * * * * * * * * * * Analysis of Variance -- Design 1

Tests of Between-Subjects Effects.

Tests of Significance for T1 using UNIQUE sums of squares
Source of Variation   SS   DF   MS   F Sig of F

WITHIN CELLS   2710.53   29   93.47
CONSTANT   223901.34   1 223901.34   2395.52   .000

* * * * * * * * * * * * * * * * * Analysis of Variance -- Design 1

Tests involving '자존감' Within-Subject Effect.

AVERAGED Tests of Significance for MEAS.1 using UNIQUE sums of squares
Source of Variation   SS   DF   MS   F Sig of F

WITHIN CELLS   4104.00   58   70.76
자존감   503.73   2   251.87   3.56   .035

※ 밑줄 친 부분은 보고서에 제시해야 하는 부분이다.

5) 보고서 제시 및 해석방법

〈표 19-2〉 학교급에 따른 자존감의 평균 및 표준편차 결과

변수	N	M	SD
초등학교자존감	30	46.9	8.8
중학교자존감	30	50.1	8.0
고등학교자존감	30	52.7	9.7

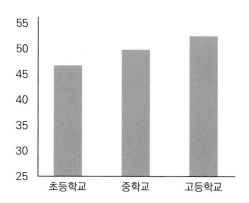

[그림 19-1] 학교급에 따른 자존감의 평균

〈표 19-3〉 학교급에 따른 자존감의 평균 차이 검증 결과

분산원	SS	df	MS	F	p
자존감(A)	503.7	2	251.9	3.56	0.035
피험자(B)	4,104.0	58	70.8		
A×B	2,710.5	29	93.5		
전체	7,318.2	89			

반복측정 일원분산분석을 활용하여 자존감 평균이 학교급에 따라 차이가 있는지 분석하였다. 그 결과, 〈표 19-2〉, [그림 19-1], 〈표 19-3〉에서와 같이 통계적으로 유의미한 차이가 있는 것으로 나타났다(F=3.56, p<.05). 학교급별로 보면, 고등학교에서의 자존감 평균이 가장 높았고, 중학교와 초등학교가 그 뒤를 따랐다.

무선배치 이원분산분석 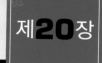 제**20**장

1 주효과와 상호작용효과

▣ 무선배치 이원분산분석(two-way ANOVA with random assignments)은 하나의 범주형 독립변수의 효과가 아니라 2개의 범주형 독립변수가 하나의 종속변수(양적 변수)에 어떠한 영향을 미치는지를 분석하는 가설검정 기법이다. 2개의 범주형 독립변수는 모두 피험자 간 변수이어야 한다.

• 예컨대, 초 · 중 · 고등학교에서 성별로 각각 50명씩 무선표집하여 자존감을 측정한 후에 학교급과 성에 따른 자존감 평균을 비교하였다면, 독립변수인 학교급과 성은 모두 피험자 간 변수이고 독립변수의 개수가 2개이므로 무선배치 이원분산분석에 해당한다.

▣ 무선배치 이원분산분석에서 한 독립변수의 처치조건에 따라서 종속변수의 평균이 통계적으로 유의미한 차이가 있다면, 그 독립변수는 종속변수에 '주효과가 있다.'고 한다. 이에 비해서 한 독립변수의 처치조건에 따른 종속변수의 평균이 다른 독립변수의 처치조건에 따라서 다르다면, 두 가지 독립변수는 종속변수에 '상호작용효과가 있다.'고 한다.

• 상호작용효과는 종속변수에 대한 두 가지 이상의 독립변수의 상승적인 효과, 시너지 효과를 의미한다.

• 주효과와 상호작용효과는 모두 통계적으로 유의미한 경우에 한하여 '주효과가

있다.' 또는 '상호작용효과가 있다.'라고 해석한다.

- 예컨대, 독립변수가 3개(X_1, X_2, X_3)인 삼원분산분석의 경우, 주효과는 최대 3개(X_1, X_2, X_3)까지 있을 수 있으며, 상호작용효과는 최대 4개(X_1과 X_2, X_1과 X_3, X_2와 X_3, X_1과 X_2와 X_3)까지 있을 수 있다.

🔘 성별(독립변수 A)과 교수방법(독립변수 B)에 따른 테니스 훈련 효과(양적인 종속변수)를 분석하였다면, 이 경우도 범주형 독립변수 변수 2개가 양적인 종속변수 1개에 미치는 영향을 분석하고 있으며 범주형 독립변수가 모두 피험자 간 변수이기 때문에 무선배치 이원분산분석에 해당한다.

🔘 [그림 20-1]에서 [그림 20-8]은 성별과 교수방법에 따른 테니스 훈련 효과의 처치조건별 평균, 주변 평균, 전체 평균을 가상적으로 제시한 것이다. 설명의 편의를 위해 'ⓐ 각 처치조건별 사례수는 충분히 크다.' 'ⓑ 각 처치조건별 사례수는 모두 동일하다.' 'ⓒ 처치조건에 따른 평균이 차이가 있으면, 이는 통계적으로 유의미하다.' 등의 세 가지를 가정하도록 한다.

- [그림 20-1]과 [그림 20-5]의 경우, 주효과는 하나도 없으나 교수방법이 테니스 훈련 효과에 미치는 영향이 성별에 따라서 다르기 때문에 상호작용효과는 있는 상황이다. 즉, 성별에 따른 테니스 훈련 효과와 교수방법에 따른 테니스 훈련 효과에는 차이가 없다. 그러나 교수방법 b_1은 여자에게 더 효과적인 반면, 교수방법 b_2는 남자에게 더 효과적인 것으로 나타나 교수방법이 테니스 훈련 효과에 미치는 영향이 성별에 따라 달랐다.
- [그림 20-2]와 [그림 20-6]의 경우, 교수방법은 주효과가 없지만 성별의 주효과 및 성별과 교수방법의 상호작용효과는 있는 상황이다.
- [그림 20-3]과 [그림 20-7]의 경우, 두 가지 주효과와 상호작용효과가 모두 존재하는 상황이다.
- [그림 20-4]와 [그림 20-8]의 경우, 두 가지 주효과는 모두 존재하지만 상호작용효과는 없는 상황이다.

독립변수 B
(교수방법)

		b_1	b_2	
독립 변수 A (성별)	a_1(남)	4	8	6
	a_2(여)	8	4	6
		6	6	6

[그림 20-1] 주효과는 없고
상호작용효과만 있는 상황

독립변수 B
(교수방법)

		b_1	b_2	
독립 변수 A (성별)	a_1(남)	8	6	7
	a_2(여)	4	6	5
		6	6	6

[그림 20-2] 성별의 주효과와
상호작용효과만 있는 상황

독립변수 B
(교수방법)

		b_1	b_2	
독립 변수 A (성별)	a_1(남)	9	9	9
	a_2(여)	1	5	3
		5	7	6

[그림 20-3] 두 가지 주효과와
상호작용효과가 모두 있는 상황

독립변수 B
(교수방법)

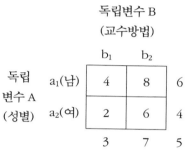

		b_1	b_2	
독립 변수 A (성별)	a_1(남)	4	8	6
	a_2(여)	2	6	4
		3	7	5

[그림 20-4] 두 가지 주효과만
있는 상황

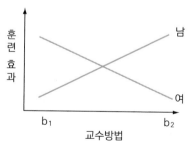

[그림 20-5] 주효과는 없고
상호작용효과만 있는 상황

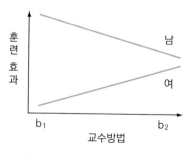

[그림 20-6] 성별의 주효과와
상호작용효과만 있는 상황

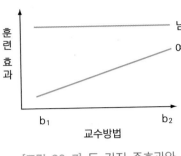

[그림 20-7] 두 가지 주효과와
상호작용효과가 모두 있는 상황

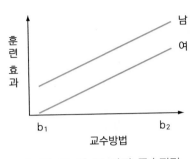

[그림 20-8] 두 가지 주효과만
있는 상황

🔹 상호작용효과가 존재하려면 [그림 20-5], [그림 20-6], [그림 20-7]과 같이 두 직선의 기울기가 서로 달라야 한다.

• [그림 20-6]과 [그림 20-7]과 같이 두 직선이 교차하지 않더라도 상호작용효과는 존재할 수 있다. 특히 처치조건이 3개 이상인 독립변수가 포함된 경우, 그래프는 직선이 아닌 꺾은선으로 나타날 수 있다. 이 경우에도 꺾은선들이 서로 평행하지 않을 때 상호작용효과가 존재할 수 있다. 물론, 그래프가 서로 평행하지 않더라도 가설검정의 결과에서 상호작용효과가 통계적으로 유의미하지 않다면 상호작용효과가 없다고 평가해야 한다.

🔹 상호작용효과는 다음과 같이 매우 다양한 형태로 나타날 수 있다.

• [그림 20-5]의 경우, 교수방법 b_1은 여학생에게, 교수방법 b_2는 남학생에게 더 효과적인 상황이다.

• [그림 20-6]의 경우, 교수방법 b_1은 남학생에게, 교수방법 b_2는 여학생에게 더 효과적인 상황이다.

• [그림 20-7]의 경우, 남학생은 교수방법에 따른 효과에 차이가 없지만, 여학생은 교수방법 b_1보다 교수방법 b_2가 더 효과적인 상황이다.

• [그림 20-9]의 경우, 남학생과 여학생은 모두 교수방법 b_2가 더 효과적이지만 교수방법 간의 효과성의 차이는 여학생이 남학생보다 더 큰 상황이다.

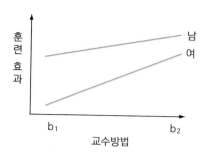

[그림 20-9] 상호작용효과가 있는 또 다른 상황

● 각 처치조건별 사례수가 동일하다는 가정하에 각 처치조건별로 종속변수의 평균, 주변 평균, 전체 평균이 [그림 20-10]과 같다고 할 때, 이들을 이용해서 주효과 및 상호작용효과의 수학적 의미를 설명하고자 한다.

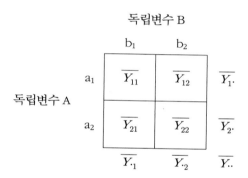

[그림 20-10] 이원분산분석의 처치조건별 평균

• 독립변수 A와 독립변수 B의 주효과 및 상호작용효과는 다음의 식으로 표현할 수 있다. 다만, 앞서 언급했듯이 상호작용효과의 유무에 대한 최종 결정은 가설검정을 통해서 이루어진다.

독립변수 A의 주효과: $\overline{Y_{1.}} - \overline{Y_{2.}} = \dfrac{\overline{Y_{11}} + \overline{Y_{12}}}{2} - \dfrac{\overline{Y_{21}} + \overline{Y_{22}}}{2}$

독립변수 B의 주효과: $\overline{Y_{.1}} - \overline{Y_{.2}} = \dfrac{\overline{Y_{11}} + \overline{Y_{21}}}{2} - \dfrac{\overline{Y_{12}} + \overline{Y_{22}}}{2}$

$$\text{독립변수 A와 B의 상호작용효과} : \frac{\overline{Y_{11}}+\overline{Y_{22}}}{2}-\frac{\overline{Y_{12}}+\overline{Y_{21}}}{2}$$

- 이들을 대비가중치로 표현하면 다음과 같다.

독립변수 A의 주효과 : $(+1)\overline{Y_{11}}+(+1)\overline{Y_{12}}+(-1)\overline{Y_{21}}+(-1)\overline{Y_{22}}$

독립변수 B의 주효과 : $(+1)\overline{Y_{11}}+(-1)\overline{Y_{12}}+(+1)\overline{Y_{21}}+(-1)\overline{Y_{22}}$

독립변수 A와 B의 상호작용효과:

$$(+1)\overline{Y_{11}}+(-1)\overline{Y_{12}}+(-1)\overline{Y_{21}}+(+1)\overline{Y_{22}}$$

- 앞의 식에서 상호작용효과를 나타내는 대비가중치는 주효과를 나타내는 대비가중치를 서로 곱한 것임을 알 수 있다. 이는 독립변수 A와 독립변수 B의 처치조건을 나타내는 변수값을 곱해서 새롭게 얻은 제3의 변수의 종속변수에 대한 추가적 설명력이 상호작용효과를 나타낸다는 것을 시사하는 결과다.

2 단순주효과분석

- 상호작용효과가 통계적으로 유의미한 경우에 한하여, 이에 대한 구체적인 형태를 해석하기 위해 '단순주효과분석(simple main effect analysis)'을 하게 된다.
  - 예컨대, 교수법(토론식 vs 강의식)과 수업매체방법(청각위주 vs 시각위주)이 영어성취도에 미치는 영향이 어떠한지를 검증하기 위해 무선배치 이원분산분석을 한 결과, 〈표 20-1〉과 〈표 20-2〉를 얻었다고 하자. 결과표를 보면, 교수법과 수업매체방법은 영어성취도에 대해 주효과와 상호작용효과를 동시에 가지고 있음을 알 수 있다. 그러나 상호작용효과가 구체적으로 어떠한 형태로 나타나는지를 해석하기에는 다소 어려움이 있다.
  - 특히 강의식 적용 집단에서 청각위주와 시각위주의 수업매체방법을 적용한 집단 간에는 영어성취도의 평균 차이가 1점에 불과하기 때문에 '강의식을 적용한 집단에서는 청각위주보다 시각위주의 수업매체방법을 적용하는 것이 더 효과

적이다.'라고 해석할 수 있을지는 의문이다. 이러한 문제점을 해결하기 위한 방법이 단순주효과분석이다.

+ 상호작용효과가 통계적으로 유의미할 때에 한해서 〈표 20-3〉과 〈표 20-4〉와 같은 단순주효과분석을 추가한다면, '각각의 교수법에 대해 청각위주와 시각위주 수업매체방법의 효과 간에 차이가 있는지' 그리고 '각각의 수업매체방법에 대해 토론식과 강의식의 효과 간에 차이가 있는지'를 가설검정을 기반으로 오류 없이 해석할 수 있다. 실제로 〈표 20-4〉를 활용하면, 강의식을 적용한 집단에서는 청각위주와 시각위주 수업매체방법의 효과 간에는 차이가 없다는 것을 확인할 수 있다.

〈표 20-1〉 교수법과 수업매체방법에 따른 영어성취도의 평균 및 표준편차 결과

	청각위주			시각위주			전체		
	N	M	SD	N	M	SD	N	M	SD
토론식	10	47	4	10	33	4	20	40	8
강의식	10	37	3	10	38	3	20	37	3
전체	20	42	6	20	36	4	40	39	6

〈표 20-2〉 교수법과 수업매체방법에 따른 영어성취도의 평균 차이 검증 결과

분산원	SS	df	MS	F	p
교수법 (M)	70.2	1	70.2	5.557	0.024
수업매체방법 (G)	390.6	1	390.6	30.913	0.000
M×G	525.6	1	525.6	41.597	0.000
오차	454.9	36	12.6		
전체	1441.4	39			

〈표 20-3〉 각 수업매체방법에서 교수법에 따른 영어성취도 평균 차이 검증 결과

분산원	SS	df	MS	F	p
교수법 @ 청각위주	490.1	1	490.1	21.4	.000
교수법 @ 시각위주	105.8	1	105.8	4.6	.038
오차	845.5	37	22.9		
전체	1441.4	39	37.0		

〈표 20-4〉 각 교수법에서 수업매체방법에 따른 영어성취도 평균 차이 검증 결과

분산원	SS	df	MS	F	p
수업매체방법 @ 토론식	911.3	1	911.3	64.2	.000
수업매체방법 @ 강의식	5.0	1	5.0	0.35	.556
오차	525.1	37	14.2		
전체	1441.4	39	37.0		

3 무선배치 이원분산분석의 기본 원리

■ 무선배치 일원분산분석에서는 종속변수의 전체 분산을 집단 간 차이에 의한 부분과 집단 내 차이에 의한 부분으로 분리할 수 있었다. 이에 비해서 무선배치 이원분산분석에서는 종속변수의 전체 분산을 독립변수 A에 의한 부분, 독립변수 B에 의한 부분, 독립변수 A와 독립변수 B의 상호작용에 의한 부분 그리고 처치조건 내에서 개인 간 차이에 의한 부분 등 네 가지로 분리할 수 있다.

독립변수 B

		b_1	⋯	b_j	⋯	b_J	
	a_1	$\overline{Y_{11\cdot}}$	⋯	$\overline{Y_{1j\cdot}}$	⋯	$\overline{Y_{1J\cdot}}$	$\overline{Y_{1\cdot\cdot}}$
	⋯	⋯	⋯	⋯	⋯	⋯	⋯
독립변수 A	a_i	$\overline{Y_{i1\cdot}}$	⋯	$\overline{Y_{ij\cdot}}$	⋯	$\overline{Y_{iJ\cdot}}$	$\overline{Y_{i\cdot\cdot}}$
	⋯	⋯	⋯	⋯	⋯	⋯	⋯
	a_I	$\overline{Y_{I1\cdot}}$	⋯	$\overline{Y_{Ij\cdot}}$	⋯	$\overline{Y_{IJ\cdot}}$	$\overline{Y_{I\cdot\cdot}}$
		$\overline{Y_{\cdot1\cdot}}$	⋯	$\overline{Y_{\cdot j\cdot}}$	⋯	$\overline{Y_{\cdot J\cdot}}$	$\overline{Y_{\cdots}}$

[그림 20-11] 이원분산분석의 처치조건별 평균

• 즉, 독립변수 A의 i번째 처치조건 그리고 독립변수 B의 j번째 처치조건에서의 k번째 사례에 대한 종속변수 Y_{ijk}의 전체 평균에 대한 편차인 $Y_{ijk} - \overline{Y_{\cdots}}$는 다음과 같이 네 가지 편차로 나눌 수 있다.

✔ 독립변수 A에 의한 편차인 $\overline{Y_{i..}} - \overline{Y_{...}}$ 다.

✔ 독립변수 B에 의한 편차인 $\overline{Y_{.j.}} - \overline{Y_{...}}$ 다.

✔ 독립변수 A와 독립변수 B의 상호작용에 의한 편차인 $\overline{Y_{ij.}} - \overline{Y_{i..}} - \overline{Y_{.j.}} + \overline{Y_{...}}$ 다.

✔ 독립변수 A의 i번째 처치조건 그리고 독립변수 B의 j번째 처치조건에서의 개인 간 차이를 나타내는 편차인 $Y_{ijk} - \overline{Y_{ij.}}$ 다.

⑯ 이 중에서 '상호작용에 의한 편차'란 '독립변수 A의 i번째 그리고 독립변수 B의 j번째 처치조건에서의 평균과 전체 평균 간의 차이($\overline{Y_{ij.}} - \overline{Y_{...}}$) 중에서 독립변수 A에 의한 편차인 $\overline{Y_{i..}} - \overline{Y_{...}}$와 독립변수 B에 의한 편차인 $\overline{Y_{.j.}} - \overline{Y_{...}}$를 제외한 나머지'로 정의한다.

$$\overline{Y_{ij.}} - \overline{Y_{...}} - [(\overline{Y_{i..}} - \overline{Y_{...}}) + (\overline{Y_{.j.}} - \overline{Y_{...}})] = \overline{Y_{ij.}} - \overline{Y_{i..}} - \overline{Y_{.j.}} + \overline{Y_{...}}$$

• $\overline{Y_{ij.}} - \overline{Y_{i..}} - \overline{Y_{.j.}} + \overline{Y_{...}}$의 제곱합이 두 독립변수의 상호작용과 관련한다는 것을 경험적으로 확인하기 위해서 [그림 20-12]와 같이 네 가지 처치조건별 평균, 주변 평균, 전체 평균의 조합을 달리하는 두 가지 상황을 만들었다. [그림 20-12]의 (가)는 상호작용효과가 있는 상황이고, (나)는 상호작용효과가 없는 상황이다.

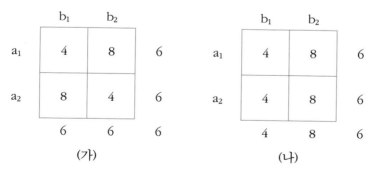

[그림 20-12] 상호작용효과가 있는 상황인 (가)와 없는 상황인 (나)

• [그림 20-12]에서 (가)의 경우는 (나)의 경우에 비해서 $\overline{Y_{ij.}} - \overline{Y_{i..}} - \overline{Y_{.j.}} + \overline{Y_{...}}$ 의 제곱합이 더 크다는 것을 다음 계산을 통해서 경험적으로 확인할 수 있다.

(가)의 경우에서 상호작용에 의한 편차제곱합

$$= \sum_{j=1}^{J} \sum_{i=1}^{I} (\overline{Y_{ij\cdot}} - \overline{Y_{i\cdot\cdot}} - \overline{Y_{\cdot j\cdot}} + \overline{Y\ldots})^2 = (4-6-6+6)^2 + (8-6-6+6)^2$$
$$+ (8-6-6+6)^2 + (4-6-6+6)^2 = 592$$

(나)의 경우에서 상호작용에 의한 편차제곱합

$$= \sum_{j=1}^{J} \sum_{i=1}^{I} (\overline{Y_{ij\cdot}} - \overline{Y_{i\cdot\cdot}} - \overline{Y_{\cdot j\cdot}} + \overline{Y\ldots})^2 = (4-6-4+6)^2 + (8-6-8+6)^2$$
$$+ (4-6-4+6)^2 + (8-6-8+6)^2 = 0$$

⑮ 요컨대, 전체 평균에 대한 편차점수 $Y_{ijk} - \overline{Y\ldots}$ 는 다음과 같이 분할할 수 있다.

$$Y_{ijk} - \overline{Y\ldots} = (\overline{Y_{i\cdot\cdot}} - \overline{Y\ldots}) + (\overline{Y_{\cdot j\cdot}} - \overline{Y\ldots}) + (\overline{Y_{ij\cdot}} - \overline{Y_{i\cdot\cdot}} - \overline{Y_{\cdot j\cdot}} + \overline{Y\ldots}) + (Y_{ijk} - \overline{Y_{ij\cdot}})$$

◆ 양변을 제곱해서 모든 i와 j 및 n_{ij}에 대해서 더해 주면 다음을 얻을 수 있다.

$$\sum_{j=1}^{J} \sum_{i=1}^{I} \sum_{k=1}^{n_{ij}} (Y_{ijk} - \overline{Y\ldots})^2$$
$$= \sum_{j=1}^{J} \sum_{i=1}^{I} \sum_{k=1}^{n_{ij}} (\overline{Y_{i\cdot\cdot}} - \overline{Y\ldots})^2 + \sum_{j=1}^{J} \sum_{i=1}^{I} \sum_{k=1}^{n_{ij}} (\overline{Y_{\cdot j\cdot}} - \overline{Y\ldots})^2$$
$$+ \sum_{j=1}^{J} \sum_{i=1}^{I} \sum_{k=1}^{n_{ij}} (\overline{Y_{ij\cdot}} - \overline{Y_{i\cdot\cdot}} - \overline{Y_{\cdot j\cdot}} + \overline{Y\ldots})^2 + \sum_{j=1}^{J} \sum_{i=1}^{I} \sum_{k=1}^{n_{ij}} (Y_{ijk} - \overline{Y_{ij\cdot}})^2$$

> 단, n_{ij}: 독립변수 A의 i번째 처치조건 그리고 독립변수 B의 j번째 처치조건에서 사례수

◆ 각 항의 의미와 자유도를 요약하면 다음과 같다.

$$SST = \sum_{j=1}^{J} \sum_{i=1}^{I} \sum_{k=1}^{n_{ij}} (Y_{ijk} - \overline{Y\ldots})^2$$

　　: 전체 편차제곱합, 자유도=전체 사례수-1

$$SS_A = \sum_{j=1}^{J} \sum_{i=1}^{I} \sum_{k=1}^{n_{ij}} (\overline{Y_{i\cdot\cdot}} - \overline{Y\ldots})^2$$

　　: 독립변수 A의 처치조건 간 차이에 대한 편차제곱합, 자유도 $= I-1$

$$SS_B = \sum_{j=1}^{J} \sum_{i=1}^{I} \sum_{k=1}^{n_{ij}} (\overline{Y_{\cdot j \cdot}} - \overline{Y_{\cdots}})^2$$

: 독립변수 B의 처치조건 간 차이에 대한 편차제곱합, 자유도 $= J-1$

$$SS_{AB} = \sum_{j=1}^{J} \sum_{i=1}^{I} \sum_{k=1}^{n_{ij}} (\overline{Y_{ij\cdot}} - \overline{Y_{i\cdot\cdot}} - \overline{Y_{\cdot j\cdot}} + \overline{Y_{\cdots}})^2$$

: 독립변수 A와 B의 상호작용효과에 대한 편차제곱합,
  자유도 $= (I-1)(J-1)$

$$SSW = \sum_{j=1}^{J} \sum_{i=1}^{I} \sum_{k=1}^{n_{ij}} (Y_{ijk} - \overline{Y_{ij\cdot}})^2$$

: 처치조건 내 편차제곱합, 자유도 $= \sum_{j=1}^{J} \sum_{i=1}^{I} (n_{ij}-1)$

• 독립변수 A, 독립변수 B의 주효과가 존재하기 위해서는 $SS_A/(I-1)$와 $SS_B/$ $(J-1)$는 클수록 유리하고, $SSW/\sum_{j=1}^{J} \sum_{i=1}^{I} (n_{ij}-1)$는 작을수록 유리하다. 그리고 독립변수 A와 독립변수 B의 상호작용효과가 존재하기 위해서는 $SS_{AB}/$ $(I-1)(J-1)$는 클수록 유리하고, $SSW/\sum_{j=1}^{J} \sum_{i=1}^{I} (n_{ij}-1)$는 작을수록 유리하다.

ⓛ 무선배치 이원분산분석의 기본 논리는 다음의 표집분포가 각각 자유도가

$[I-1, \sum_{j=1}^{J} \sum_{i=1}^{I} (n_{ij}-1)]$, $[J-1, \sum_{j=1}^{J} \sum_{i=1}^{I} (n_{ij}-1)]$,

$[(I-1)(J-1), \sum_{j=1}^{J} \sum_{i=1}^{I} (n_{ij}-1)]$인 F분포를 따른다는 수학적인 증명 결과를 활용한 것이다.

$$\frac{SS_A/(I-1)}{SSW/\sum_{j=1}^{J} \sum_{i=1}^{I} (n_{ij}-1)} \sim F[I-1, \sum_{j=1}^{J} \sum_{i=1}^{I} (n_{ij}-1)]$$

$$\frac{SS_B/(J-1)}{SSW/\sum_{j=1}^{J} \sum_{i=1}^{I} (n_{ij}-1)} \sim F[J-1, \sum_{j=1}^{J} \sum_{i=1}^{I} (n_{ij}-1)]$$

$$\frac{SS_{AB}/(I-1)(J-1)}{SSW/\sum_{j=1}^{J}\sum_{i=1}^{I}(n_{ij}-1)} \sim F[(I-1)(J-1), \sum_{j=1}^{J}\sum_{i=1}^{I}(n_{ij}-1)]$$

* 이때 연구자가 실제로 수집한 표본에서 구한 검정통계량 F값이 표집분포에서 어디에 위치하는지를 근거로 원가설의 기각 여부를 판정하게 된다. 원가설을 기각할 수 있다는 것은 독립변수 A의 처치조건에 따른 종속변수의 평균, 독립변수 B의 처치조건에 따른 종속변수의 평균 간에 통계적으로 유의미한 차이가 있으며, 종속변수에 대한 독립변수 A와 독립변수 B의 상호작용효과가 통계적으로 유의미함을 의미한다.

4 무선배치 이원분산분석의 예

1) 연구설계와 연구가설

(1) 연구설계

▣ 교수법(토론식 vs 강의식)과 수업매체방법(청각위주 vs 시각위주)에 따라 성취도 평균이 차이가 있는지, 특히 성취도에 대한 교수법의 효과가 수업매체방법에 따라서 다른지 검증하기 위해 [그림 20-13]과 같은 요인설계를 적용하였다. 즉, 40명의 학생을 네 가지의 실험조건에 10명씩 무선배치한 다음, 각 실험조건에 해당되는 프로그램을 적용한 후에 성취도를 측정하였다.

		수업매체방법		
		청각위주	시각위주	
교수법	토론식	10	10	20
	강의식	10	10	20
		20	20	40

(단, 숫자는 사례수)

[그림 20-13] 요인설계

(2) 연구가설

[연구가설 1] 교수법과 수업매체방법은 성취도에 대해 주효과가 있을 것이다.

[연구가설 2] 교수법과 수업매체방법은 성취도에 대해 상호작용효과가 있을 것이다.

2) 변수 설명 및 분석 데이터

- **변수 설명**: 교수법(1: 토론식, 2: 강의식), 수업매체방법(1: 청각위주, 2: 시각위주), 성취도

- **분석 데이터**: 무선배치이원분산분석.sav(네이버 카페의 '스터피아'에서 다운로드)

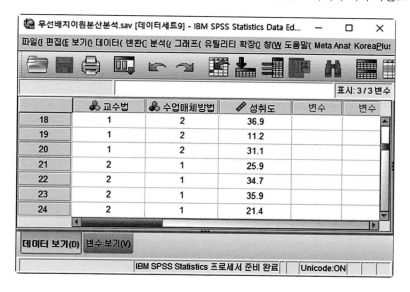

3) 분석 절차

(1) 1단계: 집단별 평균과 표준편차 구하기

- '분석' 메뉴

  ✔ '표' ⇨ '사용자 정의 표'

  ✔ '성취도'를 '행'바로 드래그해서 이동

  ✔ '교수법'을 '행'바로, '교수매체방법'을 '열'바로 드래그해서 이동

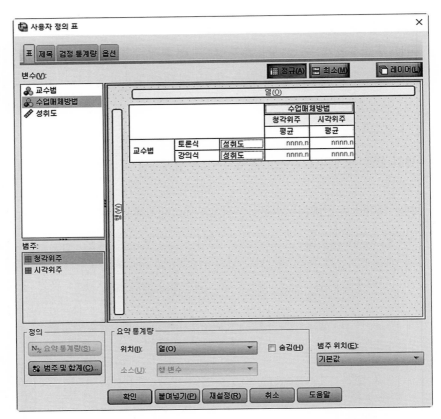

- 오른쪽에 생성된 표의 '성취도'를 더블클릭하면 '요약 통계량'이 나타난다.
  - ✔ '통계량'의 '빈도' 클릭 ⇨ '빈도'를 오른쪽(➡)의 '표시' 부분으로 보냄
  - ✔ '통계량'의 '합계' 하위의 '표준편차'를 오른쪽(➡)의 '표시' 부분으로 보냄
  - ✔ ⬆와 ➡를 활용하여 '표시' 부분을 '빈도' '평균' '표준편차' 순으로 변경
  - ✔ '빈도' '평균' '표준편차'의 '형식'을 모두 n,nnn으로 변경
  - ✔ '빈도'의 '소수점이하자리'는 0, '평균'과 '표준편차'의 '소수점이하자리'는 1로 변경
  - ✔ '선택한 항목에 적용' 클릭 ⇨ '닫기' 클릭

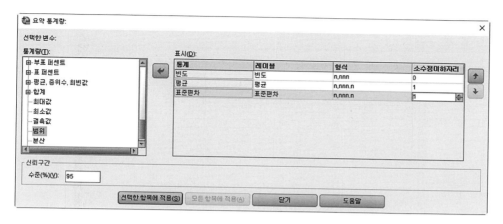

- 오른쪽 표의 '교수법'을 선택한 상태에서 '범주 및 합계'를 클릭
  - ✔ '표시'의 '총계' 앞의 네모 박스 체크 ⇨ '적용' 클릭
- 오른쪽 표의 '성'을 선택한 상태에서 '범주 및 합계'를 클릭
  - ✔ '표시'의 '총계' 앞의 네모 박스 체크 ⇨ '적용' 클릭

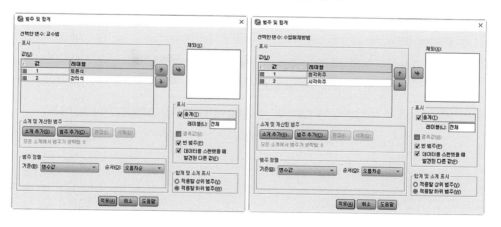

- 바로 실행하거나 명령문에서 실행하기
  - ✔ 바로 실행하려면 '확인'을 클릭하고, 명령문에서 실행하려면 '붙여넣기'를 클릭

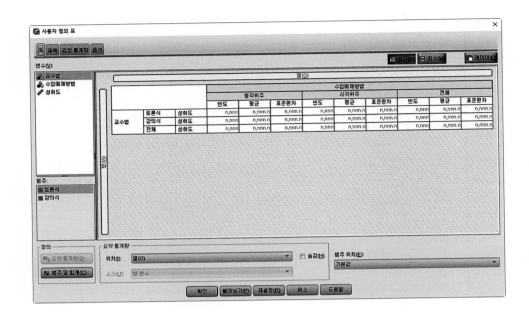

(2) 2단계: 'F값'과 'p값' 구하기

- ◆ '분석' 메뉴
  - ✔ '일반선형모형' ➪ '일변량'
  - ✔ 종속변수인 '성취도'를 '종속변수'로 이동
  - ✔ 두 가지 독립변수인 '교수법'과 '수업매체방법'을 '고정요인'으로 이동

※ 독립변수가 고정변수(fixed variables)이면 '고정요인' 창을, 무선변수(random variables)이면 '변량요인' 창을 이용한다.

※ 여기서는 연구 상황에서 더 일반적으로 접하게 되는 '고정변수일 때의 분석방법과 해석방법'을 다룬다.

※ '고정변수와 무선변수의 구분방법' 및 '무선변수일 때의 분석방법과 해석방법'은 이 책의 제7부 제20장의 **5**　를 참조하기 바란다.

• '모형'

※ 연구가설에서 교수법과 수업매체방법의 주효과와 상호작용효과를 모두 검증하고자 할 경우에는 '모형'을 변경할 필요가 없다. 다만, 이 중 일부만을 검증하고자할 경우에만 '항 설정'을 선택해서 다음과 같이 변경하면 된다.

✔ '항 설정' 선택

✔ '교수법과 수업매체방법의 주효과'만을 검증하고자 할 경우에는 '항 설정'의 '유형'을 '주효과'로 변경

✔ '교수법'과 '성'을 '모형'으로 이동

✔ '계속' 클릭

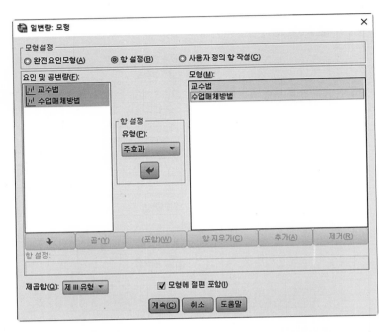

- ✔ '교수법과 수업매체방법의 상호작용효과'만을 검증하고자 할 경우에는 '항 설정'의 '유형'을 '상호작용'으로 변경
- ✔ '교수법'과 '성'을 '모형'으로 이동
- ✔ '계속' 클릭

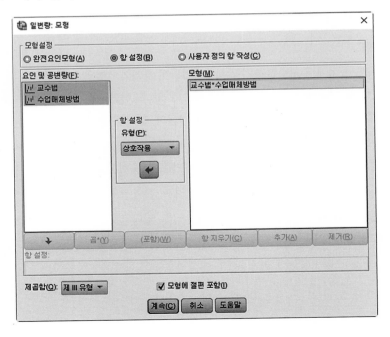

+ '도표'
  ✔ '교수법'을 '수평축 변수'로 이동
  ✔ '성'을 '선구분 변수'로 이동
  ✔ '추가'
  ✔ '계속' 클릭

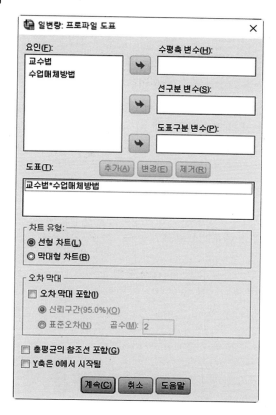

+ 바로 실행하거나 명령문에서 실행하기
  ✔ 바로 실행하려면 '확인'을 클릭하고, 명령문에서 실행하려면 '붙여넣기'를 클릭

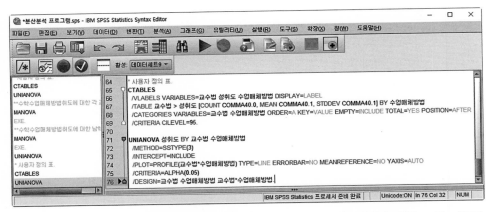

※ 위의 명령문은 '교수법과 수업매체방법의 주효과와 상호작용효과'를 모두 검증하고자 할 때의 프로그램이다.

✔ 실행하고자 하는 명령문 부분을 블록으로 지정하여 '메뉴'의 ▶를 클릭

(3) 3단계: 단순주효과 분석하기

※ 3단계는 상호작용효과가 통계적으로 유의미한 경우에만 실시해야 하며, 명령문으로만 그 분석이 가능하다는 점에 주의하기 바란다.

◆ 분석 절차

✔ '파일' 메뉴 ⇨ '새 파일' ⇨ '명령문'

✔ 다음을 작성

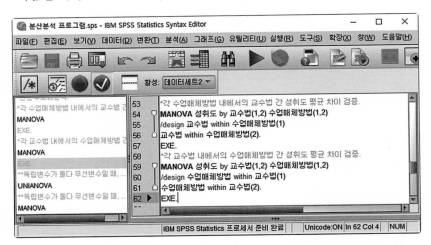

※ 위의 명령문에서 '교수법'과 '수업매체방법'은 독립변수의 변수이름이고, '(1, 2)'는 독립변수의 변수값이며, '성취도'는 종속변수의 변수이름이다.

※ '교수법 within 수업매체방법(1)'은 '독립변수 수업매체방법의 변수값이 1인 피

험자만을 대상으로 교수법 간의 성취도 평균 차이를 분석하라.'는 의미다.

✔ 앞의 명령문 중 실행하고자 하는 부분을 블록으로 지정하여 ▶ 클릭

4) 분석 결과

		수업매체방법								
		청각위주			시각위주			총계		
		빈도	평균 순위	표준편차	빈도	평균 순위	표준편차	빈도	평균순위	표준편차
교수법	토론식 성취도	10	53.4	7.4	10	31.6	11.2	20	42.5	14.5
	강의식 성취도	10	28.1	8.3	10	41.5	8.4	20	34.8	10.6
총계	성취도	20	40.8	15.1	20	36.5	10.9	40	38.7	13.1

개체-간 효과검정

종속변수: 성취도

소스	제Ⅲ유형 제곱합	자유도	평균제곱	F	유의확률
수정된 모형	3883.782[a]	3	1294.594	16.302	.000
절편	59752.900	1	59752.900	752.445	.000
교수법	597.529	1	597.529	7.524	.009
수업매체방법	178.084	1	178.084	2.243	.143
교수법*수업매체방법	3108.169	1	3108.169	39.140	.000
오차	2858.818	36	79.412		
전체	66495.500	40			
수정된 합계	6742.600	39			

a. R 제곱 = .576(수정된 R 제곱 = .541)

※ 밑줄 친 부분은 보고서에 제시해야 하는 부분이다.
※ '개체-간 효과검정'에서 '수정된 모형'의 '자유도'는 무선배치 이원분산분석을 중다회귀분석으로 접근했을 때 독립변수의 개수(여기서는 '교수법, 수업매체방법, 교수법*수업매체방법')를 나타낸다. 그리고 '수정된 모형'의 '유의확률'은 중다회귀분석에서 중다상관제곱인 R^2의 유의확률과 동일하다.
※ 무선배치 이원분산분석에서 각 처치조건에 해당하는 사례수가 동일하지 않으면, '수정된 모형, 절편, 교수법, 수업매체방법, 교수법*수업매체방법, 오차의 제Ⅲ유형 제곱합'들의 합이 '전체의 제Ⅲ유형 제곱합'과 동일하지 않게 된다. 이로부터 이원분산분석에서 분할된 각 효과들은 서로 독립적인 효과로 해석할 수 없음을 알 수 있다. 이러한 현상은 독립변수 간의 상관이 높을수록 더 심각하게 나타난다. 일반적으로 각 처치조건에 해당하는 사례수가 동일하지 않으면서 독립변수 간의 상관이 0.2를 초과한다면, 무선배치 이원분산분석으로는 주효과와 상호작용효과를 정확하게 산출할 수 없다. 이 경우에는 중다회귀분석을 이용하여 주효과와 상호작용효과를 산출하는 것이 더 바람직하다.

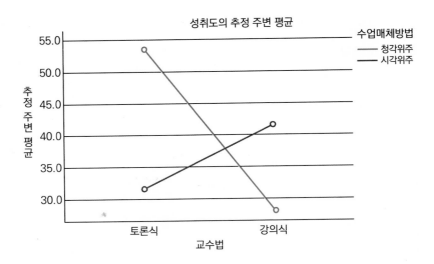

성취도의 추정 주변 평균

수업매체방법
— 청각위주
— 시각위주

추정 주변 평균 (y-axis: 55.0, 50.0, 45.0, 40.0, 35.0, 30.0)

토론식   강의식
교수법

* * * * * * * * * * * * * * * * Analysis of Variance -- Design 1

Tests of Significance for 성취도 using UNIQUE sums of squares

Source of Variation	SS	DF	MS	F	Sig of F
WITHIN+RESIDUAL	3036.90	37	82.08		
교수법 WITHIN 수업매체방법(1)	3215.65	1	3215.65	39.18	.000
교수법 WITHIN 수업매체방법(2)	490.05	1	490.05	5.97	.019
(Model)	3705.70	2	1852.85	22.57	.000
(Total)	6742.60	39	172.89		

* * * * * * * * * * * * * * * * Analysis of Variance -- Design 1

Tests of Significance for 성취도 using UNIQUE sums of squares

Source of Variation	SS	DF	MS	F	Sig of F
WITHIN+RESIDUAL	3456.35	37	93.41		
수업매체방법 WITHIN 교수법(1)	2387.11	1	2387.11	25.55	.000
수업매체방법 WITHIN 교수법(2)	899.14	1	899.14	9.63	.004
(Model)	3286.25	2	1643.13	17.59	.000
(Total)	6742.60	39	172.89		

※ 밑줄 친 부분은 보고서에 제시해야 하는 부분이다.

5) 보고서 제시 및 해석방법

무선배치 이원분산분석을 활용하여 성취도에 대한 교수법과 수업매체방법의 주효
과와 상호작용효과를 분석하였다. 그 결과, 〈표 20-5〉와 〈표 20-6〉을 얻을 수 있었고
이를 통해 다음을 확인할 수 있었다.

〈표 20-5〉 교수법과 수업매체방법에 따른 성취도의 평균 및 표준편차 결과

	청각위주			시각위주			전체		
	N	M	SD	N	M	SD	N	M	SD
토론식	10	53.4	7.4	10	31.6	11.2	20	42.5	14.5
강의식	10	28.1	8.3	10	41.5	8.4	20	34.8	10.6
전체	20	40.8	15.1	20	36.5	10.9	40	38.7	13.1

〈표 20-6〉 교수법과 수업매체방법에 따른 성취도의 평균 차이 검증 결과

분산원	SS	df	MS	F	p
교수법(M)	597.529	1	597.529	7.524	0.009
수업매체방법(G)	178.084	1	178.084	2.243	0.143
M×G	3108.169	1	3108.169	39.140	0.000
오차	2858.818	36	79.412		
전체	6742.600	39			

첫째, 토론식을 적용한 집단이 강의식을 적용한 집단에 비해 성취도가 더 높았다
($F=7.524$, $p<.01$).

둘째, 청각위주로 수업한 집단과 시각위주로 수업한 집단 간에는 성취도 평균 차이
가 발견되지 않았다($F=2.243$, $p>.05$).

셋째, 교수법과 수업매체방법은 성취도에 대해 유의수준 1%에서 통계적으로 유의
미한 상호작용효과를 가지고 있었다($F=39.140$, $p<.01$).

성취도에 대한 교수법과 수업매체방법의 상호작용효과를 좀 더 구체적으로 설명하
기 위해 단순주효과분석(simple main effect analysis)을 실시하였다.

〈표 20-7〉 각 수업매체방법에서 교수법에 따른 성취도 평균 차이 검증 결과

분산원	SS	df	MS	F	p
교수법 @ 청각위주	3215.7	1	3215.7	39.18	.000
교수법 @ 시각위주	490.1	1	490.1	5.97	.019
오차	3036.9	37	82.1		
전체	6742.6	39	172.9		

〈표 20-8〉 각 교수법에서 수업매체방법에 따른 성취도 평균 차이 검증 결과

분산원	SS	df	MS	F	p
수업매체방법 @ 토론식	2387.1	1	2387.1	25.55	.000
수업매체방법 @ 강의식	899.1	1	899.1	9.63	.004
오차	3456.4	37	93.4		
전체	6742.6	39	172.9		

그 결과, 〈표 20-7〉과 〈표 20-8〉에서 보는 바와 같이 청각위주로 수업한 집단에서는 토론식 수업이 강의식 수업에 비해 성취도에 더 효과적이었던 반면($F=39.18$, $p<.01$), 시각위주로 수업한 집단에서는 강의식 수업이 토론식 수업에 비해 성취도에 더 효과적이었다($F=5.97$, $p<.05$). 그리고 토론식으로 수업한 집단에서는 청각위주의 수업이 시각위주의 수업에 비해 성취도에 더 효과적이었던 반면($F=25.55$, $p<.01$), 강의식으로 수업한 집단에서는 시각위주의 수업이 청각위주의 수업에 비해 성취도에 더 효과적이었다($F=9.63$, $p<.01$).

5 무선모형과 고정모형

1) 무선모형과 고정모형의 비교

다원분산분석(multi-way ANOVA)에서는 연구자가 독립변수의 처치조건을 선택하는 방법에 따라 독립변수를 고정변수와 무선변수로 나눌 수 있다.

⑩ 독립변수를 구성하는 처치조건을 연구자가 의도적으로 선택한 경우, 그 독립변수는 '고정변수'에 해당한다.

* 독립변수가 고정변수일 경우, 연구자는 선택된 독립변수의 각 처치조건 간의 구체적인 비교에만 직접적인 관심을 가진다. 이 경우, 연구 결과의 일반화 범위는 선택한 처치조건에 국한된다.

* 예컨대, 학업성취에 긍정적인 영향을 줄 것으로 기대되는 교수방법 A와 교수방법 B를 개발한 후, 이에 대한 효과를 검증하기 위해서 기존의 교수방법 C와 비교하는 연구를 수행한다고 할 때, 교수방법은 '고정변수'에 해당된다. 이 연구에서는 무수히 많은 교수방법 중에서 세 가지 교수방법을 무선적으로 표집한 것이 아니라 연구자가 어떤 의도를 가지고 선정한 것이다. 이 경우, 무수히 많은 교수방법 간의 차이에 관심이 있는 것이 아니라 연구자가 선정한 세 가지 교수방법 간의 차이에만 관심이 있다.

⑩ 독립변수의 처치조건을 연구자가 무선적으로 선택한 경우, 그 독립변수는 '무선변수'에 해당한다.

* 독립변수가 무선변수일 경우, 연구자는 독립변수의 처치조건들 간의 차이에만 관심이 있는 것이 아니라 선택한 처치조건들 간의 차이를 토대로 그 결과를 더 많은 처치조건에 일반화할 수 있는지에 관심이 있다.

* 예컨대, '일반적으로 학업성취에 대한 교수방법의 효과는 다르다고 볼 수 있는가?'라는 연구문제를 해결하기 위해서 수많은 교수방법 중 세 가지 교수방법을 무선으로 표집하여 그 효과를 비교하는 연구를 수행했다고 한다면, 이때의 교수방법은 '무선변수'에 해당된다. 이 연구에서는 연구자가 선정한 세 가지 교수방법 간의 차이에만 관심이 있는 것이 아니라 수많은 교수방법 간의 차이에 궁극적인 관심이 있다.

⑩ 독립변수가 고정변수들로만 구성된 분산분석모형을 '고정모형(fixed model)'이라 하고, 무선변수들로만 구성된 분산분석모형을 '무선모형(random model)'이라 한다. 그리고 고정변수와 무선변수가 혼합된 분산분석모형을 '혼합모형(mixed model)'이라 한다.

⑩ 다원분산분석에서는 독립변수를 고정변수로 처리할 것인지 무선변수로 처리할

것인지에 따라서 분석방법과 해석방법이 달라진다.

🔘 다원분산분석에서는 고정모형인지 무선모형인지 혼합모형인지에 따라서 검정통계량을 구하는 과정에서 기준이 되는 오차항이 달라지기 때문에 검정통계량 F 값과 그에 따른 유의확률은 달라질 수 있다.

  • 다만, 일원분산분석에서는 세 가지 모형의 결과 차이는 나타나지 않는다.
  • 여기서는 무선배치 이원분산분석에서의 고정모형과 무선모형만 예시하고자한다.

🔘 종속변수의 전체 분산은 검증하려는 독립변수가 피험자 간 변수인지 피험자 내 변수인지, 교차변수인지 배속변수인지 그리고 독립변수의 개수에 따라서 다수의 분산원(source)으로 분할할 수 있다(변창진, 문수백, 1996).

  • 예컨대, 무선배치 이원분산분석에서는 전체 분산을 독립변수 A에 의한 분산원, 독립변수 B에 의한 분산원, 독립변수 A와 독립변수 B의 상호작용에 의한 분산원, 처치조건 내에서 개인 간 차이에 의한 분산원 등 네 가지로 분할할 수 있다. 각각의 분산원에 대한 효과는 F검정으로 확인할 수 있다. 이것의 기본 논리는 '효과를 검증하려는 분산원을 오차항의 분산으로 나눈 값이 F분포를 따른다.'는 것이다. 이때 유의해야 하는 것은 오차항의 대상이다.

🔘 다원분산분석에서 검정통계량을 구하는 과정에서 기준이 되는 오차항을 결정하는 절차는 다음과 같다(변창진, 문수백, 1996).

《오차항 결정 절차》

① 전체 분산을 검증하려는 독립변수들의 효과에 따라서 다수의 분산원으로 분할한다. 이때 고정변수는 대문자로, 무선변수는 소문자로 그리고 배속변수는 ( )로 나타낸다. 예컨대, s(GM)은 피험자들(s)이 고정변수이면서 교차변수인 G와 M의 처치조건에 무선적으로 배속되어 있음을 의미한다.

② 효과를 검증하고자 하는 '특정 분산원'에 해당하는 오차항을 결정하기 위해 '①'의 분산원 중 효과를 검증하고자 하는 '특정 분산원'을 포함하는 분산원을 모두 나열한다.

③ 나열된 '②'의 분산원에서 '특정 분산원'에 해당하는 문자를 모두 지우고, ( ) 안에 포함되어 있는 고정변수도 추가적으로 지운다.

④ '③'에서 '무선변수이면서 1개뿐인 분산원'이 있는지 확인한다.

⑤ '②' 중에서 '③과 ④의 조건을 만족하는 분산원'이 특정 분산원에 대한 오차항
이다. 이에 관한 예는 〈표 20-9〉를 참조하기 바란다.

※ 특정 분산원에 대한 오차항으로 선택된 분산원이 2개 이상이면 좀 더 복잡한
방법으로 오차항을 구해야 한다. 이에 대한 방법은 Winer(1971)를 참조하기
바란다.

2) 무선모형과 고정모형의 예

(1) 연구설계

📖 교수법과 수업매체방법이 성취도에 미치는 효과를 검증하기 위해 40명의 학생을
네 가지의 실험조건에 10명씩 무선배치한 다음, 각 실험조건에 해당되는 프로그
램을 적용한 후에 성취도를 측정하였다.

- **고정모형**: 교수법과 수업매체방법으로 연구자가 관심 있는 것[교수법으로는 '토론
  식 교수법(M_1)과 강의식 교수법(M_2)'을, 수업매체방법으로는 '시각위주 수업매체방법
  (G_1)과 '청각위주 수업매체방법(G_2)']을 선정하였다.

- **무선모형**: 다양한 교수법과 수업매체방법 중 교수법으로 '토론식 교수법(m_1)과
  강의식 교수법(m_2)'을, 수업매체방법으로 '시각위주 수업매체방법(g_1)과 '청각
  위주 수업매체방법(g_2)'을 무선으로 선택하였다.

(2) 연구가설

📖 고정모형

[연구가설 1] 교수법 중 '토론식 교수법(M_1)'과 '강의식 교수법(M_2)', 수업매체방법 중
'시각위주 수업매체방법(G_1)'과 '청각위주 수업매체방법(G_2)'에 따라서 성취도는 달
라질 것이다.

📖 무선모형

[연구가설 2] 일반적으로 교수법과 수업매체방법이 달라지면 성취도가 달라질 것
이다.

(3) 오차항의 결정

🔘 고정모형과 무선모형으로 분석하는 과정에서 각각의 분산원에 대한 오차항은 〈표 20-9〉와 같다.

〈표 20-9〉 고정모형과 무선모형에서의 오차항

분산분할	고정모형		무선모형	
	분산원	오차항	분산원	오차항
교수방법(X_1)의 효과	M	s(MG)	m	mg
수업매체방법(X_2)의 효과	G	s(MG)	g	mg
$X_1 \times X_2$의 효과	MG	s(MG)	mg	s(mg)
처치조건 내의 집단 내 분산	s(MG)	−	s(mg)	−

※ 예1: 앞의 《오차항 결정 절차》에 따른 분산원 G의 오차항은 다음과 같이 결정할 수 있다. 절차 ②에 의해 MG, s(MG)를 나열한다. ➡ 절차 ③에 의해 MG, s(MG)에서 G를 지우고 s(GM)에서 M을 지운다. ➡ 절차 ④에 의해 남은 s가 1개뿐인 무선변수임을 확인한다. ➡ 절차 ⑤에 의해 절차 ②의 MG, s(MG) 중 절차 ③과 ④의 조건을 만족하는 분산원은 s(GM)이다. 그러므로 분산원 G의 최종 오차항은 s(MG)다.

※ 예2: 앞의 《오차항 결정 절차》에 따른 분산원 g의 오차항은 다음과 같이 결정할 수 있다. 절차 ②에 의해 mg, s(mg)를 나열한다. ➡ 절차 ③에 의해 mg, s(mg)에서 g를 지운다. ➡ 절차 ④에 의해 남은 m이 1개뿐인 무선변수임을 확인한다. ➡ 절차 ⑤에 의해 절차 ②의 mg, s(mg) 중 절차 ③과 ④의 조건을 만족하는 분산원은 mg다. 그러므로 분산원 g의 최종 오차항은 mg다.

(4) 분석 절차

🔘 무선배치 이원분산분석에서 고정모형과 무선모형의 분석 절차는 대동소이하다 (제7부 제20장의 **4** 참조). 다만, 고정모형의 경우에는 '일변량 분석' 메뉴에서 독립변수들을 '고정요인'으로 이동하는 반면, 무선모형의 경우에는 '변량요인'으로 이동한다는 점이 다르다.

〈고정모형의 경우〉

〈무선모형의 경우〉

◆ 무선모형의 경우, 다음의 명령문을 활용해도 동일한 결과를 얻을 수 있다.

※ 'design = 교수법 수업매체방법 교수법 by 수업매체방법'은 교수법과 수업매체방법의 주효과 및 교수법과 수업매체방법의 상호작용효과를 분석하라는 의미다.

※ 'design 교수법 by 수업매체방법 = 1'은 교수법과 수업매체방법의 상호작용효과를 '번호 1'로 설정하여 다음 분석인 '교수법 vs 1'과 '수업매체방법 vs 1'에 오차항으로 이용하겠다는 것이다.

※ '교수법 vs 1'에서 'vs'의 왼쪽은 분산원이고 오른쪽은 오차항을 의미한다. 즉, '교수법 vs 1'은 교수법의 효과를 검증함에 있어서 '교수법과 수업매체방법의 상호작용효과'를 오차항으로 간주하여 검정통계량을 구하라는 것을 의미한다.

(5) 분석 결과

		수업매체방법										
		청각위주				시각위주				총계		
		빈도	평균	순위	표준편차	빈도	평균	순위	표준편차	빈도	평균	순위	표준편차
교수법	토론식 성취도	10	53.4	7.4	10	31.6	11.2	20	42.5	14.5
	강의식 성취도	10	28.1	8.3	10	41.5	8.4	20	34.8	10.6
	총계 성취도	20	40.8	15.1	20	36.5	10.9	40	38.7	13.1

◐ 고정모형

개체-간 효과검정

종속변수: 성취도

소스	제III유형 제곱합	자유도	평균제곱	F	유의확률
수정된 모형	3883.782[a]	3	1294.594	16.302	.000
절편	59752.900	1	59752.900	752.445	.000
교수법	597.529	1	597.529	7.524	.009
수업매체방법	178.084	1	178.084	2.243	.143
교수법*수업매체방법	3108.169	1	3108.169	39.140	.000
오차	2858.818	36	79.412		
전체	66495.500	40			
수정된 합계	6742.600	39			

a. R 제곱 = .576(수정된 R 제곱 = .541)

◐ 무선모형

개체-간 효과검정

종속변수: 성취도

소스		제III유형 제곱합	자유도	평균제곱	F	유의확률
절편	가설	59752.900	1	.	.	.
	오차	.	[a]	.		
교수법	가설	597.529	1	597.529	.192	.737
	오차	3108.169	1	3108.169[b]		
수업매체방법	가설	178.084	1	178.084	.057	.850
	오차	3108.169	1	3108.169[b]		
교수법*수업매체방법	가설	3108.169	1	3108.169	39.140	.000
	오차	2858.818	36	79.412[c]		

a. Satterthwaite의 방법을 사용하여 오차 자유도를 계산할 수 없습니다.
b. MS(교수법*수업매체방법)
c. MS(오차)

※ 밑줄 친 부분은 보고서에 제시해야 하는 부분이다.

```
* * * * * * * * * * * * * * * * * A n a l y s i s   o f   V a r i a n c e -- Design  1

Tests of Significance for 성취도 using UNIQUE sums of squares
Source of Variation           SS       DF       MS        F  Sig of F

WITHIN+RESIDUAL            2858.82      36     79.41
교수법                       597.53       1    597.53     7.52    .009
수업매체방법                 178.08       1    178.08     2.24    .143
교수법 BY 수업              3108.17       1   3108.17    39.14    .000
 체방법

(Model)                    3883.78       3   1294.59    16.30    .000
(Total)                    6742.60      39    172.89


R-Squared =          .576
Adjusted R-Squared =  .541
* * * * * * * * * * * * * * * * * A n a l y s i s   o f   V a r i a n c e -- Design  2

Tests of Significance for 성취도 using UNIQUE sums of squares
Source of Variation           SS       DF       MS        F  Sig of F


Error 1                    3108.17       1   3108.17
교수법                       597.53       1    597.53      .19    .737
수업매체방법                 178.08       1    178.08      .06    .850
```

※ 밑줄 친 부분은 보고서에 제시해야 하는 부분이다.

(6) 보고서 제시 및 해석방법

〈표 20-10〉 교수법과 수업매체방법에 따른 성취도의 평균 및 표준편차 결과

	청각위주			시각위주			전체		
	N	M	SD	N	M	SD	N	M	SD
토론식	10	53.4	7.4	10	31.6	11.2	20	42.5	14.5
강의식	10	28.1	8.3	10	41.5	8.4	20	34.8	10.6
전체	20	40.8	15.1	20	36.5	10.9	40	38.7	13.1

🔟 고정모형

고정모형으로 성취도에 대한 교수법과 수업매체방법의 효과를 분석한 결과, 〈표 20-10〉과 〈표 20-11〉을 얻을 수 있었고 이를 통해 다음을 확인할 수 있었다.

〈표 20-11〉 교수법과 수업매체방법에 따른 성취도의 평균 차이 검증 결과

분산원	SS	df	MS	F	p
교수법(M)	597.529	1	597.529	7.524	0.009
수업매체방법(G)	178.084	1	178.084	2.243	0.143
M×G	3108.169	1	3108.169	39.140	0.000
오차	2858.818	36	79.412		
전체	6742.600	39			

첫째, 토론식을 적용한 집단이 강의식을 적용한 집단에 비해 성취도가 더 높았다 ($F=7.524$, $p<.01$).

둘째, 청각위주로 수업한 집단과 시각위주로 수업한 집단 간에는 성취도 평균 차이가 발견되지 않았다($F=2.243$, $p>.05$).

셋째, 교수법과 수업매체방법은 성취도에 대해 유의수준 1%에서 통계적으로 유의미한 상호작용효과를 가지고 있었다($F=39.140$, $p<.01$).

⑯ 무선모형

무선모형으로 성취도에 대한 교수법과 수업매체방법의 효과를 분석한 결과, 〈표 20-10〉과 〈표 20-12〉를 얻을 수 있었고 이를 통해 다음을 확인할 수 있었다.

〈표 20-12〉 교수법과 수업매체방법에 따른 성취도의 평균 차이 검증 결과

분산원	SS	df	MS	F	p
교수방법(m)	597.529	1	597.529	0.192	0.737
수업매체방법(g)	178.084	1	178.084	0.057	0.850
m×g	3108.169	1	3108.169	39.140	0.000
오차	2858.818	36	79.412		
전체	6742.6	39			

첫째, 강의식 교수법과 토론식 교수법 간의 성취도 평균은 통계적으로 유의미한 차이가 없었다($F=.192$, $p>.05$). 즉, 일반적으로 교수법에 따라서 성취도가 달라진다고는 할 수 없었다.

둘째, 청각위주의 수업매체방법과 시각위주의 수업매체방법 간의 성취도 평균은 통계적으로 유의미한 차이가 없었다($F=.057$, $p > .05$). 즉, 일반적으로 수업매체방법에 따라서 성취도가 달라진다고는 할 수 없었다.

셋째, 교수법과 수업매체방법은 성취도에 대해 유의수준 1%에서 통계적으로 유의미한 상호작용효과를 가지고 있었다($F=39.140$, $p < .01$). 즉, 일반적으로 성취도에 대한 교수법의 효과는 수업매체방법에 따라서 달라진다고 할 수 있었다.

반복측정 이원분산분석 제**21**장

1 반복측정 이원분산분석의 개념과 목적

🔳 반복측정 이원분산분석(two-way ANOVA with repeated measurements)은 하나의 범주형 독립변수의 효과가 아니라 2개의 범주형 독립변수가 하나의 종속변수(양적변수)에 어떠한 영향을 미치는지를 분석하는 가설검정 기법이라는 점에서 무선배치 이원분산분석과 유사하다. 그러나 무선배치 이원분산분석은 2개의 범주형 독립변수가 모두 피험자 간 변수인 반면, 반복측정 이원분산분석은 피험자 간 변수와 피험자 내 변수를 하나씩 가지고 있다는 점에서 구분된다.

* 예컨대, 초등학교에서 성별로 각각 50명씩 무선표집하여 자존감을 측정하고 이들이 중학교와 고등학교에 진학했을 때 자존감을 반복해서 측정한 후에 학교급과 성에 따른 자존감 평균을 비교하였다면, 독립변수인 '학교급'은 피험자 내 변수이고 '성'은 피험자 간 변수이기 때문에 반복측정 이원분산분석(일명 이요인 반복측정 분산분석)에 해당한다.

* 이질집단 전후검사설계 또는 전후검사 통제집단설계로 수집된 자료도 반복측정 이원분산분석 상황에 해당한다. 예컨대, [그림 21-1]에서 보는 바와 같이 실험집단과 통제집단을 구성한 후 프로그램 적용 전후에 자존감을 측정하였다면, '처치집단유형'은 피험자 간 변수이고 '측정시점'은 피험자 내 변수이기 때문에 반복측정 이원분산분석을 적용할 수 있다.

측정시점

처치집단 유형			사전검사	사후검사
실 험 집 단		s_{11}	50	52
		s_{12}	63	63
		…	…	…
통 제 집 단		s_{21}	49	53
		s_{22}	63	63
		…	…	…

(각 셀의 숫자는 자존감)

[그림 21-1] 이질집단 전후검사설계의 예

◐ 만약 [그림 21-1]의 실험연구 자료에서, 사전검사에서는 통제집단이 실험집단보다 자존감 평균이 더 높았지만, 사후검사에서는 실험집단이 오히려 더 높았다면 실험집단에 적용한 프로그램이 통제집단에 적용한 프로그램에 비해서 더 효과적이라고 할 수 있다.

- 즉, 자존감에 대해 처치집단유형과 측정시점이 상호작용효과를 가진다면, 자존감에 대한 두 가지 프로그램의 효과가 다르다고 판단할 수 있다.

◐ 요컨대, 이질집단 전후검사설계에 반복측정 이원분산분석을 적용하면 종속변수에 대한 처치집단유형과 측정시점 간의 상호작용효과를 분석할 수 있고, 이를 통해 처치의 효과를 검증할 수 있다.

- 일반적으로 사전검사에서 실험집단과 통제집단의 동질성을 가정할 수 있으면, 사후검사에 무선배치 일원분산분석을 적용하여 프로그램의 효과를 검증한다. 반면, 사전검사에서 실험집단과 통제집단의 동질성을 가정할 수 없으면, 공분산분석을 적용하여 프로그램의 효과를 검증한다.

- 이에 비해 반복측정 이원분산분석을 활용한 효과 검증은 사전검사에서 실험집단과 통제집단의 동질성 여부와 상관 없이 적용할 수 있다. 특히 측정시점이 3개 이상인 경우에도 효과 검증이 가능하다는 점에서 반복측정 이원분산분석은 공분산분석에 비해 큰 장점을 가진다.

2　반복측정 이원분산분석의 예

1) 연구설계와 연구가설

(1) 연구설계

🔵 새롭게 개발한 상담 프로그램이 자존감에 효과가 있는지 검증하기 위해 [그림 21-2]와 같은 이질집단 전후검사설계를 활용하였다. 즉, 실험집단과 통제집단에 15명씩 배치하여 프로그램 진행 이전에 자존감을 측정하였다. 그리고 실험집단에는 새롭게 개발한 상담 프로그램을, 통제집단에는 기존의 프로그램을 적용한 후 자존감을 다시 한번 측정하였다.

	사전검사	처치	사후검사
실험집단	O_1	X	O_3
통제집단	O_2		O_4

(단, O는 관찰, X는 처치)

[그림 21-2] 이질집단 전후검사설계

(2) 연구가설

[연구가설] 새롭게 개발한 상담 프로그램이 기존의 프로그램에 비해 자존감에 대해 더 효과적일 것이다.

2) 변수 설명 및 분석 데이터

* **변수 설명:** 처치여부(1: 실험집단, 2: 통제집단), 사전자존감, 사후자존감
* **분석 데이터:** 공분산분석.sav(네이버 카페의 '스터피아'에서 다운로드)

3) 분석 절차

(1) 1단계: 집단별 평균과 표준편차 구하기

- '분석' 메뉴
  - ✔ '표' ⇨ '사용자 정의 표'
  - ✔ '사전자존감'과 '사후자존감'을 동시에 선택하여 '열'바로 드래그해서 이동
    (동시에 선택할 때에는 Ctrl 또는 Shift 키를 활용하면 편리)
  - ✔ '처치여부'를 '행'바로 드래그해서 이동

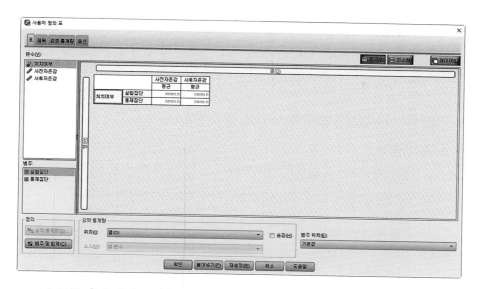

- 오른쪽에 생성된 표의 '사전자존감'을 더블클릭하면 '요약 통계량'이 나타난다.
  - ✔ '통계량'의 '빈도' 클릭 ⇨ '빈도'를 오른쪽(➡)의 '표시' 부분으로 보냄
  - ✔ '통계량'의 '합계' 하위의 '표준편차'를 오른쪽(➡)의 '표시' 부분으로 보냄
  - ✔ ⬆와 ⬇를 활용하여 '표시' 부분을 '빈도' '평균' '표준편차' 순으로 변경
  - ✔ '빈도' '평균' '표준편차'의 '형식'을 모두 n,nnn으로 변경
  - ✔ '빈도'의 '소수점이하자리'는 0, '평균'과 '표준편차'의 '소수점이하자리'는 1로 변경
  - ✔ '모든 항목에 적용' 클릭 ⇨ '닫기' 클릭

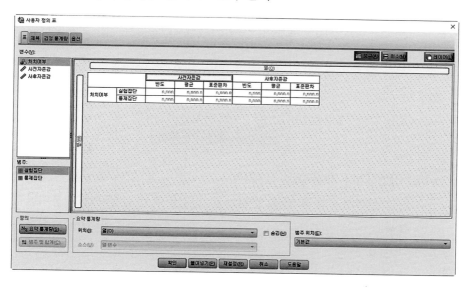

• 바로 실행하거나 명령문에서 실행하기

  ✔ 바로 실행하려면 '확인'을 클릭하고, 명령문에서 실행하려면 '붙여넣기'를 클릭

(2) 2단계: 사전검사를 활용한 동질성 검증하기

• '분석' 메뉴

  ✔ '평균 비교' ⇨ '독립표본 t검정'

  ✔ '사전자존감'을 '검정변수'로 이동, '처치여부'를 '집단변수'로 이동

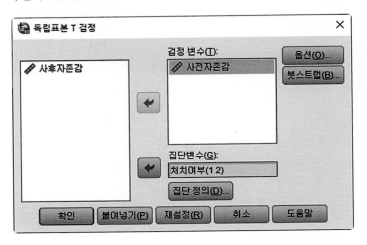

  ✔ '집단정의' 클릭 ⇨ '처치여부'의 변수값 '1'과 '2'를 입력 ⇨ '계속'

• 바로 실행하거나 명령문에서 실행하기

  ✔ 바로 실행하려면 '확인'을 클릭하고, 명령문에서 실행하려면 '붙여넣기'를 클릭

(3) 3단계: 'F값'과 'p값' 구하기

- '분석' 메뉴
  - ✔ '일반선형모형' ⇨ '반복측도'
  - ✔ '개체-내 요인이름'에 반복측정한 변수와 관련된 임의의 변수명을 입력
    (여기서는 '자존감'을 사용함)
  - ✔ '수준 수'에 반복측정한 횟수인 '2'를 입력
  - ✔ '추가' ⇨ '정의' 클릭

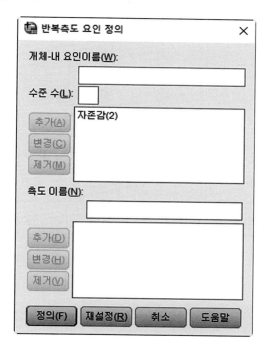

✔ 반복측정한 변수인 '사전자존감'과 '사후자존감'을 '개체-내 변수'로 이동
✔ '처치여부'를 '개체-간 요인'으로 이동

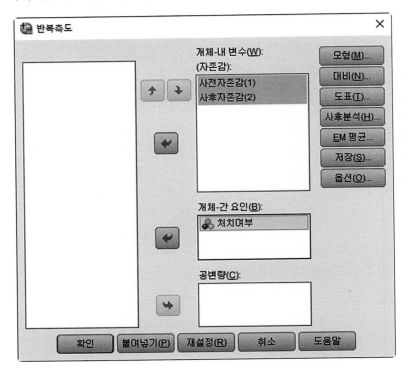

- '도표'
  - ✔ '자존감'을 '수평축 변수'로 이동
  - ✔ '처치여부'를 '선구분 변수'로 이동
  - ✔ '추가'
  - ✔ '계속' 클릭

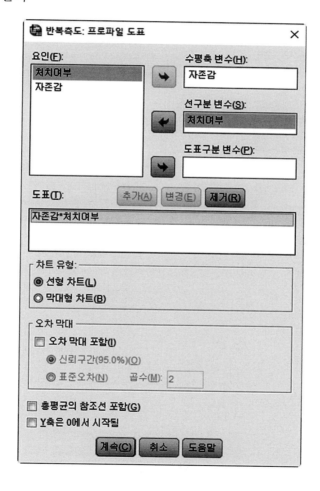

◆ 바로 실행하거나 명령문에서 실행하기

✔ 바로 실행하려면 '확인'을 클릭하고, 명령문에서 실행하려면 '붙여넣기'를
클릭

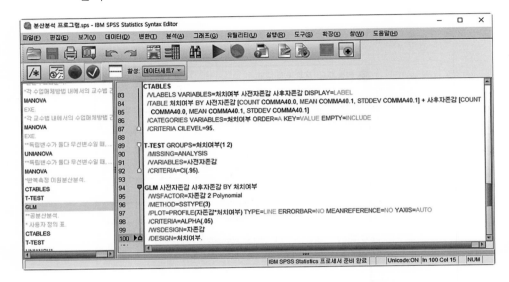

✔ 실행하고자 하는 명령문 부분을 블록으로 지정하여 '메뉴'의 ▶를 클릭

4) 분석 결과

처치여부		빈도	사전자존감 평균 순위	표준편차	빈도	사후자존감 평균 순위	표준편차
처치여부	실험집단	15	41.7	10.1	15	60.1	11.4
	통제집단	15	50.3	7.8	15	47.8	10.1

독립표본 검정

		Levene의 등분산 검정		평균의 동일성에 대한 T검정					
		F	유의확률	t	자유도	유의확률 (양측)	평균차이	표준오차 차이	차이의 95% 신뢰구간 하한	상한
사전 자존감	등분산을 가정함	.244	.625	-2.606	28	.015	-8.6000	3.3006	-15.3609	-1.8391
	등분산을 가정하지 않음			-2.606	26.358	.015	-8.6000	3.3006	-15.3799	-1.8201

개체-내 대비검정

측도: MEASURE_1

소스	자존감	제Ⅲ유형 제곱합	자유도	평균제곱	F	유의확률
자존감	선형	947.243	1	947.243	9.837	.004
자존감*처치여부	선형	1636.993	1	1636.993	17.000	.000
오차(자존감)	선형	2696.295	28	96.296		

개체-간 효과검정

측도: MEASURE_1
변환된 변수: 평균

소스	제Ⅲ유형 제곱합	자유도	평균제곱	F	유의확률
절편	149920.011	1	149920.011	1476.532	.000
처치여부	51.153	1	51.153	.504	.484
오차	2842.987	28	101.535		

※ 밑줄 친 부분은 보고서에 제시해야 하는 부분이다.

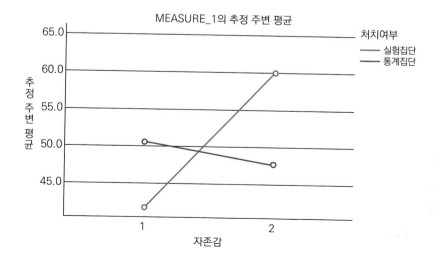

5) 보고서 제시 및 해석방법

〈표 21-1〉 상담 프로그램에 따른 자존감의 평균 및 표준편차 결과

집단	사전검사			t	사후검사		
	N	M	SD		N	M	SD
실험집단	15	41.7	10.1		15	60.1	11.4
통제집단	15	50.3	7.8	−2.606*	15	47.8	10.1

*$p < .05$

〈표 21-2〉 상담 프로그램이 자존감에 미치는 영향에 대한 효과 검증 결과

분산원	SS	df	MS	F	p
피험자 간					
집단(A)	51.153	1	51.153	0.504	0.484
피험자: 집단	2842.987	28	101.535		
피험자 내					
측정시점(B)	947.243	1	947.243	9.837	0.004
A×B	1636.993	1	1636.993	17.000	0.000
(집단×피험자): 집단	2696.295	28	96.296		

독립표본 t검정을 활용하여 처치 프로그램 적용 이전의 자존감 평균이 실험집단과 통제집단 간에 차이가 있는지 분석하였다. 그 결과, 〈표 21-1〉에서 보는 바와 같이 통제집단이 실험집단에 비해 자존감 평균이 더 높은 것으로 나타났다($t = -2.606$, $p < .05$). 이는 처치 프로그램 적용 이전의 실험집단과 통제집단은 동질하다고 할 수 없음을 의미한다. 그러므로 새롭게 개발한 상담 프로그램의 효과를 검증하기 위해서는 자존감 사전검사 점수를 통제할 필요가 있었다.

이에 이 연구에서는 반복측정 이원분산분석을 활용하여 효과 검증을 실시하였다. 그 결과, 〈표 21-2〉에서 보는 바와 같이 집단과 측정시점은 자존감에 대해 상호작용 효과를 가지는 것으로 나타났다($F = 17.000$, $p < .01$). 〈표 21-1〉에서 실험집단이 통제집단에 비해 측정시점에 따른 자존감의 성장 폭이 더 큰 것으로 보아, 새롭게 만든 상담 프로그램은 기존 프로그램에 비해 자존감에 대해 더 효과적이라고 할 수 있었다.

공분산분석 | 제**22**장

● 다음은 '중학교에서의 대도시와 읍면 지역 간의 교육 격차 연구'의 일부를 소개한
것이다.

> ・연구 목적
>
>   본 연구의 목적은 중학교에서 대도시와 읍면 지역 간에 교육 격차가 존재하는지
>   를 실증적으로 검증하는 데 있다.
>
> ・용어 정의
>
>   본 연구에서 교육 격차란 '대도시 혹은 읍면 지역에 소재한 학교에 다님으로써
>   학력(學力) 향상에 유리함 또는 불리함을 받는 현상'으로 정의하였다.
>
> ・연구대상
>
>   본 연구의 연구대상은 대도시와 읍면 지역의 중학교 3학년 재학생 중에서 무선
>   적으로 표집된 1,000명의 학생이다.
>
> ・검사도구
>
>   본 연구에서 활용한 검사도구는 내용전문가가 교육목표에 근거하여 검사문항
>   이 내용 전집을 잘 대표할 수 있도록 개발한 학업성취도 검사를 활용하였다.
>
> ・자료 수집
>
>   본 연구의 분석을 위해서, 표집된 학생을 대상으로 3학년 2학기 말에 학업성취도
>   평가를 일괄적으로 실시하였다.

출처: 한국교육과정평가원 중등임용시험(2008).

◉ 중학교에서의 대도시와 읍면 지역 간에 교육 격차를 실증적으로 분석하기 위해 중학교 3학년에서의 대도시와 읍면 지역 간의 학업성취도 차이를 비교하였다면, 이는 독립표본 t검정에 해당한다.

  • 그러나 중학교 3학년에서의 대도시와 읍면 지역 간의 학업성취도 차이는 대도시 혹은 읍면 지역에 소재한 학교에 다녔다는 것에만 영향을 받은 것이 아니라 지능, 부모의 사회경제적 지위, 입학 당시의 학업성취도 등에도 영향을 받았을 수 있다.

◉ 앞에서 소개한 연구는 '대도시 혹은 읍면 지역에 소재한 학교에 다님으로써 학력 향상에 유리함 또는 불리함을 받는 현상', 즉 교육 격차를 검증하는 데 목적이 있다.

  • 이를 위해서는 종속변수인 3학년에서의 학업성취도의 전체 분산 중에서 지능, 부모의 사회경제적 지위, 입학 당시의 학업성취도 등에 의한 영향 부분을 통제할 필요가 있다.

  • 이처럼 종속변수에 영향을 미치는 가외변수를 통계적으로 통제한 후, 집단 간 평균 차이를 검증하는 통계적 분석방법을 '공분산분석(일명 공변량분석)'이라 한다. 이때 지능, 부모의 사회경제적 지위, 입학 당시의 학업성취도와 같이 통제해야 할 변수를 '공변수(covariate, 일명 공변인)'라 한다.

◉ 공분산분석에서는 t검정 및 분산분석과 달리 비교하려는 집단의 개수가 2개인 경우와 3개 이상인 경우를 구분하지 않는다. 즉, 비교하려는 집단이 2개든 3개 이상이든 모두 공분산분석에 해당한다. 그리고 공변수의 개수는 2개 이상이어도 상관 없다.

  • 공변수를 제외한 범주형 독립변수의 개수가 2개 이상인 공분산분석을 특히 '다원공분산분석(multi-way ANCOVA)'이라고 부른다. 다원공분산분석에서는 공변수의 영향을 통제하였을 때, 범주형 독립변수들의 주효과와 상호작용효과를 분석할 수 있다.

  • 종속변수가 2개 이상인 공분산분석을 '다변량공분산분석(multi-variate ANCOVA, 또는 MANCOVA)'이라고 한다.

  • 이 장에서는 일원공분산분석(one-way ANCOVA)에 대해서만 소개하기로 한다.

ⓘ 공분산분석에서 공변수는 종속변수와 동일한 검사도구를 다른 시점에서 측정하여 수집한 변수를 활용하여도 무방하다.

• 이질집단 전후검사설계는 이러한 경우의 한 예다([그림 22-1] 참조). 이질집단 전후검사설계는 동질성을 보장할 수 없는 실험집단과 통제집단을 구성하여 처치 프로그램 투입 전후에 사전검사와 사후검사를 실시하는 방법이다. 이 설계는 사후검사에서 실험집단과 통제집단 간의 차이만으로는 그것이 처치 프로그램에 의한 것인지, 처치 프로그램이 투입되기 전부터 이미 존재했던 것인지 판단하기 어렵다. 이 경우에는 사전검사의 영향을 통계적으로 통제한 후, 사후검사의 실험집단과 통제집단 간 차이를 검증할 필요가 있다.

	사전검사	처치	사후검사
실험집단	O_1	X	O_2
통제집단	O_3		O_4

[그림 22-1] 이질집단 전후검사설계

• 실험연구에서 공분산분석을 활용하면 처치 프로그램 투입 이전의 실험집단과 통제집단 간의 동질성을 통계적으로 보장해 줌으로써, 처치 프로그램 투입 이후 실험집단과 통제집단 간에 차이가 있다면 그것이 처치 프로그램으로 인한 것이라는 확신을 갖게 해 준다.

1　공분산분석의 기본 원리

ⓘ 공분산분석은 범주형 변수 1개와 J개의 공변수를 독립변수로 하고, 1개의 양적변수를 종속변수로 한다. 이때 연구자의 관심은 공변수의 영향을 통제하였을 때 범주형 변수의 처치조건에 따른 종속변수의 평균이 통계적으로 유의미한 차이가 있는지 검증하는 것이다.

ⓘ 공분산분석은 중다회귀분석으로도 동일한 결과를 얻을 수 있다.

• J개의 공변수[X_j (단, $j = 1, 2, \cdots, J$)]와 1개의 이분형의 범주형 변수(A)가 하나의 양적인 종속변수(Y)를 설명한다고 할 때, 위계적 중다회귀분석을 이용하면

다음과 같은 두 가지 중다회귀모형을 설정할 수 있다. 여기서 연구자의 관심은 '범주형 변수 A의 회귀계수가 통계적으로 유의미한가?'다.

공변수효과모형: $Y' = b_0 + b_1 X_1 + b_2 X_2 + \cdots + b_J X_J$

공분산분석모형1: $Y' = b_0 + b_1 X_1 + b_2 X_2 + \cdots + b_J X_J + b_{J+1} A$

- '공분산분석모형1'에서 구한 '회귀계수 b_{J+1}의 유의확률'은 공분산분석을 실시했을 때 산출되는 '범주형 변수 A의 유의확률'과 동일하다. '공분산분석모형1'에서 회귀계수 b_{J+1}이 통계적으로 유의미하다는 것은 'J개의 공변수가 종속변수에 미치는 영향을 통제하였을 때 범주형 변수인 A의 처치조건에 따른 종속변수의 평균은 통계적으로 유의미한 차이가 있음'을 의미한다.
- 만약 범주형 변수 A의 처치조건이 세 가지라면 2개의 더미변수(dummy variables)인 D_1, D_2를 이용하여 다음과 같은 '공분산분석모형2'를 설정해야 한다.

공분산분석모형2: $Y' = b_0 + b_1 X_1 + b_2 X_2 + \cdots + b_J X_J + b_{J+1} D_1 + b_{J+2} D_2$

- '위계적 회귀분석'을 활용하여 공변수효과모형과 공분산분석모형2를 차례대로 회귀모형에 투입했을 때 산출되는 '증가된 중다상관제곱(ΔR^2)의 유의확률'은 공분산분석을 실시했을 때 산출되는 '범주형 변수 A의 유의확률'과 동일하다. '공분산분석모형2'의 중다상관제곱(R_f^2)에서 '공변수효과모형'의 중다상관제곱(R_r^2)을 뺀 '증가된 중다상관제곱(ΔR^2)'은 'J개의 공변수가 종속변수에 미치는 영향을 통제한 후에 종속변수에 대한 범주형 변수 A의 추가적인 순수한 설명량'을 의미한다.

$$\frac{(R_f^2 - R_r^2)/(K-1)}{(1-R_f^2)/(n-J-K)} \sim F(K-1,\ n-J-K)$$

단, R_f^2 : 종속변수 Y 에 대한 독립변수들(J 개의 공변수와 처치변수)의 중
　　　다상관제곱

　　R_r^2 : 종속변수 Y 에 대한 독립변수 중에서 J 개의 공변수들의 중다상관
　　　제곱

　　J : 공변수의 개수

　　K : 범주형 변수 A 의 처치조건의 수

　　n : 사례수

- 앞의 검정통계량이 통계적으로 유의미하다면, 'J 개의 공변수가 종속변수에 미치는 영향을 통제하였을 때, 범주형 변수인 A 의 처치조건에 따른 종속변수의 평균은 통계적으로 유의미한 차이가 있다.'고 할 수 있다. 이때 범주형 변수 A 의 처치조건이 K 개이면 $K-1$ 개의 더미변수($D_1, D_2, \cdots, D_{K-1}$)를 설정해야 하기 때문에 독립변수는 $K-1$ 개가 더 증가하며, 결국 앞의 검정통계량에서 분자의 자유도는 $K-1$ 이고, 분모의 자유도는 $n-J-K$ 가 된다.
- 다음은 교사관심과 수업분위기의 영향을 통제한 상태에서 학교적응에 대한 가족형태(부모부재: 0, 편모편부: 1, 부모양재: 2)의 순수한 효과가 어떠한지 검증하기 위한 공분산분석과 위계적회귀분석 결과다. 〈표 22-1〉에서 '가족형태의 유의확률'과 〈표 22-2〉에서 '가족형태를 추가했을 때의 ΔR^2 에 해당하는 .106에 대한 유의확률'은 .000373으로 동일함을 확인할 수 있다.
  ✔ 학교적응에 대한 독립변수들의 전체 효과에 해당하는 '수정모형의 유의확률'과 'R^2 에 대한 유의확률'도 2.124E-10로 동일함을 알 수 있다.

〈표 22-1〉 학교적응에 대한 가족형태 간 차이에 관한 공분산분석 결과

분산원	ss	df	ms	F	p
교사관심	2149.5	1	2149.5	14.938	0.000
수업분위기	1020.2	1	1020.2	7.090	0.009
가족형태	2471.5	2	1235.7	8.588	0.000373
오차	13670.3	95	143.9		
전체	23285.3	99			

※ 수정모형의 자유도는 4이고, 유의확률은 2.124E-10

〈표 22-2〉 학교적응에 대한 위계적 회귀분석 결과

독립변수		b	S.E.	β	t	R^2	ΔR^2
(상수)		14.810	4.871	–	3.040**		
교사관심		0.373	0.081	0.407	4.630**	.307**	.307**
수업분위기		0.251	0.078	0.282	3.205**		
(상수)		13.106	4.751	–	2.758**		
교사관심		0.299	0.077	0.326	3.865**		
수업분위기		0.198	0.074	0.222	2.663**	.413**	.106**
가족형태	편모편부	8.567	3.059	0.268	2.800**	($p=2.124E-10$)	($p=0.000373$)
※	부모양재	13.108	3.197	0.415	4.099**		

**$p<.01$

※ 참조집단: 부모부재

🔟 요컨대, 공분산분석은 공변수효과모형의 중다상관제곱(R_r^2)과 공분산분석모형의 중다상관제곱(R_f^2)을 비교할 때, '증가된 중다상관제곱(ΔR^2)'에 대한 가설검정 과정으로 볼 수 있다.

• [그림 22-2]에서 '증가된 중다상관제곱'은 종속변수 Y의 전체 분산(ⓐ+ⓑ+ⓒ+ⓓ) 중에서 범주형 변수 A의 순수한 설명분산 부분인 'ⓑ'에 해당한다.

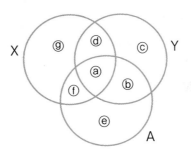

[그림 22-2] 공분산분석의 설명분산

🔟 공분산분석은 종속변수 Y(양적변수)의 전체 분산 중에서 공변수 X(양적변수)에 의해서 설명 가능한 부분의 분산을 제거(회귀분석모형)한 다음, 나머지 분산 중에서 범주형 변수 A의 순수한 영향력을 통계적으로 검증(분산분석모형)하려는 접근

방법이다.

- 그러므로 공분산분석은 회귀분석과 분산분석이 혼합된 모형으로 볼 수 있다. 공변수의 영향을 통제하기 위해서 회귀분석의 개념이 활용되고, 공변수의 영향을 통제한 후 집단 간 차이를 검증하기 위해 분산분석의 개념이 활용된다.
- 공분산분석은 종속변수의 전체 분산을 다음과 같이 3개의 효과로 나눌 수 있으며, 이 중에서 집단의 효과를 검증하는 절차라고 볼 수 있다.

$$Y_{ij} = \mu + \alpha X_{ij} (\text{공변수 } X \text{의 효과}) + \beta_j (j \text{집단의 효과}) + e_{ij} (\text{무선효과})$$

🔵 공분산분석을 공변수와 종속변수 간의 이차원적인 그림으로 이해할 수도 있다.

- 이를 위해 이질집단 전후검사설계를 공분산분석으로 분석하는 상황을 예로 들고자 한다. [그림 22-3]은 가로축을 사전검사 점수, 세로축을 사후검사 점수로 하여, 통제·실험집단별로 점수분포를 도식화한 것이다. 그림에 의하면, 사후검사 점수에서 실험집단의 평균은 통제집단에 비해서 더 높음을 알 수 있다. 그러나 이것이 전적으로 처치 프로그램에 의한 효과 차이라고 볼 수는 없다. 왜냐하면 사전검사에서 이미 실험집단의 평균이 통제집단에 비해서 더 높았기 때문이다.

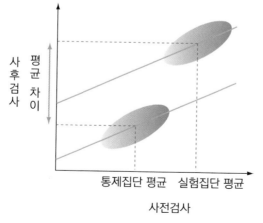

[그림 22-3] 이질집단 전후검사설계에서의 점수분포

- 이러한 경우에는 [그림 22-4]와 같이, 회귀선을 따라서 통제집단의 점수분포는

오른쪽 위로 이동시키고, 실험집단의 점수분포는 왼쪽 아래로 이동시켜서 사전검사에서 통제집단과 실험집단의 평균이 동일하도록 한 다음, 사후검사에서 실험집단과 통제집단 간의 평균 차이를 비교하는 것이 합리적일 것이다. 회귀선을 따라서 점수분포를 이동시켜 사전검사의 통제집단과 실험집단 간 평균을 동일하도록 하는 데 회귀분석의 개념이 활용된다. 회귀분석을 이용하여 사전검사에서 두 집단의 평균을 동일하게 했을 때, 사후검사에서의 통제집단과 실험집단 평균을 '조정평균(adjusted mean)'이라고 한다. 이때 두 회귀선의 기울기가 동일하다고 가정하면, 조정평균 간의 차이는 두 회귀선의 절편의 차이와 동일하다. 결국 공분산분석은 회귀 절편에 대한 집단 간 차이 검증이라고 할 수 있다.

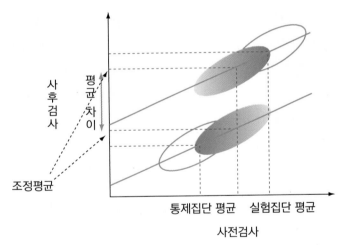

[그림 22-4] 공분산분석에 의한 이질집단 통제집단설계에서의 점수분포 변화

⬤ 공분산분석을 적용하기 전과 적용한 후의 집단 간 차이가 어떻게 달라지는지 보기 위해 좀 더 다양한 상황을 예로 들어 보자.

• [그림 22-5]와 [그림 22-6]의 (가)는 공분산분석을 적용하기 전이고, (나)는 공분산분석을 적용한 후의 상황이다. 특히 [그림 22-5]의 (가)는 공분산분석을 실시하더라도 [그림 22-5]의 (나)와 같이, '사후검사의 실험집단과 통제집단 간 차이'와 '조정평균의 실험집단과 통제집단 간 차이'는 동일하다. 이에 비해서 [그림 22-6]의 (가)의 경우에는 사후검사에서의 실험집단과 통제집단 간 차이

는 매우 크지만, [그림 22-6]의 (나)와 같이 공분산분석을 실시한 후의 조정평
균은 그 차이가 0이 된다. 결국 [그림 22-5]의 (가)의 경우에는 사후검사에 대해
서 분산분석을 하는 것과 사전검사를 공변수로 하는 공분산분석을 하는 것은 유
사한 결과가 기대된다. 이에 비해서 [그림 22-6]의 (가)의 경우에는 사후검사
에 대해서 분산분석을 하면 통계적으로 유의미한 차이가 있지만 사전검사를 공
변수로 하는 공분산분석을 하면 차이가 없다는 결과가 나타날 가능성이 있다.

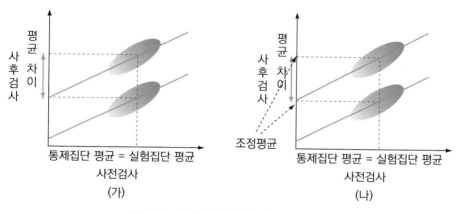

[그림 22-5] 공분산분석이 필요 없는 상황

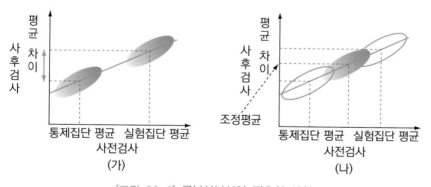

[그림 22-6] 공분산분석이 필요한 상황

🔢 공분산분석의 수리적인 과정에 대해 설명하고자 한다.

　◆ 이를 이해하려면, 단순회귀분석에서 X를 알고 Y를 예언하는 데 사용되는 회
　귀계수가 다음과 같다는 것을 알아야 한다.

$$b_{yx} = r\frac{s_y}{s_x} = \frac{\sum xy}{\sum x^2} = \frac{\sum(X - \overline{X})(Y - \overline{Y})}{\sum(X - \overline{X})^2}$$

• 앞의 식을 활용한다면, K개 집단의 모든 사례 $n(= n_1 + n_2 + \cdots + n_K)$을 기초로 X를 알고 Y를 예언하는 전체 회귀계수인 b_t, K개의 집단 내 회귀계수를 통합하여 얻은 회귀계수인 b_w 및 각 집단의 평균값을 하나의 점수로 보고 이 평균점을 지나는 최적의 직선을 나타내는 회귀계수 b_b를 구할 수 있을 것이다. 다만, 각 집단 내 회귀계수 b_w가 다음과 같이 통합되려면 각 집단 내 회귀계수가 동일하다는 가정을 할 수 있어야 한다. 이러한 이유에서 공분산분석은 각 집단 내 회귀계수가 동일해야 한다는 가정이 요구된다.

$$b_t = \frac{\sum_{k=1}^{K}\sum_{i=1}^{n_k}(Y_{ik} - \overline{Y})(X_{ik} - \overline{X})}{\sum_{k=1}^{K}\sum_{i=1}^{n_k}(X_{ik} - \overline{X})^2}$$

$$b_w = \frac{\sum_{k=1}^{K}\sum_{i=1}^{n_k}(Y_{ik} - \overline{Y_k})(X_{ik} - \overline{X_k})}{\sum_{k=1}^{K}\sum_{i=1}^{n_k}(X_{ik} - \overline{X_k})^2}$$

$$b_b = \frac{\sum_{k=1}^{K}n_k(\overline{Y_k} - \overline{Y})(\overline{X_k} - \overline{X})}{\sum_{k=1}^{K}n_k(\overline{X_k} - \overline{X})^2}$$

• 단순회귀분석에서 X를 알고 Y를 예언할 때 X에 의해서 예언되지 않는 부분의 편차제곱합은 다음 공식을 활용하여 구할 수 있다.

$$SS_y' = \sum_{i=1}^{n}(y_i - y')^2 = \sum_{i=1}^{n}[(Y_i - \overline{Y}) - b_{yx}(X_i - \overline{X})]^2$$

• 이를 K개 집단의 모든 사례 $n(= n_1 + n_2 + \cdots + n_K)$에 활용한다면, Y의 총편차제곱합 중에서 회귀계수 b_t에 의해서 예언되는 부분을 제외한 '교정된 총

편차제곱합 SS'_{yt}', Y의 집단 내 편차제곱합 중에서 회귀계수 b_w에 의해서 예언되는 부분을 제외한 '교정된 집단 내 편차제곱합 SS'_{yw}', Y의 집단 간 편차제곱합 중에서 회귀계수 b_b에 의해서 예언되는 부분을 제외한 '교정된 집단 간 편차제곱합 SS'_{yb}'를 다음과 같이 구할 수 있다(임인재, 1987).

$$SS'_{yt} = \sum_{k=1}^{K}\sum_{i=1}^{n_k}(Y_{ik}-\overline{Y})^2 - \frac{\left[\sum_{k=1}^{K}\sum_{i=1}^{n_k}(Y_{ik}-\overline{Y})(X_{ik}-\overline{X})\right]^2}{\sum_{k=1}^{K}\sum_{i=1}^{n_k}(X_{ik}-\overline{X})^2}$$

$$SS'_{yw} = \sum_{k=1}^{K}\sum_{i=1}^{n_k}(Y_{ik}-\overline{Y_k})^2 - \frac{\left[\sum_{k=1}^{K}\sum_{i=1}^{n_k}(Y_{ik}-\overline{Y_k})(X_{ik}-\overline{X_k})\right]^2}{\sum_{k=1}^{K}\sum_{i=1}^{n_k}(X_{ik}-\overline{X_k})^2}$$

$$SS'_{yb} = SS'_{yt} - SS'_{yw}$$

• 이때 공분산분석은 다음의 표집분포가 자유도 $K-1$, $n-K-1$인 F분포를 따른다는 수학적인 증명 결과를 활용한 것이다.

$$\frac{SS'_{yb}/(K-1)}{SS'_{yw}/(n-K-1)} \sim F(K-1, n-K-1)$$

(단, n: 사례수, K: 집단의 수)

◎ 공분산분석에서 교정된 총 편차제곱합의 자유도는 $n-2$가 된다. 이것은 X에 의해서 예언되는 회귀선을 중심으로 예언되지 않는 부분의 편차제곱합이므로 회귀계수와 Y절편을 구하는 데 각각 하나의 자유도, 총 2개의 자유도를 잃었기 때문이다. 교정된 집단 내 편차제곱합의 자유도는 $n-K-1$이 된다. 그러나 '교정된 집단 간 편차제곱합'의 자유도는 $K-1$로 변화하지 않는다. 그 이유는 집단 간 회귀계수 b_b는 '교정된 집단 간 편차제곱합'을 구하는 데 이용되지 않고 SS'_{yt}에서 SS'_{yw}를 뺌으로써 얻을 수 있기 때문이다. 〈표 22-3〉은 공변수를 통제하기 전과 후, 즉 교정 전과 교정 후의 자유도가 어떻게 변화하는가를 요약해 주고 있다(임인재, 1987).

〈표 22-3〉 공분산분석에서 교정 전과 교정 후의 자유도

분산원	교정 전 자유도	교정 후 자유도
집단 간	$K-1$	$K-1$
집단 내	$n-K$	$n-K-1$
전체	$n-1$	$n-2$

2   공분산분석의 기본 가정

🔹 공분산분석은 분산분석과 회귀분석을 통합한 것이므로 이 두 가지 분석에 필요한 기본 가정이 모두 필요하다. 공분산분석의 기본 가정은 다음과 같다.

- 각 집단 내에서 주어진 공변수 X에서의 종속변수 Y의 조건분포는 정규분포를 따라야 한다.
- 공변수 X에서의 종속변수 Y의 조건분포의 분산은 모든 집단과 모든 공변수 X의 전 범위에서 동일해야 한다.
- 공변수와 종속변수 간에는 선형적인 상관관계가 있어야 한다. 만약 공변수와 종속변수 간의 상관 정도가 매우 낮다면, 회귀분석을 통해 종속변수의 전체 분산 중 공변수로 설명할 수 있는 분산이 대단히 적을 것이다. 이러한 경우에 공분산분석의 결과는 분산분석과 별로 차이가 없다. 오히려 오차분산의 자유도만 하나 더 소모하기 때문에 통계적 검정력만 떨어뜨리게 된다. Kennedy와 Bush(1985)는 공분산분석이 통계적 검정력에 도움을 주기 위해서는 공변수와 종속변수 간의 상관 정도가 적어도 .6은 되어야 한다고 주장하였다.
- 집단 내에서의 종속변수에 대한 공변수의 회귀계수가 모든 집단에 있어서 동일해야 한다. 즉, K개의 각 집단을 대표하는 전집의 회귀계수가 상호 일정하다($H_0: \beta_1 = \beta_2 = \cdots = \beta_K$)는 기본 가정을 충족시켜야 한다. 이를 검증하기 위해서는 다음의 검정통계량이 자유도가 $K-1$, $n-2K$인 F분포를 따른다는 것을 이용한다.

$$\frac{S_2/(K-1)}{S_1/(n-2K)} \sim F(K-1,\ n-2K)$$

(단, K : 집단의 수, n : 사례수)

여기서 S_1 과 S_2 는 다음과 같이 구한다(임인재, 1987).

$$S_1 = \sum_{k=1}^{K}\left(\sum_{i=1}^{n_k}(Y_{ik} - \overline{Y_k})^2 - \frac{\left[\sum_{i=1}^{n_k}(Y_{ik} - \overline{Y_k})(X_{ik} - \overline{X_k})\right]^2}{\sum_{i=1}^{n_k}(X_{ik} - \overline{X_k})^2}\right)$$

(단, X : 공변수, Y : 종속변수, n_k : k 집단의 사례수)

$$SS_{yw}^{'} = \sum_{k=1}^{K}\sum_{i=1}^{n_k}(Y_{ik} - \overline{Y_k})^2 - \frac{\left[\sum_{k=1}^{K}\sum_{i=1}^{n_k}(Y_{ik} - \overline{Y_k})(X_{ik} - \overline{X_k})\right]^2}{\sum_{k=1}^{K}\sum_{i=1}^{n_k}(X_{ik} - \overline{X_k})^2}$$

$$S_2 = SS_{yw}^{'} - S_1$$

• 시간적으로 실험처치가 공변수에 영향을 미치지 않도록 공변수를 측정해야 한
다. 물론, 실험처치가 공변수의 측정에 영향을 미치지 않는다면 언제든지 공변
수를 측정할 수도 있다. 그러나 실험처치가 공변수에 영향을 미친다면, 실험처
치를 투입하기 전에 공변수를 측정해야 한다. 만약 공변수의 측정에 실험처치
효과가 혼재된다면, 교정된 편차제곱합을 구하는 과정에서 실제로 공변수로
설명할 수 있는 분산을 과대추정 혹은 과소추정하게 되어 해석에 타당성이 없
어질 수 있다(임인재, 1987).

3　공분산분석의 예

1) 연구설계와 연구가설

(1) 연구설계

🔔 새롭게 개발한 상담 프로그램이 자존감에 효과가 있는지 검증하기 위해 [그림 22-7]과 같은 이질집단 전후검사설계를 적용하였다. 즉, 실험집단과 통제집단에 15명씩 배치하여 프로그램 처치 이전에 자존감을 측정하였다. 그리고 실험집단에는 새롭게 개발한 상담 프로그램을, 통제집단에는 기존의 프로그램을 적용한 후, 자존감을 다시 한번 측정하였다.

	사전검사	처치	사후검사
실험집단	O_1	X	O_3
통제집단	O_2		O_4

(단, O는 관찰, X는 처치)

[그림 22-7] 이질집단 전후검사설계

(2) 연구가설

[연구가설] 새롭게 개발한 상담 프로그램은 기존의 프로그램에 비해 자존감에 더 효과적일 것이다.

2) 변수 설명 및 분석 데이터

- **변수 설명**: 처치여부(1: 실험집단, 2: 통제집단), 사전자존감, 사후자존감
- **분석 데이터**: 공분산분석.sav(네이버 카페의 '스터피아'에서 다운로드)

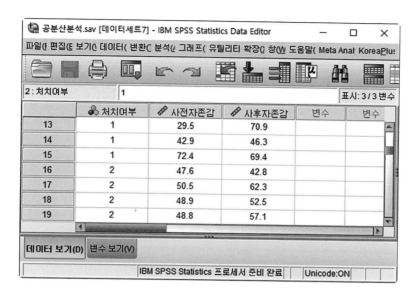

3) 분석 절차

(1) 1단계: 집단별 평균과 표준편차 구하기

• '분석' 메뉴

✔ '표' ⇨ '사용자 정의 표'

✔ '사전자존감'과 '사후자존감'을 동시에 선택하여 '열'바로 드래그해서 이동

　(동시에 선택할 때에는 Ctrl 또는 Shift 키를 활용하면 편리)

✔ '처치여부'를 '행'바로 드래그해서 이동

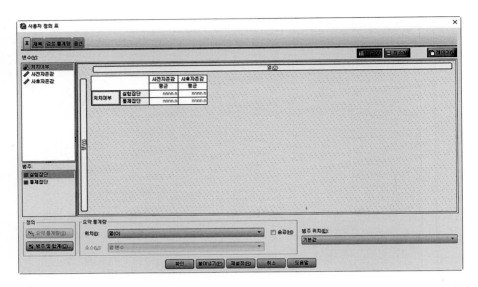

• 오른쪽에 생성된 표의 '사전자존감'을 더블클릭하면 '요약 통계량'이 나타난다.

✔ '통계량'의 '빈도' 클릭 ⇨ '빈도'를 오른쪽(➡)의 '표시' 부분으로 보냄

✔ '통계량'의 '합계' 하위의 '표준편차'를 오른쪽(➡)의 '표시' 부분으로 보냄

✔ ⬆와 ⬇를 활용하여 '표시' 부분을 '빈도' '평균' '표준편차' 순으로 변경

✔ '빈도' '평균' '표준편차'의 '형식'을 모두 n,nnn으로 변경

✔ '빈도'의 '소수점이하자리'는 0, '평균'과 '표준편차'의 '소수점이하자리'는 1로 변경

✔ '모든 항목에 적용' 클릭 ⇨ '닫기' 클릭

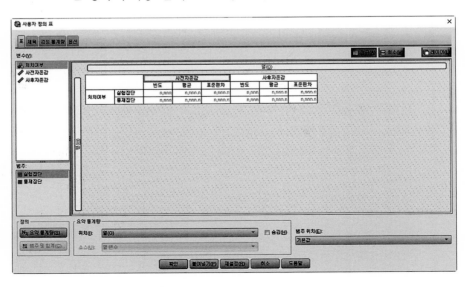

- 바로 실행하거나 명령문에서 실행하기
  - ✔ 바로 실행하려면 '확인'을 클릭하고, 명령문에서 실행하려면 '붙여넣기'를 클릭

(2) 2단계: 사전검사를 활용한 동질성 검증하기

- '분석' 메뉴
  - ✔ '평균 비교' ⇨ '독립표본 t검정'
  - ✔ '사전자존감'을 '검정변수'로 이동, '처치여부'를 '집단변수'로 이동

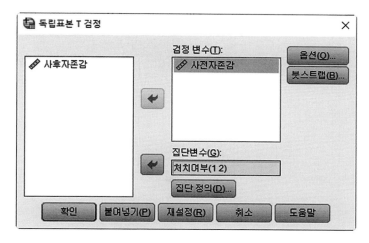

  - ✔ '집단 정의' 클릭 ⇨ 처치여부의 변수값 1과 2를 입력 ⇨ '계속'

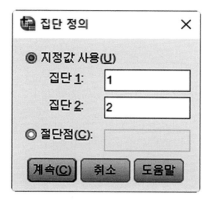

- 바로 실행하거나 명령문에서 실행하기
  - ✔ 바로 실행하려면 '확인'을 클릭하고, 명령문에서 실행하려면 '붙여넣기'를 클릭

(3) 3단계: 'F값'과 'p값' 구하기

• '분석' 메뉴

　✔ '일반선형모형' ⇨ '일변량'

　✔ 사후검사 점수인 '사후자존감'을 '종속변수'로 이동

　✔ 사전검사 점수인 '사전자존감'을 '공변량'으로 이동

　✔ 새로운 프로그램 적용 여부 변수인 '처치여부'를 '고정요인'으로 이동

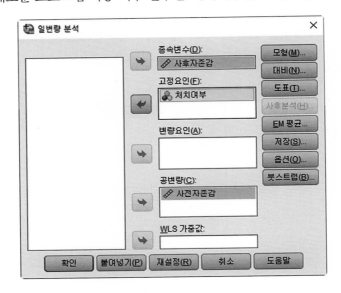

• 'EM 평균': 조정평균을 구하는 절차

　✔ 독립변수인 '처치여부'를 '평균 표시 기준'으로 이동

　✔ '계속' 클릭

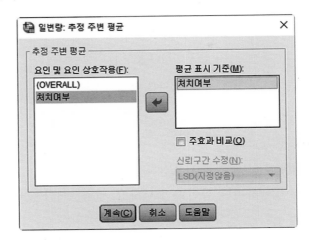

- '저장'
  - ✔ '예측값'의 '비표준화' 체크
    - ※ 이 절차는 사후비교가 필요할 때만 밟게 된다. 이 부분을 체크하면 공변수의 영향을 통제한 상태에서의 종속변수 값이 'PRE_1'이라는 변수이름으로 자동 저장된다. 이 변수를 종속변수로 활용하여 '분석' ⇨ '평균 비교' ⇨ '일원배치 분산분석' ⇨ '사후분석' 메뉴에서 사후비교를 실시하면 된다.
  - ✔ '계속' 클릭

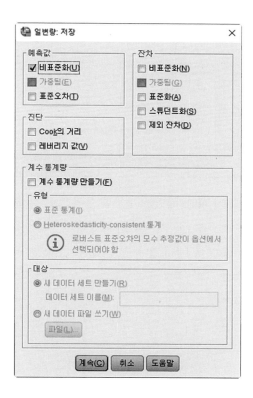

◆ 바로 실행하거나 명령문에서 실행하기

✔ 바로 실행하려면 '확인'을 클릭하고, 명령문에서 실행하려면 '붙여넣기'를
    클릭

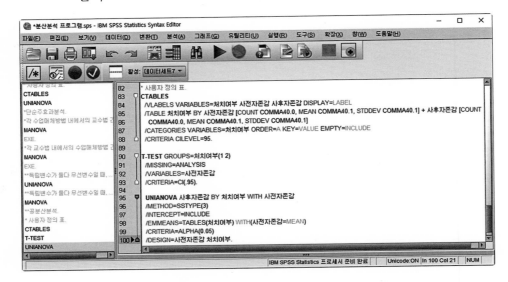

✔ 실행하고자 하는 명령문 부분을 블록으로 지정하여 '메뉴'의 ▶를 클릭

4) 분석 결과

		사전자존감			사후자존감		
		빈도	평균 순위	표준편차	빈도	평균 순위	표준편차
처치여부	실험집단	15	41.7	10.1	15	60.1	11.4
	통제집단	15	50.3	7.8	15	47.8	10.1

독립표본 검정

		Levene의 등분산 검정		평균의 동일성에 대한 T검정						
		F	유의확률	t	자유도	유의확률 (양측)	평균차이	표준오차 차이	차이의 95% 신뢰구간 하한	상한
사전 자존감	등분산을 가정함	.244	.625	-2.606	28	.015	-8.6000	3.3006	-15.3609	-1.8391
	등분산을 가정하지 않음			-2.606	26.358	.015	-8.6000	3.3006	-15.3799	-1.8201

개체-간 효과검정

종속변수: 사후자존감

소스	제Ⅲ유형 제곱합	자유도	평균제곱	F	유의확률
수정된 모형	1135.797[a]	2	567.898	4.719	.017
절편	2872.938	1	2872.938	23.873	.000
사전자존감	2.352	1	2.352	.020	.890
처치여부	953.630	1	953.630	7.924	.009
오차	3249.255	27	120.343		
전체	91735.500	30			
수정된 합계	4385.052	29			

a. R 제곱=.259(수정된 R 제곱=.204)

추정 주변 평균
처치여부

조정평균과 표준오차

종속변수: 사후자존감

처치여부	평균	표준오차	95% 신뢰구간 하한	상한
실험집단	60.245[a]	2.999	54.091	66.398
통제집단	47.675[a]	2.999	41.522	53.829

a. 모형에 나타나는 공변량은 다음 값에 대해 계산됩니다.: 사전자존감=46.013.

※ 밑줄 친 부분과 직사각형은 보고서에 제시해야 하는 부분이다.

5) 보고서 제시 및 해석방법

(1) 보고서 제시방법 1: 기술통계와 공분산분석을 함께 제시하는 경우

〈표 22-4〉 상담 프로그램이 자존감에 미치는 영향에 대한 효과 검증 결과

집단	사전검사			t	사후검사			조정된 사후검사		F
	N	M	SD		N	M	SD	M	SE	
실험집단	15	41.7	10.1	−2.606*	15	60.1	11.4	60.245	2.999	7.924**
통제집단	15	50.3	7.8		15	47.8	10.1	47.675	2.999	

SE: 표준오차   *$p < .05$ **$p < .01$

(2) 보고서 제시방법 2: 기술통계와 공분산분석을 따로 제시하는 경우

〈표 22-5〉 상담 프로그램에 따른 자존감의 평균 및 표준편차 결과

집단	사전검사			t	p	사후검사			조정된 사후검사	
	N	M	SD			N	M	SD	M	SE
실험집단	15	41.7	10.1	−2.606	.015	15	60.1	11.4	60.245	2.999
통제집단	15	50.3	7.8			15	47.8	10.1	47.675	2.999

SE: 표준오차

〈표 22-6〉 상담 프로그램이 자존감에 미치는 영향에 대한 효과 검증 결과

분산원	SS	df	MS	F
사전 자존감	2.352	1	2.352	0.020
집단 간	953.630	1	953.630	7.924**
집단 내	3249.255	27	120.343	
전체	4385.052	29		

**$p < .01$

　　독립표본 t검정을 활용하여 처치 프로그램 적용 전의 자존감 평균이 실험집단과 통제집단 간에 차이가 있는지 분석하였다. 그 결과, 〈표 22-5〉에서와 같이 통제집단이 실험집단에 비해 자존감 평균이 더 높은 것으로 나타났다($t = -2.606$, $p < .05$). 이는 처치 프로그램 적용 이전의 실험집단과 통제집단은 동질성이 없음을 의미한다. 그러므

로 새롭게 개발한 상담 프로그램의 효과를 검증하기 위해서는 자존감 사전검사 점수를 통제할 필요가 있었다.

이에 이 연구에서는 자존감 사전검사 점수를 공변수로 하는 공분산분석을 실시하였고, 그 결과 〈표 22-6〉을 얻을 수 있었다. 이로부터 다음의 내용을 확인할 수 있었다.

첫째, 공변수인 자존감 사전검사 점수는 자존감 사후검사 점수를 통계적으로 유의미하게 설명하고 있지 않았다($F=0.020, p > .05$). 자존감 사전검사 점수가 자존감 사후검사 점수의 전체 분산을 설명하지 못한다는 것은 자존감 사전검사 점수를 굳이 통제할 필요가 없음을 의미한다. 그러나 자존감 사전검사가 실험·통제집단 간에 차이가 있었다는 결과를 바탕으로 본 연구에서는 자존감 사전검사를 통제변수로 활용하였다.

둘째, 자존감 사전검사 점수를 통제한 후, 자존감 사후검사 점수의 평균은 실험집단과 통제집단 간에 통계적으로 유의미한 차이가 있음을 확인할 수 있었다($F=7.924$, $p < .01$). 조정평균을 비교한 결과, 실험집단이 통제집단에 비해 더 높은 것으로 보아 새롭게 만든 상담 프로그램은 기존 프로그램에 비해 자존감에 대해 더 효과적이라고 할 수 있었다.

문제 01

'새롭게 개발한 교수방법 A가 기존의 교수방법 B에 비해 성취도에 대해 더 효과적인지 검증하기 위해 전후검사 통제집단설계로 실험연구를 실시하였다. 〈표 22-7〉은 효과 검증을 요약한 표다. 구체적으로 해석하시오.

〈표 22-7〉 교수방법이 성취도에 미치는 영향에 대한 효과 검증 결과

교수방법	사전검사			t	p	사후검사			t	p
	N	M	SD			N	M	SD		
교수방법 A	15	9.33	1.35	1.444	.162	15	10.20	1.37	2.327	.027
교수방법 B	15	8.73	.88			15	9.13	1.13		

문제 해설 및 정답: 부록 1 참조

관계의 분석 제**23**장

● t검정과 분산분석은 독립변수와 종속변수의 상관의 정도를 의미하는 ω^2값을 함께 제시하는 것이 바람직하다. 왜냐하면 t검정과 분산분석은 사례수가 커짐에 따라 표본의 표준오차가 작아져서 조그마한 집단 간의 평균 차이도 통계적으로 유의미한 차이가 있다는 식으로 결론을 내릴 가능성이 높아지기 때문이다.

● ω^2은 독립변수가 종속변수의 분산을 어느 정도 설명하는지의 정도를 나타낸다.

$$\omega^2 = \frac{S_y^2 - S_{y \cdot x}^2}{S_y^2} = \frac{S_{y'}^2}{S_y^2}$$

• t검정인 경우, ω^2은 독립변수와 종속변수 간의 양류상관계수(point biserial correlation)의 제곱과 같으며, 다음과 같이 추정된다.

$$\widehat{\omega^2} = \frac{t^2 - 1}{t^2 + N_1 + N_2 - 1}$$

(단, t: 검정통계량 t값, N_1, N_2: 사례수)

• 분산분석의 경우, ω^2은 상관비(η^2)와 그 의미가 같으며, 다음과 같이 추정된다 (임인재, 1987).

$$\widehat{\omega^2} = \frac{SSB - (J-1)\widehat{\sigma^2_{within}}}{SST + \widehat{\sigma^2_{within}}}$$

단, SSB: 집단 간 편차제곱합

SST: 전체 편차제곱합

J: 집단 수

$\widehat{\sigma^2_{within}}$: 집단 내 분산

상관분석과
중다회귀분석

상관분석　제**24**장

1　'상관이 있다.'는 것의 의미

🔵 '상관이 있다.'라는 것은 한 변수값을 알 때 나머지 변수값을 예측할 수 있는 경우를
의미한다. [그림 24-1]은 상관이 있는 경우의 예이고, [그림 24-2]는 상관이 없는
경우의 예다.

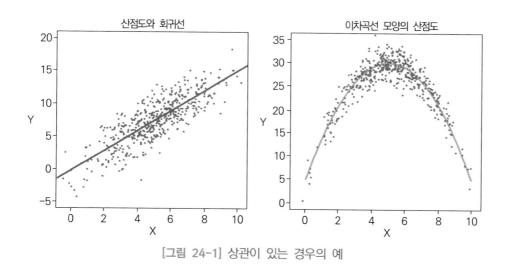

[그림 24-1] 상관이 있는 경우의 예

• [그림 24-1]의 오른쪽 그림은 상관이 매우 높지만, '일차함수를 통해 한 변수로
나머지 변수를 예측할 수 있는 정도'로 정의되는 피어슨 적률상관계수를 구하
면 0에 가까운 값이 산출된다.

- [그림 24-2]의 오른쪽 그림은 선형적인 관계가 있는 것으로 보이지만 *Y*값이 주어지더라도 그 사람의 *X*값을 전혀 예측할 수 없는 상황이기 때문에 상관은 0에 가까운 경우에 해당한다.

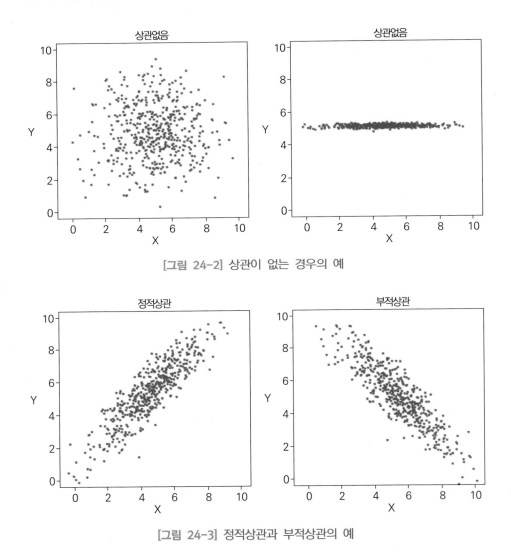

[그림 24-2] 상관이 없는 경우의 예

[그림 24-3] 정적상관과 부적상관의 예

ⓘ [그림 24-3]의 왼쪽 그림과 같이 한 변수가 커짐에 따라 나머지 변수도 커지는 경향이 있을 때 '정적상관'이 있다고 하고, 오른쪽 그림과 같이 한 변수가 커짐에 따라 나머지 변수는 작아지는 경향이 있을 때 '부적상관'이 있다고 한다. 정적상관은 상관계수가 +1에 가깝고, 부적상관은 상관계수가 −1에 가깝다. 이에 비해 [그림

24-2]와 같이 상관이 낮거나 없는 경우는 상관계수가 0에 가깝다.

- 상관계수가 −1에 가까울 때, '상관이 낮다.'고 해석해서는 안 된다. '상관이 있다.'는 것은 한 변수로 나머지 변수를 예측할 수 있는 정도이기 때문에 상관의 크기는 절댓값으로 해석해야 한다. 즉, 상관계수가 −1에 가까우면 '상관이 높다.'고 해석해야 한다.

2 공분산과 피어슨 적률상관계수

● 상관을 나타내는 지수로는 공분산(covariance, 일명 공변량)과 피어슨 적률상관계수(Pearson's product−moment correlation coefficient)가 있다.

- 공분산은 '같이 변화하는 정도를 수량화한 값'이다.
  - ✔ 분산이 한 변수에 관한 것(σ_X^2)이라면 공분산은 두 변수에 관한 것이다 (σ_{XY}^2). 같은 변수끼리의 공분산은 분산과 같다($\sigma_{XX}^2 = \sigma_X^2$).
  - ✔ 분산의 경우, 전집에서는 $\sigma_X^2 = \dfrac{\displaystyle\sum_{i=1}^{N} x_i^2}{N}$ 이고, 표본에서는 $\widehat{\sigma_X^2} = \dfrac{\displaystyle\sum_{i=1}^{n} x_i^2}{n-1}$ 이다. 마찬가지로 σ_{XY}^2와 $\widehat{\sigma_{XY}^2}$은 다음과 같다.

$$\text{모공분산} = \sigma_{XY}^2 = \frac{\displaystyle\sum_{i=1}^{N} x_i y_i}{N}, \quad \text{표본공분산} = \widehat{\sigma_{XY}^2} = \frac{\displaystyle\sum_{i=1}^{n} x_i y_i}{n-1}$$

$$\left[\begin{array}{l} \text{단, } N\text{: 전집의 사례수, } n\text{: 표본의 사례수, } x\text{와 } y\text{: } X\text{와 } Y\text{의 편차점수,} \\ \sigma\text{: 사례수로 나눈 표준편차, } \hat{\sigma}\text{: 자유도로 나눈 표준편차} \end{array} \right]$$

  - ✔ 공분산은 '편차점수 곱의 평균'으로 정의할 수 있다.
- 피어슨 적률상관계수(ρ_{XY} 또는 r_{XY})는 공분산을 표준화하기 위해 '공분산을 각 변수의 표준편차로 나눈 값'이다.

$$\text{모상관계수} = \rho_{XY} = \frac{\sum_{i=1}^{N} x_i y_i}{N \sigma_x \sigma_y} = \frac{\sum_{i=1}^{N} Z_{x_i} Z_{y_i}}{N},$$

$$\text{표본상관계수} = r_{XY} = \frac{\sum_{i=1}^{n} x_i y_i}{(n-1) \widehat{\sigma_x} \widehat{\sigma_y}} = \frac{\sum_{i=1}^{n} Z_{x_i} Z_{y_i}}{n}$$

✔ 즉, 피어슨 적률상관계수는 'Z점수 곱의 평균'으로 정의할 수 있다. 여기서 Z점수는 원점수에서 평균을 빼고 표준편차로 나눈 점수다.

✔ 모상관계수에서는 Z점수를 구할 때 사례수로 나눈 표준편차를 활용해야 하고, 표본상관계수에서는 Z점수를 구할 때 자유도로 나눈 표준편차를 활용해야 한다.

🔢 〈표 24-1〉은 전집에서의 공분산과 피어슨 적률상관계수의 계산 과정을 보여주는 예다.

〈표 24-1〉 공분산과 피어슨 적률상관계수 계산의 예

ID	국어	영어	국어 편차점수	영어 편차점수	편차점수 곱	국어 Z점수	영어 Z점수	Z점수 곱
A	1	2	−4.50	−3.50	15.75	−1.57	−1.25	1.96
B	2	1	−3.50	−4.50	15.75	−1.22	−1.61	1.96
C	3	5	−2.50	−0.50	1.25	−0.87	−0.18	0.16
D	4	3	−1.50	−2.50	3.75	−0.52	−0.89	0.47
E	5	5	−0.50	−0.50	0.25	−0.17	−0.18	0.03
F	6	6	0.50	0.50	0.25	0.17	0.18	0.03
G	7	8	1.50	2.50	3.75	0.52	0.89	0.47
H	8	6	2.50	0.50	1.25	0.87	0.18	0.16
I	9	10	3.50	4.50	15.75	1.22	1.61	1.96
J	10	9	4.50	3.50	15.75	1.57	1.25	1.96
평균:	5.5	5.5			7.350			0.913
모표준편차:	2.9	2.8			: 공분산		: 피어슨 적률상관계수	

ⓑ 피어슨 적률상관계수의 성질 또는 특징은 다음과 같다.

- 피어슨 적률상관계수는 −1≤r≤+1의 값을 가진다. [그림 24–4]는 상관계수에 따른 상관의 정도를 그림으로 보여 주고 있다. 상관이 +1에 가까우면 정적상 관, −1에 가까우면 부적상관이 있다고 한다. 정적상관은 한 변수가 커짐에 따라서 다른 변수도 커지는 경향이 있는 경우이고, 부적상관은 한 변수가 커짐에 따라서 다른 변수는 작아지는 경향이 있는 경우다.

- [그림 24–2]의 오른쪽 그림과 같이 변수 Y의 분산이 0이면, 변수 Y는 다른 어떤 변수와의 공분산도 0이다. 즉, 변수 Y의 분산이 존재할 때에 한하여 이 변수와 상관이 있는 타 변수가 있을 수 있다.

  ✔ 'Variance가 없으면, Covariance도 없다.'는 것은 특정 변수가 분산이 없다면 그 변수는 다른 어떤 변수와의 공분산도 유의미할 수 없음을 의미한다.

  ✔ 변수 Y의 분산이 0이면, 변수 Y와 다른 변수 간의 피어슨 적률상관계수는 계산할 수 없음에 유의할 필요가 있다. 두 변수 간의 공분산을 두 변수의 표준편차들로 나눈 값이 피어슨 적률상관계수인데, 변수 Y의 분산과 표준편차가 0이면 피어슨 적률상관계수를 구할 때 분모에 0을 포함하기 때문이다.

- 공분산은 척도의 단위에 영향을 받지만, 피어슨 적률상관계수는 그 영향을 받지 않는다.

  ✔ 예컨대, 〈표 24–2〉에서 보는 바와 같이 키의 측정값을 표현함에 있어서 단위를 cm로 했을 때와 m로 했을 때, 키와 몸무게 간의 공분산을 구해 보면 각각 40.800과 0.408로 다르게 산출되지만, 피어슨 적률상관계수를 구해 보면 0.801로 달라지지 않는다는 것을 확인할 수 있다. 일반적으로 $ac > 0$이면, $r_{XY} = r_{(aX+b)(cX+d)}$다.

  ✔ 그러나 측정 과정에서 측정의 최소 단위를 변경하면, 공분산뿐만 아니라 피어슨 적률상관계수도 달라질 수 있다. 측정의 최소 단위가 작아질수록 측정의 신뢰도는 높아지며, 신뢰도가 높아질수록 공분산뿐만 아니라 피어슨 적률상관계수는 커진다. 예컨대, 키를 측정할 때 최소 단위가 m 눈금인 자로 측정했을 때보다 cm 눈금인 자로 측정했을 때 키와 몸무게 간의 피어슨 적률상관계수는 더 높아지게 된다. 일반적으로 타 요인들이 통제되었다고 가정할 때 측정도구의 신뢰도가 높을수록 피어슨 적률상관계수는 더 커지게 된다.

〈표 24-2〉 척도의 단위에 따른 공분산과 피어슨 적률상관계수의 변화

키1(척도 단위: cm)	키2(척도 단위: m)	몸무게(척도 단위: kg)
150	1.50	50
155	1.55	56
170	1.70	53
175	1.75	60
180	1.80	62

	키1 vs 몸무게	키2 vs 몸무게
공분산	40.800	0.408
피어슨 적률상관계수	0.801	0.801

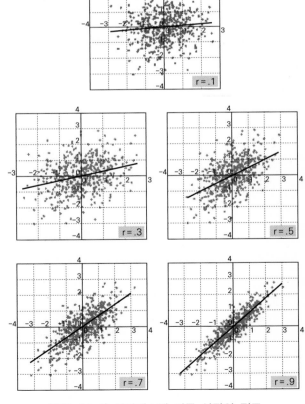

[그림 24-4] 상관계수에 따른 상관의 정도

◆ 피어슨 적률상관계수는 '두 변수의 일차함수 관계의 정도'를 나타낸다. 즉, 피어슨 적률상관계수는 두 변수 간의 관계를 가장 잘 설명하는 일차함수를 활용하여 한 변수값으로 나머지 변수값을 예측할 수 있는 정도를 의미한다. 그러므로 [그림 24-5]와 같이 곡선적 관계가 있는 경우에 변수를 직선적인 관계로 변환하지 않은 채 피어슨 적률상관계수를 구하면 실제 상관을 과소추정할 우려가 있다. 직선적 관계가 있는지 또는 곡선적 관계가 있는지 그래프로 확인하려면 SPSS 메뉴 중에서 '그래프' ⇨ 레거시 대화상자 ⇨ 산점도/점도표 ⇨ 단순 산점도 ⇨ 'x축'에 독립변수를 이동 ⇨ 'y축'에 종속변수를 이동 ⇨ '확인'의 절차를 밟으면 된다. 만약 곡선적 관계가 있다면 비선형 회귀분석을 활용해야 한다.

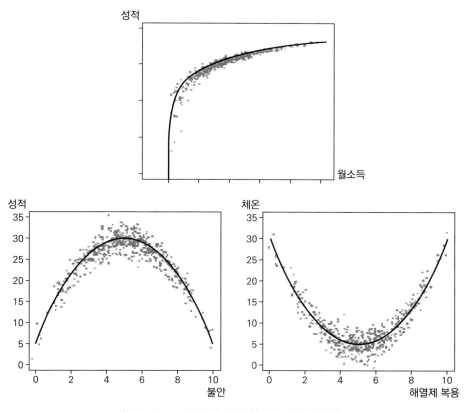

[그림 24-5] 곡선적 상관이 있는 경우의 예

출처: 성태제(2019).

◆ 피어슨 적률상관계수는 극단값의 영향을 크게 받는다. [그림 24-6]과 같이 극

단값을 가진 피험자가 있으면 상관이 있음에도 불구하고 없다는 결과가 나올 수 있고(왼쪽 그림), 반대로 상관이 없음에도 불구하고 있다는 결과가 나올 수 있다(오른쪽 그림). 극단값이 있으면 이를 제외하고 상관을 구하거나, 스피어만 상관과 같이 극단값의 영향을 최소화할 수 있는 방법으로 상관을 구해야 한다. 스피어만 상관은 서열변수로 변환하여 구한 피어슨 적률상관계수와 동일하므로 극단값의 영향을 통제할 수 있다.

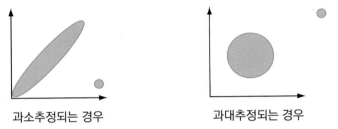

[그림 24-6] 극단값으로 인해 상관이 과소추정되거나 과대추정되는 경우의 예

• 자료가 절단(truncation)된 경우라면, 피어슨 적률상관계수는 두 변수 간의 상관을 과소 또는 과대추정할 가능성이 있다. 예컨대, [그림 24-7]의 위쪽 그림처럼 실제로는 수능점수와 학점(GPA) 간의 상관은 꽤 높을 수 있으나, 수능에서는 점수가 일정 수준 이상인 학생이 대학에 진학하기 때문에 [그림 24-7]의 아래 왼쪽 그림처럼 수능에서 특정 점수 이하에 해당하는 학생들이 분석에서 제외됨으로써 상관이 과소추정될 가능성이 있다. 만약 가운데 학생들이 분석에서 제외되었다면 [그림 24-7]의 아래 오른쪽 그림처럼 상관이 과대추정될 수도 있다.

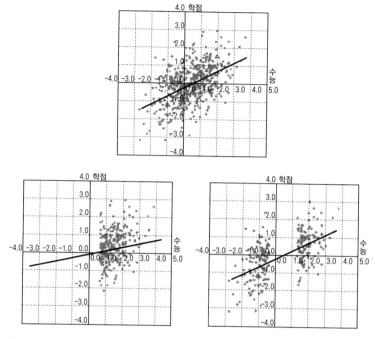

[그림 24-7] 자료 절단이 없을 때(상, r=.5)와 있을 때(하의 좌, r=.3; 하의 우, r=.6)의 상관

- 피어슨 적률상관계수를 구할 때에는 등분산성(homoscedastic)의 가정이 지켜지는지 확인해야 한다. 등분산성이란 X의 각 값에서 Y의 분산이 동일함을 의미한다. [그림 24-8]에 나타난 것처럼 이러한 가정이 지켜지지 않은 경우에는 X의 범위에 따라서 Y와의 상관이 달라지기 때문에 해석에 신중을 기해야 한다.

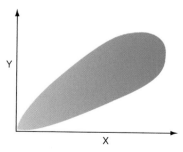

[그림 24-8] 등분산성 가정이 지켜지지 않은 경우

- 일반적으로 인과관계가 있으면 상관관계가 있다고 인정해도 무방하지만, 상관관계가 있다고 해서 반드시 인과관계가 존재한다고 확신할 수는 없다. 예컨대,

아침 식사와 성취도 간에 인과관계가 있다고 결론을 내리려면 아침 식사 여부와 성취도 간의 상관관계 확인만으로는 부족하다. 성실한 학생이 아침을 먹을 가능성이 높기 때문에 아침 식사를 한 것이 성취도에 영향을 준 것이 아니라 성실성이 성취도에 영향을 주었다고 볼 수도 있다. 아침 식사와 성취도 간의 인과관계를 검증하려면 엄격한 실험설계 상황이 필요하다. 예컨대, 동질적인 2개의 집단을 구성하여 한 집단에게는 매일 아침 식사를 하도록 하고, 다른 한 집단에게는 아침 식사를 하지 않도록 하면서 두 집단 간에 성취도 차이가 발견되는지를 확인해야 한다. 물론 실험 과정에서 가외변수의 영향이 철저히 통제되었고, 연구의 윤리적인 문제도 해결되었다고 가정할 수 있어야 할 것이다. 이처럼 인과관계를 검증하기 위해서는 엄격한 실험설계를 활용한 실험연구가 필수적이다. 그러나 사회과학에서는 윤리적인 문제 또는 현실적인 이유로 실험연구를 적용할 수 없는 경우가 많이 있다. 이때 선행연구나 선행이론을 근거로 변수 간의 이론적인 인과관계를 구성하여 이를 경험적으로 검증하려는 접근이 있을 수 있다. 예컨대, '아침 식사를 하면 영양분이 뇌의 활동이나 신체 기능을 증대시켜 성취도를 향상시킬 수 있을 것이다.'라는 연구가설을 선행연구나 선행이론을 토대로 도출한 다음, 회귀분석, 경로분석, 구조방정식 등의 통계적 기법을 활용하여 경험적으로 검증하기도 한다. 그러나 인과관계를 규명하기 위해 '이론적인 인과관계를 설정하고 통계기법을 활용하여 이를 검증'하려고 하는 시도는 한계가 있음을 명심해야 한다. 연구자가 선행연구나 선행이론을 토대로 구성한 이론적 인과관계는 구성하는 방식에 따라서 전혀 다른 인과관계 모형을 설정할 수도 있기 때문이다. 이론적인 인과관계는 연구자의 다소 주관적인 관점에 불과하다. 요컨대, 상관관계는 인과관계가 되기 위한 필요조건에 불과하며 충분조건으로 볼 수는 없다.

- '두 변수 간에 상관이 있다.'는 것은 [그림 24-9]와 같이 인과적 관계, 호혜적 관계, 대칭적 관계 중 하나에 해당할 가능성이 크다.

  - 인과적 관계는 한 변수가 원인이고 나머지 변수가 결과인 경우를 말한다. 예컨대, 교수방법과 성취도의 경우 교수방법이 원인이고 성취도가 결과인 인과관계로 볼 수 있다.
  - 호혜적 관계는 두 변수가 서로 영향을 주고받는 경우를 말한다. 예컨대, '자아

개념은 성취도에 영향을 주고 또다시 성취도는 자아개념에 영향을 준다.'고 볼 수 있기 때문에 자아개념과 성취도는 호혜적 관계로 볼 수 있다.

* 대칭적 관계는 두 변수 간의 관계가 인과적으로 영향을 주고받는 것이 아니라 단순히 상관관계만 있는 경우를 말한다. 예컨대, 왼팔 길이와 오른팔 길이는 대칭적 관계라고 볼 수 있다.

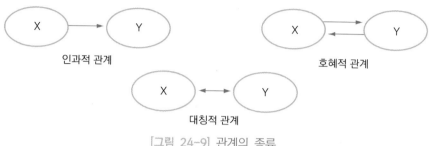

[그림 24-9] 관계의 종류

- 사회과학연구의 핵심적인 화두는 인과관계를 탐색하는 것이라 볼 수 있다. 인과관계를 탐색하는 방법에는 두 가지가 있다. 실험연구를 통해 필연적 인과관계를 규명하는 방법과 회귀분석(regression analysis) 등의 기법을 활용하여 이론적 인과관계를 탐색하는 방법이 그것이다.

* 이론적 인과관계를 탐색하는 또 다른 방법으로 경로분석(path analysis), 구조방정식(Structural Equation Model: SEM), 다층모형(multi-level model, 일명 위계적선형모형, Hierarchical Linear Model: HLM) 등이 있다. 그러나 앞서 언급한 바와 같이, 이러한 접근은 변수 간의 상관관계에 대해서 연구자가 이론적인 배경을 근거로 하여 인위적으로 설정한 인과관계에 불과하기 때문에 인과관계를 확증해 주는 방법이라고 볼 수는 없다.

* 그러므로 책 보유량과 수학성취도 간의 정적상관을 토대로 책 보유가 수학성취도에 영향을 준다는 식으로 과대 해석을 하는 것은 바람직하지 않다. 이론적인 인과관계를 탐색하는 연구에서는 인과관계에 대한 이론적인 근거를 논리적이고 명확하게 기술한 후, 회귀분석, 경로분석, 구조방정식, 다층모형 등의 통계적 기법을 적용한다. 이러한 절차를 밟았음에도 불구하고 '영향을 준다.'는 식의 강한 인과적인 표현은 삼가하도록 하고, '설명해 준다.' 또는 '예측할 수 있

다.' 등과 같이 조심스럽게 인과관계로 해석하는 것이 바람직하다.

* '변수 X와 Y 간에 정적인 상관이 있다.'는 것은 이론적 인과관계를 기반으로 하여 '변수 X는 Y에 대해 정적인 효과가 있다.'라고 해석할 수 있다. 만약 실험 연구를 통해 X와 Y 간의 필연적 인과관계가 규명된다면 비로소 '변수 X는 Y에 대해 정적인 영향을 미친다.'라고 해석할 수 있다.

🔟 분석에 이용되는 변수의 개수에 따라서 상관은 단순상관, 중다상관 및 정준상관으로 구분한다. 단순상관(simple correlation)은 두 변수 간의 관계를, 중다상관(multiple correlation)은 여러 개의 독립변수와 하나의 종속변수 간의 관계를, 정준상관(canonical correlation)은 하나 이상의 독립변수와 2개 이상의 종속변수 간의 관계를 나타낸다.

3 결정계수

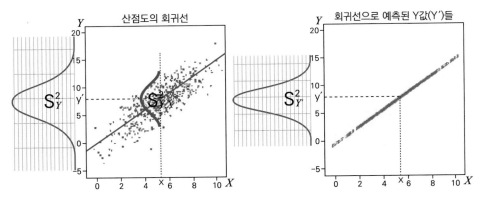

S_Y^2: Y의 전체 분산
$S_{Y.X}^2$: 변수 X로 예측할 수 없는 Y의 분산
$S_{Y'}^2$: 변수 X로 예측할 수 있는 Y의 분산, 즉 Y'의 분산

[그림 24-10] 전체 분산의 분할

🔟 [그림 24-10]과 같이, 변수 Y의 전체 분산(S_Y^2)은 변수 X로 예측할 수 있는 분산($S_{Y'}^2$)과 변수 X로 예측할 수 없는 분산($S_{Y.X}^2$)으로 나눌 수 있다. 이때 '변수 Y의 전체 분산(S_Y^2) 중에서 변수 X로 예측할 수 있는 Y의 분산($S_{Y'}^2$)의 비율', 즉

$S_{Y'}^2 / S_Y^2$ 를 '결정계수(coefficient of determination)'라고 한다.

두 변수 X와 Y의 결정계수는 두 변수 간의 피어슨 적률상관계수의 제곱(r_{XY}^2)과 동일함을 증명할 수 있다.

◆ 예컨대, 두 변수 X와 Y 간의 피어슨 적률상관계수가 0.5이면, 결정계수는 0.25다. 결정계수가 0.25라는 것은 Y의 전체 분산 중에서 25%가 변수 X에 의해서 설명되거나 예측됨을 의미한다. 만약 어머니 지능과 자녀 지능 간의 상관이 0.5이면 자녀 지능 차이 중 25%는 어머니 지능의 차이로 설명하거나 예측할 수 있다는 것이다. [그림 24-11]은 어머니 지능과 자녀 지능 간의 상관이 0.5일 때, 어머니 지능으로 예측한 자녀 지능의 분산이 실제 자녀 지능의 분산에 비해서 줄어든다는 것을 도식적으로 보여 주고 있다. 얼핏 보면, 어머니 지능으로 예측한 자녀 지능의 범위(-1.5~+1.5)가 실제 자녀 지능의 범위(-3~+3)의 50%인 것처럼 보인다. 그러나 범위는 1차원적인 정보인데 비해 분산은 2차원적인 정보라는 점을 고려하면, 어머니 지능으로 예측한 자녀 지능의 분산은 실제 자녀 지능의 분산의 25%가 됨을 추론할 수 있다.

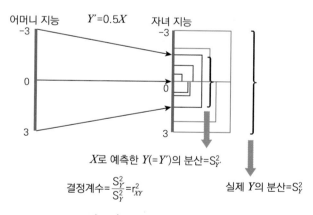

(단, $Y'=0.5X$: 표준화 회귀식)

[그림 24-11] 도식적으로 표현된 결정계수의 예

◆ 〈표 24-3〉은 두 변수 X와 Y에 대한 10명의 관측값과 이들을 가장 잘 설명해 주는 회귀식 $Y' = 0.8545X + 0.8$을 활용하여 구한 예측값 Y'를 제시한 것이다. 여기에서 S_Y^2에 대한 $S_{Y'}^2$ 비를 구한 결과는 0.68이었다. 여기서 0.68은 '두 변수 X와 Y 간의 피어슨 적률상관계수의 제곱(r_{XY}^2)', 또는 '관측값 X와 X에

의한 예측값 Y' 간의 상관의 제곱($r_{YY'}^2$)과 동일하다는 것을 확인할 수 있다. [그림 24-12]는 실제 Y의 관측값(Y)과 X로 예측하여 구한 Y값(Y')을 시각적으로 보여 주는 예다.

〈표 24-3〉 결정계수 계산의 예

id	X	Y	Y'
A	1	1	1.7
B	2	3	2.5
C	3	1	3.4
D	4	5	4.2
E	5	7	5.1
F	6	5	5.9
G	7	8	6.8
H	8	9	7.6
I	9	10	8.5
J	10	6	9.3
		$S_Y^2 = 9.8$	$S_{Y'}^2 = 6.7$

결정계수 $S_{Y'}^2 / S_Y^2 = 0.68$

$$Y' = 0.8545X + 0.8, \quad r_{XY} = r_{YY'} = 0.83, \quad r_{XY}^2 = r_{YY'}^2 = 0.68$$

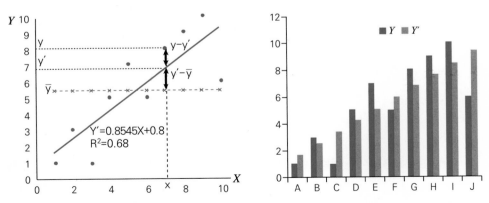

[그림 24-12] 두 변수 X와 Y의 관측값과 회귀식(좌), 관측값 Y와 X로 예측하여 구한 Y값(우)

4 상관계수에 대한 가설검정

🔘 피어슨 적률상관계수는 가설검정을 통해 통계적으로 유의한지 여부를 판단할 필요가 있다. 이때의 원가설은 '전집의 두 변수 간의 상관은 0이다.'이며, 검정통계량은 다음과 같다.

$$\frac{r(n-2)}{\sqrt{1-r^2}} \sim t(n-2)$$

[단, n: 사례수, $t(n-2)$: 자유도가 $n-2$인 t분포]

・ 상관이 0.2인 경우 사례수가 97명만 넘는다면 유의수준 5%에서 원가설을 기각할 수 있다. 심지어 상관이 0.1에 불과하더라도 사례수가 385명만 넘는다면 유의수준 5%에서 원가설을 기각할 수 있다. 〈표 24-4〉는 상관계수와 사례수에 따른 유의확률을 요약한 것이다. 유의확률(p)이 미리 설정한 유의수준(α)보다 작거나 같으면 두 변수 간의 상관은 '통계적으로 유의미하다.'라고 판단할 수 있다. 주의할 점은 유의확률은 두 변수 간의 상관이 통계적으로 유의미하다고 할 수 있는지에 대한 질적 정보만을 제공한다는 것이다. 유의확률의 크기를 활용하여 '상관이 높다.' 또는 '상관이 낮다.'와 같이 상관의 정도를 해석하는 것은 바람직하지 않다. 즉, 상관계수의 가설검정에서 유의확률이 작을수록 두 변수 간의 상관이 더 크다는 식의 해석은 옳지 않다. 요컨대, 상관계수에서 가설검정은 두 변수 간의 상관의 존재 여부, 즉 질적 판단의 정보로만 이용해야 한다. 상관의 크기에 관한 해석을 하고자 한다면, 상관이 통계적으로 유의미한 경우에 한하여 결정계수를 활용할 것을 추천한다.

〈표 24-4〉 상관계수와 사례수에 따른 유의확률

사례수 \ 상관계수	0.0	0.1	0.2	0.3	0.4	0.5	0.6	0.7	0.8
20	1.000	0.675	0.398	0.199	0.081	0.025	0.005	0.001	0.000
30	1.000	0.599	0.289	0.107	0.029	0.005	0.000	0.000	0.000
50	1.000	0.490	0.164	0.034	0.004	0.000	0.000	0.000	0.000
100	1.000	0.322	0.046	0.002	0.000	0.000	0.000	0.000	0.000
390	1.000	0.048	0.000	0.000	0.000	0.000	0.000	0.000	0.000
670	1.000	0.010	0.000	0.000	0.000	0.000	0.000	0.000	0.000

- 두 변수 간의 상관이 통계적으로 유의미한 경우에 한하여 상관의 크기와 부호를 이용한 해석을 시도해야 한다. 상관계수는 절댓값이 .2 미만이면 '상관이 매우 낮다.', .2 이상 .4 미만이면 '상관이 낮다.', .4 이상 .6 미만이면 '상관이 있다.', .6 이상 .8 미만이면 '상관이 높다.', .8 이상 1.0 이하이면 '상관이 매우 높다.'고 해석할 수 있다(성태제, 2019). 그러나 상관의 크기에 대한 해석 기준은 검사도구의 신뢰도와 타당도, 사례수 등에 따라서 달라질 수 있다. 예컨대, 상관계수가 .3인 경우, 검사도구의 신뢰도와 타당도가 매우 높은 상황에서는 '상관이 낮다.'고 해석할 수 있지만, 신뢰도와 타당도가 매우 낮은 상황에서는 '상관이 높다.'고 해석하는 것이 합리적일 수 있다. 일반적으로 신뢰도와 타당도가 낮아질수록 변수 간의 상관은 실제보다 작게 나타난다. 그러므로 신뢰도와 타당도가 매우 낮음에도 불구하고 변수 간의 상관이 존재한다는 것은 실제로 변수 간의 상관은 충분히 크다고 추론해 볼 수도 있다.

🔟 〈표 24-5〉는 상관분석 결과를 표로 제시하는 방법을 보여 준다.

〈표 24-5〉 부모의 양육태도, 자녀의 사회성 및 자녀의 성취도 간의 상관분석 결과

변수	(1)	(2)	(3)
부모의 양육태도 (1)	1.00		
자녀의 사회성 (2)	.43**	1.00	
자녀의 성취도 (3)	.10	.24*	1.00
평균	23.0	20.3	57.2
표준편차	2.5	3.2	10.5

$*p < .05$ $**p < .01$

- 〈표 24-5〉에 의하면, 부모의 양육태도와 자녀의 사회성, 자녀의 사회성과 자녀의 성취도 간에는 정적상관이 있음을 알 수 있었다($r = .43$, $p < .01$; $r = .24$, $p < .05$). 결정계수를 산출한 결과, 부모의 양육태도는 자녀의 사회성의 전체 분산 중 18.5%를 예측해 주고, 자녀의 사회성은 성취도의 전체 분산 중 5.8%를 예측해 줌을 확인할 수 있었다. 그러나 부모의 양육태도와 자녀의 성취도 간에는 상관이 없음을 알 수 있었다($r = .10$, $p > .05$).

🔟 두 독립표본에서 얻은 상관계수가 차이가 있는지 검증하기 위해서는 다음의 검정

통계량을 활용한다. 예컨대, 지능과 성취도 간의 상관이 남녀 간에 차이가 있는지 확인하기 위해 남녀 각각 150명씩을 표집하여 상관을 구한 결과가 차례대로 0.5와 0.3이었다고 가정할 때, 다음 공식을 활용하면 상관계수의 남녀 간 차이에 관한 검정통계량 Z는 2.056임을 계산해 낼 수 있다. 그리고 엑셀수에서 '=2*(1−NORM. DIST(2.056,0,1,TRUE))'함수를 활용하면 양측검정에서의 유의확률이 .040임을 확인할 수 있다. 이를 통해 지능과 성취도 간의 상관은 유의수준 5%에서 남녀 간에 차이가 있다고 결론 내릴 수 있다.

$$\frac{Z_1' - Z_2'}{\sqrt{\dfrac{1}{n_1 - 3} - \dfrac{1}{n_2 - 3}}} \sim Z$$

$$(단,\ Z' = \frac{1}{2}\ln\frac{1+r}{1-r})$$

문제 01

수면 시간과 학점 간 상관을 구한 결과, 'r=−.5(p=.0003)'이었다. 이에 대한 해석으로 옳은 것은 '참', 틀린 것은 '거짓'으로 판정하시오.

(1) 수면 시간은 학점에 영향을 준다.
(2) 수면 시간과 학점 간에는 상관이 매우 낮다.
(3) 수면 시간과 학점 간에는 부적상관이 있다.
(4) 수면 시간은 학점의 전체 분산 중 25%를 설명하거나 예측할 수 있다.
(5) 학점 차이 중의 25%는 수면 시간의 차이에서 기인한다.

문제 해설 및 정답: 부록 1 참조

문제 02

$r_{XY}^2 = \dfrac{S_{Y'}^2}{S_Y^2}$ 를 증명하시오.

문제 해설 및 정답: 부록 1 참조

5   특수상관

ⓛ 피어슨 적률상관계수는 두 변수가 모두 양적변수이어야 한다. 그러나 실제 상관을 구하는 과정에는 질적변수가 포함된 경우가 많이 있다. 질적변수가 1개인지 2개인지, 그것이 명명변수인지 서열변수인지, 유목의 수가 몇 개인지에 따라서 다양한 특수상관이 개발되어 있다.

ⓛ 순위상관계수(rank order correlation)로는 다음 두 가지가 주로 이용된다.

  • **스피어만(Spearman) 상관:** 예컨대, 2명의 평정자가 50명의 피평정자를 평정한 점수가 있다고 할 때, 2명의 평정자 간의 합치도를 구하기 위해 평정점수를 활용하여 상관을 구할 수도 있지만, 극단값이 있어서 이를 통제하고 싶은 경우 또는 로그함수 또는 지수함수 형태의 곡선적 관계가 존재한다는 것이 확인되어 상관이 과소추정될 우려가 있다고 판단되면, 평정점수의 순위를 활용하여 상관을 구하는 것이 합리적이다. 양적변수인 평정점수 간의 상관을 직접적으로 구하려면 피어슨 적률상관계수를 활용해야 한다. 이에 비해 서열변수인 평정점수 순위 간의 상관을 구하려면 스피어만 상관을 활용할 수 있다. 양적변수 간의 스피어만 상관은 이들을 서열변수로 변환하여 구한 피어슨 적률상관계수와 동일하다. 그러므로 스피어만 상관을 구하는 과정에서 굳이 양적변수를 서열변수로 변환할 필요가 없다.

  • **켄달(Kendall)의 타우:** 이것은 중복순위가 없으면서 사례수가 적은 경우에 유용한 순위상관계수다.

ⓛ 명명변수가 포함된 특수상관으로는 다음과 같은 것이 있다.

  • **양류상관계수**(point biserial correlation, 일명 점이연상관계수): 질적인 이분변수와 연속변수 간의 상관을 구할 때 이용한다. 예컨대, 성별과 학업성취도 간의 상관, 뉴스 시청 여부와 논술 성적 간의 상관은 양류상관을 이용하는 것이 적합하다. 양류상관은 피어슨 적률상관계수와 일치한다.

  • **양분상관계수**(biserial correlation, 일명 이연상관계수): 인위적 이분변수와 연속변수 간의 상관을 구할 때 이용된다. 예컨대, 정상아/비정상아(지능으로 구분)와 학업성취도 간의 상관은 양분상관을 이용함이 적절하다. 양분상관은 양류상관보다

그 값이 더 크게 추정되며, 1보다 큰 값이 산출되기도 한다.

* **사분상관계수**(tetrachoric correlation): 두 변수 모두 인위적 이분변수일 때 이용한
  다. 예컨대, 지능의 상하와 시험의 합격−불합격 간의 상관은 사분상관이 적합
  하다.

* **사류상관계수**(fourfold point correlation, phi correlation): 두 변수 모두 질적인 이분
  변수일 때 이용된다. 예컨대, 성별과 혼전동거 찬반 간의 상관, 학생의 성별과
  선호하는 교사의 성별 간의 상관은 사류상관을 이용하는 것이 적절하다.

* **C계수**: 사류상관계수의 연장으로서 '유관상관(contingency correlation)'이라고도
  한다. 이것은 질적인 유목의 수가 2개 이상일 때 이용된다. 예컨대, 직업 유형
  (전문직, 관리직, 영업직)과 직장만족도(매우 만족, 만족, 보통, 불만) 간의 상관은
  C계수를 이용할 수 있다.

🕒 상관분석에서 주의해야 할 사항 중 하나는 두 변수 간의 관계를 미시적인 관점으
로 보지 말아야 한다는 것이다. 두 변수 간에 상관이 존재하지만 이것이 다른 변수
의 영향에 의한 상관이라면 이를 통계적으로 통제한 후에 상관을 구해야 할 것이
다. 이때 활용되는 것이 부분상관과 준부분상관이다.

* **부분상관**(partial correlation): 제3의 변수의 영향을 제거시켰을 때 두 변수 간의 상
  관관계를 의미한다. 예컨대, X_1과 X_2에 대한 X_3의 영향을 제거한 후, X_1과
  X_2의 상관은 부분상관($r_{12.3}$)에 해당한다. X_1과 X_2에 대한 X_3의 영향을 제거
  하기 전의 X_1과 X_2의 상관을 '허구효과'라고 한다. 부분상관은 어떤 두 변수
  간의 상관이 사실상 그 두 변수에게 공통적으로 영향을 미치는 제3의 변수 때
  문에 나타난 상관인 경우에 이용된다. 예컨대, 12세부터 18세 사이에 나타나
  는 여러 가지 특징 중에서 키와 어휘력은 정적상관이 존재하지만, 연령이라는
  제3의 변수의 영향을 통제하면 이러한 상관은 사라지게 된다. 키와 어휘력이
  급격하게 성장하고 있는 시기의 학생을 대상으로 키와 어휘력 간의 상관을 구
  할 때에는 연령이라는 제3의 변수의 영향을 제거하는 것이 바람직하다. SPSS에서는
  부분상관을 '편부분상관'이라고 명명하고 있음에 유의할 필요가 있다. 부분상관
  $r_{12.3}$은 다음과 같이 구해진다.

$$r_{12.3} = \frac{r_{12} - r_{13}r_{23}}{\sqrt{1 - r_{12}^2}\,\sqrt{1 - r_{23}^2}}$$

• **준부분상관**(part correlation, semi-partial correlation): X_2에 대한 X_3의 영향을 제 거한 후, X_1과 X_2의 상관($r_{1(2.3)}$)을 일컫는다. 예컨대, 지능(X_1)과 어떤 훈련 결 과 점수(X_2) 간의 상관을 구하고자 할 때, 훈련 결과 점수(X_2) 중에서 훈련 전의 사전점수(X_3)의 영향을 미리 제거함으로써 지능(X_1)과 훈련 결과(X_2) 간의 순 수한 상관을 구하는 것은 준부분상관에 해당한다. 준부분상관은 종속변수에 대한 개별 독립변수의 순수한 효과라는 점에서 중다회귀분석에서 회귀계수가 가지는 의미와 그 맥을 같이한다. 준부분상관의 제곱인 $r_{1(2.3)}^2$는 X_1의 전체 분 산 중 X_3가 설명하는 분산을 제거하고 X_2가 순수하게 설명하는 분산의 비율 을 의미한다. SPSS에서는 준부분상관을 '부분상관'이라고 명명하고 있음에 유 의할 필요가 있다. 준부분상관은 다음과 같이 구해진다.

$$r_{1(2.3)} = \frac{r_{12} - r_{13}r_{23}}{\sqrt{1 - r_{23}^2}}$$

중다회귀분석　제**25**장

1　회귀분석의 개념

🔹 지능, 공부량 등의 개인변수, 부모의 사회경제적 지위, 교육적 지원 등의 부모변수, 학생이 지각하는 교사의 관심, 학교시설 등의 학교변수가 성취도를 얼마나 예측하거나 설명할 수 있는지 그리고 이들 중에서 가장 예측력이 높은 변수가 무엇인지를 검증하고자 한다면, 회귀분석을 활용할 수 있다.

* 회귀분석은 이론적으로 인과관계를 가진다고 판단되는 변수 간의 관계를 다음의 식으로 추정하는 통계적 기법이다.

$$Y' = b_0 + b_1X_1 + b_2X_2 + \cdots + b_JX_J \text{ 또는 } Y = b_0 + b_1X_1 + b_2X_2 + \cdots + b_JX_J + e$$

* 회귀분석은 변수 간의 상관관계를 기초로 하여 선행연구와 선행이론을 근거로 설정한 이론적 인과관계를 경험적으로 한번 확인해 보는 것이다. 인과관계를 규명해 주는 분석이 아님을 명심할 필요가 있다.
* 회귀분석에서 영향을 받는 변수를 '종속변수(일명 기준변수)'라 하고, 영향을 주는 변수를 '독립변수'라 한다. 회귀분석에서 종속변수는 1개이며, 독립변수는 1개 이상이다.
* 일반적으로 한 변수로 다른 한 변수를 선형적인 회귀식으로 예측하고자 할 때, 두 변수 간의 상관이 1보다 작다면, 회귀식으로 예측한 종속변수의 분산은 실

제 종속변수의 분산보다 작아지는 경향성이 있다. 예컨대, 어머니 지능과 자녀 지능 간의 상관이 0.5라고 하고, 어머니 지능과 자녀 지능은 Z점수로 변환했다고 가정한다면, 어머니의 지능으로 자녀의 지능을 예언하는 회귀식은 $Z_{Y'} = 0.5Z_X$이다. 이때 종속변수인 자녀 지능의 범위가 $-3 \sim +3$이라고 한다면, '어머니 지능으로 예측한 자녀의 지능의 범위'는 $-1.5 \sim +1.5$로 그 범위가 줄어든다. 이처럼 예측된 Y의 값은 실제 관측값 Y의 평균으로 회귀하려는 경향성이 있다. 이러한 경향을 '평균으로의 회귀(regression to the mean)'라고 한다. 회귀분석의 어원은 여기에서 파생된 것이다.

ⓑ 회귀분석은 다음과 같이 구분된다.

- **단순회귀분석**(simple regression analysis): 독립변수(양적변수 또는 이분변수)가 1개이고, 종속변수(양적변수)도 1개인 회귀분석을 말한다. '부모의 유전적 특성은 자녀에게 전달될 것이다.'라는 유전론을 근거로 하여 부모 지능이 자녀 지능을 얼마나 예측하거나 설명하고 있는지 검증하는 것은 단순회귀분석의 한 예다.
- **중다회귀분석**(multiple regression analysis): 독립변수(양적변수 또는 이분변수)가 2개 이상이고, 종속변수(양적변수)가 1개인 회귀분석을 말한다.
- **이항 로지스틱 회귀분석**(binary logistic regression analysis): 독립변수(양적변수 또는 이분변수)가 1개 이상이고, 종속변수(이분변수)가 1개인 회귀분석을 말한다. 이분변수는 합격여부, 성과 같이 2개의 유목만 존재하는 변수다.
- **다항 로지스틱 회귀분석**(multinomial logistic analysis): 독립변수(양적변수 또는 이분변수)가 1개 이상이고, 종속변수(다분변수)가 1개인 회귀분석을 말한다. 다분(polytomous)변수는 3개 이상의 유목이 존재하는 변수다.
- **정준상관분석**(canonical correlation analysis): 독립변수가 1개 이상이고, 종속변수가 2개 이상인 회귀분석을 말한다.

ⓒ 독립변수가 1개인 단순회귀분석에서 기울기, 절편, 잔차를 시각적으로 표현하면 [그림 25-1]과 같다.

- 기울기(b_1)는 독립변수의 계수로, X가 1만큼 증가할 때 기대되는 Y의 증가량을 의미한다.
- 절편(b_0)은 Y절편으로, X가 0일 때 기대되는 Y의 값을 의미한다.
- 잔차(e)는 독립변수 X의 특정한 값에서 관측값 Y와 예측된 Y값 간의 차이

$(Y - Y')$를 의미한다.

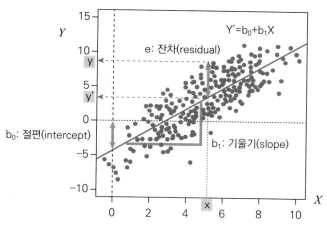

[그림 25-1] 회귀분석에서 기울기, 절편, 잔차

🔳 중다회귀분석이란 여러 개의 독립변수가 하나의 종속변수를 선형적인 관계로 얼마나 예측하거나 설명할 수 있는지 분석해 주는 통계적 분석방법이다. 중다회귀분석의 목적은 다음과 같이 요약할 수 있다. 이에 관한 자세한 것은 이후 이 장의 **3**, **4**, **7** 의 내용을 참조하기 바란다.

◆ 표준화회귀계수를 통해 종속변수에 대한 독립변수들의 상대적 설명력을 비교할 수 있다.

◆ 비표준화회귀계수를 통해 새로운 독립변수들의 값에서 기대되는 종속변수 값을 예측할 수 있다.

◆ 회귀계수의 유의확률 또는 중다상관제곱 변화량(ΔR^2)의 유의확률을 통해 가외변수 영향을 통제한 후, 특정 독립변수의 종속변수에 대한 설명력을 평가할 수 있다.

◆ 중다상관제곱을 통해 종속변수에 대한 모든 독립변수의 설명량을 분석할 수 있다.

◆ 상호작용효과 검증을 통해 특정 독립변수가 종속변수에 미치는 효과가 다른 독립변수에 따라서 달라지는지 분석할 수 있다.

⬤ 중다회귀분석의 단점은 다음과 같다.

  • 하나의 종속변수에 대한 여러 개의 독립변수의 직접효과는 검증할 수 있지만,
    독립변수들 간의 이론적 인과관계까지 포함하는 매개효과 검증은 다소 복잡한
    절차를 밟아야 가능하다.

  • 측정의 오차를 통제하기 어렵다. 이러한 단점을 극복할 수 있는 것이 구조방정
    식이다.

⬤ 중다회귀분석은 독립변수들 간의 상관을 고려한 채, 독립변수들과 종속변수 간의
이론적인 인과관계가 실제 자료에서 구현되는지를 검증하는 것이다. '직사각형'
을 측정변수, '→'를 인과관계, '↔'를 상관관계, 'O'를 설명오차라고 할 때, [그림
25-2]는 중다회귀분석을 도식화한 것이다.

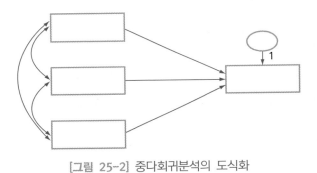

[그림 25-2] 중다회귀분석의 도식화

2 회귀분석의 기본 가정

⬤ 회귀분석의 기본 가정은 다음과 같다.

  • **선형성(linearity)**: X와 Y는 선형적인 관계를 가져야 한다. 선형적인 관계를 벗
    어난 경우에는 비선형 회귀분석을 활용해야 한다.

  • **정규성(normality)**: 모든 X값에서 잔차(residual, e)는 정규분포를 따라야 한다.

  • **동분산성(homoscedasticity)**: 모든 X값에서 잔차의 분포는 동일한 분산을 가져야
    한다. 선형성, 정규성, 동분산성 검증을 위해 가장 쉬운 방법은 산점도를 통해
    독립변수와 종속변수 간의 관계를 확인하는 것이다. 이들 가정이 위배되었다

고 판단될 경우, 독립변수 또는 종속변수를 비선형함수로 변환하거나 가중최소제곱법(weighted least squares method)을 적용할 수 있다.

・ 각 피험자의 잔차는 서로 독립적이어야 한다. 시간에 따라 관측되는 자료임에도 불구하고 시간변수를 생략하고 회귀분석을 적용하게 되면, 잔차들 간에 독립성 가정이 충족되지 않을 수 있다. Durbin-Watson 검정은 잔차들 간의 독립성을 검증하는 방법으로 다음의 식을 통해 Durbin-Watson 통계량 D를 구하게 된다. 1≤D≤3이면 독립성 가정을 충족한 것으로 판단하며, 0≤D<1이면 양의 자기상관, 3<D≤4이면 음의 자기상관이 있다고 평가한다. Durbin-Watson 검정은 시간 순으로 수집된 자료인 경우에 한하여 검증해야 함에 주의할 필요가 있다. 〈표 25-1〉은 연도별 광고비와 판매량에 대한 자료에 Durbin-Watson 검정을 한 예다. 이 경우, D는 2118.5/817.1에 해당하는 2.6이다. 잔차들 간의 독립성을 가정할 수 없는 자료인 경우, 시계열분석을 적용할 필요가 있다.

※ SPSS에서 Durbin-Watson 검정은 『분석 ⇨ 회귀분석 ⇨ 선형 ⇨ 통계량』의 메뉴를 활용하면 그 결과를 얻을 수 있다.

$$D = \frac{\sum_{i=1}^{2}(e_i - e_{i-1})^2}{\sum_{i=1}^{n}e_i^2}$$

〈표 25-1〉 Durbin-Watson 검정 계산의 예

연도	광고비(x)	판매량(y)	y'	e_t	e_t^2	$(e_t - e_{t-1})^2$
1960	75	3083	3091.8	−8.8	77.0	
1961	78	3149	3156.5	−7.5	56.7	1.6
1962	80	3218	3199.7	18.3	335.0	667.2
1963	82	3239	3242.9	−3.9	15.0	491.5
1964	84	3295	3286.0	9.0	80.3	164.6
1965	88	3374	3372.4	1.6	2.6	53.9
1966	93	3475	3480.3	−5.3	28.1	48.0
1967	97	3569	3566.6	2.4	5.6	58.7
1968	99	3597	3609.8	−12.8	164.2	230.1
1969	104	3725	3717.7	7.3	52.7	403.0
				합계:	817.1	2118.5

- 독립변수가 범주형 변수인 경우에는 더미변수로 변환해야 한다. 예컨대, 성취도에 대한 도시화 정도(대도시, 중소도시, 읍면 지역)와 공부 시간의 효과를 검증하기 위해 중다회귀분석을 적용할 경우, 도시화 정도는 '읍면 지역은 (0, 0)' '대도시는 (1, 0)' '중소도시는 (0, 1)'과 같이 2개의 더미변수로 변환해야 한다. 일반적으로 n개의 범주를 가진 질적인 변수는 $n-1$개의 더미변수로 표현할 수 있다. 이에 관한 구체적인 내용은 이 장의 **8** 을 참조하기 바란다.
- 회귀분석은 상관분석과 마찬가지로 극단값의 영향을 크게 받는다. 극단값을 탐색하는 다양한 방법이 있다.
  - ✔ X축 방향으로의 극단값 탐색방법은 표준화 점수(3을 벗어나면 극단값), Leverage[$(3(J+1)/n$보다 크면 극단값)]가 있다.
  - ✔ Y축 방향으로의 극단값 탐색 방법은 표준화 잔차(standardized residuals, 절댓값이 3 이상이면 극단값)가 있다.
  - ✔ X축과 Y축을 동시에 고려한 극단값 탐색은 스튜던트화 잔차(studentized residuals, 절댓값이 3 이상이면 극단값) 등이 있다.
  - ✔ 특정 피험자의 영향력을 탐색하는 방법으로는 Cook's D[$4/(n-J-1)$보다 크면 극단값], 표준화 DFBETA(standardized DFBETA, $3/\sqrt{n}$ 보다 크면 극단값) 등이 있다.
    - ※ SPSS에서는 『분석 ⇨ 회귀분석 ⇨ 선형 ⇨ 저장 ⇨ '잔차'에서의 '표준화'와 '스튜던트화', '거리'에서의 'Cook의 거리', '영향력 통계량'에서의 '표준화 DFBETA (Z)'』를 선택하면 극단값을 탐색할 수 있다.

3 　회귀계수

- 중다회귀분석에서 회귀계수는 최소제곱법(least squares method)을 활용하여 추정한다. 이것의 논리는 추정의 표준오차(S.E.)가 최소가 되도록 하는 계수를 산출하는 것이다.

$$S.E. = \sqrt{\frac{\sum_{i=1}^{n} e_i^2}{n-J-1}} = \sqrt{\frac{\sum_{i=1}^{n} (Y_i - Y')^2}{n-J-1}}$$

(단, $Y = b_0 + b_1 X_1 + b_2 X_2 + \ldots + b_J X_J + e$, $Y' = b_0 + b_1 X_1 + b_2 X_2 + \ldots + b_J X_J$)

🔟 설명의 편의를 위해 독립변수가 2개만 포함된 중다회귀분석에서 회귀계수가 어떻게 추정되는지를 보여 주고자 한다.

• 독립변수가 2개인 중다회귀분석에서 회귀모형은 다음과 같이 나타낼 수 있다. 이때의 회귀계수를 '비표준화회귀계수(b_j, unstandardized regression coefficient)'라 한다.

$$Y' = b_0 + b_1 X_1 + b_2 X_2 \text{ 또는 } Y = b_0 + b_1 X_1 + b_2 X_2 + e$$

• 각 변수를 Z점수로 변환한다면 회귀모형은 다음과 같이 나타낼 수 있다. 이때의 회귀계수를 '표준화회귀계수(β_j, standardized regression coefficient)'라 한다.

$$Z_{Y'} = \beta_1 Z_1 + \beta_2 Z_2$$

• 최소제곱법으로 표준화회귀계수 β_1과 β_2를 추정하는 과정은 다음과 같다.

✔ 먼저, $f(\beta_1, \beta_2) = \sum (Z_Y - Z_{Y'})^2$을 최소가 되게 하는 β_1과 β_2를 구하기 위해서 β_1과 β_2에 대해서 각각 편미분한다. 이 두 식을 동시에 0이 되게 하는 β_1과 β_2를 구하면 다음과 같다.

$$\beta_1 = \frac{r_{Y1} - r_{Y2} r_{12}}{1 - r_{12}^2}$$

$$\beta_2 = \frac{r_{Y2} - r_{Y1} r_{12}}{1 - r_{12}^2}$$

(단, 1과 2는 각각 X_1과 X_2를 의미)

✔ $\beta_1 = \dfrac{r_{Y1} - r_{Y2} r_{12}}{1 - r_{12}^2}$, $\beta_2 = \dfrac{r_{Y2} - r_{Y1} r_{12}}{1 - r_{12}^2}$, $Z_1 = \dfrac{X_1 - \overline{X_1}}{S_1}$,

$$Z_2 = \frac{X_2 - \overline{X_2}}{S_2}$$ 를 $Z_{Y'} = \beta_1 Z_1 + \beta_2 Z_2$ 에 대입하면 비표준화회귀계수 b_1과

b_2도 구할 수 있다.

$$b_1 = \beta_1 \frac{S_Y}{S_1} = \frac{\sum x_1 y}{\sum x_1^2}$$

$$b_2 = \beta_2 \frac{S_Y}{S_2} = \frac{\sum x_2 y}{\sum x_2^2}$$

[단, x와 y는 X와 Y의 편차점수]

• 비표준화회귀계수 b_1과 b_2의 추정의 표준오차는 다음과 같다.

$$S_{\hat{b_1}} = \sqrt{\frac{S_{Y.12}^2}{(\sum x_1^2)(1 - R_{1.2}^2)}}$$

$$S_{\hat{b_2}} = \sqrt{\frac{S_{Y.12}^2}{(\sum x_2^2)(1 - R_{2.1}^2)}}$$

단, $S_{Y.12}^2$: Y의 전체 분산 중에서 X_1, X_2로 예측할 수 없는 분산의 정도

$\sum x_1^2$: X_1의 제곱합(ss)

$\sum x_2^2$: X_2의 제곱합(ss)

$R_{1.2}^2$: X_1의 전체 분산 중에서 X_2로 예측할 수 있는 분산의 비율

$R_{2.1}^2$: X_2의 전체 분산 중에서 X_1로 예측할 수 있는 분산의 비율

• 비표준화회귀계수 b_1과 b_2가 통계적으로 유의미한지 검증하기 위한 검정통계량은 다음과 같다. 이때의 원가설은 $H_0 : b_1 = 0$, $H_0 : b_2 = 0$이다.

$$\frac{b_1}{\sqrt{S_{Y.12}^2 / [(\sum x_1^2)(1 - R_{1.2}^2)]}} \sim t(n - 2 - 1)$$

$$\frac{b_2}{\sqrt{S_{Y.12}^2 / [(\sum x_2^2)(1 - R_{2.1}^2)]}} \sim t(n - 2 - 1)$$

[단, n: 사례수, 2: 독립변수의 개수]

⬤ 중다회귀분석에서 회귀계수의 의미는 무엇일까? 회귀계수의 의미를 이해하기 위해서는 준부분상관의 개념을 이해해야 한다.

- 준부분상관은 X_1에서 X_2의 영향력을 제거한 다음, X_1과 Y 간의 상관을 구한 것이다. 이를 $r_{Y(1.2)}$로 표현하며, 다음의 식으로 구할 수 있다.

$$r_{Y(1.2)} = \frac{r_{Y1} - r_{Y2}r_{12}}{\sqrt{1 - r_{12}^2}}$$

- 마찬가지로 $r_{Y(2.1)}$은 X_2에서 X_1의 영향력을 제거한 다음, X_2와 Y 간의 상관을 구한 것이다.

$$r_{Y(2.1)} = \frac{r_{Y2} - r_{Y1}r_{12}}{\sqrt{1 - r_{12}^2}}$$

- 준부분상관이 X_1에서 X_2의 영향력을 제거한 다음, X_1과 Y 간의 상관을 구한 것이므로 $r_{Y(1.2)}^2$은 다음과 같이 나타낼 수 있다. $r_{Y(2.1)}^2$도 마찬가지다.

$$r_{Y(1.2)}^2 = R_{Y.12}^2 - R_{Y.2}^2$$
$$r_{Y(2.1)}^2 = R_{Y.12}^2 - R_{Y.1}^2$$

- 앞에서 구한 표준화회귀계수 β_1과 β_2를 각각 준부분상관에 관한 식으로 나타내면 다음과 같다.

$$\beta_1 = \frac{r_{Y1} - r_{Y2}r_{12}}{1 - r_{12}^2} = \frac{r_{Y1} - r_{Y2}r_{12}}{\sqrt{1 - r_{12}^2}\sqrt{1 - r_{12}^2}} = \frac{r_{Y(1.2)}}{\sqrt{1 - r_{12}^2}}$$

$$\beta_2 = \frac{r_{Y2} - r_{Y1}r_{12}}{1 - r_{12}^2} = \frac{r_{Y2} - r_{Y1}r_{12}}{\sqrt{1 - r_{12}^2}\sqrt{1 - r_{12}^2}} = \frac{r_{Y(2.1)}}{\sqrt{1 - r_{12}^2}}$$

- 그러므로 β_1^2과 β_2^2은 다음과 같다([그림 25-3] 참조).

$$\beta_1^2 = \frac{r_{Y(1.2)}^2}{1 - r_{12}^2} = \frac{R_{Y.12}^2 - R_{Y.2}^2}{1 - r_{12}^2} = \frac{\textcircled{\tiny L}}{\textcircled{\tiny L} + \textcircled{\tiny □}}$$

$$\beta_2^2 = \frac{r_{Y(2.1)}^2}{1 - r_{12}^2} = \frac{R_{Y.12}^2 - R_{Y.1}^2}{1 - r_{12}^2} = \frac{\textcircled{\tiny ㄹ}}{\textcircled{\tiny ㄹ} + \textcircled{\tiny ㅅ}}$$

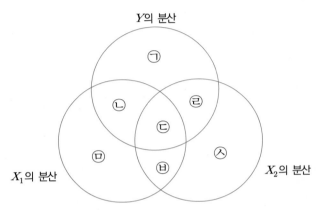

[그림 25-3] 중다회귀분석의 분산 분할

- 즉, β_1^2은 두 독립변수 간의 상관으로 설명할 수 없는 분산에 대한 $r_{Y(1.2)}^2$의 비율이다. 마찬가지로 β_2^2은 두 독립변수 간의 상관으로 설명할 수 없는 분산에 대한 $r_{Y(2.1)}^2$의 비율이다.

● 이상의 과정을 통해 회귀계수의 유의확률은 다음과 같이 해석해야 함을 알 수 있다.

- 중다회귀분석에서 회귀계수 b_j는 종속변수에 대한 다른 독립변수들의 효과를 통제한 후, 독립변수 X_j의 순수하고 독자적인 효과를 의미한다. 그러므로 회귀계수 b_j의 유의확률은 독립변수 X_j를 회귀모형에 포함시켰을 때 '추가되는 효과'에 대한 유의확률이다.

- 예컨대, $Y' = b_0 + b_1 X_1 + b_2 X_2$에서 b_1의 유의확률 p가 .01보다 작다면, X_2를 상수로 취급했을 때(즉, X_2를 통제했을 때) Y에 대한 X_1의 효과, 다른 말로 Y에 대한 X_1의 순수한 효과가 유의수준 1%에서 통계적으로 유의미하다는 것을 의미한다.

• '회귀계수 b_j의 유의확률'과 '독립변수 X_j를 회귀모형에 포함시켰을 때 증가된 $R^2(\Delta R^2)$에 대한 유의확률'은 동일하다. 이러한 결과는 실제 분석 결과인 〈표 25-2〉를 통해서도 확인할 수 있다. 즉, X_2의 회귀계수에 관한 유의확률 0.067은 X_2를 추가했을 때의 중다상관제곱 변화량(ΔR^2)에 관한 유의확률 0.067과 동일하다.

〈표 25-2〉 Y에 대한 X_1, X_2의 효과에 관한 위계적 회귀분석 결과의 예

독립변수	모형1		모형2	
	b	β	b	β
절편	26.50 (0.010)	–	5.94 (0.666)	
X_1	2.96 (0.004)	0.61	2.60 (0.007)	0.54
X_2	–	–	0.29 (0.067)	0.35
R^2	0.376 (0.004)		0.491 (0.003)	
ΔR^2	0.376 (0.004)		0.115 (0.067)	

단, ( ): 유의확률

🔟 [그림 25-4]은 원점수 X, Y를 활용하여 구한 회귀계수인 비표준화회귀계수(b_j)와 Z점수인 Z_X, Z_Y로 변환하여 구한 회귀계수인 '표준화회귀계수(β_j)'를 도식화한 것이다. 그렇다면, 비표준화회귀계수와 표준화회귀계수의 성질과 의미는 각각 무엇일까?

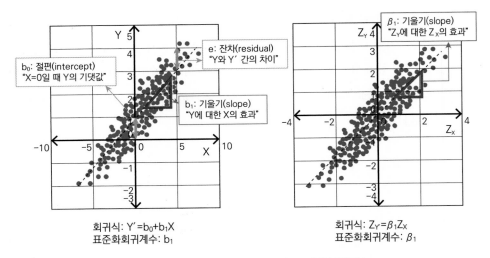

[그림 25-4] 비표준화회귀계수와 표준화회귀계수

- 비표준화회귀계수는 독립변수와 종속변수의 척도의 단위에 따라서 그 값이 달라진다. 비표준화회귀계수는 −1과 +1을 충분히 벗어날 수 있으며, 그 값이 '크다' 또는 '작다'라는 식의 해석을 하기에는 한계가 있다. 이에 비해 표준화회귀계수는 척도의 영향을 받지 않으며, 다중공선성의 문제가 발생하지 않는 한 −1과 +1 사이의 값을 가지게 된다.

- 비표준화회귀계수는 종속변수에 대한 다른 독립변수의 영향을 통제했을 때, 특정 독립변수가 1만큼 증가할 때 기대되는 종속변수의 증가량이다. 이에 비해 표준화회귀계수는 종속변수에 대한 다른 독립변수의 영향을 통제했을 때, 특정 독립변수가 Z점수로 1만큼 1 증가할 때 기대되는 종속변수의 Z점수에서의 증가량이다. 원점수로 표현한다면, 표준화회귀계수는 X가 독립변수의 표준편차만큼 증가할 때 기대되는 종속변수의 증가량이 'β×종속변수의 표준편차'임을 의미한다.

- 새로운 사례에 관한 독립변수들의 값으로 그의 종속변수 값을 예측하고자 할 때에는 비표준화회귀계수를 활용해야 한다. 이에 비해 독립변수의 상대적 기여도를 평가할 때에는 표준화회귀계수를 활용해야 한다.

- ⟨표 25-3⟩은 비표준화회귀계수와 표준화회귀계수의 차이점을 요약한 것이다.

〈표 25-3〉 비표준화회귀계수와 표준화회귀계수의 해석 비교

비표준화회귀계수	표준화회귀계수
• b로 표기	• β로 표기
• X가 1만큼 증가할 때 기대되는 Y의 증가량	• X가 Z점수로 1증가할 때 기대되는 Y의 Z점수에서의 증가량: X가 독립변수의 표준편차만큼 증가할 때 기대되는 Y의 증가량은 'β×종속변수의 표준편차'임
• 척도의 영향을 받음($-\infty \sim +\infty$)	• 척도의 영향을 받지 않음($-1 \sim +1$)
• 새로운 X에 대한 Y값을 예측할 때 이용	• Y에 대한 여러 독립변수의 상대적 기여도를 평가할 때 이용

💬 SPSS에서 비표준화회귀계수와 표준화회귀계수는 디폴트로 산출된다.

문제 01 🖊

회귀모형 $Z_{Y'} = 0.3Z_{X_1} - 0.5Z_{X_2}$에 관해 답하시오.

(단, X_1, X_2, Y의 표준편차는 각각 10, 4, 20이다.)

(1) Y에 대한 설명력이 더 큰 독립변수는?

(2) 회귀계수 0.3에 대한 해석으로 옳은 것을 모두 고르시오.

   ① X_2의 영향을 통제했을 때, X_1이 Z점수로 1만큼 증가할 때 기대되는 Y의 Z점수에서의 증가량은 0.3이다.

   ② 원점수로 X_1이 10(1×X_1의 표준편차)만큼 증가할 때 Y는 원점수로 6(0.3×Y의 표준편차)만큼 증가할 것으로 기대된다.

   ③ 원점수로 X_1이 1만큼 증가할 때 Y는 원점수로 0.6만큼 증가할 것으로 기대된다.

문제 해설 및 정답: 부록 1 참조

---

4   중다상관제곱

💬 중다회귀분석에서 회귀모형에 의해 추정된 종속변수 값인 Y'와 실제 관측값인 Y 간의 상관계수를 '중다상관'이라 한다(〈표 25-4〉 참조). 즉, 중다상관은 여러 개

의 독립변수 군과 하나의 종속변수 사이의 상관계수다. 중다상관은 대문자 R로 나타낸다. 예컨대, $R_{Y.12}$은 종속변수 Y와 두 개의 독립변수군인 X_1, X_2 간의 상관계수다.

〈표 25-4〉 중다상관제곱 계산의 예

id	X_1	X_2	Y	Y'
A	52	43	64	54
B	56	46	49	58
C	50	48	46	54
D	66	65	72	72
E	40	50	44	48
F	39	51	55	48
G	33	51	42	44
H	53	58	45	60
I	46	53	62	53
J	61	60	79	67
			$S_Y^2 = 166.2$	$S_{Y'}^2 = 79.6$

중다상관제곱$(R^2) = S_{Y'}^2 / S_Y^2 = 0.48$

$Y' = -0.628 + 0.704X_1 + 0.410X_2$, $r_{YY'} = 0.69$, $r_{YY'}^2 = R^2 = 0.48$

🔟 종속변수 Y와 독립변수군 X_1, X_2 간의 중다상관은 다음의 식을 통해 계산된다.

$$R_{Y.12} = \sum_{i=1}^{n} \frac{Z_{Y_i} Z_{Y_i'}}{n} = \sqrt{\beta_1 r_{Y1} + \beta_2 r_{Y2}} = \sqrt{\frac{r_{Y1}^2 + r_{Y2}^2 - 2r_{Y1}r_{Y2}r_{12}}{1 - r_{12}^2}}$$

- '종속변수 $Y - \overline{Y}$의 전체 제곱합(sum of squares for total)'은 '회귀선으로부터 예측할 수 없는 $Y - Y'$의 제곱합(sum of squares for residual)'과 '회귀선으로부터 예측할 수 있는 $Y' - \overline{Y'}$의 제곱합(sum of squares for regression)'의 합과 같다.

$$Y_i - \overline{Y} = (Y_i - Y_i') + (Y_i' - \overline{Y})$$

$$\sum_{i=1}^{n}(Y_i - \overline{Y})^2 = \sum_{i=1}^{n}\left\{(Y_i - Y_i') + (Y_i' - \overline{Y'})\right\}^2 \quad (\because \ \overline{Y} = \overline{Y'})$$

$$\sum_{i=1}^{n}(Y_i - \overline{Y})^2 = \sum_{i=1}^{n}(Y_i - Y_i')^2 + \sum_{i=1}^{n}(Y_i' - \overline{Y'})^2 \iff SS_{total} = SS_{res} + SS_{reg}$$

$$\left[\because \ \sum_{i=1}^{n}2(Y_i - Y_i')(Y_i' - \overline{Y'}) = 0. \ \text{그 이유는 임인재(1987)의 7장 참조}\right]$$

$$\frac{\sum_{i=1}^{n}(Y_i - \overline{Y})^2}{n} = \frac{\sum_{i=1}^{n}(Y_i - Y_i')^2}{n} + \frac{\sum_{i=1}^{n}(Y_i' - \overline{Y'})^2}{n}$$

$$S_Y^2 = S_{Y.X}^2 + S_{Y'}^2 \quad \text{----------(1)}$$

$$S_{Y.X}^2 = \frac{\sum_{i=1}^{n}(Y_i - Y_i')^2}{n}$$

$$S_{Y.X}^2 = S_Y^2(1 - R^2) \text{----------(2)}$$

(1), (2)로부터 다음을 유도할 수 있다.

$$R^2 = \frac{S_Y^2 - S_{Y.X}^2}{S_Y^2} = \frac{S_{Y'}^2}{S_Y^2} = \frac{\sum_{i=1}^{n}(Y' - \overline{Y})^2/n}{\sum_{i=1}^{n}(Y - \overline{Y})^2/n} = \frac{\sum_{i=1}^{n}(Y' - \overline{Y})^2}{\sum_{i=1}^{n}(Y - \overline{Y})^2} = \frac{SS_{reg}}{SS}$$

- 이상에서 알 수 있듯이 중다상관제곱(squared multiple correlation)은 종속변수의 전체 분산 중 독립변수들로 예측하거나 설명할 수 있는 분산의 비율을 일컫는다. 예컨대, $R_{Y.12}^2 = .30$은 종속변수 Y의 전체 분산 중 30%가 독립변수 X_1과 X_2에 의해 예측되거나 설명된다는 것이다.

- [그림 25-3]에서 중다상관제곱은 (ⓛ+ⓒ+ⓔ)/(⺧+ⓛ+ⓒ+ⓔ)에 해당한다.

- [그림 25-5]는 〈표 25-4〉의 자료에서 관측값 Y와 독립변수들로 예측하여 구

한 $Y(Y')$를 도식화한 것이다. 여기서 중다상관제곱은 '관측값 Y의 분산에 대한 예측된 $Y(Y')$의 분산의 비율'을 의미한다.

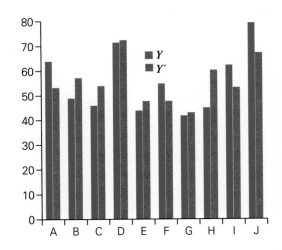

[그림 25-5] 관측값 Y와 독립변수들로 예측한 $Y(Y')$

🄱 중다상관제곱 R^2이 통계적으로 유의미한지 검증하기 위한 검정통계량은 다음과 같다.

$$\frac{R^2/J}{(1-R^2)/(n-J-1)} \sim F(J,\ n-J-1)$$

(단, n: 사례수, J: 독립변수의 개수)

- 원가설은 $H_0 : R^2 = 0$이다.

- 앞의 식에서 R^2 대신에 $\dfrac{SS_{reg}}{SS_{total}}$를 대입하고, 분자와 분모에 SS_{total}을 곱한 후,

SS_{total} 대신 $SS_{res} + SS_{reg}$를 대입하면 다음의 검정통계량도 얻을 수 있다.

$$\frac{ss_{reg}/J}{ss_{res}/(n-J-1)} \sim F(J,\ n-J-1)$$

(단, n: 사례수, J: 독립변수의 개수)

⑪ 중다회귀분석에서는 회귀모형에 추가로 투입한 독립변수들로 인한 중다상관제
곱 변화량(ΔR^2)이 통계적으로 유의미한지도 검증할 수 있다.

• R_1^2과 R_2^2를 각각 J_1개와 J_2개의 독립변수들($J_1 > J_2$)에 의해서 얻어진 중다
상관제곱이라고 하자. 회귀모형에 투입된 독립변수의 개수를 J_2개에서 J_1개
로 늘릴 때 R_1^2과 R_2^2 간의 차이(ΔR^2)가 통계적으로 유의미하다고 할 수 있는
지를 검증하기 위한 검정통계량은 다음과 같다.

$$\frac{(R_1^2 - R_2^2)/(J_1 - J_2)}{(1 - R_1^2)/(n - J_1 - 1)} \sim F(J_1 - J_2,\, n - J_1 - 1)$$

$$\left[\begin{array}{l} \text{단, } R_1^2 : J_1\text{개의 독립변수에서 얻은 중다상관제곱} \\ \quad\ \ R_2^2 : J_2\text{개의 독립변수에서 얻은 중다상관제곱} \end{array}\right]$$

〈표 25-5〉 축소현상의 예

new id	X_1	X_2	Y	Y''
K	47	52	54	54
L	30	58	34	44
M	62	55	71	66
N	43	46	53	49
O	60	61	62	67
P	43	50	47	50
Q	40	38	67	43
R	63	25	44	54
S	56	47	66	58
T	44	42	57	48

※ 〈표 25-4〉에서 $Y' = -0.628 + 0.704X_1 + 0.410X_2$를 활용했을 때의 중다상관제곱($R^2$)은 0.48이었다.
이에 비해 〈표 25-4〉에서 구했던 $Y' = -0.628 + 0.704X_1 + 0.410X_2$를 그대로 활용하여 〈표 25-5〉의 새
로운 표본에서 구한 중다상관제곱($\widehat{R^2} = r_{YY''}^2$)은 0.26으로 축소되는 것을 확인할 수 있다.

⑫ 중다회귀분석에서 회귀계수는 실제 관측값인 Y와 회귀식 $Y' = b_0 + b_1X_1 + b_2X_2\cdots$

간의 상관을 최대가 되게 하는 가중치 $b_0, b_1, b_2 \cdots$ 를 구하는 과정으로 볼 수 있다. 그리고 중다상관 R은 그때의 Y와 Y' 간의 상관계수다. 이때 중다회귀분석에서의 회귀계수 $b_0, b_1, b_2 \cdots$ 와 중다상관 R은 주어진 표본이 가지고 있는 우연적인 조건을 최대로 이용하여 추정한 것이다. 따라서 표본을 달리한 상태에서 이전 표본에서 얻어진 회귀식으로 추정값을 구하여 새로운 표본에서의 실제 관측값과 상관을 구해 보면, 그 값은 이전 표본에서 구한 중다상관 R보다 작아지는 것이 일반적이다. 이를 중다상관의 '축소현상(shirinkage phenomenon)'이라고 한다(〈표 25-5〉 참조).

- 표본에서 구한 중다상관제곱 R^2은 편파적 추정량(biased estimator)임을 증명할 수 있다. 즉, 표본을 무한 번 표집하여 구한 중다상관제곱들의 평균은 전집의 중다 상관제곱과 같지 않다.

$$E(R^2) \neq \rho_m^2$$

(단, ρ_m^2: 전집의 중다상관제곱)

- 중다상관제곱을 불편추정량(unbiased estimator)으로 바꾼 것을 '축소중다상관 제곱(adjusted multiple correlation coefficient)'이라고 하며, 다음과 같이 구한다.

$$\widehat{R^2} = \frac{(n-1)R^2 - (J-2)}{n-J-1} = 1 - (1-R^2)\frac{n-1}{n-J-1}$$

(단, $\widehat{R^2}$: 축소중다상관제곱, n: 사례수, J: 독립변수의 개수)

- 축소중다상관제곱은 표본에 따른 오차를 고려할 때 새로운 표본에서 기대되는 중다상관제곱이라고 볼 수 있으며, 독립변수의 개수가 많을수록 그리고 사례수가 적을수록 축소현상은 크게 일어난다. 축소중다상관제곱은 표집오차를 고려하여 중다상관제곱을 불편추정량으로 변환한 값이기 때문에 중다상관제곱보다 더 의미 있는 통계량으로 볼 수 있다.
- 특히 독립변수의 개수가 많거나 사례수가 적은 경우에는 반드시 축소중다상관 제곱을 함께 제시해 줄 필요가 있다.
- 독립변수가 추가되면 중다상관제곱은 반드시 증가하지만, 축소중다상관제곱

은 경우에 따라서 줄어들 수도 있다.

🔃 SPSS에서는 중다상관제곱과 축소중다상관제곱을 디폴트로 제공한다. 다만, 중다
상관제곱의 변화량(ΔR^2)은 『분석 ⇨ 회귀분석 ⇨ 선형 ⇨ 통계량 ⇨ R 제곱 변
화량』을 체크해야 산출된다.

* 중다상관제곱 변화량(ΔR^2)은 위계적 회귀분석에서만 산출된다. 위계적 회귀
분석은 『분석 ⇨ 회귀분석 ⇨ 선형 ⇨ '블록'의 '다음'』 메뉴를 활용하게 된다.
자세한 것은 이 장의 **6**　'독립변수 선택방법' 부분을 참조하기 바란다.

5　다중공선성

🔃 다중공선성(multicollinearity)이란 중다회귀분석에서 독립변수들 사이에 높은 상
관관계가 존재하는 상황을 일컫는다. 다중공선성은 다음과 같은 문제를 발생
시킨다.

* 회귀계수의 표준오차가 매우 커서 표준화회귀계수가 $-1.0 \sim +1.0$을 벗어나
는 현상이 발생한다. 정상적인 상황에서 표준화회귀계수는 $-1.0 \sim +1.0$ 사이
의 값을 가지게 된다.

* 1~2개의 사례를 추가 또는 제거했음에도 불구하고 회귀계수가 지나치게 변하
는 현상이 발생한다.

* 회귀계수의 부호가 이론과 반대되는 현상이 발생한다. 예컨대, 우울증과 자살
생각 간에 회귀계수는 이론적으로는 양의 값이 예상되지만, 다중공선성의 문
제가 발생하면 회귀계수가 음의 값으로 나타날 수도 있다.

🔃 다중공선성을 검증하는 방법은 다음과 같다.

* 독립변수 간의 상관이 .7을 초과하는 경우가 있으며, 특히 그 값이 독립변수와
종속변수 간의 상관보다 더 크면 다중공선성이 의심된다.

* 공차한계(tolerance, 일명 허용값)가 0.1보다 작은 독립변수가 존재하면 다중공
선성이 의심된다. 독립변수 i의 공차한계는 독립변수 i를 종속변수로, 나머지
독립변수들을 독립변수로 하는 중다회귀분석에서 산출된 중다상관제곱을 1에

서 뺀 값이다.

> 독립변수 i의 공차한계 = 1−(독립변수 i를 종속변수로, 나머지 독립변수들을 독립
> 변수로 하는 중다회귀분석에서 산출된 중다상관제곱)

- 분산팽창요인(Variance Inflation Factor: VIF)이 10보다 큰 독립변수가 존재하면 다중공선성이 의심된다. 분산팽창요인은 공차한계의 역수다.
- SPSS에서는 『분석 ⇨ 회귀분석 ⇨ 선형 ⇨ 통계량 ⇨ 공선성 진단』 메뉴를 통해 공차한계와 분산팽창요인을 제공한다.

🔵 다중공선성의 문제를 해결하는 방법은 다음과 같다.

- 다중공선성이 의심되는 독립변수 중 일부를 회귀분석에서 제외하는 것이다.
- 다중공선성이 의심되는 독립변수들만을 대상으로 요인분석을 실시하여 추출한 요인을 회귀분석에 대신 투입한다.

🔵 중다회귀분석에서는 특정 독립변수와 종속변수 간의 이론적 인과관계가 다른 독립변수를 모형에 투입하여 그 영향을 통제했을 때 비로소 본래의 모습을 보이는 경우가 발생하기도 한다. 이러한 현상은 독립변수들 간에 억제효과(suppression effect)가 존재하기 때문인 것으로 해석할 수 있다.

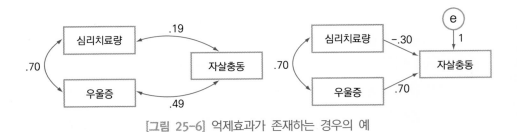

[그림 25-6] 억제효과가 존재하는 경우의 예

- 예컨대, 연구자 A는 심리치료량과 자살충동 간의 관계를 검증하기 위해 단순회귀분석을 실시한 결과, 표준화회귀계수 .19를 얻었다고 한다. 이는 '심리치료량이 많을수록 자살충동이 더 많아진다.'는 것이므로 상담자들을 납득시키기 힘든 결과였다. 이에 연구자 A는 우울증이 자살충동에 미치는 영향을 통제한 후에 심리치료량이 자살충동에 미치는 영향을 검증하기로 하였다. 이를 위해

[그림 25-6]의 오른쪽 그림과 같이 독립변수로 우울증을 추가한 중다회귀분석을 실시하였다. 그 결과, 우울증이 자살충동에 미치는 영향을 통제하면 심리치료량이 많을수록 자살충동은 줄어든다는 결론을 도출할 수 있었다.

• 일반적으로 심리치료는 자살충동을 직접적으로 감소시키는 요인이라기보다는 자살충동을 일으키고 있다고 판단되는 우울증을 먼저 직접적으로 감소시키는 요인으로 볼 수 있다. 이러한 경우, 중다회귀분석을 통해 자살충동에 대한 우울증의 영향을 통제했을 때 비로소 심리치료와 자살충동 간의 이론적인 인과관계가 정확하게 나타날 수 있다(문수백, 2009).

• 연구자는 변수들 간의 이론적인 인과관계를 분석할 때 그 속에 잠입하여 억제효과를 미치고 있는 변수가 있는 것은 아닌지를 면밀히 검토할 필요가 있다.

6　독립변수 선택방법

🔹 중다회귀분석의 목적은 설명과 예측이다. 일반적으로 독립변수의 수가 많을수록 설명과 예측의 정확성은 높아진다. 그러나 독립변수의 수가 많아지면 과학적 탐구의 목적인 간명의 원칙은 훼손된다. 중다회귀분석에서 독립변수를 선택하는 방법은 변수추가법, 변수제거법, 단계적 선택법, 동시 선택법, 위계적 회귀분석 등이 있다.

• **변수추가법**(forward selection): 독립변수가 하나도 없는 상태에서 종속변수를 설명하는 기여도가 가장 높은 독립변수부터 하나씩 추가시키다가 증가된 R^2의 p값이 0.15보다 크면 그 직전의 변수까지 독립변수로 선정하는 방법이다. 이 방법은 한 번 선정된 독립변수는 절대로 다시 제거되지 않는다는 단점이 있다.

　✔ SPSS의 메뉴:『방법 ⇨ 전진』선택

• **변수제거법**(backward selection): 독립변수가 모두 포함된 상태에서 종속변수를 설명하는 기여도가 가장 낮은 독립변수부터 하나씩 제거시키다가 감소된 R^2의 p값이 0.3보다 작으면 그 변수까지 독립변수로 선정하는 방법이다. 이 방법은 한 번 제거된 독립변수는 절대로 다시 선정되지 않는다는 단점이 있다.

✔ SPSS의 메뉴:『방법 ⇨ 후진』선택

• **단계적 선택법**(stepwise selection): 변수추가법과 변수제거법을 혼합한 것으로서, 독립변수가 하나도 없는 상태에서 변수추가법으로 1개의 독립변수를 추가한 후, 변수제거법으로 제거될 수 있는 독립변수가 있는지를 조사하고 또다시 변수추가법, 변수제거법을 차례대로 적용시키는 방법이다. 최종 회귀모형에는 통계적으로 유의미한 독립변수들만을 포함시키게 된다.

✔ SPSS의 메뉴:『방법 ⇨ 단계 선택』선택

• **동시 선택법**(simultaneous selection): 모든 독립변수를 회귀모형에 동시에 투입하는 방법이다.

✔ SPSS의 메뉴: 디폴트로 지정되어 있으며『방법 ⇨ 입력』선택

• **위계적 회귀분석**(hierarchical multiple regression analysis): 이론적 근거와 이론적 중요성에 따라서 독립변수를 투입함으로써 추가적으로 투입된 독립변수들의 순수한 설명량을 탐색하려는 변수 선택방법이다. 예컨대, 부부갈등, 부모지지, 교사관심, 수업분위기와 학교적응 간의 관계 연구에서, 학교적응에 대해 부부갈등과 부모지지의 영향이 먼저 있고 그 후에 교사관심과 수업분위기가 영향을 줄 것이라는 이론적 근거를 토대로, 부부갈등과 부모지지를 회귀모형에 먼저 투입한 후, 교사관심과 수업분위기를 추가적으로 투입함으로써 학교적응에 대한 교사관심과 수업분위기의 순수한 효과를 검증하는 것은 위계적 회귀분석에 해당한다.

✔ SPSS의 메뉴: '학교적응＝f(부부갈등, 부모지지)' '학교적응＝f(부부갈등, 부모지지, 교사관심, 수업분위기)'의 순서로 위계적 회귀분석을 실시하려면, 먼저 '독립변수' 창에 '부부갈등'과 '부모지지'를 이동하고 '다음'을 클릭한 후, '교사관심'과 '수업분위기'를 '독립변수' 창으로 이동시킨다. 이때 최종 회귀모형에서 네 가지 독립변수가 모두 포함되도록 하기 위해서는 '방법'에서 '입력'을 선택하고, 통계적으로 유의미한 독립변수만 포함되도록 하기 위해서는 '방법'에서 '단계 선택'을 선택하면 된다.

🔟 이상의 다섯 가지 독립변수 선택방법 중 변수추가법과 변수제거법은 단계적 선택법으로 대신해도 큰 문제는 발생하지 않는다. 그러므로 통계적으로 유의미한 독립변수들만을 최종 회귀모형에 선정하기 위해서는 '단계적 선택법'을, 모든 독립

변수를 회귀식에 동시에 투입하기 위해서는 '동시 선택법'을, 이론적 근거와 이론적 중요성에 따라서 독립변수를 순서대로 투입함으로써 추가적으로 투입된 독립변수들의 순수한 설명량을 탐색하려면 '위계적 회귀분석'을 추천한다.

✔ 어떤 독립변수 선택방법을 사용했다 하더라도 최종적으로 선정된 독립변수가 동일하다면, 최종 회귀모형에서 산출된 회귀계수와 그 유의확률, 중다상관제곱과 그 유의확률 등은 모두 동일하다.

7 상호작용효과의 검증

📖 무선배치 다원분산분석을 활용하면 하나의 범주형 독립변수의 효과가 아니라 2개 이상의 범주형 독립변수가 하나의 종속변수(양적변수)에 미치는 영향을 분석할 수 있다. 이때 독립변수가 2개이면 '무선배치 이원분산분석', 독립변수가 3개이면 '무선배치 삼원분산분석'이라 한다.

• 무선배치 다원분산분석을 적용할 수 있는 실험설계는 '요인설계(factorial designs)'다.

• 무선배치 이원분산분석에서 개별적인 독립변수의 처치조건에 따라서 종속변수의 평균이 통계적으로 유의미한 차이가 있다면, 그 독립변수는 종속변수에 '주효과가 있다.'고 한다. 이에 비해 한 독립변수의 처치조건에 따른 종속변수의 평균이 다른 독립변수의 처치조건에 따라 다르다면, 두 가지 독립변수는 종속변수에 '상호작용효과(일명 조절효과)가 있다.'고 한다. 예컨대, 테니스 훈련 효과에 대해 교수방법 b_1은 남자에게, 교수방법 b_2는 여자에게 더 효과적인 것으로 나타났다면, 교수방법과 성은 테니스 훈련 성과에 대해 '상호작용효과가 있다.'고 한다.

• 상호작용효과와 조절효과는 동일한 연구가설에서 활용되지만, 진술방법에 있어서는 다소 차이가 있다. 예컨대, '교수방법과 성은 테니스 훈련 효과에 대해 상호작용효과가 있다.'고 하는 반면, '성은 교수방법과 테니스 훈련 효과 간의 관계를 조절한다.'고 해석한다.

📖 앞서 언급한 바와 같이, '2개 이상의 범주형 독립변수'가 '1개의 양적인 종속변수'에 미치는 주효과와 상호작용효과를 검증하기 위해서는 '무선배치 다원분산분석'을

활용하면 된다. 그렇다면 '학교폭력피해경험과 교사관심이 자살생각에 미치는 영향'과 같이 독립변수에 양적변수가 포함된 경우에는 주효과와 상호작용효과를 어떻게 검증할 것인가?

- 첫 번째 방법은 양적인 독립변수를 범주형 변수로 변환하는 것이다. 예컨대, 학교폭력피해경험과 교사관심 변수를 중앙값을 기준으로 이분변수(dichotomous variable)로 변환한 후, 무선배치 이원분산분석을 적용하는 것이다. 그러나 이 방법은 학교폭력피해경험과 교사관심 변수에서 같은 급간으로 분류된 피험자들의 학교폭력피해경험과 교사관심은 동일하다고 인위적으로 간주함으로써 자료가 가지고 있는 정보를 손상시키게 된다. 또 다른 문제점은 범주형 변수로 변환하는 방법이 다소 임의적일 수 있다는 것이다. 중앙값을 기준으로 하여 2개의 범주로 나눌 수도 있지만, 백분위 33과 66을 기준으로 하여 3개의 범주로 나눌 수도 있다.

- 두 번째 방법은 중다회귀분석을 이용하는 것이다. 예컨대, ㉠과 같이 독립변수로 X_1과 X_2가 포함되어 있는 회귀모형에 X_1과 X_2를 곱한 변수를 하나 더 추가하였다고 하자. 이를 변형한 식 ㉡에서 $(b_2 + b_3 X_1)$는 Y에 대한 X_2의 효과를 나타낸다. 이때 b_3가 통계적으로 0이 아니라고 한다면 Y에 대한 X_2의 효과가 X_1에 따라 달라진다고 할 수 있다. 'Y에 대한 X_2의 효과가 X_1에 따라 달라진다.'는 것은 X_1과 X_2가 Y에 대해 상호작용효과가 있음을 의미한다. 요컨대, 중다회귀분석에서 서로 다른 독립변수를 서로 곱해서 얻은 새로운 변수의 회귀계수 b_3의 유의확률은 그 독립변수들 간의 상호작용효과를 판단하는 기준이 될 수 있다.

$$Y' = b_0 + b_1 X_1 + b_2 X_2 + b_3 X_1 X_2 \cdots\cdots\cdots ㉠$$
$$Y' = b_0 + b_1 X_1 + (b_2 + b_3 X_1) X_2 \cdots\cdots\cdots ㉡$$

- 이때 새로운 변수를 만드는 과정에서 원점수($X_1 \times X_2$)를 활용하면, 〈표 25-6〉에서 보는 바와 같이 다중공선성의 문제가 발생한다. 다중공선성의 문제가 발생하면 주효과에 해당하는 회귀계수(b_1과 b_2)의 추정이 부정확하게 된다. 이러한 문제를 해결하기 위해서는 새로운 변수를 만드는 과정에서 원점수 대신에

편차점수$(X_1 - \overline{X_1})(X_2 - \overline{X_2})$]를 활용하는 것이 도움이 된다.

✔ 다만, 원점수를 활용하여 새로운 변수를 만들어 회귀모형에 투입하면 주효과에 해당하는 회귀계수 b_1과 b_2의 추정에는 문제가 발생하지만 상호작용효과에 해당하는 회귀계수 b_3의 추정에는 아무런 문제가 발생하지 않는다.

1단계: $Y' = b_0 + b_1X_1 + b_2X_2$

2단계: $Y' = b_0 + b_1X_1 + b_2X_2 + b_3(X_1 - \overline{X_1})(X_2 - \overline{X_2})$

• 요컨대, 종속변수 Y에 대한 2개의 독립변수 X_1과 X_2의 상호작용효과를 검증하기 위해서는 1단계에서 2개의 독립변수를 회귀모형에 먼저 투입한 후, 2개의 독립변수의 편차점수를 곱한 변수인 $(X_1 - \overline{X_1})(X_2 - \overline{X_2})$를 추가적으로 투입하는 위계적 회귀분석을 실시하면 된다. 이때 '추가된 변수의 회귀계수 유의확률' 또는 '추가된 변수에 따른 중다상관제곱 변화량(ΔR^2)의 유의확률'이 유의수준보다 작거나 같다면 상호작용효과가 있다고 해석할 수 있다.

〈표 25-6〉 상호작용효과 검증에서 편차점수 곱을 활용하는 이유의 예

ID	X_1	X_2	$X_1 \times X_2$	$(X_1 - \overline{X_1})$	$(X_2 - \overline{X_2})$	$(X_1 - \overline{X_1})(X_2 - \overline{X_2})$
A	2	0	0	−2	−4	8
B	0	1	0	−4	−3	12
C	2	2	4	−2	−2	4
D	0	3	0	−4	−1	4
E	4	4	16	0	0	0
F	6	5	30	2	1	2
G	8	6	48	4	2	8
H	6	7	42	2	3	6
I	8	8	64	4	4	16
평균:	4	4		0	0	
상관:	X_1과 $X_1 \times X_2$: 0.95 X_2과 $X_1 \times X_2$: 0.94			X_1과 $(X_1 - \overline{X_1})(X_2 - \overline{X_2})$: 0.19 X_2과 $(X_1 - \overline{X_1})(X_2 - \overline{X_2})$: 0.18		

ⓘ 회귀계수의 집단 간 차이 검증도 상호작용효과 검증에 해당한다. 예컨대, [그림
25-7]과 같이 '학교폭력피해경험이 자살생각에 미치는 영향이 교사관심이 없는
집단과 있는 집단 간에 차이가 있다면, 자살생각에 대한 학교폭력피해경험의 영향
이 교사관심 여부에 따라서 달라진다.'는 것을 의미하므로 '학교폭력피해경험과
교사관심 여부는 자살생각에 대해 상호작용효과를 가진다.'고 할 수 있다.

◆ 회귀계수의 집단 간 차이 검증을 위한 검정통계량은 다음과 같다.

$$\frac{b_1 - b_2}{\sqrt{[s.e.(b_1)]^2 + [s.e.(b_2)]^2}} \sim Z$$

(단, b_1, b_2: 집단별 비표준화회귀계수, $s.e.$: 표준오차)

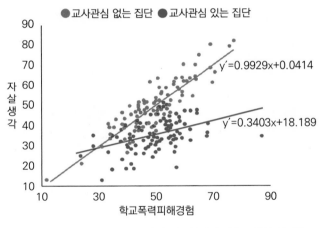

[그림 25-7] 회귀계수의 집단 간 차이가 있는 경우의 예

◆ 2개의 독립변수 중 1개가 이분변수인 경우, 회귀계수의 집단 간 차이 검증 대신
두 독립변수의 편차점수를 곱한 변수의 회귀계수의 유의확률을 통해서 조절효
과를 검증해도 무방하다.

8 범주형 독립변수

ⓘ 일반적으로 중다회귀분석은 독립변수와 종속변수 모두 양적인 변수인 경우에 사

용된다. 그러나 범주형 독립변수도 더미코딩(dummy coding)으로 변환한다면, 중다회귀분석의 독립변수로 활용할 수 있다.

- 일반적으로 '가족형태(부모부재: 0, 편모편부: 1, 부모양재: 2)에 따라 학교적응이 어떻게 달라지는가?'와 같이 범주형 독립변수로만 구성되었다면 분산분석을 활용하면 된다. 그러나 독립변수에 범주형 독립변수과 더불어 양적인 독립변수가 동시에 포함되어 있다면 분산분석을 적용할 수 없다. 예컨대, 가족형태, 가족갈등, 가족지지의 영향을 통제한 상태에서 수업분위기가 학교적응을 순수하게 설명하는 것이 유의미한지 검증하려면 분산분석이나 공분산분석은 활용할 수 없다. 이 경우, 더미코딩을 활용한 중다회귀분석은 그 대안이 될 수 있다.
- 학교적응에 대한 가족형태, 가족갈등, 가족지지, 수업분위기의 효과를 검증하기 위해 중다회귀분석을 활용한다고 할 때 가족형태는 명명변수이기 때문에 회귀분석에 그대로 투입할 수가 없다. 동간성이 없는 독립변수인 경우, 회귀계수의 해석에서 문제가 발생하기 때문이다. 예컨대, 회귀계수가 3이라면 독립변수가 1만큼 증가할 때 기대되는 종속변수의 증가량이 3임을 의미한다. 그런데 '부모부재인 학생과 편모편부인 학생 간의 차이'와 '편모편부와 부모양재 간의 차이'가 동일하다고 보기 어렵기 때문에 '부모부재인 학생과 편모편부인 학생에게 기대되는 학교적응의 차이'와 '편모편부재인 학생과 부모양재인 학생에게 기대되는 학교적응의 차이' 또한 동일하다고 간주할 수 없다. 이처럼 동간성이 없는 독립변수를 회귀분석에 그대로 투입하게 되면 회귀계수의 해석에 오류가 발생한다.
- 서열변수(예컨대, '초졸 이하' '중졸' '고졸' '대졸 이상'과 같은 학력변수)인 경우에도 동간성이 없기 때문에 원칙적으로는 회귀분석에 그대로 투입할 수 없다. 그러나 포인트 수가 많은 서열변수는 동간변수로 간주하고 회귀분석에 투입하는 것이 용인된다.

🔘 범주형 독립변수를 더미코딩하는 방법에는 참조코딩과 효과코딩 등이 있다.

1) 참조코딩

🔘 J개의 범주를 가진 범주형 독립변수를 0과 1을 이용하여 J−1개의 벡터로 만드는 것을 '참조코딩(reference coding)'이라 한다. 예컨대, 가족형태(부모부재: 0, 편모편

부: 1, 부모양재: 2)에 따라 학교적응이 어떻게 달라지는지 검증하고자 할 때 가족형 태라는 범주형 변수는 3개의 범주를 포함하고 있기 때문에 '부모부재는 $(0, 0)$' '편 모편부는 $(1, 0)$' '부모양재는 $(0, 1)$'과 같이 2개의 벡터 (r_1, r_2)로 변환하여 분석에 투입한다.

- 이때 '$(0, 0)$'으로 코딩되는 집단을 '참조집단(reference group)'이라 한다. 참조집 단은 종속변수의 집단 간 평균 차이를 검증할 때 기준이 되는 집단이다. 참조코 딩에서는 참조집단의 종속변수 평균과 특정 집단에서의 종속변수 평균이 얼마 만큼 다르고 그리고 그것이 통계적으로 유의미한지를 검증해 준다.

⑬ 참조코딩에서의 회귀모형은 다음과 같다.

$$y' = b_0 + b_1 r_1 + b_2 r_2$$

- 이때 각 비표준화회귀계수는 〈표 25-7〉과 같이 해석될 수 있다.

〈표 25-7〉 참조코딩의 비표준화회귀계수의 의미

회귀계수	의미
b_0	• '(r_1, r_2)'가 $(0, 0)$', 즉, '참조집단인 부모부재 학생'의 학교적응 평균
b_1	• r_2를 상수로 취급했을 때(r_2를 통제했을 때) y에 대한 r_1의 효과, 즉 '(r_1, r_2)가 $(1, 0)$인 편모편부 학생'과 참조집단인 '부모부재 학생'의 학교적응 평균 차이 • 이때 회귀계수의 유의확률은 독립표본 t검정으로 부모부재와 편모편부 학생의 학교적응 평균을 비교한 값과 동일
b_2	• r_1을 상수로 취급했을 때(r_1을 통제했을 때) y에 대한 r_2의 효과, 즉 '(r_1, r_2)가 $(0, 1)$인 부모양재 학생'과 참조집단인 '부모부재 학생'의 학교적응 평균 차이 • 이때 회귀계수의 유의확률은 독립표본 t검정으로 부모부재와 부모양재 학생의 학교적응 평균을 비교한 것과 동일

2) 효과코딩

⑬ J개의 범주를 가진 범주형 독립변수를 $-1, 0, 1$을 이용하여 J−1개의 벡터로 만드는

것을 효과코딩(effect coding)이라고 한다. 참조코딩에서는 참조집단의 더미값이 모두 0이었지만, 효과코딩에서는 참조집단의 더미값으로 0 대신에 −1이 사용된다. 예컨대, 가족형태(부모부재: 0, 편모편부: 1, 부모양재: 2)에 따라 학교적응이 어떻게 달라지는지 검증하고자 할 때 가족형태라는 범주형 변수는 3개의 범주로 이루어져 있기 때문에 부모부재는 (−1, −1), 편모편부는 (1, 0), 부모양재는 (0, 1)과 같이 2개의 벡터 (e_1, e_2)로 변환하여 분석에 투입한다.

〈표 25-8〉 4개의 범주를 포함한 범주형 독립변수에서 참조코딩과 효과코딩의 예

집단	참조코딩			효과코딩		
	r_1	r_2	r_3	e_1	e_2	e_3
집단1	0	0	0	−1	−1	−1
집단2	1	0	0	1	0	0
집단3	0	1	0	0	1	0
집단4	0	0	1	0	0	1

※ 참조코딩에서 참조집단: 집단1

• 〈표 25-8〉은 4개의 범주를 포함한 범주형 독립변수를 참조코딩과 효과코딩을 활용하여 더미변수로 변환하는 방법을 비교하여 예시한 것이다.

🔟 효과코딩에서의 회귀모형은 다음과 같다.

$$y' = b_0 + b_1 e_1 + b_2 e_2$$

• 이때 각 비표준화회귀계수는 〈표 25-9〉와 같이 해석될 수 있다. 다만, 〈표 25-9〉에 제시된 결과는 독립변수의 범주별 사례수가 동일한 균형설계(balanced design)인 경우에만 성립함에 주의할 필요가 있다. 균형설계는 분산분석에 등장하는 개념으로서, 독립변수의 각 범주에 포함된 사례수가 동일한 설계를 일컫는다. 균형설계인 경우에는 분산분석의 기본 가정인 '종속변수의 정규성'과 '동분산성(homogeneity of variance)'의 가정이 심각하게 위배되어도 매우 안정적인 분석 결과를 제공해 준다고 알려져 있다. 그러나 참조코딩의 경우, 균형설계가 아니더라도 〈표 25-7〉과 같이 해석해도 무방하다.

〈표 25-9〉 효과코딩의 비표준화회귀계수의 의미

회귀계수	의미
b_0	• 전체 학생의 학교적응 평균
b_1	• e_2를 상수로 취급했을 때(e_2를 통제했을 때) y에 대한 e_1의 효과, 즉 '(e_1, e_2)가 (1, 0)인 편모편부 학생'과 '전체 학생'의 학교적응 평균 차이
b_2	• e_1을 상수로 취급했을 때(e_1을 통제했을 때) y에 대한 e_2의 효과, 즉 '(e_1, e_2)가 (0, 1)인 부모양재 학생'과 '전체 학생'의 학교적응 평균 차이

9   중다회귀분석 실습

1) 독립변수 선택방법

(1) 연구문제

[연습문제 1] 부부갈등, 부모지지, 교사관심, 수업분위기는 학생의 학교적응을 얼마나 설명하는가?

[연습문제 2] 부부갈등, 부모지지, 교사관심, 수업분위기 중 학생의 학교적응을 가장 잘 설명하는 변수는 무엇인가?

[연습문제 3] 학생의 학교적응에 대한 교사관심, 수업분위기의 순수한 효과는 어떠한가?

(2) 코딩방식 및 분석 데이터

• **코딩방식**: 연구대상으로 선정된 100명의 학생에 대한 학교적응, 부부갈등, 부모지지, 교사관심, 수업분위기 점수를 차례로 입력한다. 이때 한 학생에 대한 자료는 하나의 행에 입력해야 한다.

• 분석 데이터: 회귀분석_일반.sav(네이버 카페의 '스터피아'에서 다운로드)

	🖊 학교적응	🖊 부부갈등	🖊 부모지지	🖊 교사관심	🖊 수업분위기
1	53	48	74	69	22
2	60	29	44	20	47
3	48	68	33	66	73
4	47	75	64	51	60
5	83	46	64	60	77
6	42	48	51	49	33
7	63	43	44	41	67
8	37	39	46	18	43
	18	75	41	28	46

(표시: 5/5 변수)

데이터 보기(D)　변수 보기(V)

IBM SPSS Statistics 프로세서 준비 완료　　Unicode:OFF

(3) 분석 절차

• '분석' 메뉴

✓ '회귀분석' ⇨ '선형'

✓ '학교적응'을 '종속변수'로 이동

✓ [연습문제 1]을 위해 통계적으로 유의미한 독립변수와 그렇지 않은 독립변수를 모두 회귀모형에 포함할 수 있는 '동시 선택법'을, [연습문제 3]을 위해 '위계적 회귀분석'을 실시해야 함. 이를 위해 '부부갈등' '부모지지'를 '독립변수'로 이동

✓ 동시 선택법을 적용하기 위해 '방법'은 '입력'으로 둔 상태에서 '블록'의 '다음'을 클릭한 후, '교사관심' '수업분위기'를 '독립변수'로 이동

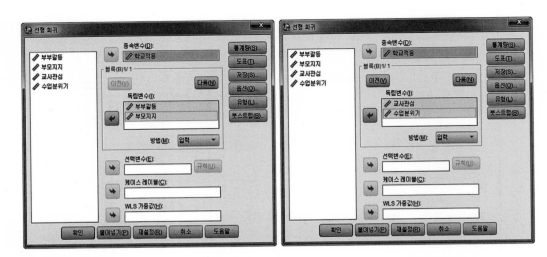

✔ 위계적 회귀분석에서 추가된 독립변수의 순수한 효과를 검증하기 위해서는 '통계량'의 'R 제곱 변화량'을 체크

✔ 다중공선성 진단을 위해서는 '통계량'의 '공선성 진단'을 체크

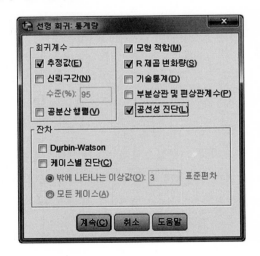

✔ 극단값을 탐색하기 위해서는 '저장'에서 '거리'의 'Cook의 거리', '잔차'의 '표준화'와 '스튜던트화', '영향력 통계량'의 '표준화 DFBETA'를 체크한 후 '계속'과 '확인'을 차례대로 클릭

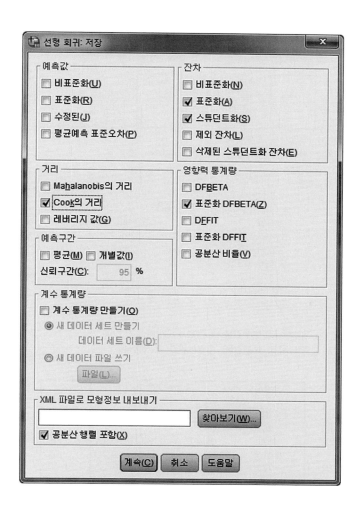

(4) 분석 결과

- **모형1:** 학교적응＝f(부모지지, 부부갈등)
- **모형2:** 학교적응＝f(부모지지, 부부갈등, 수업분위기, 교사관심)

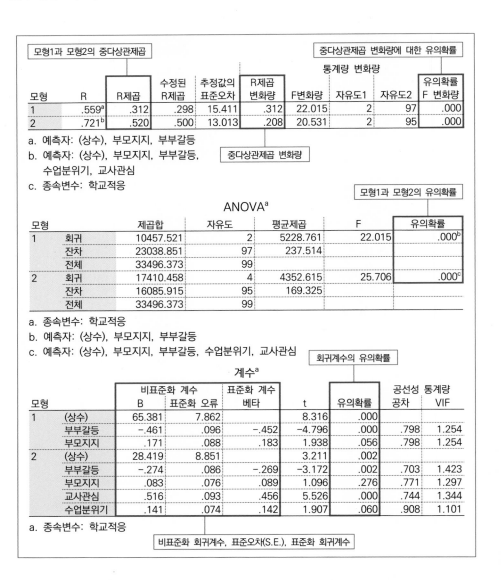

모형1과 모형2의 중다상관제곱

중다상관제곱 변화량에 대한 유의확률

통계량 변화량

모형	R	R제곱	수정된 R제곱	추정값의 표준오차	R제곱 변화량	F변화량	자유도1	자유도2	유의확률 F 변화량
1	.559[a]	.312	.298	15.411	.312	22.015	2	97	.000
2	.721[b]	.520	.500	13.013	.208	20.531	2	95	.000

중다상관제곱 변화량

a. 예측자: (상수), 부모지지, 부부갈등
b. 예측자: (상수), 부모지지, 부부갈등, 수업분위기, 교사관심
c. 종속변수: 학교적응

모형1과 모형2의 유의확률

ANOVA[a]

모형		제곱합	자유도	평균제곱	F	유의확률
1	회귀	10457.521	2	5228.761	22.015	.000[b]
	잔차	23038.851	97	237.514		
	전체	33496.373	99			
2	회귀	17410.458	4	4352.615	25.706	.000[c]
	잔차	16085.915	95	169.325		
	전체	33496.373	99			

a. 종속변수: 학교적응
b. 예측자: (상수), 부모지지, 부부갈등
c. 예측자: (상수), 부모지지, 부부갈등, 수업분위기, 교사관심

회귀계수의 유의확률

계수[a]

모형		비표준화 계수 B	표준화 오류	표준화 계수 베타	t	유의확률	공선성 통계량 공차	VIF
1	(상수)	65.381	7.862		8.316	.000		
	부부갈등	-.461	.096	-.452	-4.796	.000	.798	1.254
	부모지지	.171	.088	.183	1.938	.056	.798	1.254
2	(상수)	28.419	8.851		3.211	.002		
	부부갈등	-.274	.086	-.269	-3.172	.002	.703	1.423
	부모지지	.083	.076	.089	1.096	.276	.771	1.297
	교사관심	.516	.093	.456	5.526	.000	.744	1.344
	수업분위기	.141	.074	.142	1.907	.060	.908	1.101

a. 종속변수: 학교적응

비표준화 회귀계수, 표준오차(S.E.), 표준화 회귀계수

• ZRE_1: 표준화 잔차, SRE_1: 스튜던트화 잔차, COO_1: Cook's의 거리, SDB0_1~SDB4_1: 표준화 DFBETA intercept, 표준화 DFBETA 부부갈등, 표준화 DFBETA 부모지지, 표준화 DFBETA 교사관심, 표준화 DFBETA 수업분위기 등의 변수가 생성된다. 이때 기준값을 벗어난 피험자는 극단값으로 판단하여 분석에서 제외한다.

(5) 보고서 제시 및 해석방법

〈표 25-10〉 학교적응에 대한 부부갈등, 부모지지, 교사관심, 수업분위기의 위계적 회귀분석 결과

독립변수	b	S.E.	β	t	R^2	ΔR^2
(상수)	65.381	7.862	–	8.316**		
부부갈등	−.461	.096	−.452	−4.796**	.312**	.312**
부모지지	.171	.088	.183	1.938		
(상수)	28.419	8.851	–	3.211**		
부부갈등	−.274	.086	−.269	−3.172**		
부모지지	.083	.076	.089	1.096	.520**	.208**
교사관심	.516	.093	.456	5.526**		
수업분위기	.141	.074	.142	1.907		

**$p < .01$

부부갈등, 부모지지, 교사관심, 수업분위기가 학교적응에 어떠한 영향을 가지는지 살펴보기 위해 부부갈등, 부모지지, 교사관심, 수업분위기를 독립변수로, 학교적응을 종속변수로 설정하여 위계적 중다회귀분석을 한 결과, 〈표 25-10〉을 얻을 수 있었다. 이로부터 다음을 확인할 수 있었다.

첫째, 부부갈등은 학교적응에 부적으로 유의미한 영향을 미친 반면, 교사관심은 정적으로 유의미한 영향을 미치는 것으로 나타났다($\beta = -.269$, $p < .01$; $\beta = .456$, $p < .01$). 그러나 부모지지와 수업분위기는 유의미한 영향을 미치지 않았다($\beta = .089$, $p > .05$; $\beta = .142$, $p > .05$). 특히 부부갈등과 교사관심 중 교사관심이 더 큰 영향을 미치는 것으

로 나타났다.

둘째, 부부갈등, 부모지지, 교사관심, 수업분위기는 학교적응의 전체 분산 중 52.0%를 예측할 수 있는 것으로 나타났다(R^2=.520, $p<.01$).

셋째, 학교적응의 전체 분산 중 부부갈등과 부모지지의 영향을 통제한 상태에서 교사관심과 수업분위기가 추가적으로 순수하게 설명할 수 있는 분산의 비율은 20.8%로서 유의미한 것으로 나타났다(ΔR^2=.208, $p<.01$).

2) 상호작용효과 검증

(1) 연구문제

[연습문제] 자살생각에 대한 학교폭력피해경험의 영향은 교사관심에 따라서 달라지는가?

(2) 코딩방식 및 분석 데이터

- **코딩방식**: 연구대상으로 선정된 100명의 학생에 대한 자살생각, 학교폭력피해경험, 교사관심 점수를 차례로 입력한다. 이때 한 학생에 대한 자료는 하나의 행에 입력해야 한다.
- **분석 데이터**: 회귀분석_조절효과.sav(네이버 카페의 '스터피아'에서 다운로드)

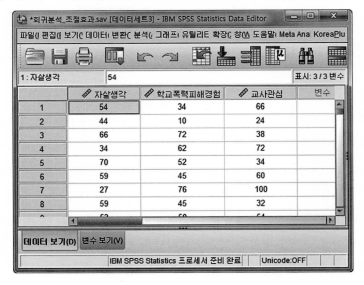

(3) 분석 절차

- 1단계: 독립변수들의 편차점수를 곱한 변수 생성

  ✔ '데이터' 메뉴의 '데이터 통합' 선택

  ✔ '학교폭력피해경험'과 '교사관심'을 '변수 요약'으로 이동한 후, '확인' 클릭

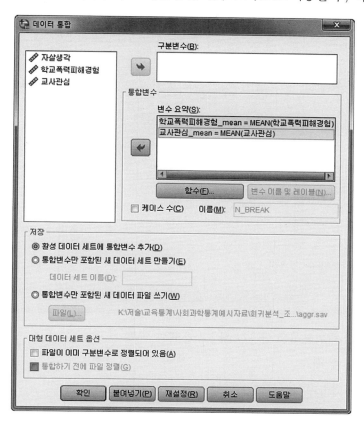

✔ '변환' 메뉴의 '변수 계산'에서 두 편차점수를 곱한 변수를 다음과 같이 생성

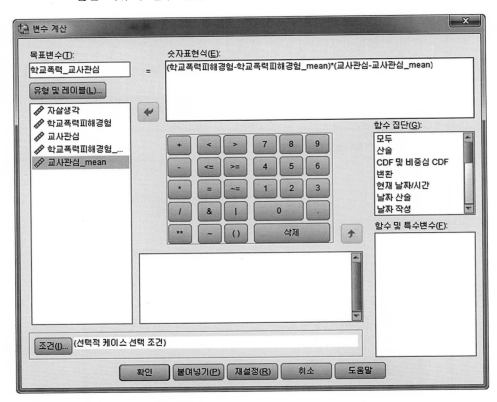

• 2단계: 회귀분석을 활용한 상호작용효과 검증

✔ '분석' 메뉴

✔ '회귀분석' ⇨ '선형'

✔ '자살생각'을 '종속변수'로 이동

✔ '학교폭력피해경험' '교사관심' '학교폭력_교사관심'(학교폭력피해경험 편차점
   수×교사관심 편차점수)을 '독립변수'로 이동

✔ '확인' 클릭

(4) 분석 결과

모형 요약

모형	R	R 제곱	수정된 R 제곱	추정값의 표준오차
1	.641ᵃ	.411	.392	13.004

a. 예측자: (상수), 학교폭력_교사관심, 학교폭력피해경험, 교사관심

ANOVAᵃ

모형		제곱합	자유도	평균제곱	F	유의확률
1	회귀	11317.122	3	3772.374	22.307	.000ᵇ
	잔차	16235.038	96	169.115		
	전체	27552.160	99			

a. 종속변수: 자살생각
b. 예측자: (상수), 학교폭력_교사관심, 학교폭력피해경험, 교사관심

계수ᵃ

모형		비표준화 계수 B	비표준화 계수 표준화 오류	표준화 계수 베타	t	유의확률
1	(상수)	61.090	4.902		12.463	.000
	학교폭력피해경험	.278	.076	.300	3.665	.000
	교사관심	−.324	.089	−.311	−3.653	.000
	학교폭력_교사관심	−.026	.005	−.476	−5.745	.000

a. 종속변수: 자살생각

(5) 보고서 제시 및 해석방법

〈표 25-11〉 학교폭력피해경험과 자살생각 간의 관계에서 교사관심의 조절효과 검증을 위한 중다회귀분석 결과

독립변수	b	S.E.	β	t	R^2
(상수)	61.090	4.902		12.463**	
학교폭력피해경험(D)	.278	.076	.300	3.665**	
교사관심(T)	−.324	.089	−.311	−3.653**	.411**
D×T	−.026	.005	−.476	−5.745**	

$**p < .01$

학교폭력피해경험과 자살생각 간의 관계에서 교사관심이 조절효과를 가지는지 검증하기 위해 학교폭력피해경험, 교사관심 및 학교폭력_교사관심(학교폭력피해경험 편차점수×교사관심 편차점수)을 독립변수로, 자살생각을 종속변수로 설정하여 중다회귀분석을 한 결과, 〈표 25-11〉을 얻을 수 있었다. 이로부터 다음을 확인할 수 있었다.

첫째, 학교폭력피해경험과 교사관심은 자살생각에 대해 주효과를 가지는 것으로 나타났다. 특히 학교폭력피해경험은 자살생각에 정적으로 유의미한 영향을 미친 반면, 교사관심은 부적으로 유의미한 영향을 미치는 것으로 나타났다($\beta = .300$, $p < .01$; $\beta = -.311$, $p < .01$).

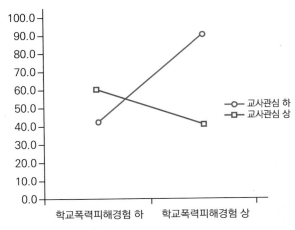

[그림 25-8] 교사관심에 따른 학교폭력피해경험과
자살생각 간의 관계

둘째, 교사관심은 학교폭력피해경험과 자살생각 간의 관계를 조절하는 것으로 나타났다($\beta = -.476$, $p < .01$). 이들 간의 관계를 도식화한 결과, [그림 25-8]에서 보는 바와 같이 교사관심이 낮으면 학교폭력피해경험이 높을수록 자살생각이 높아지지만, 교사관심이 높으면 학교폭력피해경험이 높아지더라도 자살생각은 오히려 낮아지는 경향이 있는 것으로 나타났다.

※ [그림 25-8]의 그래프는 네이버 카페의 '스터피아'에 있는 '상호작용그림그리기JCKIM.xlsx'를 활용하면 편리하게 그릴 수 있다.

3) 범주형 독립변수

(1) 연구문제

[연습문제 1] 학교적응에 대한 가족형태, 가족갈등, 교사관심, 수업분위기의 영향은
어떠한가?

[연습문제 2] 가족형태, 가족갈등의 영향을 통제한 상태에서 학교적응에 대한 교사관
심과 수업분위기의 순수한 효과는 어떠한가?

(2) 코딩방식 및 분석 데이터

- **코딩방식**: 연구대상으로 선정된 100명의 학생에 대한 학교적응, 가족형태, 가족
갈등, 교사관심, 수업분위기를 차례로 입력한다. 이때 한 학생에 대한 자료는
하나의 행에 입력해야 한다. 다만, 가족형태는 부모부재인 경우 0, 편부 또는 편
모인 경우 1, 부모양재인 경우 2로 코딩하였다.

- **분석 데이터**: 회귀분석_더미변수포함.sav(네이버 카페의 '스터피아'에서 다운로드)

(3) 분석 절차

- **1단계**: 명명변수인 가족형태 변수를 더미변수로 변환(여기서는 참조코딩을 활용)
  - ✔ '변환' 메뉴의 '더미변수 작성' 선택
  - ✔ 더미변수 생성이 요구되는 '가족형태' 변수를 '다음에 대한 더미변수 작성'으

로 이동하고, 더미변수로 활용할 변수명 'r'을 '루트 이름'에 입력한 후에 '확
인' 클릭

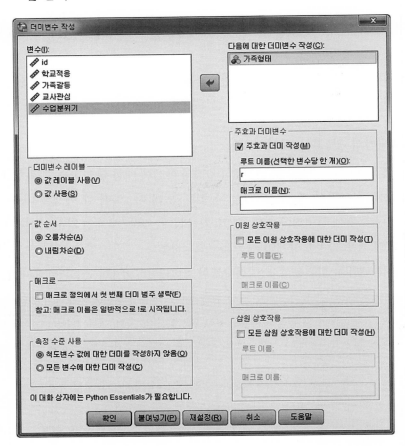

✔ '값 순서'로 '오름차순'을 활용했기 때문에 가족형태에서 0인 피험자는 r_1이
1, 가족형태에서 1인 피험자는 r_2가 1, 가족형태에서 2인 피험자는 r_3이
1로 변환되고, 나머지 값은 0으로 생성된다.

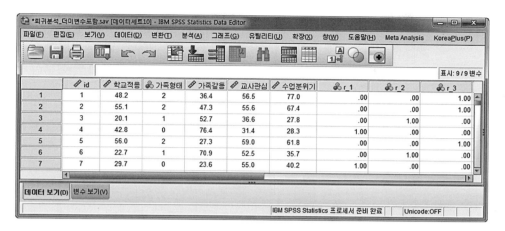

✔ 가족형태 변수가 0인 집단을 참조집단으로 활용하려면 'r_1'을, 가족형
태 변수가 1인 집단을 참조집단으로 활용하려면 'r_2'를, 가족형태가 2인
집단을 참조집단으로 활용하려면 'r_3'을 삭제한다. 여기서는 가족형태 변
수가 0인 집단을 참조집단으로 활용할 것이므로 'r_1'을 삭제한다.

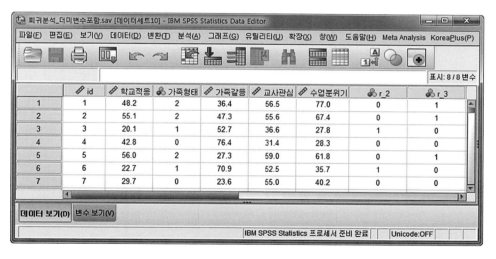

◆ 2단계: 위계적 회귀분석으로 연구문제 분석

  ✔ '분석' 메뉴에서 '회귀분석'을 선택한 후에 '선형'을 클릭

  ✔ '학교적응'을 '종속변수'로 이동

  ✔ [연습문제 1]을 위해 통계적으로 유의미한 독립변수와 그렇지 않은 독립변
  수를 모두 회귀모형에 포함할 수 있는 '동시 선택법'을, [연습문제 2]를 위해
  '위계적 회귀분석'을 실시해야 하며, 가족형태 변수 대신에 더미변수 r_2와

r_3을 활용해야 한다. 이를 위해 'r_2' 'r_3' '가족갈등'을 '독립변수'로 이동

✔ 동시 선택법을 적용하기 위해 '방법'은 '입력'을 그대로 두었고, 위계적 회귀
분석을 적용하기 위해 '블록'의 '다음'을 클릭한 후, '교사관심'과 '수업분위기'
를 '독립변수'로 이동

✔ 위계적 회귀분석에서 추가된 독립변수의 순수한 효과를 검증하기 위해서
'통계량'의 'R 제곱 변화량'을 체크한 다음, '계속'과 '확인'을 차례대로 클릭

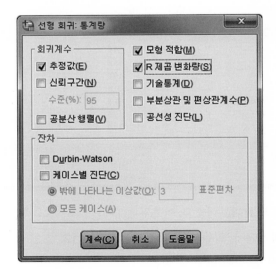

(4) 분석 결과

- **모형1**: 학교적응 = f(가족형태, 가족갈등)
- **모형2**: 학교적응 = f(가족형태, 가족갈등, 교사관심, 수업분위기)

모형 요약

모형	R	R제곱	수정된 R제곱	추정값의 표준오차	R제곱 변화량	F변화량	자유도1	자유도2	유의확률 F변화량
					통계량 변화량				
1	.556ª	.309	.288	12.9417	.309	14.342	3	96	.000
2	.654ᵇ	.428	.398	11.9040	.118	9.733	2	94	.000

a. 예측자: (상수), 가족갈등, 가족형태 = 편부편모, 가족형태 = 부모양재
b. 예측자: (상수), 가족갈등, 가족형태 = 편부편모, 가족형태 = 부모양재, 수업분위기, 교사관심

ANOVAª

모형		제곱합	자유도	평균제곱	F	유의확률
1	회귀	7206.377	3	2402.126	14.342	.000ᵇ
	잔차	16078.914	96	167.489		
	전체	23285.290	99			
2	회귀	9964.924	5	1992.985	14.064	.000ᶜ
	잔차	13320.367	94	141.706		
	전체	23285.290	99			

a. 종속변수: 학교적응
b. 예측자: (상수), 가족갈등, 가족형태 = 편부편모, 가족형태 = 부모양재
c. 예측자: (상수), 가족갈등, 가족형태 = 편부편모, 가족형태 = 부모양재, 수업분위기, 교사관심

계수ª

모형		비표준화 계수 B	표준화 오류	표준화 계수 베타	t	유의확률
1	(상수)	48.800	5.333		9.150	.000
	가족형태 = 편부편모	7.850	3.373	.245	2.327	.022
	가족형태 = 부모양재	16.160	3.359	.511	4.811	.000
	가족갈등	-.238	.078	-.268	-3.039	.003
2	(상수)	22.688	7.708		2.943	.004
	가족형태 = 편부편모	7.556	3.103	.236	2.435	.017
	가족형태 = 부모양재	12.362	3.208	.391	3.853	.000
	가족갈등	-.123	.078	-.139	-1.571	.119
	교사관심	.250	.083	.272	3.010	.003
	수업분위기	.195	.074	.218	2.632	.010

a. 종속변수: 학교적응

(5) 보고서 제시 및 해석방법

〈표 25-12〉 학교적응에 대한 가족형태, 가족갈등, 교사관심, 수업분위기의 위계적 회귀분석 결과

독립변수		b	S.E.	β	t	R^2	ΔR^2
(상수)		48.800	5.333		9.150**		
가족형태※	편모편부	7.850	3.373	.245	2.327*	.309**	.309**
	부모양재	16.160	3.359	.511	4.811**		
가족갈등		−.238	.078	−.268	−3.039**		
(상수)		22.688	7.708	−	2.943**		
가족형태※	편모편부	7.556	3.103	.236	2.435*	.428**	.118**
	부모양재	12.362	3.208	.391	3.853**		
가족갈등		−.123	.078	−.139	−1.571		
교사관심		.250	.083	.272	3.010**		
수업분위기		.195	.074	.218	2.632**		

*$p<.05$ **$p<.01$

※ 참조집단: 부모부재

가족형태, 가족갈등을 통제한 상태에서 교사관심, 수업분위기가 학교적응에 미치는 순수한 효과를 검증하기 위해 가족형태, 가족갈등, 교사관심, 수업분위기를 독립변수로, 학교적응을 종속변수로 설정하여 위계적 중다회귀분석을 한 결과, 〈표 25-12〉를 얻을 수 있었다. 이로부터 다음을 확인할 수 있었다.

첫째, 편모편부와 부모양재인 학생은 부모부재인 학생에 비해 학교적응을 더 잘하는 것으로 나타났다($\beta=.236, p<.05; \beta=.391, p<.01$). 그리고 교사관심과 수업분위기도 학교적응에 정적으로 유의미한 영향을 주었다($\beta=.272, p<.01; \beta=.218, p<.01$). 반면, 가족갈등은 학교적응에 유의미한 영향을 미치지 않았다($\beta=-.139, p>.05$).

둘째, 가족형태, 가족갈등, 교사관심, 수업분위기는 학교적응의 전체 분산 중 42.8%를 설명할 수 있는 것으로 나타났다($R^2=.428, p<.01$).

셋째, 학교적응의 전체 분산 중 가족형태, 가족갈등의 영향을 통제한 상태에서 교사관심과 수업분위기가 추가적으로 순수하게 설명할 수 있는 분산의 비율은 11.8%로서 유의미한 것으로 나타났다($\Delta R^2=.118, p<.01$).

부록**1**

문제 해설 및 정답

제1장 변수의 유형에 따른 분석방법의 결정

01 ① 데이터 구조가 다음과 같아서 검증할 수 없음(각 변수에 대한 분산이 존재하지 않기 때문임)

연도	남한 GNP	북한 GNP
2018	○○○○	△△△△

② 데이터 구조가 다음과 같기에 대응표본 t검정에 해당함

연도	남한 GNP	북한 GNP
1990	○○	△△
1991	○○○	△△△
…	…	…
2018	○○○○	△△△△

③ 데이터 구조가 다음과 같기에 χ^2검정에 해당함

교직유형	합격자 수	불합격자 수	조사인원
사범대학	○○○	△△△	500
비사범대학	○○	△△	500

④ 데이터 구조가 다음과 같기에 χ^2검정에 해당함

도시화 정도	참여자 수	불참자 수	조사인원
대도시	○○○○	△△△△	500
중소도시	○○○	△△△	500
읍면 지역	○○	△△	500

⑤ 데이터 구조가 다음과 같기에 검정할 수 없음(각 변수에 대한 분산이 존재하지 않기 때문임)

연도	◇◇ 사	□□ 사
2018	○○○○	△△△△

⑥ 데이터 구조가 다음과 같기에 χ^2검정에 해당함

성별	연봉등급	여행선호지역
남자	상	유럽
여자	상	아프리카
…	…	…
남자	하	아메리카

⑦ 데이터 구조가 다음과 같기에 이원분산분석에 해당함

성별	연봉등급	아프리카 여행선호도
남자	상	○○

여자	상	○○○
…	…	…
남자	하	○○○○

⑧ 데이터 구조가 다음과 같기에 대응표본 t검정에 해당함

내담자	상담 전 우울 정도	상담 후 우울 정도
1	○○	△△
2	○○○	△△△
…	…	…
50	○○○○	△△△△

⑨ 데이터 구조가 다음과 같기에 반복측정 이원분산분석(또는 공분산분석)에 해당함

내담자	성	상담 전 우울 정도	상담 후 우울 정도
1	남자	○○	△△
2	여자	○○○	△△△
…	…	…	…
100	여자	○○○○	△△△△

제2장 통계학 선수개념

01 81점에 대한 표준정규분포상의 점수는 다음과 같이 구할 수 있다.

$$z = \frac{81-60}{10} = 2.1$$

부록 2의 '1. 표준정규분포표'를 참조하면, $p(Z \leq 2.1) = .9821$이다.

∴ 81점을 받은 학생은 100명 중에 약 1.79등에 해당

제3장 생성 확장자의 종류와 기능

01 ● '분석' 메뉴

  ✔ '상관분석' ⇨ '이변량 상관'

✔ 'v1, v2, v3, v4'를 '변수'로 이동

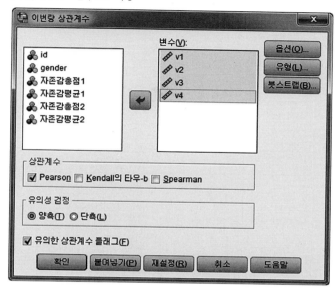

- '옵션'
  ✔ '대응별 결측값 제외'와 '목록별 결측값 제외' 중 하나를 선택
  ✔ '계속' ⇨ '확인' 클릭

- 결과 1: '대응별 결측값 제외'를 선택한 경우

		v1	v2	v3	v4
v1	Pearson 상관	1	.429	.958*	.500
	유의확률(양측)		.472	.010	.667
	N	6	5	5	3
v2	Pearson 상관	.429	1	.639	1.000**
	유의확률(양측)	.472		.246	.000
	N	5	5	5	3
v3	Pearson 상관	.958*	.639	1	.500
	유의확률(양측)	.010	.246		.667
	N	5	5	5	3
v4	Pearson 상관	.500	1.000**	.500	1
	유의확률(양측)	.667	.000	.667	
	N	3	3	3	3

● 결과 2: '목록별 결측값 제외'를 선택한 경우
　　　(5명 중 반응 안 한 문항이 한 문항이라도 있는 세 사람은 분석에서 제외됨)

상관관계b

		v1	v2	v3	v4
v1	Pearson 상관	1	.500	1.000**	.500
	유의확률(양측)		.667	.000	.667
v2	Pearson 상관	.500	1	.500	1.000**
	유의확률(양측)	.667		.667	.000
v3	Pearson 상관	1.000**	.500	1	.500
	유의확률(양측)	.000	.667		.667
v4	Pearson 상관	.500	1.000**	.500	1
	유의확률(양측)	.667	.000	.667	

**. 상관관계가 0.01 수준에서 유의합니다(양측).
b. 목록별 N=3

제6장 자료 변환

01 ● '변환' 메뉴
　✔ '코딩변경' ⇨ '다른 변수로 코딩변경' ⇨ 영어 점수를 '숫자변수→출력변수'로 이동
　✔ 출력변수이름에 '합격여부' 입력 ⇨ '변경' 클릭

● '기존값 및 새로운 값'
　✔ '기존값'의 '다음 값에서 최고값까지 범위'에 50을 입력
　✔ '출력변수가 문자열임'을 선택: 변경하려는 변수가 숫자가 아니고 합격, 불합격과 같은

문자열인 경우에는 필수적인 절차다.

✔ '새로운 값'에 '합격' 입력 ⇨ '추가'
✔ '기타 모든 값'을 선택하고 '새로운 값'에 '불합격' 입력 ⇨ '추가' ⇨ '계속' 클릭

✔ '확인' 클릭

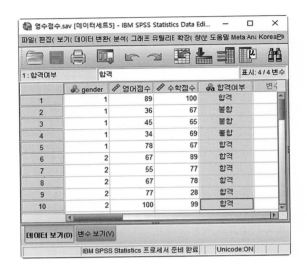

02 ● '변환' 메뉴
  ✔ '코딩변경' ⇨ '새로운 변수로'
  ✔ 'score'를 '숫자변수 → 출력변수'로 이동
  ✔ 출력변수이름에 '합격여부' 입력 ⇨ '변경' 클릭

● '조건' 클릭
  ✔ '다음 조건을 만족하는 케이스 포함' 선택
  ✔ '학년=1 & 성=1' 입력 ⇨ '계속' 클릭

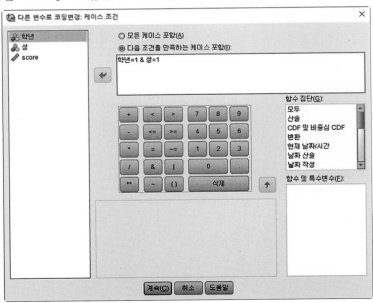

● '기존값 및 새로운 값'

   ✔ '기존값'의 '다음 값에서 최고값까지 범위'에 '50' 입력

   ✔ '새로운 값'에 '1' 입력 ➩ '추가'

   ✔ '기타 모든 값'을 선택하고 '새로운 값'에 '2' 입력 ➩ '추가' ➩ '계속' 클릭

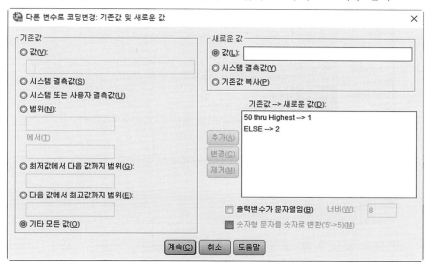

   ✔ '붙여넣기' 클릭

● 1학년이면서 여학생인 경우 score가 60점 이상이면 합격 '1', 60점 미만이면 불합격 '2'를, 2학년이면서 남학생인 경우 score가 65점 이상이면 합격 '1', 65점 미만이면 불합격 '2'를, 2학년이면서 여학생인 경우 score가 55점 이상이면 합격 '1', 55점 미만이면 불합격 '2'를 판정하는 명령문은 1학년이면서 남학생인 경우 score가 50점 이상이면 합격 '1', 50점 미만이면 불합격 '2'를 판정하는 명령문을 복사해서 사용하면 편리하다. 그 절차는 다음과 같다.

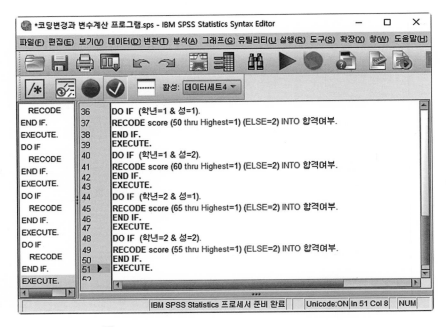

✔ 블록 설정 후 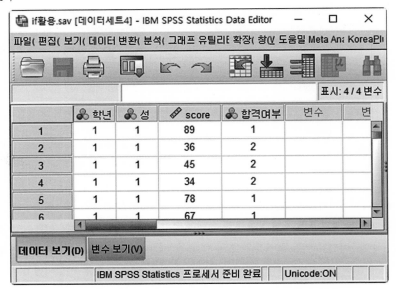 클릭

● 결과

03 ✔ '변환' 메뉴의 '변수 계산' 선택

✔ 더미변수 생성을 위해 '목표변수'에 r1, '숫자표현식'에 0을 입력한 후에 '붙여넣기' 클릭

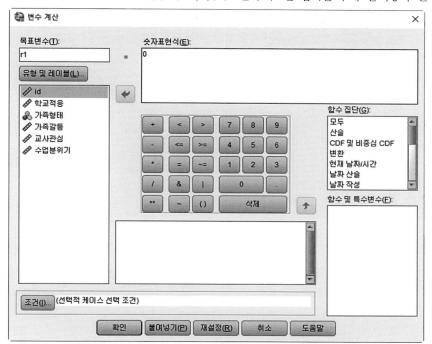

✔ '변환' 메뉴의 '같은 변수로 코딩변경'을 선택한 후에 가족형태 변수를 '숫자변수'로 이동

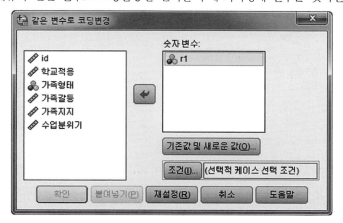

✔ '조건'을 클릭한 후에 '다음 조건을 만족하는 케이스 포함'을 선택한 다음, '가족형태＝1'을 오른쪽 창에 입력한 후 '계속' 클릭

(가족형태 1인 피험자만을 선택해서 변수 'r1'의 코딩값을 변경하겠다는 의미임)

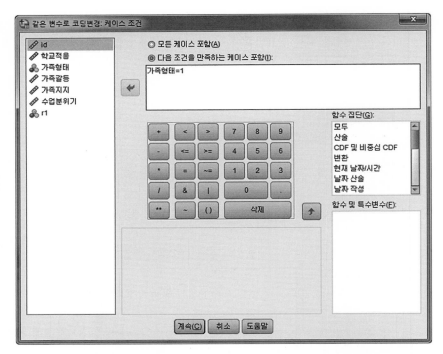

✔ '기존값 및 새로운 값'을 클릭한 후에 '기존값'의 값에 0을, '새로운 값'의 값에 1을 입력한
다음, '추가'를 클릭한 후 '계속' 클릭

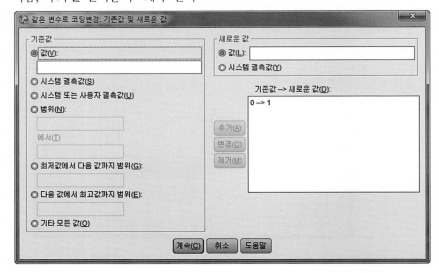

✔ '붙여넣기'를 클릭하면 '명령문 창'이 나타나며, 이를 다음과 같이 변경

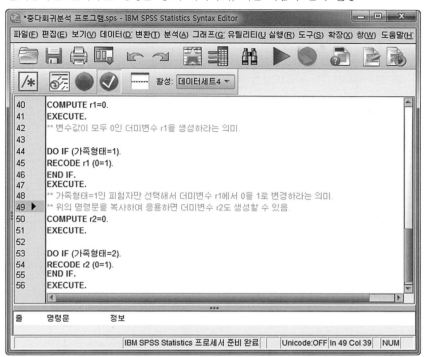

✔ 블록을 지정한 후 '▶'를 클릭하면 더미변수가 다음과 같이 생성됨

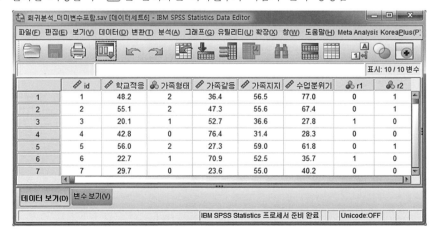

제12장 집중경향과 변산도

01 (1) 평균이 큰 순서: C>B=D>A

(2) 표준편차가 큰 순서: D>A=C>B

(3) 교육의 효과가 큰 순서: C>B ? D>A (단, ?는 판단하기 어려움을 의미한다.)

02 ①, ②, ③, ④

03 ①, ②, ④, ⑤

제13장 자유도와 표집분포

01 (1)

$$E(s^2) = E(\frac{\sum_{i=1}^{n}(X_i - \overline{X})^2}{n}) = E(\frac{\sum_{i=1}^{n}X_i^2}{n} - \overline{X}^2) = E(\frac{\sum_{i=1}^{n}X_i^2}{n}) - E(\overline{X}^2)$$

$$* E(\frac{\sum_{i=1}^{n}X_i^2}{n}) = \frac{1}{n}E(\sum_{i=1}^{n}X_i^2) = \frac{1}{n} \times n(\sigma^2 + \mu^2) = \sigma^2 + \mu^2$$

$$\sigma^2 = E(X^2) - \mu^2$$
$$E(X^2) = \sigma^2 + \mu^2$$

$$** E(\overline{X}^2) = \frac{\sigma^2}{n} + \mu^2$$

$$\sigma^2(\overline{X}) = E(\overline{X}^2) - \{E(\overline{X})\}^2$$
$$E(\overline{X}^2) = \sigma^2(\overline{X}) + \{E(\overline{X})\}^2$$
$$E(\overline{X}^2) = \frac{\sigma^2}{n} + \mu^2$$

$$E(s^2) = \sigma^2 + \mu^2 - (\frac{\sigma^2}{n} + \mu^2)$$

$$E(s^2) = \sigma^2 - \frac{\sigma^2}{n}$$

$$E(s^2) = \frac{n-1}{n}\sigma^2$$

$$\therefore \ E(s^2) \neq \sigma^2$$

(2) $\quad E(\frac{n}{n-1}s^2) = \sigma^2$

$$E(\frac{n}{n-1} \cdot \frac{\sum_{i=1}^{n}x_i^2}{n}) = \sigma^2$$

$$E(\frac{\sum_{i=1}^{n}x_i^2}{n-1}) = \sigma^2$$

$$\therefore \ E(\widehat{\sigma^2}) = \sigma^2$$

📖 제14장 추정과 가설검정

01 $P(-z_{.025} \leq Z \leq z_{.025}) = .95$

(단, $z_{.025}$는 정규분포에서 $P(Z>z) = .025$인 z, 즉, 1.96을 의미)

$$\frac{\overline{X}-\mu}{\sigma/\sqrt{n}} \sim Z(\because \text{중심극한정리})$$

$$P(-z_{.025} \leq \frac{\overline{X}-\mu}{\sigma/\sqrt{n}} \leq z_{.025}) = .95$$

$$P(\overline{X}-z_{.025} \cdot \sigma/\sqrt{n} \leq \mu \leq \overline{X}+z_{.025} \cdot \sigma/\sqrt{n}) = .95$$

$$P(65-1.96 \cdot 4/\sqrt{64} \leq \mu \leq 65+1.96 \cdot 4/\sqrt{64}) = .95$$

$$\therefore \ [64.02, \ 65.98]$$

02 원가설이 $\mu = \mu_1$이고, 대립가설이 $\mu = \mu_2$라고 하면, 원가설을 잘못 기각할 확률인 '제1종 오류(α)'와 대립가설이 참인데 이를 채택하지 않고 원가설을 잘못 채택하는 오류인 '제2종 오류(β)' 및 원가설이 참이 아닐 때 이를 제대로 기각하는 확률, 즉 새로운 주장을 제대로 할 확률인 '통계적 검정력$(1-\beta)$'은 [그림 1]과 같이 나타낼 수 있다. [그림 1]과 같이 일반적으로 제1종 오류가 커지면 제2종 오류는 작아진다. 반대로 제1종 오류(α)가 작아지면 제2종 오류(β)는 커진다. 조그마한 변화가 일어났음에도 변화가 일어났다고 새로운 주장을 하면, 이는

제1종 오류를 높일 가능성이 커지며, 결국 대립가설을 잘못 기각할 가능성, 즉 원가설을 잘못 받아들일 가능성(제2종 오류)을 작아지게 한다. 제2종 오류(β)가 커지면 통계적 검정력은 작아지게 된다. 새로운 주장이 틀릴 가능성(제2종 오류)이 높다면 옳을 가능성(통계적 검정력)은 당연히 낮아지게 된다.

요컨대, 제1종 오류(α)가 작아질수록 제2종 오류(β)는 커지고 통계적 검정력($1-\beta$)은 작아진다(다음의 [그림 1], [그림 2] 참조).

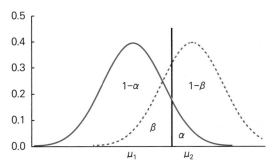

[그림 1] 제1종 오류, 제2종 오류 및 통계적 검정력

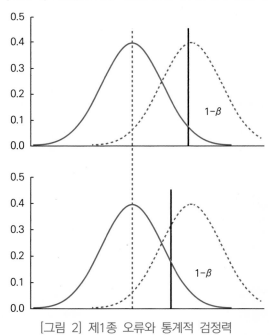

[그림 2] 제1종 오류와 통계적 검정력

03 측정의 신뢰도가 낮다면 변화가 일어나더라도 이를 믿지 못할 가능성이 크다는 것을 의미한다. 그러므로 신뢰도가 낮다면 가설검정 상황에서 유의수준을 작게 하여 원가설을 잘못 기각할 가능성을 낮출 필요가 있다.

04 일반적으로 사회과학은 자연과학에 비해서 측정의 신뢰도가 낮다. 그러므로 사회과학은 자연 과학에 비해서 가설검정 상황에서 유의수준을 작게 할 필요가 있다.

05 새롭게 개발된 약품이 효과가 있다고 판단한다면 그 약품을 여러 사람이 이용할 가능성이 높아진다. 그러므로 효과가 없는데 효과가 있다고 잘못 판단할 경우, 여러 사람을 위험에 빠뜨릴 수 있다. 이런 이유에서 사람을 대상으로 새롭게 개발된 약품이 효과가 있는지 검정하 는 경우에는 제1종 오류를 낮추어야 하기 때문에 유의수준을 작게 할 필요가 있다.

06 첫째, 사례수 n을 크게 하여 평균의 표준오차 $\frac{\sigma}{\sqrt{n}}$를 작아지게 하는 방법이 있다.
둘째, 측정의 신뢰도를 높게 하여 σ를 최소화함으로써 평균의 표준오차 $\frac{\sigma}{\sqrt{n}}$를 작아지게 하는 방법이 있다.
본문 제4부 제14장의 [그림 14-4]와 같이, 이 두 가지 방법은 모두 제2종 오류를 작아지게 하며, 동시에 통계적 검정력을 높일 수 있다.

07 [그림 3]과 같이 동일한 유의수준이라면 양측검정보다 단측검정에서 통계적 검정력이 증가하 게 된다.

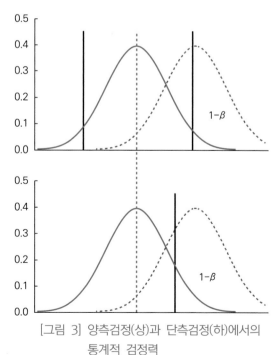

[그림 3] 양측검정(상)과 단측검정(하)에서의
통계적 검정력

📖 제22장 공분산분석

01 교수방법 A를 적용한 실험집단과 교수방법 B를 적용한 통제집단의 처치 이전의 성취도 평균은 통계적으로 유의미한 차이가 없었다($t=1.444$, $p>.05$). 이는 처치 이전의 실험집단과 통제집단은 동질하다고 가정할 수 있음을 의미한다. 반면, 처치가 끝난 이후의 성취도 평균은 각각 10.20점, 9.13점으로 실험집단이 통제집단에 비해서 더 높았다($t=2.327$, $p<.05$). 두 집단의 성취도가 처치 이전에는 차이가 없었지만 처치 이후에는 실험집단이 통제집단보다 더 높았다는 것은 새로운 교수방법 A가 성취도에 긍정적인 영향을 미치고 있음을 의미한다.

📖 제24장 상관분석

01 (1) 거짓: 이론적인 근거 없이 인과관계로 해석하는 것은 무리다.
   (2) 거짓: 상관계수가 −.5이면 상관이 높은 편이다.
   (3) 참: 통계적으로 유의미하면서 상관계수가 음수다.
   (4) 참: 결정계수는 .25다.
   (5) 거짓: 이론적인 근거 없이 인과관계로 해석하는 것은 무리다.

02 결정계수의 의미는 다음의 증명을 통해 확인할 수 있다.
   ● 먼저, $S_Y^2 = S_{Y \cdot X}^2 + S_{Y'}^2$를 증명할 수 있다.

$$Y_i - \overline{Y} = (Y_i - Y_i') + (Y_i' - \overline{Y})$$

$$\sum_{i=1}^{n}(Y_i - \overline{Y})^2 = \sum_{i=1}^{n}\left\{(Y_i - Y_i') + (Y_i' - \overline{Y'})\right\}^2 \quad (\because \overline{Y} = \overline{Y'})$$

$$\sum_{i=1}^{n}(Y_i - \overline{Y})^2 = \sum_{i=1}^{n}(Y_i - Y_i')^2 + \sum_{i=1}^{n}(Y_i' - \overline{Y'})^2$$

$$\left[\because \sum_{i=1}^{n}2(Y_i - Y_i')(Y_i' - \overline{Y'}) = 0.\ \text{그 이유는 임인재}(1987)\text{의 7장 참조}\right]$$

$$\frac{\sum_{i=1}^{n}(Y_i - \overline{Y})^2}{n} = \frac{\sum_{i=1}^{n}(Y_i - Y_i')^2}{n} + \frac{\sum_{i=1}^{n}(Y_i' - \overline{Y'})^2}{n}$$

$$\therefore S_Y^2 = S_{Y \cdot X}^2 + S_{Y'}^2$$

- $r_{XY}^2 = \dfrac{S_{Y'}^2}{S_Y^2}$ 를 증명할 수 있다.

$$S_{Y.X}^2 = \frac{\displaystyle\sum_{i=1}^{n}(Y_i - Y_i')^2}{n}$$

$S_{Y.X}^2 = S_Y^2(1 - r_{XY}^2)$[그 이유는 임인재(1987)의 7장 참조]

$$r_{XY}^2 = \frac{S_Y^2 - S_{Y.X}^2}{S_Y^2} = \frac{S_{Y'}^2}{S_Y^2}\ (\because\ S_Y^2 = S_{Y.X}^2 + S_{Y'}^2)$$

📖 제25장 중다회귀분석

01 (1) X_2

(2) ①, ②, ③

부록 **2**

1. 표준정규분포표

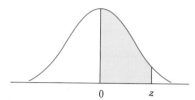

도표의 셀에 들어 있는 수들은 표준정규분포곡선에서
0에서 z까지의 넓이를 나타낸다.

z	0.00	0.01	0.02	0.03	0.04	0.05	0.06	0.07	0.08	0.09
0.0	.0000	.0040	.0080	.0120	.0160	.0199	.0239	.0279	.0319	.0359
0.1	.0398	.0438	.0478	.0517	.0557	.0596	.0636	.0675	.0714	.0753
0.2	.0793	.0832	.0871	.0910	.0948	.0987	.1026	.1064	.1103	.1141
0.3	.1179	.1217	.1255	.1293	.1331	.1368	.1406	.1443	.1480	.1517
0.4	.1554	.1591	.1628	.1664	.1700	.1736	.1772	.1808	.1844	.1879
0.5	.1915	.1950	.1985	.2019	.2054	.2088	.2123	.2157	.2190	.2224
0.6	.2257	.2291	.2324	.2357	.2389	.2422	.2454	.2486	.2517	.2549
0.7	.2580	.2611	.2642	.2673	.2703	.2734	.2764	.2794	.2823	.2852
0.8	.2881	.2910	.2939	.2967	.2995	.3023	.3051	.3078	.3106	.3133
0.9	.3159	.3186	.3212	.3238	.3264	.3289	.3315	.3340	.3365	.3389
1.0	.3413	.3438	.3461	.3485	.3508	.3531	.3554	.3577	.3599	.3621
1.1	.3643	.3665	.3686	.3708	.3729	.3749	.3770	.3790	.3810	.3830
1.2	.3849	.3869	.3888	.3907	.3925	.3944	.3962	.3980	.3997	.4015
1.3	.4032	.4049	.4066	.4082	.4099	.4115	.4131	.4147	.4162	.4177
1.4	.4192	.4207	.4222	.4236	.4251	.4265	.4279	.4292	.4306	.4319
1.5	.4332	.4345	.4357	.4370	.4382	.4394	.4406	.4418	.4429	.4441
1.6	.4452	.4463	.4474	.4484	.4495	.4505	.4515	.4525	.4535	.4545
1.7	.4554	.4564	.4573	.4582	.4591	.4599	.4608	.4616	.4625	.4633
1.8	.4641	.4649	.4656	.4664	.4671	.4678	.4686	.4693	.4699	.4706
1.9	.4713	.4719	.4726	.4732	.4738	.4744	.4750	.4756	.4761	.4767
2.0	.4772	.4778	.4783	.4788	.4793	.4798	.4803	.4808	.4812	.4817
2.1	.4821	.4826	.4830	.4834	.4838	.4842	.4846	.4850	.4854	.4857
2.2	.4861	.4864	.4868	.4871	.4875	.4878	.4881	.4884	.4887	.4890
2.3	.4893	.4896	.4898	.4901	.4904	.4906	.4909	.4911	.4913	.4916
2.4	.4918	.4920	.4922	.4925	.4927	.4929	.4931	.4932	.4934	.4936
2.5	.4938	.4940	.4941	.4943	.4945	.4946	.4948	.4949	.4951	.4952
2.6	.4953	.4955	.4956	.4957	.4959	.4960	.4961	.4962	.4963	.4964
2.7	.4965	.4966	.4967	.4968	.4969	.4970	.4971	.4972	.4973	.4974
2.8	.4974	.4975	.4976	.4977	.4977	.4978	.4979	.4979	.4980	.4981
2.9	.4981	.4982	.4982	.4983	.4984	.4984	.4985	.4985	.4986	.4986
3.0	.4987	.4987	.4987	.4988	.4988	.4989	.4989	.4989	.4990	.4990

2. 난수표

난수표를 뽑는 방법: 어느 한 곳에서 출발해서 위, 아래, 옆, 대각선 중 어느 방향이든지 체계적으로 따라가면서 숫자를 선택한다. 같은 숫자가 나오면 버리고, 다른 수를 계속해서 뽑아 간다.

04433	80674	24520	18222	10610	05794	37515
60298	47829	72648	37414	75755	04717	29899
67884	59651	67533	68123	17730	95862	08034
89512	32155	51906	61662	64130	16688	37275
32653	01895	12506	88535	36553	23757	34209
95913	15405	13772	76638	48423	25018	99041
55864	21694	13122	44115	01601	50541	00147
35334	49810	91601	40617	72876	33967	73830
57729	32196	76487	11622	96297	24160	09903
86648	13697	63677	70119	94739	25875	38829
30574	47609	07967	32422	76791	39725	53711
81307	43694	83580	79974	45929	85113	72268
02410	54905	79007	54939	21410	86980	91772
18969	75274	52233	62319	08598	09066	95288
87863	82384	66860	62297	80198	19347	73234
68397	71708	15438	62311	72844	60203	46412
28529	54447	58729	10854	99058	18260	38765
44285	06372	15867	70418	57012	72122	36634
86299	83430	33571	23309	57040	29285	67870
84842	68668	90894	61658	15001	94055	36308
56970	83609	52098	04184	54967	72938	56834
83125	71257	60490	44369	66130	72936	69848
55503	52423	02464	26141	68779	66388	75242
47019	76273	33203	29608	54553	25971	69573
84828	32592	79526	29554	84580	37859	28504
68921	08141	79227	05748	51276	57143	31926
36458	96045	30424	98420	72925	40729	22337
95752	59445	36847	87729	81679	59126	59437
26768	47323	58454	56958	20575	76746	49878
42613	37056	43636	58085	06766	60227	96414
95457	30566	65482	25596	02678	54592	63607
95276	17894	63564	95958	39750	64379	46059
66954	52324	64776	92345	95110	59448	77249
17457	18481	14113	62462	02798	54977	48349
03704	36872	83214	59337	01695	60666	97410
21538	86497	33210	60337	27976	70661	08250
57178	67619	98310	70348	11317	71623	55510
31048	97558	94953	55866	96283	46620	52087
69799	55380	16498	80733	96422	58078	99643
90595	61867	59231	17772	67831	33317	00520
33570	04981	98939	78784	09977	29398	93896
15340	93460	57477	13898	48431	72936	78160
64079	42483	36512	56186	99098	48850	72527
63491	05546	67118	62063	74958	20946	28147
92003	63868	41034	28260	79708	00770	88643
52360	46658	66511	04172	73085	11795	52594
74622	12142	68355	65635	21828	39539	18988
04157	50079	61343	64315	70836	82857	35335
86003	60070	66241	32836	27573	11479	94114
41268	80187	20351	09636	84668	42486	71303

3. χ^2분포표

df = 자유도(degree of freedom), α = 유의수준
도표의 각 방에 들어 있는 수는 유의수준 α에 해당하는 χ^2값

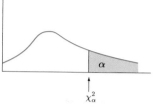

df	$\chi^2_{.99}$	$\chi^2_{.975}$	$\chi^2_{.95}$	$\chi^2_{.90}$	$\chi^2_{.10}$	$\chi^2_{.05}$	$\chi^2_{.025}$	$\chi^2_{.01}$
1	0.00016	0.00098	0.0039	0.0158	2.71	3.84	5.02	6.63
2	0.0201	0.0506	0.1026	0.2107	4.61	5.99	7.38	9.21
3	0.115	0.216	0.352	0.584	6.25	7.81	9.35	11.34
4	0.297	0.484	0.711	1.064	7.78	9.49	11.14	13.28
5	0.554	0.831	1.15	1.61	9.24	11.07	12.83	15.09
6	0.872	1.24	1.64	2.20	10.64	12.59	14.45	16.81
7	1.24	1.69	2.17	2.83	12.02	14.07	16.01	18.48
8	1.65	2.18	2.73	3.49	13.36	15.51	17.53	20.09
9	2.09	2.70	3.33	4.17	14.48	16.92	19.02	21.67
10	2.56	3.25	3.94	4.87	15.99	18.31	20.48	23.21
11	3.05	3.82	4.57	5.58	17.28	19.68	21.92	24.73
12	3.57	4.40	5.23	6.30	18.55	21.03	23.34	26.22
13	4.11	5.01	5.89	7.04	19.81	22.36	24.74	27.69
14	4.66	5.63	6.57	7.79	21.06	23.68	26.12	29.14
15	5.23	6.26	7.26	8.55	22.31	25.00	27.49	30.58
16	5.81	6.91	7.96	9.31	23.54	26.30	28.85	32.00
18	7.01	8.23	9.39	10.86	25.99	28.87	31.53	34.81
20	8.26	9.59	10.85	12.44	28.41	31.41	34.17	37.57
24	10.86	12.40	13.85	15.66	33.20	36.42	39.36	42.98
30	14.95	16.79	18.49	20.60	40.26	43.77	46.98	50.89
40	22.16	24.43	26.51	29.05	51.81	55.76	59.34	63.69
60	37.48	40.48	43.19	46.46	74.40	79.08	83.30	88.38
120	86.92	91.58	95.70	100.62	140.23	146.57	152.21	158.95

4. t분포표

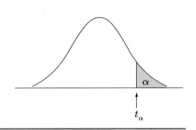

df = 자유도(degree of freedom), α = 유의수준
도표의 각 방에 들어 있는 수는 유의수준 α에 해당하는 t값

df	$t_{.25}$	$t_{.10}$	$t_{.05}$	$t_{.025}$	$t_{.01}$	$t_{.005}$	$t_{.0005}$
1	1.000	3.078	6.314	12.706	31.821	63.657	636.619
2	0.816	1.886	2.920	4.303	6.965	9.925	31.598
3	0.765	1.638	2.353	3.182	4.541	5.841	12.941
4	0.741	1.533	2.132	2.776	3.747	4.604	8.610
5	0.727	1.476	2.015	2.571	3.365	4.032	6.859
6	0.718	1.440	1.943	2.447	3.143	3.707	5.959
7	0.711	1.415	1.895	2.365	2.998	3.499	5.405
8	0.706	1.397	1.860	2.306	2.896	3.355	5.041
9	0.703	1.383	1.833	2.262	2.821	3.250	4.781
10	0.700	1.372	1.812	2.228	2.764	3.169	4.587
11	0.697	1.363	1.796	2.201	2.718	3.106	4.437
12	0.695	1.356	1.782	2.179	2.681	3.055	4.318
13	0.694	1.350	1.771	2.160	2.650	3.012	4.221
14	0.692	1.345	1.761	2.145	2.624	2.977	4.140
15	0.691	1.341	1.753	2.131	2.602	2.947	4.073
16	0.690	1.337	1.746	2.120	2.583	2.921	4.015
17	0.689	1.333	1.740	2.110	2.567	2.898	3.965
18	0.688	1.330	1.734	2.101	2.552	2.878	3.922
19	0.688	1.328	1.729	2.093	2.539	2.861	3.883
20	0.687	1.325	1.725	2.086	2.528	2.845	3.850
21	0.686	1.323	1.721	2.080	2.518	2.831	3.819
22	0.686	1.321	1.717	2.074	2.508	2.819	3.792
23	0.685	1.319	1.714	2.069	2.500	2.807	3.767
24	0.685	1.318	1.711	2.064	2.492	2.797	3.745
25	0.684	1.316	1.708	2.060	2.485	2.787	3.725
26	0.684	1.315	1.706	2.056	2.479	2.779	3.707
27	0.684	1.314	1.703	2.052	2.473	2.771	3.690
28	0.683	1.313	1.701	2.048	2.467	2.763	3.674
29	0.683	1.311	1.699	2.045	2.462	2.756	3.659
30	0.683	1.310	1.697	2.042	2.457	2.750	3.646
40	0.681	1.303	1.684	2.021	2.423	2.704	3.551
60	0.679	1.296	1.671	2.000	2.390	2.660	3.460
120	0.677	1.289	1.658	1.980	2.358	2.617	3.373
∞	0.674	1.282	1.645	1.960	2.326	2.576	3.291

5. F분포표

V_1 = 분자의 자유도, V_2 = 분모의 자유도
도표의 각 방에 들어 있는 수는 유의수준 .1에 해당하는 F값

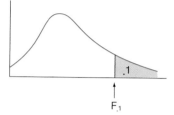

V_2	V_1									
	1	2	3	4	5	6	7	8	9	10
1	39.86	49.50	53.59	55.83	57.24	58.20	58.91	59.44	59.86	60.19
2	8.53	9.00	9.16	9.24	9.29	9.33	9.35	9.37	9.38	9.39
3	5.54	5.46	5.39	5.34	5.31	5.28	5.27	5.25	5.24	5.23
4	4.54	4.32	4.19	4.11	4.05	4.01	3.98	3.95	3.94	3.92
5	4.06	3.78	3.62	3.52	3.45	3.40	3.37	3.34	3.32	3.30
6	3.78	3.46	3.29	3.18	3.11	3.05	3.01	2.98	2.96	2.94
7	3.59	3.26	3.07	2.96	2.88	2.83	2.78	2.75	2.72	2.70
8	3.46	3.11	2.92	2.81	2.73	2.67	2.62	2.59	2.56	2.50
9	3.36	3.01	2.81	2.69	2.61	2.55	2.51	2.47	2.44	2.42
10	3.29	2.92	2.73	2.61	2.52	2.46	2.41	2.38	2.35	2.32
11	3.23	2.86	2.66	2.54	2.45	2.39	2.34	2.30	2.27	2.25
12	3.18	2.81	2.61	2.48	2.39	2.33	2.28	2.24	2.21	2.19
13	3.14	2.76	2.56	2.43	2.35	2.28	2.23	2.20	2.16	2.14
14	3.10	2.73	2.52	2.39	2.31	2.24	2.19	2.15	2.12	2.10
15	3.07	2.70	2.49	2.36	2.27	2.21	2.16	2.12	2.09	2.06
16	3.05	2.67	2.46	2.33	2.24	2.18	2.13	2.09	2.06	2.03
17	3.03	2.64	2.44	2.31	2.22	2.15	2.10	2.06	2.03	2.00
18	3.01	2.62	2.42	2.29	2.20	2.13	2.08	2.04	2.00	1.98
19	2.99	2.61	2.40	2.27	2.18	2.11	2.06	2.02	1.98	1.96
20	2.97	2.59	2.38	2.25	2.16	2.09	2.04	2.00	1.96	1.94
21	2.96	2.57	2.36	2.23	2.14	2.08	2.02	1.98	1.95	1.92
22	2.95	2.56	2.35	2.22	2.13	2.06	2.01	1.97	1.93	1.90
23	2.94	2.55	2.34	2.21	2.11	2.05	1.99	1.95	1.92	1.89
24	2.93	2.54	2.33	2.19	2.10	2.04	1.98	1.94	1.91	1.88
25	2.92	2.53	2.32	2.18	2.09	2.02	1.97	1.93	1.89	1.87
26	2.91	2.52	2.31	2.17	2.08	2.01	1.96	1.92	1.88	1.86
27	2.90	2.51	2.30	2.17	2.07	2.00	1.95	1.91	1.87	1.85
28	2.89	2.50	2.29	2.16	2.06	2.00	1.94	1.90	1.87	1.84
29	2.89	2.50	2.28	2.15	2.06	1.99	1.93	1.89	1.86	1.83
30	2.88	2.49	2.28	2.14	2.05	1.98	1.93	1.88	1.85	1.82
40	2.84	2.44	2.23	2.09	2.00	1.93	1.87	1.83	1.79	1.76
60	2.79	2.39	2.18	2.04	1.95	1.87	1.82	1.77	1.74	1.71
120	2.75	2.35	2.13	1.99	1.90	1.82	1.77	1.72	1.68	1.65
∞	2.71	2.30	2.08	1.94	1.85	1.77	1.72	1.67	1.63	1.60

V_1 = 분자의 자유도, V_2 = 분모의 자유도
도표의 각 방에 들어 있는 수는 유의수준 .1에 해당하는 F값

V_2	V_1								
	12	15	20	24	30	40	60	120	∞
1	60.71	61.22	61.74	62.00	62.26	62.53	62.79	63.06	63.33
2	9.41	9.42	9.44	9.45	9.46	9.47	9.47	9.48	9.49
3	5.22	5.20	5.18	5.18	5.17	5.16	5.15	5.14	5.13
4	3.90	3.87	3.84	3.83	3.82	3.80	3.79	3.78	3.76
5	3.27	3.24	3.21	3.19	3.17	3.16	3.14	3.12	3.10
6	2.90	2.87	2.84	2.82	2.80	2.78	2.76	2.74	2.72
7	2.67	2.63	2.59	2.58	2.56	2.54	2.51	2.49	2.47
8	2.50	2.46	2.42	2.40	2.38	2.36	2.34	2.32	2.29
9	2.38	2.34	2.30	2.28	2.25	2.23	2.21	2.18	2.16
10	2.28	2.24	2.20	2.18	2.16	2.13	2.11	2.08	2.06
11	2.21	2.17	2.12	2.10	2.08	2.05	2.03	2.00	1.97
12	2.15	2.10	2.06	2.04	2.01	1.99	1.96	1.93	1.90
13	2.10	2.05	2.01	1.98	1.96	1.93	1.90	1.88	1.85
14	2.05	2.01	1.96	1.94	1.91	1.89	1.86	1.83	1.80
15	2.02	1.97	1.92	1.90	1.87	1.85	1.82	1.79	1.76
16	1.99	1.94	1.89	1.87	1.84	1.81	1.78	1.75	1.72
17	1.96	1.91	1.86	1.84	1.81	1.78	1.75	1.72	1.69
18	1.93	1.89	1.84	1.81	1.78	1.75	1.72	1.69	1.66
19	1.91	1.86	1.81	1.79	1.76	1.73	1.70	1.67	1.63
20	1.89	1.84	1.79	1.77	1.74	1.71	1.68	1.64	1.61
21	1.87	1.83	1.78	1.75	1.72	1.69	1.66	1.62	1.59
22	1.86	1.81	1.76	1.73	1.70	1.67	1.64	1.60	1.57
23	1.84	1.80	1.74	1.72	1.69	1.66	1.62	1.59	1.55
24	1.83	1.78	1.73	1.70	1.67	1.64	1.61	1.57	1.53
25	1.82	1.77	1.72	1.69	1.66	1.63	1.59	1.56	1.52
26	1.81	1.76	1.71	1.68	1.65	1.61	1.58	1.54	1.50
27	1.80	1.75	1.70	1.67	1.64	1.60	1.57	1.53	1.49
28	1.79	1.74	1.69	1.66	1.63	1.59	1.56	1.52	1.48
29	1.78	1.73	1.68	1.65	1.62	1.58	1.55	1.51	1.47
30	1.77	1.72	1.67	1.64	1.61	1.57	1.54	1.50	1.46
40	1.71	1.66	1.61	1.57	1.54	1.51	1.47	1.42	1.38
60	1.66	1.60	1.54	1.51	1.48	1.44	1.40	1.35	1.29
120	1.60	1.55	1.48	1.45	1.41	1.37	1.32	1.26	1.19
∞	1.55	1.49	1.42	1.38	1.34	1.30	1.24	1.17	1.00

V_1 = 분자의 자유도, V_2 = 분모의 자유도
도표의 각 방에 들어 있는 수는 유의수준 .05에 해당하는 F값

V_2	V_1									
	1	2	3	4	5	6	7	8	9	10
1	161.4	199.5	215.7	224.6	230.2	234.0	236.8	238.9	240.5	241.9
2	18.51	19.00	19.16	19.25	19.30	19.33	19.35	19.37	19.38	19.40
3	10.13	9.55	9.28	9.12	9.01	8.94	8.89	8.85	8.81	8.79
4	7.71	6.94	6.59	6.39	6.26	6.16	6.09	6.04	6.00	5.96
5	6.61	5.79	5.41	5.19	5.05	4.95	4.88	4.82	4.77	4.74
6	5.99	5.14	4.76	4.53	4.39	4.28	4.21	4.15	4.10	4.06
7	5.59	4.74	4.35	4.12	3.97	3.87	3.79	3.73	3.68	3.64
8	5.32	4.46	4.07	3.84	3.69	3.58	3.50	3.44	3.39	3.35
9	5.12	4.26	3.86	3.63	3.48	3.37	3.29	3.23	3.18	3.14
10	4.96	4.10	3.71	3.48	3.33	3.22	3.14	3.07	3.02	2.98
11	4.84	3.98	3.59	3.36	3.20	3.09	3.01	2.95	2.90	2.85
12	4.75	3.89	3.49	3.26	3.11	3.00	2.91	2.85	2.80	2.75
13	4.67	3.81	3.41	3.18	3.03	2.92	2.83	2.77	2.71	2.67
14	4.60	3.74	3.34	3.11	2.96	2.85	2.76	2.70	2.65	2.60
15	4.54	3.68	3.29	3.06	2.90	2.79	2.71	2.64	2.59	2.54
16	4.49	3.63	3.24	3.01	2.85	2.74	2.66	2.59	2.54	2.49
17	4.45	3.59	3.20	2.96	2.81	2.70	2.61	2.55	2.49	2.45
18	4.41	3.55	3.16	2.93	2.77	2.66	2.58	2.51	2.46	2.41
19	4.38	3.52	3.13	2.90	2.74	2.63	2.54	2.48	2.42	2.38
20	4.35	3.49	3.10	2.87	2.71	2.60	2.51	2.45	2.39	2.35
21	4.32	3.47	3.07	2.84	2.68	2.57	2.49	2.42	2.37	2.32
22	4.30	3.44	3.05	2.82	2.66	2.55	2.46	2.40	2.34	2.30
23	4.28	3.42	3.03	2.80	2.64	2.53	2.44	2.37	2.32	2.27
24	4.26	3.40	3.01	2.78	2.62	2.51	2.42	2.36	2.30	2.25
25	4.24	3.39	2.99	2.76	2.60	2.49	2.40	2.34	2.28	2.24
26	4.23	3.37	2.98	2.74	2.59	2.47	2.39	2.32	2.27	2.22
27	4.21	3.35	2.96	2.73	2.57	2.46	2.37	2.31	2.25	2.20
28	4.20	3.34	2.95	2.71	2.56	2.45	2.36	2.29	2.24	2.19
29	4.18	3.33	2.93	2.70	2.55	2.43	2.35	2.28	2.22	2.18
30	4.17	3.32	2.92	2.69	2.53	2.42	2.33	2.27	2.21	2.16
40	4.08	3.23	2.84	2.61	2.45	2.34	2.25	2.18	2.12	2.08
60	4.00	3.15	2.76	2.53	2.37	2.25	2.17	2.10	2.04	1.99
120	3.92	3.07	2.68	2.45	2.29	2.17	2.09	2.02	1.96	1.91
∞	3.84	3.00	2.60	2.37	2.21	2.10	2.01	1.94	1.88	1.83

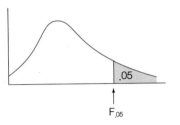

V_1 = 분자의 자유도, V_2 = 분모의 자유도
도표의 각 방에 들어 있는 수는 유의수준 .05에 해당하는 F값

V_2	V_1								
	12	15	20	24	30	40	60	120	∞
1	243.9	245.9	248.0	249.1	250.1	251.1	252.2	253.3	254.3
2	19.41	19.43	19.45	19.45	19.46	19.47	19.48	19.49	19.50
3	8.74	8.70	8.66	8.64	8.62	8.59	8.57	8.55	8.53
4	5.91	5.86	5.80	5.77	5.75	5.72	5.69	5.66	5.63
5	4.68	4.62	4.56	4.53	4.50	4.46	4.43	4.40	4.36
6	4.00	3.94	3.87	3.84	3.81	3.77	3.74	3.70	3.67
7	3.57	3.51	3.44	3.41	3.38	3.34	3.30	3.27	3.23
8	3.28	3.22	3.15	3.12	3.08	3.04	3.01	2.97	2.93
9	3.07	3.01	2.94	2.90	2.86	2.83	2.79	2.75	2.71
10	2.91	2.85	2.77	2.74	2.70	2.66	2.62	2.58	2.54
11	2.79	2.72	2.65	2.61	2.57	2.53	2.49	2.45	2.40
12	2.69	2.62	2.54	2.51	2.47	2.43	2.38	2.34	2.30
13	2.60	2.53	2.46	2.42	2.38	2.34	2.30	2.25	2.21
14	2.53	2.46	2.39	2.35	2.31	2.27	2.22	2.18	2.13
15	2.48	2.40	2.33	2.29	2.25	2.20	2.16	2.11	2.07
16	2.42	2.35	2.28	2.24	2.19	2.15	2.11	2.06	2.01
17	2.38	2.31	2.23	2.19	2.15	2.10	2.06	2.01	1.96
18	2.34	2.27	2.19	2.15	2.11	2.06	2.02	1.97	1.92
19	2.31	2.23	2.16	2.11	2.07	2.03	1.98	1.93	1.88
20	2.28	2.20	2.12	2.08	2.04	1.99	1.95	1.90	1.84
21	2.25	2.18	2.10	2.05	2.01	1.96	1.92	1.87	1.81
22	2.23	2.15	2.07	2.03	1.98	1.94	1.89	1.84	1.78
23	2.20	2.13	2.05	2.01	1.96	1.91	1.86	1.81	1.76
24	2.18	2.11	2.03	1.98	1.94	1.89	1.84	1.79	1.73
25	2.16	2.09	2.01	1.96	1.92	1.87	1.82	1.77	1.71
26	2.15	2.07	1.99	1.95	1.90	1.85	1.80	1.75	1.69
27	2.13	2.06	1.97	1.93	1.88	1.84	1.79	1.73	1.67
28	2.12	2.04	1.96	1.91	1.87	1.82	1.77	1.71	1.65
29	2.10	2.03	1.94	1.90	1.85	1.81	1.75	1.70	1.64
30	2.09	2.01	1.93	1.89	1.84	1.79	1.74	1.68	1.62
40	2.00	1.92	1.84	1.79	1.74	1.69	1.64	1.58	1.51
60	1.92	1.84	1.75	1.70	1.65	1.59	1.53	1.47	1.39
120	1.83	1.75	1.66	1.61	1.55	1.50	1.43	1.35	1.25
∞	1.75	1.67	1.57	1.52	1.46	1.39	1.32	1.22	1.00

V_1 = 분자의 자유도, V_2 = 분모의 자유도
도표의 각 방에 들어 있는 수는 유의수준 .025에 해당하는 F값

V_2	V_1									
	1	2	3	4	5	6	7	8	9	10
1	647.8	799.5	864.2	899.6	921.8	937.1	948.2	956.7	963.3	968.6
2	38.51	39.00	39.17	39.25	39.30	39.33	39.36	39.37	39.39	39.40
3	17.44	16.04	15.44	15.10	14.88	14.73	14.62	14.54	14.47	14.42
4	12.22	10.65	9.98	9.60	9.36	9.20	9.07	8.98	8.90	8.84
5	10.01	8.43	7.76	7.39	7.15	6.98	6.85	6.76	6.68	6.62
6	8.81	7.26	6.60	6.23	5.99	5.82	5.70	5.60	5.52	5.46
7	8.07	6.54	5.89	5.52	5.29	5.12	4.99	4.90	4.82	4.76
8	7.57	6.06	5.42	5.05	4.82	4.65	4.53	4.43	4.36	4.30
9	7.21	5.71	5.08	4.72	4.48	4.32	4.20	4.10	4.03	3.96
10	6.94	5.46	4.83	4.47	4.24	4.07	3.95	3.85	3.78	3.72
11	6.72	5.26	4.63	4.28	4.04	3.88	3.76	3.66	3.59	3.53
12	6.55	5.10	4.47	4.12	3.89	3.73	3.61	3.51	3.44	3.37
13	6.41	4.97	4.35	4.00	3.77	3.60	3.48	3.39	3.31	3.25
14	6.30	4.86	4.24	3.89	3.66	3.50	3.38	3.29	3.21	3.15
15	6.20	4.77	4.15	3.80	3.58	3.41	3.29	3.20	3.12	3.06
16	6.12	4.69	4.08	3.73	3.50	3.34	3.22	3.12	3.05	2.99
17	6.04	4.62	4.01	3.66	3.44	3.28	3.16	3.06	2.98	2.92
18	5.98	4.56	3.95	3.61	3.38	3.22	3.10	3.01	2.93	2.87
19	5.92	4.51	3.90	3.56	3.33	3.17	3.05	2.96	2.88	2.82
20	5.87	4.46	3.86	3.51	3.29	3.13	3.01	2.91	2.84	2.77
21	5.83	4.42	3.82	3.48	3.25	3.09	2.97	2.87	2.80	2.73
22	5.79	4.38	3.78	3.44	3.22	3.05	2.93	2.84	2.76	2.70
23	5.75	4.35	3.75	3.41	3.18	3.02	2.90	2.81	2.73	2.67
24	5.72	4.32	3.72	3.38	3.15	2.99	2.87	2.78	2.70	2.64
25	5.69	4.29	3.69	3.35	3.13	2.97	2.85	2.75	2.68	2.61
26	5.66	4.27	3.67	3.33	3.10	2.94	2.82	2.73	2.65	2.59
27	5.63	4.24	3.65	3.31	3.08	2.92	2.80	2.71	2.63	2.57
28	5.61	4.22	3.63	3.29	3.06	2.90	2.78	2.69	2.61	2.55
29	5.59	4.20	3.61	3.27	3.04	2.88	2.76	2.67	2.59	2.53
30	5.57	4.18	3.59	3.25	3.03	2.87	2.75	2.65	2.57	2.51
40	5.42	4.05	3.46	3.13	2.90	2.74	2.62	2.53	2.45	2.39
60	5.29	3.93	3.34	3.01	2.79	2.63	2.51	2.41	2.33	2.27
120	5.15	3.80	3.23	2.89	2.67	2.52	2.39	2.30	2.22	2.16
∞	5.02	3.69	3.12	2.79	2.57	2.41	2.29	2.19	2.11	2.05

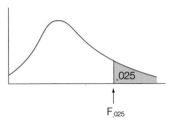

V_1 = 분자의 자유도, V_2 = 분모의 자유도
도표의 각 방에 들어 있는 수는 유의수준 .025에 해당하는 F값

V_2	V_1								
	12	15	20	24	30	40	60	120	∞
1	976.7	984.9	993.1	997.2	1001	1006	1010	1014	1018
2	39.41	39.43	39.45	39.46	39.46	39.47	39.48	39.49	39.50
3	14.34	14.25	14.17	14.12	14.08	14.04	13.99	13.95	13.90
4	8.75	8.66	8.56	8.51	8.46	8.41	8.36	8.31	8.26
5	6.52	6.43	6.33	6.28	6.23	6.18	6.12	6.07	6.02
6	5.37	5.27	5.17	5.12	5.07	5.01	4.96	4.90	4.85
7	4.67	4.57	4.47	4.42	4.36	4.31	4.25	4.20	4.14
8	4.20	4.10	4.00	3.95	3.89	3.84	3.78	3.73	3.67
9	3.87	3.77	3.67	3.61	3.56	3.51	3.45	3.39	3.33
10	3.62	3.52	3.42	3.37	3.31	3.26	3.20	3.14	3.08
11	3.43	3.33	3.23	3.17	3.12	3.06	3.00	2.94	2.88
12	3.28	3.18	3.07	3.02	2.96	2.91	2.85	2.79	2.72
13	3.15	3.05	2.95	2.89	2.84	2.78	2.72	2.66	2.60
14	3.05	2.95	2.84	2.79	2.73	2.67	2.61	2.55	2.49
15	2.96	2.86	2.76	2.70	2.64	2.59	2.52	2.46	2.40
16	2.89	2.79	2.68	2.63	2.57	2.51	2.45	2.38	2.32
17	2.82	2.72	2.62	2.56	2.50	2.44	2.38	2.32	2.25
18	2.77	2.67	2.56	2.50	2.44	2.38	2.32	2.26	2.19
19	2.72	2.62	2.51	2.45	2.39	2.33	2.27	2.20	2.13
20	2.68	2.57	2.46	2.41	2.25	2.29	2.22	2.16	2.09
21	2.64	2.53	2.42	2.37	2.31	2.25	2.18	2.11	2.04
22	2.60	2.50	2.39	2.33	2.27	2.21	2.14	2.08	2.00
23	2.57	2.47	2.36	2.30	2.24	2.18	2.11	2.04	1.97
24	2.54	2.44	2.33	2.27	2.21	2.15	2.08	2.01	1.94
25	2.51	2.41	2.30	2.24	2.18	2.12	2.05	1.98	1.91
26	2.49	2.39	2.28	2.22	2.16	2.09	2.03	1.95	1.88
27	2.47	2.36	2.25	2.19	2.13	2.07	2.00	1.93	1.85
28	2.45	2.34	2.23	2.17	2.11	2.05	1.98	1.91	1.83
29	2.43	2.32	2.21	2.15	2.09	2.03	1.96	1.89	1.81
30	2.41	2.31	2.20	2.14	2.07	2.01	1.94	1.87	1.79
40	2.29	2.18	2.07	2.01	1.94	1.88	1.80	1.72	1.64
60	2.17	2.06	1.94	1.88	1.82	1.74	1.67	1.58	1.48
120	2.05	1.94	1.82	1.76	1.69	1.61	1.53	1.43	1.31
∞	1.94	1.83	1.71	1.64	1.57	1.48	1.39	1.27	1.00

V_1 = 분자의 자유도, V_2 = 분모의 자유도
도표의 각 방에 들어 있는 수는 유의수준 .01에 해당하는 F값

V_2	V_1									
	1	2	3	4	5	6	7	8	9	10
1	4052	4999.5	5403	5625	5764	5859	5928	5982	6022	6056
2	98.50	99.00	99.17	99.25	99.30	99.33	99.36	99.37	99.39	99.40
3	34.12	30.82	29.46	28.71	28.24	27.91	27.67	27.49	27.35	27.23
4	21.20	18.00	16.69	15.98	15.52	15.21	14.98	14.80	14.66	14.55
5	16.26	13.27	12.06	11.39	10.97	10.67	10.46	10.29	10.16	10.05
6	13.75	10.92	9.78	9.15	8.75	8.47	8.26	8.10	7.98	7.87
7	12.25	9.55	8.45	7.85	7.46	7.19	6.99	6.84	6.72	6.62
8	11.26	8.65	7.59	7.01	6.63	6.37	6.18	6.03	5.91	5.81
9	10.56	8.02	6.99	6.42	6.06	5.80	5.61	5.47	5.35	5.26
10	10.04	7.56	6.55	5.99	5.64	5.39	5.20	5.06	4.94	4.85
11	9.65	7.21	6.22	5.67	5.32	5.07	4.89	4.74	4.63	4.54
12	9.33	6.93	5.95	5.41	5.06	4.82	4.64	4.50	4.39	4.30
13	9.07	6.70	5.74	5.21	4.86	4.62	4.44	4.30	4.19	4.10
14	8.86	6.51	5.56	5.04	4.69	4.46	4.28	4.14	4.03	3.94
15	8.68	6.36	5.42	4.89	4.56	4.32	4.14	4.00	3.89	3.80
16	8.53	6.23	5.29	4.77	4.44	4.20	4.03	3.89	3.78	3.69
17	8.40	6.11	5.18	4.67	4.34	4.10	3.93	3.79	3.68	3.59
18	8.29	6.01	5.09	4.58	4.25	4.01	3.84	3.71	3.60	3.51
19	8.18	5.93	5.01	4.50	4.17	3.94	3.77	3.63	3.52	3.43
20	8.10	5.85	4.94	4.43	4.10	3.87	3.70	3.56	3.46	3.37
21	8.02	5.78	4.87	4.37	4.04	3.81	3.64	3.51	3.40	3.31
22	7.95	5.72	4.82	4.31	3.99	3.76	3.59	3.45	3.35	3.26
23	7.88	5.66	4.76	4.26	3.94	3.71	3.54	3.41	3.30	3.21
24	7.82	5.61	4.72	4.22	3.90	3.67	3.50	3.36	3.26	3.17
25	7.77	5.57	4.68	4.18	3.85	3.63	3.46	3.32	3.22	3.13
26	7.72	5.53	4.64	4.14	3.82	3.59	3.42	3.29	3.18	3.09
27	7.68	5.49	4.60	4.11	3.78	3.56	3.39	3.26	3.15	3.06
28	7.64	5.45	4.57	4.07	3.75	3.53	3.36	3.23	3.12	3.03
29	7.60	5.42	4.54	4.04	3.73	3.50	3.33	3.20	3.09	3.00
30	7.56	5.39	4.51	4.02	3.70	3.47	3.30	3.17	3.07	2.98
40	7.31	5.18	4.31	3.83	3.51	3.29	3.12	2.99	2.89	2.80
60	7.08	4.98	4.13	3.65	3.34	3.12	2.95	2.82	2.72	2.63
120	6.85	4.79	3.95	3.48	3.17	2.96	2.79	2.66	2.56	2.47
∞	6.63	4.61	3.78	3.32	3.02	2.80	2.64	2.51	2.41	2.32

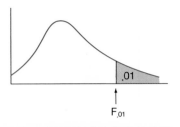

V_1 = 분자의 자유도, V_2 = 분모의 자유도
도표의 각 방에 들어 있는 수는 유의수준 .01에 해당하는 F값

V_2	V_1								
	12	15	20	24	30	40	60	120	∞
1	6101	6157	6209	6235	6261	6287	6313	6339	6366
2	99.42	99.43	99.45	99.46	99.47	99.47	99.48	99.49	99.50
3	27.05	26.87	26.69	26.60	26.50	26.41	26.32	26.22	26.13
4	14.37	14.20	14.02	13.93	13.84	13.75	13.65	13.56	13.46
5	9.89	9.72	9.55	9.47	9.38	9.29	9.20	9.11	9.02
6	7.72	7.56	7.40	7.31	7.23	7.14	7.06	6.97	6.88
7	6.47	6.31	6.16	6.07	5.99	5.91	5.82	5.74	5.65
8	5.67	5.52	5.36	5.28	5.20	5.12	5.03	4.95	4.86
9	5.11	4.96	4.81	4.73	4.65	4.57	4.48	4.40	4.31
10	4.71	4.56	4.41	4.33	4.25	4.17	4.08	4.00	3.91
11	4.40	4.25	4.10	4.02	3.94	3.86	3.78	3.69	3.60
12	4.16	4.01	3.86	3.78	3.70	3.62	3.54	3.45	3.36
13	3.96	3.82	3.66	3.59	3.51	3.43	3.34	3.25	3.17
14	3.80	3.66	3.51	3.43	3.35	3.27	3.18	3.09	3.00
15	3.67	3.52	3.37	3.29	3.21	3.13	3.05	2.96	2.87
16	3.55	3.41	3.26	3.18	3.10	3.02	2.93	2.84	2.75
17	3.46	3.31	3.16	3.08	3.00	2.92	2.83	2.75	2.65
18	3.37	3.23	3.08	3.00	2.92	2.84	2.75	2.66	2.57
19	3.30	3.15	3.00	2.92	2.84	2.76	2.67	2.58	2.49
20	3.23	3.09	2.94	2.86	2.78	2.69	2.61	2.52	2.42
21	3.17	3.03	2.88	2.80	2.72	2.64	2.55	2.46	2.36
22	3.12	2.98	2.83	2.75	2.67	2.58	2.50	2.40	2.31
23	3.07	2.93	2.78	2.70	2.62	2.54	2.45	2.35	2.26
24	3.03	2.89	2.74	2.66	2.58	2.49	2.40	2.31	2.21
25	2.99	2.85	2.70	2.62	2.54	2.45	2.36	2.27	2.17
26	2.96	2.81	2.66	2.58	2.50	2.42	2.33	2.23	2.13
27	2.93	2.78	2.63	2.55	2.47	2.38	2.29	2.20	2.10
28	2.90	2.75	2.60	2.52	2.44	2.35	2.26	2.17	2.06
29	2.87	2.73	2.57	2.49	2.41	2.33	2.23	2.14	2.03
30	2.84	2.70	2.55	2.47	2.39	2.30	2.21	2.11	2.01
40	2.66	2.52	2.37	2.29	2.20	2.11	2.02	1.92	1.80
60	2.50	2.35	2.20	2.12	2.03	1.94	1.84	1.73	1.60
120	2.34	2.19	2.03	1.95	1.86	1.76	1.66	1.53	1.38
∞	2.18	2.04	1.88	1.79	1.70	1.59	1.47	1.32	1.00

6. Tukey의 Q 검정표

유의수준 α가 .05, 집단의 수가 J, 자유도(n−1)가 df일 때의 Q값

df \ J	2	3	4	5	6	7	8	9	10	11	12	13	14	15	16	17	18	19	20
1	90.0	135	164	186	202	216	227	237	246	253	260	266	272	277	282	286	290	294	298
2	14.0	19.0	22.3	24.7	26.6	28.2	29.5	30.7	31.7	32.6	33.4	34.1	34.8	35.4	36.0	36.5	37.0	37.5	37.9
3	8.26	10.6	12.2	13.3	14.2	15.0	15.6	16.2	16.7	17.1	17.5	17.9	18.2	18.5	18.8	19.1	19.3	19.5	19.8
4	6.51	8.12	9.17	9.96	10.6	11.1	11.5	11.9	12.3	12.6	12.8	13.1	13.3	13.5	13.7	13.9	14.1	14.2	14.4
5	5.70	6.97	7.80	8.42	8.91	9.32	9.67	9.97	10.24	10.48	10.70	10.89	11.08	11.24	11.40	11.55	11.68	11.81	11.93
6	5.24	6.33	7.03	7.56	7.97	8.32	8.61	8.87	9.10	9.30	9.49	9.65	9.81	9.95	10.08	10.21	10.32	10.43	10.54
7	4.95	5.92	6.54	7.01	7.37	7.68	7.94	8.17	8.37	8.55	8.71	8.86	9.00	9.12	9.24	9.35	9.46	9.55	9.65
8	4.74	53.63	6.20	6.63	6.96	7.24	7.47	7.68	7.87	8.03	8.18	8.31	8.44	8.55	8.66	8.76	8.85	8.94	9.03
9	4.60	5.43	5.96	6.35	6.66	6.91	7.13	7.32	7.49	7.65	7.78	7.91	8.03	8.13	8.23	8.32	8.41	8.49	8.57
10	4.48	5.27	5.77	6.14	6.43	6.67	6.87	7.05	7.21	7.36	7.48	7.60	7.71	7.81	7.91	7.99	8.07	8.15	8.22
11	4.39	5.14	5.62	5.97	6.25	6.48	6.67	6.84	6.99	7.13	7.25	7.36	7.46	7.56	7.65	7.73	7.81	7.88	7.95
12	4.32	5.04	5.50	5.84	6.10	6.32	6.51	6.67	6.81	6.94	7.06	7.17	7.26	7.36	7.44	7.52	7.59	7.66	7.73
13	4.26	4.96	5.40	5.73	5.98	6.19	6.37	6.53	6.67	6.79	6.90	7.01	7.10	7.19	7.27	7.34	7.42	7.48	7.55
14	4.21	4.89	5.32	5.63	5.88	6.08	6.26	6.41	6.54	6.66	6.77	6.87	6.96	7.05	7.12	7.20	7.27	7.33	7.39
15	4.17	4.83	5.25	5.56	5.80	5.99	6.16	6.31	6.44	6.55	6.66	6.76	6.84	6.93	7.00	7.07	7.14	7.20	7.26
16	4.13	4.78	5.19	5.49	5.72	5.92	6.08	6.22	6.35	6.46	6.56	6.66	6.74	6.82	6.90	6.97	7.03	7.09	7.15
17	4.10	4.74	5.14	5.43	5.66	5.85	6.01	6.15	6.27	6.38	6.48	6.57	6.66	6.73	6.80	6.87	6.94	7.00	7.05
18	4.07	4.70	5.09	5.38	5.60	5.79	5.94	6.08	6.20	6.31	6.41	6.50	6.58	6.65	6.72	6.79	6.85	6.91	6.96
19	4.05	4.67	5.05	5.33	5.55	5.73	5.89	6.02	6.14	6.25	6.34	6.43	6.51	6.58	6.65	6.72	6.78	6.84	6.89
20	4.02	4.64	5.02	5.29	5.51	5.69	5.84	5.97	6.09	6.19	6.29	6.37	6.45	6.52	6.59	6.65	6.71	6.76	6.82
24	3.96	4.54	4.91	5.17	5.37	5.54	5.69	5.81	5.92	6.02	6.11	6.19	6.26	6.33	6.39	6.45	6.51	6.56	6.61
30	3.89	4.45	4.80	5.05	5.24	5.40	5.54	5.65	5.76	5.85	5.93	6.01	6.08	6.14	6.20	6.26	6.31	6.36	6.41
40	3.82	4.37	4.70	4.93	5.11	5.27	5.39	5.50	5.60	5.69	5.77	5.84	5.90	5.96	6.02	6.07	6.12	6.17	6.21
60	3.76	4.28	4.60	4.82	4.99	5.13	5.25	5.36	5.45	5.53	5.60	5.67	5.73	5.79	5.84	5.89	5.93	5.98	6.02
120	3.70	4.20	4.50	4.71	4.87	5.01	5.12	5.21	5.30	5.38	5.44	5.51	5.56	5.61	5.66	5.71	5.75	5.79	5.83
∞	3.64	4.12	4.40	4.60	4.76	4.88	4.99	5.08	5.16	5.23	5.29	5.35	5.40	5.45	5.49	5.54	5.57	5.61	5.65

유의수준 α가 .01, 집단의 수가 J, 자유도(n−J)가 df일 때의 Q값

df \ J	2	3	4	5	6	7	8	9	10	11	12	13	14	15	16	17	18	19	20
1	18.0	27.0	32.8	37.1	40.4	43.1	45.4	47.4	49.1	50.61	52.0	53.2	54.3	55.4	56.3	57.2	58.0	58.8	59.6
2	6.09	8.3	9.8	10.9	11.7	12.4	13.0	13.5	14.0	4.4	14.7	15.1	15.4	15.7	15.9	16.1	16.4	16.6	16.8
3	4.50	5.91	6.82	7.50	8.04	8.48	8.85	9.18	9.46	9.72	9.95	10.15	10.35	10.52	10.69	10.84	10.98	11.11	11.24
4	3.93	5.04	5.76	6.29	6.71	7.05	7.35	7.60	7.83	8.03	8.21	8.37	8.52	8.66	8.79	8.91	9.03	9.13	9.23
5	3.64	4.60	5.22	5.67	6.03	6.33	6.58	6.80	6.99	7.17	7.32	7.47	7.60	7.72	7.83	7.93	8.03	8.12	8.21
6	3.46	4.34	4.90	5.31	5.63	5.89	6.12	6.32	6.49	6.65	6.79	6.92	7.03	7.14	7.24	7.34	7.43	7.51	7.59
7	3.34	4.06	4.68	5.06	5.36	5.61	5.82	6.00	6.16	6.30	6.43	6.55	6.66	6.76	6.85	6.94	7.02	7.09	7.17
8	3.26	4.04	4.53	4.89	5.17	5.40	5.60	5.77	5.92	6.05	6.18	6.29	6.39	6.48	6.57	6.65	6.73	6.80	6.87
9	3.20	3.95	4.42	4.76	5.02	5.24	5.43	5.60	5.74	5.87	5.98	6.09	6.19	6.28	6.36	6.44	6.51	6.58	6.64
10	3.15	3.88	4.33	4.65	4.91	5.12	5.30	5.46	5.60	5.72	5.83	5.93	6.03	6.11	6.20	6.27	6.34	6.40	6.47
11	3.11	3.82	4.26	4.57	4.82	5.03	5.20	5.35	5.49	5.61	5.71	5.81	5.90	5.99	6.06	6.14	6.20	6.26	6.33
12	3.08	3.77	4.20	4.51	4.75	4.95	5.12	5.27	5.40	5.51	5.62	5.71	5.80	5.88	5.95	6.03	6.09	6.15	6.21
13	3.06	3.73	4.15	4.45	4.69	4.88	5.05	5.19	5.32	5.43	5.53	5.63	5.71	5.79	5.86	5.93	6.00	6.05	6.11
14	3.03	3.70	4.11	4.41	4.64	4.83	4.99	5.13	5.25	5.36	5.46	5.55	5.64	5.72	5.79	5.85	5.92	5.97	6.03
15	3.01	3.67	4.08	4.37	4.60	4.78	4.94	5.08	5.20	5.31	5.40	5.49	5.58	5.65	5.72	5.79	5.85	5.90	5.96
16	3.00	3.65	4.05	4.33	4.56	4.74	4.90	5.03	5.15	5.26	5.35	5.44	5.52	5.59	5.66	5.72	5.79	5.84	5.90
17	2.98	3.63	4.02	4.30	4.52	4.71	4.86	4.99	5.11	5.21	5.31	5.39	5.47	5.55	5.61	5.68	5.74	5.79	5.84
18	2.97	3.61	4.00	4.28	4.49	4.67	4.82	4.96	5.07	5.17	5.27	5.35	5.43	5.50	5.57	5.63	5.69	5.74	5.79
19	2.96	3.59	3.98	4.25	4.47	4.65	4.79	4.92	5.04	5.14	5.23	5.32	5.39	5.46	5.53	5.59	5.65	5.70	5.75
20	2.95	3.58	3.96	4.23	4.45	4.62	4.77	4.90	5.01	5.11	5.20	5.28	5.36	5.43	5.49	5.55	5.61	5.66	5.71
24	2.92	3.53	3.90	4.17	4.37	4.54	4.68	4.81	4.92	5.01	5.10	5.18	5.25	5.32	5.38	5.44	5.50	5.54	5.59
30	2.89	3.49	3.84	4.10	4.30	4.46	4.60	4.72	4.83	4.92	5.00	5.08	5.15	5.21	5.27	5.33	5.38	5.43	5.48
40	2.86	3.44	3.79	4.04	4.23	4.39	4.52	4.63	4.74	4.82	4.91	4.98	5.05	5.11	5.16	5.22	5.27	5.31	5.36
60	2.83	3.40	3.74	3.98	4.16	4.31	4.44	4.55	4.65	4.73	4.81	4.88	4.94	5.00	5.06	5.11	5.16	5.20	5.24
120	2.80	3.36	3.69	3.92	4.10	4.24	4.36	4.48	4.56	4.64	4.72	4.78	4.84	4.90	4.95	5.00	5.05	5.09	5.13
∞	2.77	3.31	3.63	3.86	4.03	4.17	4.29	4.39	4.47	4.55	4.62	4.68	4.74	4.80	4.85	4.89	4.93	4.97	5.01

참고문헌

고홍월, 권경인, 김계현, 김성의, 김재철, 김형수, 서영석, 이형국, 탁진국, 황재규(2013). 상담연구방법론. 서울: 학지사.

김계수(2001). AMOS 구조방정식 모형분석. 서울: 고려정보산업.

김계현(2004). 상담심리학 연구. 서울: 학지사.

김성훈, 김신영, 김재철, 반재천, 백순근, 서민원(2018). 예비교사를 위한 교육평가. 서울: 학지사.

김재철(2008). 사회과학 연구를 위한 최신 실용통계학. 서울: 학지사.

문수백(2009). 구조방정식모델링의 이해와 적용. 서울: 학지사.

문수백, 이준석, 채찬호(1997). 사회과학 연구를 위한 실험연구 SPSS를 이용한 자료의 분석 · 해석. 서울: 학지사.

박광배(2004). 변량분석과 회귀분석. 서울: 학지사.

변창진, 문수백(1996). 사회과학연구를 위한 실험설계 · 분석의 이해와 활용. 서울: 학지사.

성태제(2002). 타당도와 신뢰도. 서울: 학지사.

성태제(2019). 현대기초통계학(8판): 이해와 적용. 서울: 학지사.

이군희(2003). 사회과학 연구방법론. 서울: 법문사.

임인재(1987). 교육 심리 사회연구를 위한 통계방법. 서울: 박영사.

임인재(1991). 심리측정의 원리. 서울: 교육출판사.

임인재, 김신영, 박현정(2003). 교육 심리 사회연구를 위한 통계방법. 서울: 학연사.

임인재, 임승권(1985). 교육평가. 서울: 한국방송통신대학.

한국교육과정평가원 중등임용시험(2008). http://www.kice.re.kr/

한국교육평가학회(편) (2004). 교육평가 용어사전. 서울: 학지사.

한국산업인력공단 청소년상담사(2018). http://www.q-net.or.kr/

황정규(1988). 학교학습과 교육평가. 경기: 교육과학사.

황정규, 서민원, 최종근, 김민성, 양명희, 김재철, 강태훈, 이대식, 김준엽, 신종호, 김동일(2016). 교육평가의 이해. 서울: 학지사.

Green, E. P. (1978). *Analyzing multivariate data*. IL: The Dryden Press Hinsdale.

Kennedy, J. J., & Bush, A. J. (1985). *An Introduction to the design and analysis of experiments in behavioral research*. MD: University Press of America.

Pedhazur, E. J. (1997). *Multiple regression in behavioral research* (3rd ed.). MA: Harcourt College Publishers.

Winer, B. J. (1971). *Statistical principles in experimental design*. New York: McGraw-Hill Book Company.

찾아보기

저자 소개

김재철 (E-mail: jckim@hnu.kr)

서울대학교 사범대학 교육학과 졸업

서울대학교 대학원 교육학 석사(교육측정, 평가, 통계 전공)

서울대학교 대학원 교육학 박사(교육측정, 평가, 통계 전공)

서울특별시 중·고등학교 수학 교사(수학1급 정교사)

한국교육과정평가원 전임연구원

한국상담학회 시험관리위원장

한국교육학회 교육학연구 편집위원

한국진로교육학회 진로교육연구 편집위원

인하대학교 교육연구소 교육문화연구 편집위원

중등임용시험 출제위원

청소년상담사 출제위원

전문상담사 출제위원

공무원시험 출제위원

법학적성시험 평가위원장

현 한남대학교 사범대학 교육학과 교수(2005년~)

    한국교육평가학회 이사

SPSS와 함께하는
사회과학 통계자료분석

2019년 5월 10일 1판 1쇄 인쇄
2019년 5월 15일 1판 1쇄 발행

지은이 • 김재철
펴낸이 • 김진환
펴낸곳 • (주) **학지사**

04031 서울특별시 마포구 양화로 15길 20 마인드월드빌딩
대표전화 • 02)330-5114   팩스 • 02)324-2345
등록번호 • 제313-2006-000265호

홈페이지 • http://www.hakjisa.co.kr
페이스북 • https://www.facebook.com/hakjisa

ISBN 978-89-997-1905-9 93370

정가 24,000원

이 도서의 국립중앙도서관 출판시도서목록(CIP)은 서지정보유통지원
시스템 홈페이지(http://seoji.nl.go.kr)와 국가자료공동목록시스템
(http://www.nl.go.kr/kolisnet)에서 이용하실 수 있습니다.
(CIP 제어번호: CIP2019014184)

출판 · 교육 · 미디어기업 **학지사**

간호보건의학출판 **학지사메디컬** www.hakjisamd.co.kr
심리검사연구소 **인싸이트** www.inpsyt.co.kr
학술논문서비스 **뉴논문** www.newnonmun.com
원격교육연수원 **카운피아** www.counpia.com